# 親子話題

【第二版】

郭靜晃、吳幸玲◎著

　　兒童是國家未來的棟樑。在發展上，兒童不像成人，在生理、思想、及行為都已成熟，可以獨立自主的生活。因此，孩子需要受到政府、社會及家長的保護與關心才能避免受到傷害，而擁有健康、快樂的童年歲月，日後的人生也才有燦爛前景可期。

　　自古至今，全天下的父母皆希望自己的孩子聰明，活潑、健康成長，且有一番作為與成就。這種希望，無論古今中外，凡是父母皆有。且為人父母者更關心：到底要如何教養孩子，這是父母們一再探求，但也沒有人可以完全參得透的問題。其實，管教子女是一門藝術，最重要的是不要讓孩子有了負面的影響。這種管教的藝術也誠如美國一位知名的小兒科醫生兼兒童心理學家所言：世界上根本沒有一種「最好」的管教方法，也沒有人在教養孩子時從沒有犯過錯。最重要的是，父母能找出一種「最適合」自己孩子的管教方式，協助其健全成長。

　　《親子話題》這本書是在揚智文化事業股份有限公司葉忠賢先生熱心支持下，將以往我和內人吳幸玲在報章雜誌所發表之關懷兒童的親職文章彙集成冊，內容涵蓋有兒童福利法規、政策、兒童人權、兒童遊戲、兒童文學、兒童行為問題、青少年休閒與福利、現代家庭變遷及因應之道和關心孩子身心成長等篇章。希望藉由此書的出版，向全天下父母分享我們對兒童的關心與愛護，進而提供父母在親職教育書籍中多一份的選擇。

郭靜晃 於台北

# 目錄

# 目錄

# 1. 兒童福利法——所有孩子的守護神

\* 何謂「兒童福利法」？
\* 三讀通過的兒福法特色

兒童福利法修正案已於1993年1月中旬在立法院三讀通過，十九年來未曾修訂過的這項社會法案，終於能在爭議不斷的修法過程下過關，讓我們的下一代得以在一個更能發揮所長的社會環境中成長，並獲得更周全的政策保護。

　　由於1973年立下的兒童福利法，其規定的內容比較重視殘補式的兒童福利服務，已難符合現代國家發展趨勢，再加上缺乏專業人員、經費不充裕（例如，固定比率之社會福利經費）、相關設施標準不合時宜，使得我國的兒童福利政策一直不夠健全，難以提供預防性、發展性的兒童福利服務，為全體兒童謀求福祉，這是促成兒福法需要修正的主因。

　　修正後的兒童福利法，將提醒父母——孩子不再是屬於你的私有財產，他是國家未來的主人翁，國家有責任照顧、保護孩子，人人也應尊重兒童的基本人權，提供孩子一個可以充分發展能力的環境。

　　因此，為了發揮「人溺己溺」精神，任何人發現兒童被惡意遺棄、利用行乞、或身心遭受重大傷害等，均可通知警察或兒童福利機構，予以緊急保護。而在日常生活中，父母也不得任由六歲以下孩子獨處，不得供售兒童菸、酒、檳榔及其他有害身心之物品，並應禁止孩子出入電動遊樂場，父母若有違反上述情形時，必須接受親職教育輔導，或被公告姓名及罰款。

　　現今世界各國的兒福政策各有不同，美國推行家庭政策的主力部門是民間的慈善團體；瑞典係由國家負責提供周全的家庭福利服務；日本則由企業界團體負起主要責任。

　　我國的家庭政策屬於內隱式，未具體明文規定教養責任的歸屬，根據台大教授馮燕於1992年所作「兒童福利法執行成效之評估」研究發現，國人養育及照顧子女的責任，主要落在父母或其家庭之上，若發生問題時，仍必須由家人自行設法解決。

　　希望經過這次的修法，能夠促使政府重新審視家庭政策的方向與內涵，落實兒福法修正案各項規定的執行工作；並藉此喚醒一般家長

除了關注自己的孩子之外，也能發揮「幼吾幼以及人之幼」的精神，共同關心、保護生長在各種不同家庭環境中的兒童，使得兒福法的立法精神，從狹義的照顧你我的孩子，擴及到廣義的照顧全體兒童。

許多父母一輩子辛勞，只為讓下一代過得更好，但是父母的努力也需要有大環境的配合，例如，好的衛生保健、安全的生存空間、完善的教育制度，可以發揮所長的社會環境等等，才能讓孩子過得更好。

因此，兒童福利法將不僅是你我孩子的守護神，更是所有孩子的守護神！

# 何謂「兒童福利法」？

我國「兒童福利法」於1973年1月8日公布，是一項特別法，也是我國第一個社會立法。共分五章，即總則、福利措施、保護、罰則、及附則等條文計三十條。另有「兒童福利法施行細則」，於1973年7月7日由內政部公布施行，此兩則法令使我國兒童福利工作依法有據。

兒福法規定兒童福利服務之對象為未滿十二歲以下之兒童，以維護身心健康、促進正常發育、保障其福利為目標。

依內政部社會司規劃之兒童福利推展架構，兒童福利服務內容可分：

1. 一般兒童福利服務內容包括：婦幼衛生保健、托兒（嬰）服務及教保人員專業訓練。
2. 不幸兒童福利服務內容包括：困苦失依兒童家庭補助、家庭寄養服務、領養（收養）服務、機構收容教養服務、受虐兒童之保護、及未婚媽媽服務。

3.特殊兒童福利服務內容可分為：收容養護服務、特殊兒童教育等。

就其性質可區分為：支持性兒童福利、補充性兒童福利及替代性兒童福利三種。

在支持性兒童福利服務方面，有兒童家庭福利服務、兒童虐待及保護服務、未婚媽媽及其子女的服務、兒童諮商及心理服務。在補充性兒童福利服務方面則有兒童家庭補助、家務員服務、托育服務。在替代性兒童福利服務方面有寄養服務、收養服務、兒童教養機構服務等。

# 三讀通過的兒福法特色

1.增列設置兒童福利中心及收容未婚懷孕或分娩而遭遇困境之婦嬰機構。

2.兒童未受適當養育、照顧或遭遺棄、虐待、押賣，或被強迫、引誘從事不正當的行為，主管機關得給予緊急保護、安置，代行原監護人的監護權。

3.增列不得任六歲以下兒童獨處乏人照顧，以加重父母教養子女之責任，違者將施以四小時以上親職教育。

4.增列宣示性條文，規定婦女懷孕期間應禁止吸菸、酗酒、嚼檳榔、吸食或施打迷幻藥品，以免影響胎兒的發育。

5.明定禁止提供兒童菸酒、拒絕兒童出入酒廊、舞廳等場所，更規定販售菸酒、檳榔予兒童，將處新台幣三千元以上、一萬五千元以下罰鍰。

6.增訂父母濫用親權，例如，強迫兒童從事不正當職業、或剝奪、妨礙兒童接受國民教育的機會、非法送小留學生出國，均

將處新台幣一萬元以上，十二萬元以下罰鍰。

7.明定各級政府設立兒福專責機構，對早產兒、重病兒之扶養義
務人無力支持醫療費用時，縣市政府應予全額或部分補助，單
親、父母失業或雙亡，無經濟能力者，亦應給予生活扶助。

# 2. 兒童福利政策——目標、原則及推行策略

* 政策目標
* 政策推動的原則
* 支持性兒童福利服務
* 補充性兒童福利服務
* 替代性兒童福利

社會的變遷，如工業化、都市化，不但改變了我們社會的形貌，更影響了社會機制的均衡，而失衡的結果帶來社會大眾對福利需求更加期待與依賴。如此一來，社會大眾衍生高的福利意識、要求有效率的政府。此外，由於近些年來社會運動的倡導，政治選舉的催化加熱，皆反映國內社會福利已成為公共政策的主要議題，在政府部門、民意機關、政黨團體和社會大眾之間，形成訴求的角力和拉鋸（陳武雄，1995）。

# 政策目標

社會政策之制定除了有宣示的條文外，更需要有具體實施政策的方案，而要落實方案的推行，更需要有推行政策的策略與原則。

策略是達成目標的步驟或計畫。換言之，策略是為達成目標所選擇的行動方案與所需的資源分配。而目標（goal）概指所欲之結果，如增進身心健康，此一結果是由服務方案所造成（曾華源，1995）。

我國兒童福利宣示性之綱領、方案、計畫與措施計有：兒童保育政策（1929）、四大社會綱領（1945）、憲法（1947）、全國兒童福利會議宣言（1946）、民生主義現階段社會政策（1965）、現階段社會建設綱領（1969）、兒童福利政策（草案）（1970）、中華民國兒童青少年發展方案綱要（1970）、中華民國人口政策綱領（1983）。以下試以各項中與兒童有關的規定、宣告等之要點，予以整合說明如**表2-1**。

由**表2-1**可以發現，多年以來，我國與兒童有關之指導方針，有其變，有其不變：變的是，照顧兒童的責任，由「完全責付家庭」—視之為家庭的責任，到「照顧兒童的責任應由家庭、政府、社會共同擔負之」——視之為社會福利服務網絡的聯結；在福利服務提供的作法上，逐漸趨向獎勵民間參與經營，具有節省公共部門的經費支出、擴大提供服務的層面的優點。不變的是對於特殊、不幸兒童的關懷、

| 項目 | 要點 |
|---|---|
| 憲法 | 1.女工、童工之保養。<br>2.兒童福利政策之實施。 |
| 兒童保育政策 | 1.照顧兒童的主要責任落在家庭,國家僅立於輔助的角色。<br>2.政府有義務設立各種福利機構及專業人才的培訓。 |
| 四大社會綱領 | 1.女工、童工的保護。<br>2.勞工托兒所。 |
| 全國兒童福利會議宣言 | 1.兒童應生長於親生家庭。<br>2.照顧兒童的責任由家庭、福利機構、中央及地方政府共同擔負。<br>3.兒童保護。<br>4.親職教育。<br>5.特殊教育。<br>6.全國性兒童福利計畫之科際整合。 |
| 民生主義現階段社會政策 | 1.兒童保護。<br>2.重視家庭教育。<br>3.加強設置兒童福利中心及托兒所。 |
| 中華民國兒童青少年發展方案綱要 | 1.衛生保健。<br>2.教育。<br>3.福利設施。<br>4.保護設施。 |
| 兒童福利政策(草案) | 1.優生保健。<br>2.貧苦婦嬰、幼兒營養、醫藥補助、特殊兒童福利服務。<br>3.兒童應生長於親生家庭。<br>4.鼓勵私人辦理兒童福利事業。<br>5.兒童保護。<br>6.兒童人才培訓。<br>7.頒訂各項兒童福利設施標準。 |
| 中華民國人口政策綱領 | 1.優生保健。<br>2.母子健康保險。 |

表 2-1　我國兒童福利相關政策目標之要點

兒童福利專業人才的培訓、優生保健、以及堅持「除非必要，否則兒童應生長於親生家庭」的理念。

綜上所論，我國兒童福利政策之目標應涵括下述四大點：

1.為使政府、社會共同擔負起照顧兒童的責任，並促使兒童得以生長於親生家庭，因此，家庭、福利機構與政府應加強彼此間的配合。

(1)家庭：普及家庭生活教育，培養美滿和諧家庭的觀念。

(2)福利機構：適時彌補家庭功能之不足，提供補充性服務。

(3)中央及地方政府：施行優生保健，增進婦嬰身心健康、推廣親職教育、增強誘因以鼓勵民間參與福利服務之行列、增修各項兒童福利設施標準，以符合實際所需。

2.為達成有效的兒童福利服務，必須進行兒童福利科際整合，使其工作網絡更加完整。

3.發展特殊兒童與不幸家庭兒童之特殊福利服務，針對個別問題需求，予以救助、保護、矯正、輔導，或養護等措施，期有效改善其所面臨的問題。

4.注重兒童福利專業人才培訓，訂立兒童福利專業人員任用、待遇、服務及獎勵辦法，並對現有工作人員隨時舉辦在職訓練，以提高兒童福利工作之素質。

# 政策推動的原則

社會福利的最根本目標，是在一個社會保障下，確保個人基本生存需要的基礎，並透過社會福利事業去發展和滿足人的需要（孫健忠，1990）。而社會福利政策之規劃應以政府轉換為主動積極之角

色，並建立以家庭為中心之福利策略，充分發揮互助功能為基本觀念（內政部，1994）。社會福利雖有其時代背景，並隨著經濟條件而改變，但是，在制定社會福利政策時，仍需秉持一定的原則。

蔡宏昭（1990）於其所著《社會福利政策——福利與經濟的整合》一書中，提出六項社會福利的政策原則：

第一，政府責任的原則：政府的責任範圍，根據李察德遜（Richardson）的論說，只有個人無法依其能力從事的事務及由政府辦理要比民間辦理更有效率的事務，才由政府負責（Richardson, 1962：33），基於社會化的效率原則，政府只要負責民間不願意做或做得沒有效率的部分即可。

第二，保險費分攤的原則：關於社會保險保險費的負擔問題，主要涉及被保險人、雇主及政府三個主體，政府必須依據租稅原則與責任原則，規劃社會保險保險費的分攤比率。

第三，現金給付的原則：考慮的重點在於：是採用均一給付（flat benefit）或變動給付（variable benefit）的問題。

第四，貧民救助的原則：貧民救助的最終目的，是在消滅貧窮，而不是在救助貧窮；是要協助貧民自立自足，而不是要讓貧民長久消耗社會資源，這是貧民救助政策最重要的原則。

第五，服務對象的原則：有些福利政策是以全體國民為對象（例如，衛生保健），有些是以特定團體為對象（例如，老人、兒童等）。以全民為對象的福利服務，不會造成政策上的困擾，以特定團體為對象的福利服務，就可能引發資源運用之適切性的問題。因此，福利服務政策必須制定優先順序的原則。

第六，政策調整原則：社會福利制度必須根據以下六個原則，配合經濟和社會條件的變化不斷地調整，才能使社會福利制度更臻完美：一、逐漸廢除福利意義較小的福利制度，增加福利意義較大的福利制度；二、逐漸淘汰效率不高的公營福利事業，擴大民營福利事業；三、擴大社會保險規模，加強社會保險的所得重新分配功能；

四、加強對社會弱勢者的生活保障與福利服務，減少對強勢團體的保障與服務；五、綜合國民需求與社經條件，制定社會福利政策，並使全體國民瞭解、支持政策的原則與目的；六、定期評估社會福利措施的經濟效益與行政效率，隨時調整福利資源與制度內涵。

　　林萬億（1994）則提出公平、效率、可行性評估、一致性及參與五個評估社會政策規劃的指標，以作爲社會福利政策規劃之原則。內政部曾於1994年6月，與行政院經濟建設委員會、勞工委員會、衛生署共同舉辦「全國社會福利會議」，吸納各方學者專家的見解，整合出以下十二個政策規劃的原則：一、民眾需求原則；二、前瞻性原則；三、經濟、社會發展並重原則；四、公平、效率並重原則；五、一致性原則；六、務實原則；七、策略性資源分配原則；八、優先性、普及性並重原則；九、政府、民間並同參與原則；十、權利、義務兼顧原則；十一、人力專業化、經費合理化原則；十二、地方化、國情化原則。

　　綜合上述，本文試提出以下五點，作爲我國兒童福利政策推動之原則：

## 生存權的保障

　　社會福利的原始機能是在解決貧窮的問題，早期的社會福利只是在解決絕對的貧窮，而現代的社會福利不只在解決絕對的貧窮，也在解決相對的貧窮。西元1989年，聯合國兒童權利公約第32～37條說明國家採取各種措施，保障兒童的生存與發展不受干擾和剝削；我國憲法第15條亦有保障人民生存權的規定。因此，生存權的保障是社會福利，也是兒童福利的基本精神。而除非國民所得達到高度的水準，政府財政相當充裕，絕對貧窮完全絕跡，否則，社會福利絕不可能保障全體國民都享有高素質的舒適生活，在目前一般國家的經濟和社會條件下，社會福利仍應以生活的最低保障爲原則（蔡宏昭，1990：5）。

## 基本需要與權利原則

　　基本需要與權利的原則，同時將資本主義提昇至一個融合社會主義（socialism）福利價值觀之新的意識形態。其基本價值觀可包括以下幾個概念（李欽湧，1994：頁45～46）：

1. 社會存在的主要目標，是滿足人類物質與精神的需求，因此，人的基本權利應當受到尊重。
2. 當人類的生理與心理的需求得到滿足，則人類的潛能將會充分表現於人類的完美、成熟、適應與生產，則社會的問題便得迎刃而解。
3. 人類自我實現所遭受之外在環境阻力，可以透過政府或政策的力量來加以克服，因此，科學的知識與技術是相當重要的。

　　此一原則基本上是建立於「施與受」（giver and taker）的互惠原則，也代表政府「取之於民，用之於民」的立意，在政策的考量上自然就會趨向積極而主動。

## 公平與效率原則

　　公平是指合理的分享（fair shares，詹火生譯，1992），在民主的社會裡，平等乃是一個普遍化的原則，只有在這一原則之下才能確保社會中人人自我尊重與公平待遇。

　　效率則意指成本與效益之間的比例，有效率的政策即為投入的成本少而所獲之產出總值高（Dunn, 1994）。效率是市場經濟非常強調的，而這種效率又受那一隻「看不見的手」的無形支配（徐立德，1988），一個有競爭性的市場，因為能夠對生產者傳達了消費者的偏好與價值，因而帶進了利潤的信息。

　　「公平」與「效率」是難以兩全而又應求兼顧的，倘若要獲得更

多的「效率」，則吾人可能就必須放棄一些「公平」，得失取捨之間，就必須審慎思考，求其平衡點。

## 優先順序原則

現代社會透過立法的程序來建立典章制度，並從而進行社會利益與資源的分配。當個人或弱勢團體的「權利」受到損害時，他們有權要求「社會」（通常是指政府）負責任而作適當合理的賠償或資源再分配（李欽湧，1994：頁42～43）。

社會福利措施的優先順序，也是社會福利政策的主題。在福利事業辦理的優先順序考量上，就理論而言，應以事後救助的事業（例如，對低所得者的生活補助、全民的社會保險等）列爲最優先，事前預防的事業（例如，衛生保健、職業訓練與輔導等）次之，而提昇生活素質的事業（例如，各種福利服務與優待措施）則列入最後考慮的項目（蔡宏昭，1990：3）。我國兒童福利法第4條明訂：各級政府及公私立兒童福利機構處理兒童相關事務時，應以兒童之最佳利益爲優先考慮，有關兒童之保護與救助應優先受理。

## 政府與民間共同參與原則

決策制定過程中，受決策所影響的標的團體，若能參與是項過程，表達他們的心聲，陳述種種關鍵性的問題層面，評斷解決問題的政策工具之妥當性，將有助於政策取得正當性的地位，爭取他們對政策的順服，有利於政策的有效執行。標的團體主動地參與政策，將使成就政策目標的困難度化解，減少以權力和脅迫的方式執行政策，更減輕政府執行政策的成本，以及介入或投入執行的程度（schneider & Ingram, 1990）。

在標的團體的決策參與上，吾人應注意兩個重要的層面：參與者的代表性及影響力，不過，決策過程紛爭的客體，如屬於技術性或科

技性，則參與的代表當以專家爲關鍵，以維護科技的理性，而民選的議員及公民的參與，亦不能加以排除，用以顯示專家對通才的負責任及溝通，獲致方案的政治正當性。更何況，由民選的議員參與決策過程，有時更可致使職司機構免於受困於利害關係人的糾纏，而有損於專業理性的提昇，及過度受制於某種屬性的代表（林水波，1993）。

　　兒童福利法總則中第1條即明文規定兒童法制定之目的乃爲維護兒童身心健康，促進兒童正常發育、保障兒童福利。因此，本節嘗試以此目的爲總目標，將兒童福利服務分爲支持、補充及替代性三層面，並針對本研究所探究的十一個主題，列出其推行政策應有的策略措施（見表2-2），並分述如下。

# 支持性兒童福利服務

## 兒童保護

　　落實兒童保護工作實是當前不容忽視的兒童福利課題之一。虐待兒童於其身心發展影響甚鉅，對兒童之性格、行爲、社會生活等皆有長期負面影響，故對受虐兒童的保護應由三級預防措施著手，在初級預防方面，應自學校、家庭、及社會面著手，增進學校教育內容與落實社會工作制度，加強預防性親職教育與高危險群家庭的輔導與協助，並加強社會宣導；在次級預防方面，落實責任通報制、加強對受虐兒童之危機處遇、請學校老師傳導兒童保護觀念與作法；在三級預防方面，應對受虐兒童與施虐家長部分加強處遇，以治療受虐兒童所受的傷害，並減低再發生的機率。

| 政策目標 | 兒童福利層次 | 標的 | 政策措施 |
|---|---|---|---|
| 維護兒童身心健康、促進兒童正常發育、保障兒童福利 | 支持性兒童福利服務 | 兒童保護：<br>a.預防與宣導 | ・學校教育內容的改進<br>・預防性親職教育的推廣<br>・社會宣導的加強與落實<br>・加強對高危險群家庭的輔導與協助 |
| | | b.診斷與治療 | ─受虐兒童<br>・身體照顧<br>・定期心理諮詢與輔導<br>・安排寄養服務<br>・日間寄托治療<br>・住院治療和機構照顧<br>・組成受虐兒童團體<br>・加強學校社會工作<br>─施虐、受虐家長<br>・加強親職教育<br>・定期心理諮詢與輔導<br>・24小時電話專線服務<br>・緊急托兒安置<br>・社會服務家務員的協助<br>・社會工作人員的輔導<br>・志願工作人員之服務 |
| | | 兒童及家庭諮詢服務：<br>a.建立專責機構 | ・考慮兒童人口數量，設立兒童專責機構，提供多元化的基層兒童福利綜合服務<br>・設立專線電話或於社區內設立學生輔導室或家庭諮詢服務中心 |
| | | b.研究、發展與監督 | ・培訓專業社工人員<br>・加強研究發展工作<br>・政策加強督導、獎勵民間機構提供服務 |

表 2-2　兒童福利政策應有的政略措施

| 政策目標 | 兒童福利層次 | 標的 | 政策措施 |
|---|---|---|---|
| 維護兒童身心健康、促進兒童正常發育、保障兒童福利 | 支持性兒童福利服務 | 親職教育：<br>a.親職教育方案提供 | · 針對父母不同特質、需求，設計合適之PE方案 |
| | | b.研究、發展與監督 | · 親職教育實施方式力求多元化<br>· 培訓專業親職教育人員<br>· 加強研究及發展工作<br>· 加強政府督導民間機構實施 |
| | | 出生通報：<br>a.監督與協調 | · 加強戶政、社政及衛生各單位之協調 |
| | | b.宣導 | · 加強對民眾的宣傳<br>· 舉辦執行過程的說明 |
| | | c.資訊網絡 | · 提供資訊網絡的建立 |
| | | d.專責人力 | · 落實專責行政績效<br>· 編訂一定比例之預算<br>· 提供專責的人力 |
| | | 兒童休閒娛樂：<br>a.休閒多樣化 | · 開展社團活動<br>· 加強童軍活動<br>· 重視學藝活動<br>· 提倡假日活動 |
| | | b.休閒網絡 | · 成立休閒諮詢中心<br>· 編印休閒活動手冊 |
| | | c.休閒空間的規劃 | · 開設文化育樂園區<br>· 籌設文化機構<br>· 加強基層文化設施 |

續表 2-2 兒童福利政策應有的政略措施

| 政策目標 | 兒童福利層次 | 標的 | 政策措施 |
|---|---|---|---|
| 維護兒童身心健康、促進兒童正常發育、保障兒童福利 | 補充性兒童福利服務 | 兒童津貼與生活扶助：<br>a.配合相關制度、法令 | ·其他家庭政策的配合<br>·制定替代現金給付的綜合性方案<br>·社會安全制度的配合 |
| | | b.廣闢財源 | ·稅制上的優惠，如扶養子女免稅額度之提高，以降低育兒成本、托育費用稅額減免<br>·提供一般性兒童休閒育樂服務<br>·因應特殊需求的給付水準<br>·為避免財務危機，可採發行兒童郵票等各項方法廣闢財源 |
| | | c.專責人員之培訓 | ·專業社工人員的培訓<br>·加強研究及發展工作 |
| | | 托育服務：<br>a.所得維持 | ·所得維持<br>·兒童津貼 |
| | | b.托育品質的提昇 | ·確保托育機構合格化<br>·培訓合格托育專業人員<br>·清點不合格立案托育機構<br>·輔導不合格機構立案<br>·提供多樣化托育服務方案<br>·建立托兒人員證照制度<br>·提供托育人員進修管道及機會 |
| | | c.托育服務網絡 | ·建立托育資訊網絡<br>·優先解決變故家庭及特殊家庭需求<br>·優先設立特殊兒童的托育機構<br>·充足日間照顧設施 |
| | | d.親職假 | ·親職假 |

續表 2-2　兒童福利政策應有的政略措施

| 政策目標 | 兒童福利層次 | 標的 | 政策措施 |
|---|---|---|---|
| 維護兒童身心健康、促進兒童正常發育、保障兒童福利 | 替代性兒童福利服務 | 兒童收養：<br>a.建立收養制度與網絡 | ・建立合理且完整的收養制度<br>・整合收養服務網絡<br>・提供收養關係人的輔導 |
| | | b.專責人力 | ・建立專業之收養機構及專責人力<br>・提供收養相關機構專業人員之訓練 |
| | | c.宣導 | ・推展特殊需求兒童的收養<br>・倡導兒童本位的收養動機，建立正確的兒童收養觀念 |
| | | 兒童寄養：<br>a.兒童寄養的宣導 | ・擴大寄養家庭的招募 |
| | | b.兒童寄養網絡建立 | ・加強寄養家庭的評估<br>・加強寄養家庭的選擇<br>・提供寄養關係人的輔導<br>・永久性計畫的建立<br>・寄養相關資料的建檔管理<br>・追蹤輔導 |
| | | 機構安置：<br>a.宣導教育 | ・加強社區聯誼與活動 |
| | | b.人員培訓 | ・專業工作人員的訓練與聘任<br>・志願服務人員的徵募、訓練與管理<br>・加強機構相關人員之醫療衛生知識 |
| | | c.機構品質的提昇 | ・調整教養機構之功能與收容標準<br>・加強院童之課業輔導<br>・培養正確理財觀念<br>・正確提供性教育與兩性關係知識<br>・加強生活常規的訓練<br>・加強安置機構環境的衛生與清潔 |

續表 2-2　兒童福利政策應有的政略措施

## 兒童與家庭諮詢服務

家庭與兒童諮商服務為兒童福利的第一道防線，若能在兒童與其家庭發生問題初期，適時介入提供輔導與支持，使問題不致擴大，將可避免兒童遭受到不可磨滅的傷害。國外在支持性兒童福利方面，以美國與日本為例，此二國家已分別設有社區心理衛生中心及兒童相談所，提供許多家庭及兒童諮商輔導來面對問題；在我國，雖有部分機構提供此項服務，但仍未有明確針對兒童家庭的相關政策及政府機關督導。因此，未來我國制定兒童與家庭諮詢福利服務政策時，需考慮政府兒童福利專責行政機關的設立（例如，兒童局）、家庭及兒童問題研究發展工作、兒童福利專業人員的培訓、法律的確實執行、於社區中落實等，期提供家庭及兒童完善的支持服務。

## 親職教育

「應使兒童成長於親生家庭」。我國政府一向重視家庭中父母對兒童應盡教養之責任，因此實施親職教育強化親職功能亦成為制定兒童福利政策的要點之一。然而，親職教育雖然已受到政策長久以來的重視，但往往在實施上不夠落實。是以明訂親職教育目標、宗旨、策略、相關單位的權責，建立由家庭——學校——社區聯合推動的親職教育政策與方案，刻不容緩。在建立完善親職教育政策時，可借鏡他國之經驗評估不同家庭型態、父母個人特質、子女的發展階段等需求，提供適當的親職教育方案。除此之外，親職教育實施的管道以及教學用的素材需採多元化進行、親職教育之專業人才培訓、研究及發展工作，以及最重要的政府設立兒童福利專責機構提供兒童及其家庭綜合性的專業服務等亦為制定政策之必要考慮因素。

## 出生通報制度

　　出生通報制度是兒童福利法修改後所增列的新條款之一，是屬於早期通報系統之一。出生通報主要配合早期鑑定、健康檢查的方式，用以對新生兒做篩檢工作，以期提早發現有問題的兒童並做療育的服務，此外，出生通報制度更結合戶政、社政及衛生等機構以掌握確實出生通報，如此，不僅可獲得準確之新生兒死亡率之資料，亦爲日後有效控制晚期胎兒及周產期死亡率之依據，此外，並可防制私自賣嬰的行爲。

## 兒童休閒娛樂

　　在現代社會裡，休閒活動是追求精緻生活的重要內容，也是國民教育中重要的一環。藉著休閒活動，可以發洩緊張情緒、增進身體、心理的健康，尤其自實施九年國教後，目的乃在使國小教學步入常軌，解除學生負擔過重的課業與惡性補習，相對地，兒童休閒的時間大幅增加，兒童休閒活動亦隨著生活水準的提高而日益爲人們所重視，其型態也逐漸趨向多元化。爲了防止兒童從事不正當的休閒娛樂，應加強以下各點：

1.在學校方面：
  (1)開展社團活動。
  (2)加強童軍活動。
  (3)重視學藝活動。
  (4)提倡假日活動。
2.在政府方面：
  (1)開設文化育樂園區。
  (2)籌設文化機構。
  (3)加強基層文化設施。

(4)成立休閒諮詢中心。
(5)編印休閒活動手冊。

# 補充性兒童福利服務

## 托育服務

　　托育服務是兒童照顧政策的措施之一，其主要是因應社會變遷的產物，它是婦女福利的一環，更是兒童福利的內涵。目前各國因民情及兒童照顧政策之不同而有保守及開放的措施之分。托育政策的重要性不容置疑，其所提供之服務內容也將影響兒童的身心發展。而托育政策需托育機構的配合，提供多元化的服務內容，同時也配合兒童托育津貼、育嬰假及親職假的實施，如此一來，才能落實托育服務的內涵。

## 兒童津貼與生活扶助

　　家庭是社會結構的基本組織，如果家庭能提供一個安全的環境，發揮照顧、保護與經濟的功能，生長在其中的兒童方能有較好的發展（林義男，1988）。然而，仍有部分兒童處於欠缺經濟資源的家庭，使其身心發展遭受阻礙。兒童津貼便是政府與家庭共同負擔撫養、教育及維持子女健康等之費用。在實施上，我國及國外多數國家乃針對低收入家庭之困苦或失依兒童採社會救助的方式進行現金之補助，這種制度是針對有特殊需求之困苦兒童所訂定，可維持其生活最低的需求。而部分發展國家，如英國及部分北歐國家在實施上，其實施對象

擴及兒童、家庭（例如，產婦、孕婦），即以家庭為單位的普及性給付，並配合其他與兒童相關的現金給付。在補助的家庭型態、給付的方式、及其他相關規定（例如，申請之條件、給付額度、其他相關家庭福利制度、所得稅制度、其他社會保險方案的兒童補助等）皆已納入其兒童津貼制度範圍。因此，我國訂定該政策時，可效法德國，採緩和漸進的方式，以求制度之穩固。將兒童津貼的執行機構、經費負擔、給付方式、發放對象要件、職域別、所得限制、子女要件與範疇、所得限制及津貼額度做全盤考量，並配合我國財經現況、稅制、家庭政策、社會安全制度等相關政策，多元化的實施兒童津貼。另外，專業兒童福利社工人員培訓以及兒童與家庭的研究發展工作亦是政策考量上不可或缺的要件。

# 替代性兒童福利

## 兒童收養

　　兒童收養為替代性服務之一種。國內之收養於收養關係人及相關機構方面面臨相當大的問題，因此我國收養服務應朝下面方向進行，包括：建立合理且完整的收養制度，整合收養服務網絡、解決兒童安置問題，提供收養關係人的輔導，建立專業之收養機構及專責人力，提供收養相關機構專業人員之訓練，推展特殊需求兒童的收養，及倡導以兒童為本位的收養動機等。

## 兒童寄養

　　兒童寄養是提供兒童一個有計畫期限的替代性照顧。國內的兒童

寄養常面臨寄養暫時性安置目標無法達成、寄養家庭的質與量有待提昇、寄養費用多寡的爭議、以及機構與寄養家庭之關係等問題，因此，對於兒童寄養之政策措施應加強對寄養家庭的招募、評估、及選擇，加強對寄養兒童、寄養家庭及親生父母的輔導，同時亦應考量永久性安置計畫，增加寄養家庭的類型，寄養家庭與兒童的資料建檔及追蹤輔導等。

## 機構安置

機構安置係提供兒童團體而非家庭式之暫時性或永久性的兒童照顧。兒童機構安置呈現的問題包括：持續性照顧的缺乏、專業人員的不足、安置對兒童身心發展之優缺點、社區民眾的排斥等，因此，政策措施應自社會福利、教育及醫療衛生三方面著手，除加強兒童教養機構硬體設施的改善外，並應加強對兒童之輔導與相關專業人員之培育與對社區之聯誼活動等。

# 3. 如何落實兒童福利政策之執行

* 兒童福利政策取向
* 兒童福利服務內容的定位與功能
* 組織的外在環境
* 組織內在環境
* 兒童福利體系的組織架構
* 落實績效之評估
* 結論與建議
* 參考書目

Andrew（1965）認為策略是目標的組型（pattern），用以達成目標的主要政策和計畫。Thomas（1995）更認為策略是組織一系列的活動和計畫，使組織目標能與其使命（mission）相配合，並以有效的方式使組織使命能與其環境相配合。由此看來，未來政策之擬定宜考慮：一、標的人口的需求；二、現有的人力資源、組織條件資源；三、預算的來源及比例；四、服務提供的績效；五、機構的行政程序、規章、法源之完整。將此原則應用至Dunn（1994）的政策分析架構（詳見圖3-1）。

　　為了落實政策之績效，必須要針對兒童福利體系的定位、功能、組織所處的外在和內在環境以及體系的組織架構加以分析其績效，茲分述如下：

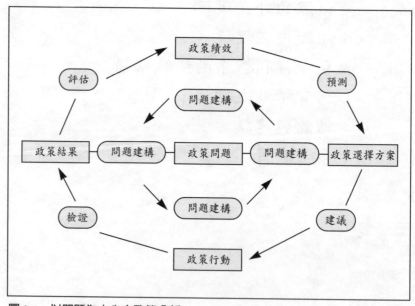

**圖3-1　以問題為中心之政策分析**

資料來源：Dunn, William N., *Public Policy Analysis: An Introduction,* NJ: Prentice-Hall Inc., 2nd ed., 1994: 15.

# 兒童福利政策取向

　　兒童福利的界定往往受到兒童本身、兒童所處的家庭及社會（政府）之影響，特別是政策的制定往往反映出當代社會對兒童照顧理念的認同以及政府與家庭角色的定位，因此，探討兒童福利政策實首應瞭解社會之兒童照顧政策取向。

　　環顧各先進國家兒童政策取向，並檢視我國相關之兒童福利法規與實務工作，可發現我國兒童福利政策偏向「尊重家庭與雙親權利」之取向，例如，我國兒童福利法的訂定與修正明確規範了保護兒童的責任歸屬，政府主動積極介入傳統私有領域的家庭事務中，使得「自由主義」的思潮基本上已不再適用於台灣社會中。雖然政府的介入類似「國家干涉主義」所提出的政府角色與作法，然而在本質上政策的實施仍強調原生家庭對於雙親與兒童的重要性。基本上，政府的角色在支持家庭，因此訂定相關法規，使得扶養者在安置原因消失時，兒童能重回其家庭。同時在兒童保護中，基於兒童最佳利益原則下所作的安置工作，基本上仍以「家庭維繫」及「家庭重塑」為努力目標，除非當窒礙難行時，方才考慮「永久安置」議案。

　　因此，國家雖用公權力介入，但仍以雙親及家庭責任為主要考慮點。其間，兒童福利法雖亦考慮兒童，特別是七歲以上兒童被收養時之個人意願，但其餘相關理念則付之闕如。因此，我國兒童福利實綜合了四種兒童福利政策取向，強調政府與社會對於兒童照顧之責，但於實務作法中較傾向「尊重雙親及家庭權利觀」，至於兒童之表達權，此取向之實踐仍屬有限（彭淑華，1995）。

# 兒童福利服務內容的定位與功能

　　兒童福利內容可分為支持、補充及替代三道防線。而到底執行政策是要採取殘補性為主還是預防性為主？這實須考量兒童成長需求及兒童標的人口需求。預防服務的目的乃是遏阻新案件的發生，其策略是由高危險群人手，作積極性的預防教育工作（Justice, et al., 1976）；而殘補式則是對已發生問題之兒童給予處遇，此乃基於「預防勝於治療」的觀點，而且事先預防比事後治療所花的費用更少。因此，未來在推行兒童福利之工作中，宜考慮其優先順序，對於特殊及低收入家庭的兒童宜優先考慮提供服務，除了對已發生問題之家庭的兒童給予協助外，並助其原生家庭發揮正常的功能，以期兒童在其原生家庭或正常環境中得到最好的成長。

　　從受益對象之特性來看，我國兒童福利服務對象包括對一般需求與特殊需求之兒童的服務項目。為滿足一般兒童成長所需及兒童應享之權益所提供之福利服務包括：親職教育、兒童家庭諮詢服務、兒童休閒育樂、兒童托育等；另為加強對特殊處遇兒童之保護而特別提供之福利服務包括：兒童家庭生活扶助、兒童津貼、受虐與疏忽兒童之輔導、兒童收養、寄養及機構安置等。從上述服務項目可看到我國兒童福利兼具預防性與補救性福利二者，然進一步從現有法規、相關研究、及實務領域中思考此議題時，可發現我國兒童福利措施仍偏向補救性福利。例如，兒童福利法之政策內涵雖包括兒童權益之保障，如「應以兒童之最佳利益為優先考慮」，然兒童福利法之制定仍以保護不幸兒童為目標，且視受虐、不幸兒童之安置處理為最優先即是一明顯例子（陳武雄，1994；彭淑華，1995）。固然對特殊需求兒童，或甚至不幸兒童之補救性福利服務工作一直是兒童福利界努力的首要目標，然如何平衡福利服務之預防性與補救性功能，使得兒童福利工作真正能滿足兒童的福利需求、保障兒童之權益及落實兒童保護工作，

將是未來仍應持續努力的重要課題。

# 組織的外在環境

　　現有兒童福利機構服務形態大都偏向機構式，彼此之間亦缺乏服務的協調，而且也未能依地區均勢發展。因此，未來兒童福利機構宜朝向社區化、經營民營化、工作人員專業化的目標邁進。政府則宜扮演輔導、監督的角色，辦理民間較無力經營的服務方案或設立機構，並要去除「萬能政府」的心態，對於機構設施、設備，要建立示範作用，專業人員要建立納編的制度及證照化專業體制，必要時以補助人事聘任方式鼓勵民間辦理兒童福利服務。

　　所謂民營化是指將公共部門的功能轉移到民間部門。依據福利多元論的觀點，民間部門包括：非正式部門（the informal sector）、志願性部門（the voluntary sector）及商業部門（the commercial sector）（Johnson, 1987；張英陣, 1995）。於我國社會福利相關業務推動上，民間部門一直扮演很重要之角色，兩者在福利服務方面扮演著合作互補的密切關係。

　　政府與民間角色分工於我國兒童福利領域更具重要性。常見之民營化方式，例如，按照轉介至機構的案主人數，補助委託收容之育幼院；家庭收養服務目前除台北市政府委託世界展望會辦理外，其餘縣市則委託中華兒童福利基金會即是。茲以台北市為例，台北市政府社會局近年來委託民間辦理社會福利服務的項目自1990年的十一項增加到1993年的二十五項；在金額方面，亦從1990年的二億八千萬元增加到1993年的四億三千萬元，增加率達1.53倍，而委託民間經營的方案大致可分成三類：一、訓練方案之委託：例如，家庭保母訓練、保育員培訓、殘障兒童保母訓練等；二、經常性服務之委託：例如，兒童寄養、困苦失依兒童少年委託收容等；三、公設民營機構之委託：例

如，博愛兒童發展中心、心愛兒童發展中心等均委託民間機構辦理（柯三吉、萬育維，1994）。

由於民間機構可提供更有效率與更具彈性的福利服務，因此，未來將國家負責的活動轉移由民間單位辦理將是持續的趨勢，惟政府委託民間單位辦理福利服務方案，仍面臨了許多困難，如委託對象有限且品質良莠不齊；委託經費不足；承辦人力缺乏，無法落實各機關輔導；委託合約缺乏明確規範；監督與稽核方法未能落實；服務品質無法確保等（李淑容，1995；柯三吉、萬育維，1994；師豫玲，1993；林育芳，1993；卓春英，1993）。因此，政府及民間角色與關係之釐訂、責任之歸屬仍須經更多的討論。

此外，一些福利機構的設置有朝都市地區發展之趨勢，因而忽視弱勢團體的需求，故未來的政策規劃宜考慮機構功能，避免資源重疊，造成有其優先設置之必要的機構極度缺乏，如此一來，不但未能滿足兒童需求，同時違反優先順序的原則。

# 組織內在環境

「兒童福利法」為目前兒童福利工作推展之主要藍圖。「兒童福利法」具備之精神及特性包括：昭示政府主導性角色、兒童福利政策之全面性、兒童為社會之資產與責任、兒童最佳利益與權益保障之原則、家庭與雙親之權利義務等。在具體措施上，「兒童福利法」對於行政組織的調整、兒童專業人員的專業位能、經費預算的編列、及相關制度的建立等立下法理上之依據，亦使得兒童福利法成為國內兒童福利奉行之圭臬（彭淑華，1995）。然而，徒法不足以自行。各項制度，例如，出生通報制、責任報告制仍未能具體落實；行政組織、人力、預算、及相關法令的配合與調整仍是緩不濟急；兒童需求與兒童權益的保護仍未能持續宣導而達到共識；凡此種種，皆使得兒童福利

法立法之良好美意大打折扣。雖然現行兒童福利法未臻完善，尚須相關學者專家的努力修訂，然而，兒童福利法的真正付諸實施恐是現階段必須立即面對的。為確實保障我們兒童的福利權，兒童福利法的落實，實是另一應予重視的議題。

　　就推動政策上，現有的條件及潛在資源，必然會影響策略及方案的選擇。目前在執行兒童福利上，行政層面位階太低，不能協調其它行政部門，例如，教育、衛生、司法等，此外政府正力行人事減肥計畫，要增加人力實屬不易，然而推行兒童福利人力不足、現有人力兼辦兒童福利業務已是各地方政府很普通的現象。人員專業化、證照制度未能貫徹實施造成現有兒童福利服務人員因薪資待遇及專業地位低而工作負荷量高，導致專業工作人員衰竭（burnout）、流動率（turnover）高，此外工作人員也常工作輪調（rotation）（余漢儀，1994）無形中造成人力資源規劃的損失及人力培訓的浪費。

# 兒童福利體系的組織架構

　　目前我國兒童福利體系可分為政府行政單位及民間機構，社政行政體系是依附社政單位之中，依現行體系是在內政部下的社會司的社會福利科；省（市）社會處（局）下設兒童福利科；縣（市）社會科（局）下設兒童福利股；鄉鎮市公所則由民政課所主管，負責兒童福利事業。而民間兒童福利機構則依其服務內容、對象及經費來源之不同而編制專、兼職工作人員。馮燕、郭靜晃、秦文力等（1992）在「兒童福利法執行成效之研究」中發現整個兒童福利行政體系由於位階低，以致於無法協調其它行政單位，而科層體制中的本位主義嚴重，加以地方政府缺乏專責行政人員的人力配置，造成推行兒童福利業務之滯礙難行。不可諱言地，在本研究過程中，某地方主管兒童福利業務之單位，在研究小組詢問有關兒童福利預算及執行情形時，表

示地方根本沒有人在執行兒童福利業務。

兒童福利法第6條有明文規定「兒童福利之主管機關；在中央為內政部；在省（市）為社會處（局）；在縣（市）為縣（市）政府。兒童福利主管機關應設置承辦兒童福利業務之專責單位：在中央為兒童局；在省（市）為兒童福利科；在縣（市）為兒童福利課（股）。司法、教育、衛生等相關單位涉及前項業務時，應全力配合之。」兒童福利法修訂後逾今也已有二年多之時間，尚未見政府有為兒童福利在中央、地方之專責單位做規劃，遑論這些單位之設置，尤其本身位階低，難以協調其他單位，以至於兒童福利業務如托育服務、出生通報制度及兒童保護等，難以有效推行。

此外，目前我國兒童福利行政人力之分配窘困，也實不能順利完成兒童福利法所列出的兒童福利輸送服務，再加上因應社會變遷造成社會大眾對福利需求是多源且無止盡的，相對的也給行政部門相當大的壓力。因此，須各層級的兒童福利行政人員，至少要有專人負責兒童福利業務，建立專業人員納編制度及專業化、證照化之體制，以提昇兒童福利輸送服務之品質。

鑑於兒童福利服務之推行實須政府、社會民間大家一起同心協力以達到福利服務多元化，所以政府實應仰仗行政組織之體制，一方面對各組織機關進行行政監督，以達到層級節制的目的；另一方面鼓勵民間機構及團體的參與，並確保福利民營化，共同建立兒童福利資源網絡以確定兒童福利服務輸送體系得以運作，並評估績效。

# 落實績效之評估

由於缺乏有效的工具來分析兒童福利體系組織之績效，所以一直無法瞭解到底我國兒童福利服務推行之成效。在目前有關我國兒童福利之績效評估之研究計有「趙文藝（1983），我國兒童福利政策與立

法的評估」、「柯三吉（1986），台北市兒童福利政策執行績效之評估」、「馮燕等（1992），兒童福利法執行成效之評估」，以及「沈俊賢（1992），兒童福利體系組織績效分析之研究」中皆因分化系統而無法給予整體的分析。此外，由於政治生態歪變，政黨政治的運作，更容易為了在選舉中討好選民以換取選票，而將兒童福利服務的總體規劃泛政治化，阻礙國家發展總體的兒童福利政策，甚至於在分析整個福利服務輸送體系及組織績效的評估上，亦未能有系統的評估，如此怎能得知其運作之績效？

# 結論與建議

　　本文主要是以內政部所補助「兒童福利政策之研究」所整理，其研究之目的在於透過兒童福利服務供給之現況，分析供需失調的情形，並參酌國內外文獻檢閱的基礎，以期提出我國兒童福利政策之目標、原則及策略。

　　本節嘗試由前述之研究發現及討論整理出有關未來我國兒童福利政策之訂定與實施時可考慮的方向及策略，結論部分就政策取向、法規、經費、福利輸送服務優先順序及行政體系的建立做一探討，再根據結論所呈現之問題進一步提出建議。

## 結論

### ·澄清政府與家庭角色地位的兒童照顧政策

　　根據本研究之分析結果，我國對兒童所採取的照顧策略乃是隱含式的家庭政策方式，強調原生家庭對於兒童照顧之重要，除非發生對兒童產生危害，在必要時國家再進行介入。然而，基於兒童福利法之

明文規定，兒童應處於最佳利益的原則來加以安置，因此政府應明白訂定對兒童照顧的政策以及應扮演的角色。

理想的兒童福利是主導性（proactive）的，具有預防的效果，使兒童潛能得以發揮的成長環境（余漢儀，1994），但礙於法規、經費、人力等資源的限制，政府部門的兒童福利常以殘補式的處遇方式解決兒童的問題，例如，兒童虐待，父母親因單親或無法執行親職的功能時，政府再加以事後處置。此種處遇之效果所花的費用遠比預防性的服務來得大（馮燕等，1992）。

此外，政策之制定常又依著政黨政治之宣告及規定的要點有所更改，造成地方政府在福利服務之輸送時也不依據實際標的人口的需求，故政府宜對標的服務對象考慮其公平（equity）、效率（efficiency）及政治上的可行性（political feasibility）三個原則之間的平衡（Schalock & Thornton, 1988；摘自余漢儀，1994）。

## ·兒童福利服務內容多元化

近年來，社政單位因應福利需求之高漲而發展出多元化的福利輸送結構，例如，出生通報制、托育服務方案，但由於方案行政結構卻未能就案主的使用便利而簡化（例如，出生需通報戶政、衛生及社政三部門，但三部門各有其通報系統而未建立通報資訊網絡，造成流程紊亂及錯誤），再加上方案之單一作業（例如，托育政策除了確保托育量的需求，也要有兒童津貼及育嬰假的實施）或專業人力尚未完全培訓及部署，因此造成雖有服務之項目但實質的效果有限。

兒童福利服務內容可分為支持、補充及替代性的服務，而服務之對象又可分為滿足一般兒童及特殊兒童，前者之服務內容可包括：親職教育、托育、休閒娛樂、兒童諮詢等；後者可包括：家庭生活扶助、收養、寄養及兒童保護等。然而，為滿足兒童照顧的需求，我國宜採取普及性（the universal），還是採選擇性（the selective）的原則尚無明顯的規範，但從目前相關法規及一些福利措施來看，我國仍以保護不幸兒童為優先。對於不幸及有特殊需求兒童的照顧是兒童福利

推行的首要工作，但為了將有限的資源合理運用，未來政策制定時雖然仍必須優先考慮特殊需求兒童，惟仍應以滿足一般兒童之福利需求為終極目標。

## ·兒童福利法的落實

兒童福利由於缺乏專業人力、經費不足及機構組織不健全、法令不周延，諸此種種皆造成兒童福利業務執行之困難（馮燕等，、1992）。由於政策資源的不平均，造成都市及鄉鎮資源分布不均，也造成兒童福利業務推行之失衡。此外，由於經費來源狹隘，只靠政府編列預算，而政府預算之編列又有賴於政黨政治的運作及社會福利議題的泛政治化，凡此種種皆可能造成應該辦理之事務，例如，兒童局、兒童醫院、兒童樂園等之設立拖延再三。

兒童福利法是目前兒童福利工作推展之圭臬，而兒童福利法在1973年制定執行，之後於1993年修訂，雖然現行兒童福利法未臻完善，但重新修訂又需要一段時間，因此，現階段應掌握目前兒童福利法所規定之制度，例如，出生通報制、責任報告制以及兒童局的建立等之落實。

此外，兒童福利法亦規定兒童應在最佳利益及權益保障的環境下成長，但兒童是弱勢團體，沒有聲音，沒有選票，因此常常被政策制定者忽視其應有的權利。近年來保障人權觀念日漸受到重視，因此，經常見到成人為維護自身的各種權利挺身而出；然而，不少成人，在此同時，卻往往忽視稚弱兒童的生長權益，甚至對兒童造成傷害或任意剝奪其權利（信誼基金會，1995）。兒童虐待案件的增加反映出兒童權利受忽視，而兒童虐待、不安全案件的增加也喚醒各地方政府成立兒童保護會報組織來進一步防止兒童被傷害事件的一再發生。

## ·明定相當比例的兒童福利預算

兒童福利工作除了有法令根據之外，更需要財力及人力的配合才得推展。目前，我國兒童福利經費主要來源為各級政府的預算支出，

而政府預算經費大都集中在中央，相對地，地方是業務執行的單位，但地方政府卻是缺錢又缺人，因此，推行兒童福利工作更是窘迫。目前兒童福利經費預算佔社會福利預算之第三位，次於殘障及老人福利，若以標的人口之平均分配而言，那麼兒童福利經費相較於其它團體卻來得少，因此，改善合理的兒童福利經費預算分配是未來推展兒童福利工作宜重新加以思考的課題。

此外，推行兒童福利服務也因不同政黨政治及主事者而有不同的重點工作，另外，財政單位的保守主流和中央單位的監督手段，不僅影響財政的補助，更限制了兒童福利行政滿足當地福利需求的原則性。

## ‧兒童福利輸送服務之優先順序

兒童福利業務推展實有賴於家庭、社會及政府共同參與。依相關研究文獻分析之結果來看，政府花費不少預算經費在普設公立托兒所，建立兒童福利中心，而忽略其民間較無力達成之特殊兒童的福利服務，如此結果，無異造成資源之重疊、浪費，而且也減少民間機構或團體幫忙政府推行兒童福利業務的機會。基於鼓勵民營化、機構社區化，政府整合社會資源，規劃優先順序之兒童福利服務方案，並鼓勵民間的積極參與乃當務之急。

政府與民間角色分工及福利民營化常是我國福利推展的重點。而政府常以補助、委託民間機構方式來幫助兒童福利業務的推展。而民間機構除了提供有效率及有彈性的福利服務，也能舒緩政府的行政負擔，更能落實福利服務。然目前民間機構仍面臨一些困境，如機構的經營管理，人力缺乏及專業品質匱乏，委託合約缺乏明確規範，更有甚者乃是監督及稽核方法未能落實，導致服務品質無法確保，因此，政府應更積極釐訂政府與民間角色，建立兒童福利資源網絡、規定優先順序的服務內容以健全兒童福利服務之輸送體系。

## ・健全行政體系及有效組織績效之評估

　　兒童福利與司法、社政、衛生、教育息息相關，但由於行政體系的不健全，造成兒童福利僅是社政的兒童福利，同時，由於缺乏專責單位，造成行政人力之缺乏，難於幫助兒童福利事務之運作。

　　社會變遷的結果為社會大眾帶來新而龐雜且無止盡的福利需求，也帶給各行政部門無比的壓力。然而礙於有限的經費及人力，政府行政與民間所提供的福利服務是否迎合人民的需求呢？因此，陳武雄（1995）指出未來推行社會福利工作應有下列之理念：一、釐清和掌握社會環境變遷的問題；二、確認民眾的福利需求；三、衡量國情文化條件狀況提出福利主張；四、掌握社會福利對策與需求的差距；五、明確資源配置和權責分工。這些理念有其前瞻性及必需性。環顧我國兒童福利政策目標在憲法、兒童保育政策、四大社會綱領……等，也曾經給予兒童福利政策一些指導方針，甚至行政組織也據此擬定各種不同的福利方案，但是諸此方案在實施之前未見評估其可行之策略，而實施後也未統計其執行的績效。如此一來，姑且不論所花的經費是否滿足標的人口的需求，對於瞭解兒童福利執行成效，建構兒童福利管理資訊，或建立行政主管單位的獎懲標準均缺乏依據。

## 建議

　　根據以上討論可延伸出下列之建議：

1. 根據我國目前對兒童照顧是以兒童福利法為最高政策原則，強調家庭對於兒童照顧的責任，政府所扮演的角色是當兒童不能獲得最佳利益的成長，政府才得以介入。然而家庭與政府對兒童照顧的職責與分工仍不明確。我國兒童福利立法之基本原則是以兒童之最佳利益為原則，因此政府應明定各種政策與方案，整合各民間、企業資源來支持家庭，以確保家庭整合並促

使家庭的功能發揮，致使兒童與其原生家庭的關係得以維繫，亦在最佳利益中生長。故福利服務執行之前，應先確定政府與家庭對兒童照顧之職責。

2. 政府與民間宜妥善分工，而分工之取向宜採用社區化、民營化及網絡化為原則，所以小型、專業人力密集的福利服務宜優先考量，對於政府已興辦之大型機構（例如，公立托兒所、社區示範托兒所）宜考慮單位成本，慢慢轉成民營化及社區化為主。上述作法，一方面結合民間及社區資源，建立社區資源網絡，並明確資源分配和權責分工；另一方面增加誘因，如此財稅福利方式，促使民間機構及團體參與兒童福利服務，以鼓勵民間積極參與。

3. 未來兒童福利服務為避免造成政府財政負擔及行政組織龐大，政府對於福利服務應有選擇性及訂定優先順序，以建立福利社會（the Welfare Society）。故推行福利服務時宜採針對特殊兒童服務方案（例如，原住民、單親低收入戶家庭生活補助、兒童保護、特殊兒童就學、就養、就醫等）列為最優先之考慮，次為支持及補充家庭方案之服務（例如，托育服務、兒童津貼、兒童諮詢），最後為提昇生活品質之預防性工作（例如，親職教育、各種福利服務制度）等。

4. 提供多元的兒童福利方案，依中央、地方政府的特性來加以規劃。各級有關單位（例如，教育部、內政部、司法部、衛生署等）應就各自權責範圍，針對兒童的一般及特殊需求，主動規劃福利服務，例如，教育及內政應儘速解決托育之功能與定位，內政與衛生也應協調解決出生通報的實施。現行機關組織中雖有規劃及部分聯繫以進行兒童福利服務網絡，但常因機關組織的本位主義逕自行事，造成服務重疊、資源浪費之情形。

5. 落實兒童福利法之規定事項，並協調各行政單位訂定或修訂不合宜之相關法規，以建立完整的法規體系。例如，明列一定比

率的兒童福利經費（依照兒童人口比例編列預算），使其工作推廣經費來源充足，均衡城鄉兒童福利資源，更避免地方政府處於缺錢、缺人之情形，無法落實兒童福利服務。

6. 兒童福利專責單位設立要加緊腳步，並充實中央及地方社政人力。例如，中央應迅速規劃兒童局的設立，並提高行政位階，地方要確保有專人負責兒童福利業務，以健全社會福利行政體系，發揮行政效率，達成行政服務。

7. 中央政府明列預算，推展有關兒童福利輸送服務方案的宣導，並同時教育民眾對福利理念的認識，釐清政府、社會及家庭對兒童照顧的角色。此外，為應付中央及地方政府拮据之財政，宜廣闢財源，充實社會福利基金。

8. 全額補助民間機構或學術團體執行委託方案，針對兒童福利相關服務方案進行研究、發展或監督方案的執行成效，以提昇服務內容的品質及行政執行的效率。

9. 充實行政人力，透過在職訓練，加強對主管業務之熟稔及管理技巧，並要不斷協調主管機關及相關機構，以瞭解問題並協助機構解決問題。

10. 鼓勵內部人員持續對機構執行評鑑活動，必要時可聘任外部專家學者提供技術之諮詢；評鑑活動可由外部專家學者及內部業務人員共同擔任，以避免外部人員不瞭解服務之實際運作而內部人員不客觀中立之缺點（余漢儀，1994）。此外，有關內部業務及方案的執行，也應訂定一套明確的權責考量（accountability）的管理體系，並依此體系來明確評估其執行的績效。而評估者宜依兒童福利促進委員會性質，聘請外部相關學者及內部的行政業務人員共同擔任，以有效進行行政內部績效評估之探討，達成對行政服務及品質之監督。

# 參考書目

## 中文部分

余漢儀（1994），兒童福利之績效評估──以台北市社會局為例，《國立台灣大學社會學刊》，（23），頁97～142。

李淑容（1995），從兒童福利論政府與民間角色分工。二十一世紀台灣地區兒童福利政府白皮書研討會。

李欽湧（1994），《社會政策分析》。台北：巨流圖書公司。

沈俊賢（1992），兒童福利體系組織績效分析模型之研究──以我國為例。中國文化大學兒童福利研究所碩士論文。

林水波、施能傑、葉匡時（1993），強化政策執行能力之理論建構。行政院研考會。

林育芳（1993），推行民營化可能遭遇之困難與因應之道。社會福利民營化研究會專題研討引言。

林萬億（1994），社會福利的整體規劃，全國社會福利會議──邁向二十一世紀社會福利規劃與整合。內政部。

林義男（1988），《社會學》，台北：巨流圖書公司。

信誼基金會（1995），《兒童權利知多少》二版。內政部獎助。

柯三吉（1986），台北市兒童福利政策執行績效之評估。台北市政府研究發展考核委員會。

柯三吉（1994），萬育維，台北市政府社會局委託式福利服務提供模式之研究，社會局與受委託機構間互動關係的探討。台北市政府社會局委託研究。

孫健忠（1990），社會福利行政：執行的兩難，《社區發展》，（50），頁141～142。

徐立德（1988），平等與效率。中華民國管理科學學會。

師豫玲（1993），現階段各級政府推動民營化之現況，社會福利民營
　　化研討會論文。

彭淑華（1995），我國兒童福利政策發展取向之解析——以我國兒童福
　　利法為例。二十一世紀台灣地區兒童福利政策白皮書研討會。

張英陣（1995），第三部門與社會福利政策分析，《社區發展》，
　　（70），頁144～159。

陳武雄，整合福利政策、法規、措施之理念與作法——社會福利的理
　　念與實踐。八十四年國建會社會福利分組會議引言。

馮燕、郭靜晃、秦文力（1992），兒童福利法執行成效之評估。行政
　　院研考會委託研究。

蔡宏昭（1990），《社會福利政策——福利與經濟的整合》。台北：桂
　　冠圖書公司。


# 英文部分

Dunn, W. N. (1994) *Public policy analysis: an introduction* (2nd ed.) N
　　J: Prentice-Hall Inc.

Johnson, N. (1987) *The welfare state in transition: the theory and
　　practice of welfare pluralism.* Brighton, Sussex: Wheatsheaf
　　Books.

Richardson, J. H. (1962) *Economic and financial aspects of social
　　security.* London: George Allen Unwin Ltd.

Schalock, R. L. & Thornton, C. V. D. (1988) *Program evaluation: field
　　guide for administrators.* NY: Plenum Press.

Schneider, A. I. & Ingam, H. (1990) Behavioral assumptions of policy
　　tools. *Journal of Politics,* 52, pp. 510~529.

# 4. 邁向二十一世紀兒童福利之願景——以家庭爲本位，落實整體兒童照顧政策

* 前言
* 當前兒童照顧政策與措施之評析
* 我國整體兒童照顧走向之建議
* 結語

# 前言

　　健全的兒童是明日社會的動力，兒童福利的健全發展可以增進人類的幸福，減少社會變遷所產生的困擾，為兒童營造一個健全安定的成長環境是政府與社會大眾無可推諉的責任。給予我們的兒童有個美好的未來是我們的責任與希望，因為兒童是我們的核心及未來的主人翁，更是未來高素質的生產人口，規劃整體的兒童福利政策有其必要。

　　在多元主義下，公共政策對資源的分配過程中，兒童係為明顯的弱勢族群，如何使兒童獲得適切而合理的對待，便是兒童福利政策所要努力的標竿。兒童福利是社會福利的一環，兒童福利並無一放諸四海皆準的定義，其定義常依著國家的社會、經濟、文化、政治等發展層次不同而有差異；未開發國家視兒童福利為兒童救濟；開發中國家的兒童福利不僅是消極的救濟，更要解決各種因素所導致的兒童問題，特別要救助不幸的兒童及家庭；對已開發國家而言，兒童福利意指促進兒童身心健全發展的一切活動而言（李鍾元，1986）。

　　在探討有關兒童福利政策的內涵時，廣義而言，它涵括一切能影響兒童福利的活動及政策立法，從衛生、教育到國防活動，義務教育政策到童工立法無所不包。但從狹義的觀點，尤其從社會工作專業服務的角度來看時，則是指經社區認可，針對兒童的問題及需求提供服務，以利於兒童的成長，而家庭是兒童最關鍵的環境，他們是透過家庭而獲得滿足。準此，兒童福利政策內涵實際反映當代的社會價值及對家庭的定位，而在探討兒童福利的同時當然也必須關注兒童成長所在的家庭（余漢儀，1990），此外，兒童福利之界定也回應政府與家庭對兒童照顧之權利義務之消長（許純敏，1992）。

　　聯合國的兒童權利公約是全球人民戮力提昇兒童權利及保障兒童權利的依據，尤其是1924年的日內瓦宣言更是全球各國追求兒童福祉

的依歸。兒童權利之基本原則：一、所有兒童一律平等；二、為兒童謀求最大的福利；三、兒童享有生存及發展的權利；四、尊重兒童的意見。我國兒童福利法開宗明義也是保障兒童之權益為兒童謀取最佳利益，據此，兒童福利的工作應立基於滿足兒童的需求，更積極落實兒童權利的保障及解決兒童的不幸遭遇和問題。

　　兒童的福祉不再是單依個人或家庭的責任。反之，它必須是由個人、家庭、社會及政府各階層結合的力量所共同完成的責任或使命。因此，兒童福利工作之推展是要政府組織、非政府組織、學術界及兒童福利實務工作人員的努力及通力合作更是無庸置疑，所以政府應用多元的觀點來保障兒童的權利。本質上，對於有關兒童人身權益相關議題的思索是一種雙重進路的探究策略。亦即，以兒童照顧來舖陳作為一項發展模式的蛻變，一方面，強調兒童照顧本身有其共有的發展脈絡意涵（contextual implications），對此，我們有必要將對於兒童照顧的各種福利實務（welfare practices）作為置放於台灣社會變遷的視野底下，藉此才能掌握到不同時期兒童照顧工作相關的時代背景因素（temporal sequences），以及各個發展階段在整體歷史發展上的貫連與落差；另一方面，兒童照顧工作本身有其分殊、獨特性（particularities），因此透過若干不同界面像是兒童發展（child development）、親職教育（parent education）、托育服務（day care service）、兒童津貼（child allowance）、孤兒年金（orphans pension）、寄養照顧服務（foster care service）、幼兒教育券（nursery education voucher）、兒童輔導（child guidance）、兒童受虐與保護（child abuse & protection）、兒童犯罪（child delinquency）、兒童人權（child right）、早期療育（early intervention）以及破碎家庭服務（broken family service）等等理論觀念的解析，方能探得兒童照顧的真實意義，從而尋找出兒童照顧工作的共通特徵（universality）。

　　持平來看，台灣社會隨著經濟自由化、社會多元化以及政治民主化所帶動邁向福利國家的發展目標，政府以及民間部門亦嘗試著將對

於兒童照顧的工作落實成為一種生活態度、價值共識以及制度措施，對此，底下，我們試著從變遷的角度切入，藉此勾勒出來有關當代台灣地區兒童相關人身權益整體性的社會圖貌（total social pictures）。

兒童福利已不再是單純的人道主義問題，至少目前世界潮流對兒童福利努力的目標，已不只是消極性地針對需要特別救濟和特別保護的不幸兒童，而是更進一步地積極針對每個兒童權益的保護，包括兒童的教育、衛生、社會各方面的福利事業。因此，兒童福利政策可以說是，運用一切有效率社會資源，滿足兒童時期生理、心理、社會環境的特殊需求，促使兒童得以充分發揮其潛能，達成均衡且健全發展之目的的計畫或方案，以落實兒童人口之需求與問題的解決，和為兒童創造健全與快樂的成長空間。

從工業國家兒童照顧政策的發展歷程來看，他們的社會福利系統歷經第二次世界大戰、貧窮的再發現（rediscovery of poverty）與因經濟不景氣所影響的福利國家緊縮等重大事件的影響，每個時期皆有其重大的發展方向，例如，為因應高貧窮、高嬰兒死亡率及國家問題所導致的低生育率而提供的生育給付及親職假及因應養育子女的經濟負擔的家庭津貼制度：為了顧及國家普遍照顧兒童的國民家庭性津貼制度會拖垮財政，而承擔部分兒童照顧的制度〔失依兒童的救助（ADC）及失依兒的家庭扶助（AFDC）以及兒童照顧的稅收扣減額（tax deduction）〕：為了因應婦女就業，保障婦女就業權利，設立更多的公立托育服務設施及建立更完善的產假與提供多元性的兒童照顧方案：因順應多元福利主義，將普及性的公共托育福利措施轉向由私人及非營利組織提供兒童福利照顧方案。

近年來，我國由於經濟與社會發展快速，國民所得已超過一萬四千美元，並且政治結構也日趨民主化，然而社會的長期成長卻未能同步跟進，導致家庭和社會不論在結構層面、功能內涵均起了相當的變化。根據內政部（1984～1993）統計資料顯示：1984年十二歲以下兒童人口數共計4,629,185人，至1993年底減為4,059,387人，十年當中，

兒童人口數減少14.53％，占全部人口19.33％，而至1999年底，十二歲以下人口約為三百七十八萬人，占總人口的17.13％；此外，又根據1997年行政院主計處統計，台灣家庭每戶平均人數為3.5人（行政院主計處，1997），諸如皆顯示台灣家庭已日趨朝「小家庭」模式型態發展，而且人口也呈穩定減少。王麗容、林顯宗、薛承泰（1995）及鄭淑燕（1991）研究亦發現我國離婚率有逐漸升高的趨勢，而離婚率的增加也促使單親家庭數目的成長，我國單親家庭占全部兒童家庭的3.29％，且女性家庭占單親家庭62.1％（劉邦富，2000：98）。加上我國已婚婦女勞動率也有逐年增加的趨勢，大約維持在50％上下，其中育有六歲以下子女的婦女勞動參與率則平均在40％以上（行政院主計處，1984～1996），由於同工不同酬，婦女平均工資為男性的70％，雖然婦女就業率提增顯現婦女對家庭的經濟貢獻，但也顯現出婦女需要以家庭取向的照顧政策來支持他們因家庭與工作所帶來的角色壓力。

# 當前兒童照顧政策與措施之評析

## 兒童托育服務

我國現有的兒童照顧政策仍屬於福利多元主義的供給，包括公部門（政府）、私部門（營利業者、企業）、志願部門（非營利組織之民間部門）及非正式部門（家庭成員）共同擔負福利服務所提供之角色。依托育服務之受托率近30％來看，我國福利服務較屬於私有化（privatization）及分散化（decentralization）。私有化指的是公有部門提供的不足；而分散化指的是政府將福利服務之供給責任的分散化，亦將公部門提供直接服務之沉重負擔，轉移到私有市場（此點較與美

國的托育政策相似，而有別於英、法、德國之托育政策）以及中央政府職權（包括預算、資源與分配的決策權）的下放，不只是從中央移到地方，再從地方政府將職權和資源繼續分散到鄰里或小型社會福利團體，以達到社區化的可能（林萬億，1994；馮燕、薛承泰，1998）。目前台灣托育服務之執行，以1993年兒童福利法之修訂即有分散化之用意，將實際運作之兒童福利機構設置標準與設立辦法訂定權責讓地方政府負責，再報請中央，以強調地方之特色因地制宜立法的精神與功效，而中央則掌管兒童福利人員資格要點之訂定及訓練課程之規劃以提昇專業人員的素質。然各地方政府在中央缺乏明確政策指引、地方政府財力及人力等資源不足、掌管托育法令之社政單位無法整合其他相關體系如教育、衛生等，以及制法能力不足之情況下，而無法發揮地方制宜及整合體系的完整兒童照顧政策。

政府將托育服務私有化之好處可增加提供服務量或服務之普遍性（availability），使得服務更具多樣化和選擇性，而使得中產階層的家庭有更多選擇服務的需求，但相對地，政府退出主動參與托育服務的提供，透過消費層面，提供誘因讓購買服務者各自購買服務，而將設施標準降低讓私有機構增加服務提供量以嘉惠中高收入的家庭，而低或中低收入由於購買資源不足使得對托育服務之需求更為殷切及政策因管制角色鬆綁，消費者又缺乏監督之能力，因此私有化使得托育品質降低（馮燕、薛承泰，1998）。

為鼓勵托育服務類型之多元化，福利多元主義是發展趨勢，但是政府服務提供私有化的同時，其管制（regulation）及經費（financing）角色則不適應私有化（Kamerman, 1989），因此，政府應積極扮演規劃及監督者以達到品質控制。萬育維（1993）即提出政府為達到量及質並重的托育服務提供，除了私有化的政策，更應扮演下列六種角色：一、監督者：做民間服務輸送體系中的監督；二、規範者：負責訂立服務標準、規定規章、決定服務優先順序，並依職權受理申請，審核民間機構的資格；三、協助者：當民間力有未逮，無法維持福利

服務提供時，供給人力、物力、財力等資源，以協助民間增加供給能力；四、協調者：避免重複供給及資源的浪費，並消弭供給者和服務消費者的差距；五、風險分擔者：在民間營運發生困難時立即補位，降低衝擊；六、激勵者：政府可以減免稅收或是以其它方式刺激民間提供福利服務。

除了父母直接監督及政府的規劃與監督的角色外，在政府照顧不周、父母照顧不力之下，企業也應為兒童照顧開闢第三種選擇（天下雜誌，1999）。我國勞委會自1991年開始補助企業附設托育中心，其中只要通過勞委會的審核即可獲得補助開辦費用二百萬，每年還有最高四十萬元的設備補助，目前一共有五十五家企業設立附設托兒所。

當前我國的兒童照顧政策較與美國相似，欠缺明顯的規範、立法及家庭政策及相關的配套措施。此種兒童照顧政策取向不但不能標明國家的政策定位，並且托育服務提供量有所不足，加上托育服務品質未能有效監控，也造成父母托育及對兒童照顧的殷切需求，尤其對近一百九十五萬餘的學齡兒童，極需安全及有品質的課後安親服務等兒童托育及課輔中心來幫忙課後托育。

## 兒童諮詢服務

現代父母面臨社會各種變遷，造成家庭壓力日增，並可能衍生家庭生變或產生家庭暴力事件，因此現代父母對親職教育的需求日愈殷切。目前家長面臨養育子女的困難時，例如，孩童行為問題、托育資訊不足或家庭之人際相處問題等，皆以自己設法解決為主，其次是向親戚、朋友或學校求助，會向專業的政府或民間機關求救者仍是寥寥無幾（低於3％）（內政部，1997：54）。此外，王麗容（1993）的研究報告亦指出：家長對於政府籌設兒童福利服務中心、推廣親職教育、增加兒童心理衛生服務等項目需求殷切。可見我國在兒童福利服務除了殘補式之機構安置、收養、寄養之服務之外，對於發展性的福

利服務，例如，休閒場地之規劃、親職教育的推廣以及兒童適應及行為問題的輔導等皆是強化家庭功能的有效方案，直接或間接促進兒童福祉。

## 兒童權益

聯合國兒童權利公約，尤其是日內瓦兒童權利宣言將兒童視為保護的對象，提昇兒童定位為人權的主體。而我國雖有立法保障兒童權益，但是最近幾年來兒童福利專業工作者仍將兒童人權評為不及格。雖然兒童福利工作在1993年立法修訂中已建立通報制度，政府也積極設置兒童福利服務中心，加強社區對兒童進行保護工作，並也積極制定相關法規，例如，兒童少年性犯罪防治條例、家庭暴力防治法等來加強對遭受性侵害兒童及施虐者之心理治療與後續追蹤輔導等工作。然兒童福利法開宗明義為維護兒童身心健康，促進兒童正常發育，保障兒童之福利，故兒童有免受恐懼、接受健康與照護等權利，所以兒童福利除人身安全的保障外，也應要對兒童權益的維護及提供促進兒童身心健康的成長環境以保障兒童身心健全的權益。至少要朝向聯合國兒童公約的標準及讓兒童生長於免於其式的無障礙空間中，平等享有社會參與、健康安全的成長，皆是我國兒童福利工作者應以此為勉勵的方向（劉邦富，1999：100～101）。

## 兒童保護與安置

強調「兒童是國家未來的主人翁」以及「兒童是家庭的珍寶」。這是一種價值與理念，更要落實具體的措施。兒童保護工作除了給予家庭經濟貧困之兒童給予生活及就業補助，以解除危機，暫獲安置，實有必要給予長期的追蹤輔導與關懷，建立以兒童最佳利益之服務。因此，政府應自忖量度自己能力範疇，界定一般群體，高危險群群體，標定群體到真正服務的群體，以提供最佳模式的兒童安置照顧方

案。

　　投資一塊錢的預防工作，可以省下未來七塊錢的治療費用。兒童保護除了事後補救及治療以免兒童遭受不幸之影響，致力瞭解及預防兒童虐待的形成，例如，父母婚姻關係失調、暴力、家庭功能失常、施虐者的經濟壓力、失業以及親職教育的缺乏等因素。因此，避免家庭產生兒童虐待視兒童保護工作的首要課題。至於發生兒童不幸事件之家庭，安置及輔導固然是一種補救的工作，對於強化原生家庭之功能以及支持補助完整家庭的價值思維，並依危機事件之處理模式來提供家庭社會工作，例如，家庭維護方案以及家庭完整方案更是未來在兒童保護與安置服務措施應予優先運作。

　　此外，兒童保護的實務工作是需要高度專業，例如，受虐通報、家庭訪視調查、轉介安置、家庭危機處理、社區調查及寄養和收養家庭的調查等，而在地方政府缺錢缺人之窘境中，中央主管機關應及早規劃地方政府之人力配置及加強民間團體的契約或購置服務，以充實兒童保護工作的尖兵來源，以落實積極性兒童保護的服務工作。

## 經濟安全

　　兒童經濟安全制度是基於兒童的生存權而設計的保障措施，其基本內涵有：一為兒童生活風險的預防，另一為兒童生活保險的克服。前者一般是以社會保險的方式因應，而後者則以社會救助方式來解決。目前，我國已有全民健康保險制度，加上國民年金保險也即將實施，所以兒童的社會保險制度已趨健全。然新政府為配合三三三政策的競選諾言及五歲以上的教育券及幼兒托育津貼也無形中更加深財政的負擔。此外，在兒童的社會扶助體系，由於制度凌亂，名稱不一，縣市政府與直轄市給付標準不同，並且有重複浪費的現象。內政部兒童局為兒童福利之最高行政單位，應忖度財政稅收及預算平衡，實有責任整合亂象，規劃支持家庭的安全新制。雖然目前我國無法做到一

些工業國家或福利國家的普及性津貼或提供多元稅額抵減或普及性公共托育制度來減輕人民對兒童照顧的經濟壓力，至少要優先規劃極需照顧之兒童人口群及提供經濟安全標準以達到福利社會的目標。

## 兒童健康照顧

　　兒童福利法及施行細則除了明白地宣示之外，也具有開展健康照顧服務的意涵。政府亦在1995年4月1日實施全民健康保險，將三歲以下幼兒的保健工作由政府及社會共同承擔，而視四歲以上至未滿十二歲之兒童預防保健則為家庭之責任。且新政府的三三三政策也僅將三歲以下兒童醫療由政府負擔，未來是否近一步延伸到四至十二歲兒童，更是對兒童健康照顧最佳保證。國內醫療照顧水準城鄉差距大，區域性醫療資源的設置與整合有其必要。現有預防保健仍著重於一般性的檢查項目，缺乏對兒童特殊疾病與心理、智能、社會層面的評估。因此，規劃提供強化預防的醫療保健，強化兒童生長環境之衛生、營養、視力、體適能及發展國內兒童身心發展之常模及建構優質之健康照顧服務體系，以防範兒童身心受到影響，皆是現階段兒童福利工作的重點。除此之外，兒童健康照顧，尤其在將特殊兒童方面更涉及社會福利、衛生及教育。

## 兒童教育與休閒

　　兒童福利工作之相關立法，如兒童福利法及身心障礙者保護法皆規範政府至少要舉辦特殊兒童普查、補助教育經費、提供無障礙的學習環境、研發特殊兒童鑑定工具、發展早期療育工作、建立疑似身心障礙學生通報系統、重視特殊兒童學前兒童教育、托育服務及特殊訓練的機會、輔導低成就兒童、充實融合教育之配套措施及成立特殊教育輔導團體。除了身心障礙者之保護與教育之外，對於一般兒童更要善盡社會監督，利用社會教育宣導及製作優良廣電節目、設立社區圖

書館、發揚兒童母語及母語文化教育，並設立各種兒童育樂及休閒場所，督導兒童上學及遊戲的安全等皆是社政主管單位應與教育單位一起配合為兒童謀取最佳的教育及成長的環境。

# 我國整體兒童照顧走向之建議

　　台灣地區家庭結構趨向「家庭核心化」、「雙薪家庭增多」、「單親家庭增加」等三種趨勢，加上家庭平均人口逐漸減少，兩性工作不平等，兒童照顧方案與品質不夠支持現有家庭的需求。我國目前的家庭與兒童照顧的政策還是以隱含性及殘補性為原則，比較欠缺明顯的家庭政策與統一立法明訂政府的角色與定位，並且立法上缺乏各種體系的平行協調。整體來看，立法之精神以宣示性大於實質上的意義，此種家庭政策與美國的福利制度較為雷同。相對於其他歐洲工業國家自1990年代起，對於兒童照顧政策能加以整合，從制定政策，一方面提供支持家庭的產假、親職假以保障父母的工作權以及親自照顧子女；另一方面也廣增托育設施以提增替代性照顧的量，另外也鼓勵企業參與，提供優惠抵稅的誘因，也提撥預算來充實幼兒照顧人員的專業品質，以提增兒童照顧的品質。

　　為了建構完整的兒童照顧的策略，政府可扮演更積極性角色來發展以家庭為本位的福利策略，提供各種支持性的政策與策略來增強家庭環境功能，以協助家庭在照顧子女上強化（empowerment）。為使兒童照顧的政策更能落實家庭的支持功能，以提供家長更多彈性的選擇，在選擇兒童照顧的策略可能為：

1. 家庭給付的經濟安全制度：工業國家為鼓勵婦女生育，避免養兒育女造成家庭負擔而給現金給付（child allowance），除此之外，也可再針對低收入家庭兒童給予生活扶助，解決其開支。

這種現金給付方式的缺點，則可能因家庭開支受排擠效應，使低收入家庭受惠（Kahn & Kamerman, 1987）。我國除了低收入戶的家庭給付之外，就是少數縣市有提供教育或托育津貼。雖然教育部與兒童局已宣佈對五歲至六歲幼兒實施一年一萬元的幼兒教育及托育津貼，但是未能普及到托兒所幼兒以及四歲以下幼兒照顧的津貼。

2. 優惠家庭之財稅福利制度：家庭政策與財稅政策所協調之福利制度，可減輕家庭因養兒女之經濟負擔，如扶養親屬寬減額即是，或增加育兒免稅額（tax exemption）或育兒退稅（refundable child care tax credit）。然而，這種制度可能的缺點是在美國賦稅寬減額的津貼被認為具有優惠高收入家庭，使低收入家庭受排擠的效應（Kagan, 1989）。

3. 兼顧家庭與工作福利制度：婦女參與工作對家庭生活品質、個人幸福感、企業生產力及社會的安定繁榮皆有影響。所以政府或企業可以加以考量以家庭為取向的人事政策來支持員工子女照顧需求的滿足。這些人事政策可以考量：

(1) 彈性工時：除了朝九晚五的上班工時，可以配合彈性工時及非全職工作來幫助員工（尤其是女性），協助工作／家庭的角色。

(2) 親職假：我國對勞工除了六至八週（公務員六週、勞工八週）的產假之外，少數企業提供三個月無薪給付的親職假，並保證回來給予與原來請假前相同職位的工作。近年來美商公司如IBM也提供家中有三歲之前的幼兒，可以請育嬰／兒假。此種支持家長提供一種選擇育兒模式以減輕工作與家庭衝突的策略，並增加員工工作效率及對公司的向心力。

(3) 興辦兒童托育工作：據內政部（1992）的兒童生活狀況調查統計顯示：台灣地區有將近七成之學齡前兒童是由未立案之托兒所、家庭保母、親戚或父母自己照顧，僅有三成左右在

已立案的托兒所／幼稚園或保母所提供的托育服務中。而內政部（1997）的兒童生活狀況調查有七成學齡兒童放學後，可以直接回家，或當鑰匙兒，或有大人照顧。換句話說，有三成左右國小學童是要到安親班或其他地方等待父母下班來接才能回家。父母生活壓力的來源之一是兒童的照顧問題，包括學齡前及學齡兒童的托育問題，因此，政府除了擴大增加托育機構以增加收托率及量的增加，還要確保托育品質，還要有鼓勵企業加入興辦托育的行列（目前只有五十五家企業有興辦企業托兒）。除了鼓勵企業興辦托育機構，其餘可以鼓勵提出優惠員工托兒方案、照顧生病子女、提供托育資訊、補貼托育費用。

(4)彈性福利方案：員工福利是個人所得的一部分，而員工福利對於雇主及員工皆有很大的影響，尤其雙薪家庭常享用傳統的員工福利，例如，工／勞保、健保、退休金、病假及有給假期。然而彈性福利方案乃是讓員工依自己需求選擇福利方案，以迎合不同家庭型態之員工及幫助企業節省成本。

(5)諮商及教育方案：企業可以提供一些教育方案幫助女性員工應付工作／家庭之問題，例如，減少因工作不確定之因素所影響、增加自己的專業能力、幫助親職功能、協調工作和家庭責任、工作壓力和財務管理技巧，以經濟方式來協調員工之雙重角色。

4.補償家務勞動制度：重新評價家務勞動的價值，使家務勞動成為一實質的經濟貢獻，例如，家務有給制。鼓勵兩性平等工作權、同工同酬以及減少兩性的職業區隔以鼓勵兩性公平分擔家務。有必要時，利用以工代酬的補助來提供照顧者津貼及必要之家庭福利服務。

5.提昇托育服務的量與質：普及式托育就是普設托兒所或普遍補貼托兒所，讓每一個兒童都能在政府補貼的托育設施內受照

顧，它的好處是公平，沒有福利烙印，可促進婦女的勞動參與率（馮燕、薛承泰，1998）。但是在擴大托育機構的數量時，品質標準訂定，並且要確實執行品質監督時，甚至可以補助各種不同型態的托育設施及方式來增加選擇性。提昇幼兒機構的安全及品質更是政府責無旁貸的責任。

6. 優先照顧弱勢人口及特殊需求的兒童：優先利用公立托育機構補貼及收托低收入戶、原住民等弱勢團體。此外，開辦收托身心障礙及特殊需求兒童的服務，並藉由補貼方式（如補貼機構）來增加托育服務量，以促進托育服務公平性。

7. 加強兒童疾病的早期鑑定及及早發現，並進行早期介入的療育，尤其是低收入戶家庭。

8. 規劃強化現有的醫療資源，強化兒童健康照顧體系，優先對偏遠地區家庭的兒童開展預防與保健工作。

9. 整合學校及社區資源，推展親職家庭休閒教育，促進親師合作，落實強化家庭功能的家庭社會工作以進行家庭危機之預防處遇。

10. 各級政府應積極及有前瞻地策動各項兒童福利規劃，提供誘因和獎勵條件鼓勵民間企業及相關團體參與兒童福利工作的推廣，並充實兒童福利工作者的專業素養。

11. 破除行政單位的本位主義，涉及相關兒童福利之相關單位，例如，社政、司法、教育、衛生等相關單位涉及有關兒童福利之業務，應全力配合，加強平行的聯繫與合作以建構以兒童爲本之福祉體系。

12. 化約立法條文之宣示性兒童權利，積極落實維護兒童權益及提供促進兒童身心健康成長環境，並以主導性兒童福利（proactive child welfare service）取代替代性的兒童福利服務工作。

13. 及早規劃以家庭維護方案及家庭完整方案的兒童保護措施，

加強專業人員處理家庭危機的能力，以積極性家庭工作介入服務，以強化原生家庭的功能，以取代消極性機構式的安置服務措施。

14. 定期舉辦一般兒童之家庭需求和特殊兒童普查，研發特殊兒童鑑定工具及指標，充實及早鑑定和及早治療工作。

15. 結合民間資源，共同監督媒體製作優良廣電節目，加強對兒童及家長對媒體的識讀能力，以淨化兒童閱視環境；普及兒童母語及母語文化教育，充實兒童各種育樂和休閒場所，以謀取兒童最佳的教育及成長的環境。

# 結語

兒童福祉的照顧是文明社會與福利國家的一項發展性指標，就此而言，諸如受虐兒童、重病治療、危機處理、緊急安置以及孤兒照顧等等以問題取向為主的弱勢兒童福利工作，固然有迫切執行的優先考量，但是以正常兒童主體所提供的發展取向的一般兒童福利工作，則也是同樣地不可廢，例如，兒童的人權、休閒、安全與托育服務等。終極來看，如何形塑一個免於恐懼、免於人身安全危險的社會以及提供健全家庭功能、支持家庭的兒童照顧服務（child care services）也是當前整體社會共同追求的願景。

兒童照顧是為國家大事，這也是所有為人父母切身的問題，尤其在這變化快速、競爭猛烈的時代，在缺乏任何支持的家庭中，孩子照顧的品質以及父母身心壓力是令人擔憂的。兒童發展專家及科學家也一再疾呼兒童童年只有一個，三歲定一生，甚至三歲看大、六歲看老皆是反映兒童時期照顧與教育的重要。投資今天的幼兒，預防明白的社會危機。

養兒育女的兒童照顧責任到底是誰的責任？個人乎？社會乎？國家乎？先進國家的政府紛紛將社會最關注的焦點轉向最沉默、最弱勢的幼年族群，而各國政府也提撥預算，預定支持家庭的政策，結合企業及民間團體的力量，從福利與教育上下其手，以提供給下一代更優質的生活照顧。

　　台灣社會快速變遷情況下，家庭組織結構多樣化及家庭人口數逐漸減少，雙薪家庭增多之下，造成許多家庭功能逐漸式微，甚至無法承擔子女保護與照顧之職責，甚至於徘徊於工作與家庭之中而衍生了生活壓力。兒童照顧品質不夠，必然會造成日後的少年問題，甚至於成人的社會問題。

　　台灣的兒童照顧在量上是患「貧」，不患「均」。因此，政府應制定明顯規範支持家庭的國家整體的生育及兒童照顧政策，不但要能兼顧特殊需求及一般兒童以及多元家庭結構的需求。而解決兒童照顧不僅在量的提供上要普及，質的考量應更為重要。政府要結合相關體系及資源，並相互協調以建構支持家庭、健全兒童福祉的兒童照顧網路——借鏡國外相關育嬰／兒假、家庭照顧假、彈性工時等家庭取向的勞工人事政策；提供對兒童照顧稅捐減免的財政政策；結合企業一起興辦企業托育中心或給予員工照顧幼兒的經濟補助；要求父母提供身教，以更積極、高品質的親子互動照顧及關懷孩子並與其他父母結合，共同負起協助監督改善兒童照顧機構的品質；以及結合教育資源協助對兒童照顧人員的訓練，投資兒童照顧的研究與評估，以作為規劃邁向二十一世紀社會發展遠景之參考。

# 5. 邁向二十一世紀少年福利之願景——平衡保護性和發展性取向的少年社會福利政策

* 少年人力素質對社會發展之重要性
* 我國少年現況與潛在發展困境
* 當前少年福利政策與措施之評析
* 對我國少年福利政策走向之建議
* 結語
* 參考書目

# 少年人力素質對社會發展之重要性

　　近年來，台灣社會雖然物質生活水準大幅提昇，國民所得已經超過一萬美元，並且政治結構逐漸的轉向西方認可的民主投票制度，經濟成長亦維持令人滿意的水準。不過，任何社會的長期發展是要有許多條件相互配合的，不僅政治環境必須穩定，而且社會治安問題也要少，才能提供經濟發展條件吸引國內外長期投資資金。台灣地小人稠、缺乏天然資源，無法僅靠內需市場維持經濟成長。雖然近些年來，國民所得不斷提高，生產成本不斷升高，因此，產業結構必須導向資本密集和生產附加價值較高的產品。這不僅是靠雄厚的資本即可，還要有優質的人力資源配合。

　　以國內目前的狀況而言，我國人口結構呈現出老人平均壽命增加，而出生率下降。自1991年以降，各縣市少年人口總數與占總人口的比例逐年下降趨勢，顯示未來生產人口的實際產值必須提升，否則對社會未來經濟發展有很大的影響，值得關注。少年是受保護與依賴的人口群，少年處於身心發展快速階段，如果他們在成長中的各種需求，未能得到充分支持與協助，未來進入獨立的生產人口階層中，必然不易有高素質的生產力，以及扮演好對社會經濟發展有貢獻的角色。因此，社會如何分配資源給少年，使少年獲得合理與適當的對待，將是一個具有遠見的社會需要關注的重要課題。但是整體社會制度結構的巨變，生活形態的多元化對少年成長環境之衝擊很大，雖然展現出許多機會，但是對少年人力素質與未來發展是否有相對的提升，會令人不無疑問的感覺。許多潛在的問題和新的社會生活現象，其背後可能的不良影響；尤其是社會新聞對少年自殺、令人駭聞的暴行犯罪手段與性偏差的報導，諸此種種現象是否對國內少年身心健全的成長方面，常會令人感到憂心。因此，為能維護國內整體社會經濟要能持續的成長，要使少年成為有更高的生產人口之人力素質，規劃

整體的少年政策實有其必要。

　　本章所指之少年，係依我國少年福利法和其他相關法規之界定，為年滿十二歲至十八歲之少年。其中「少年福利政策」有別於一般所言「少年政策」，因後者囊括教育、建設、新聞、衛生、職訓、警政及社會福利等部會，針對少年而制定的所有相關政策與法令，其所涉及之範圍相當廣泛。因此，在本文中為指涉明確起見，將以社會福利領域相關法規，以及台灣省政府、台北市政府、高雄市政府推動少年福利工作的相關福利計畫、方案與措施等為主，作為「少年福利政策」論述對象。

　　本章之重點將從檢視我國一般少年現況與潛在發展問題，分析當年少年福利政策與措施之特質與缺失，並提出少年福利政策應有之走向；不包括特殊族群需求，或九二一震災中所產生少年的需求（雖然有其獨特需求和可能擠壓現有福利資源，但是政府與民間有單獨處置之單位，而且目前無具體研究和資料），以為因應國家未來發展之需要。

# 我國少年現況與潛在發展困境

## 少年人口結構特色

　　近十年來國內人口的統計資料顯示，少年人口占總人口比例均維持在11％（台閩地區人口統計，1985～1996年；中華民國教育統計，1985～1994年；台灣地區人力運用調查報告，1997年）。其中有80％左右的少年居住於台灣省，約11％左右在台北市，高雄市則占7％左右；其中台灣省以台北縣最多，占少年總人口數的15％，最低為澎湖縣其只有少年總人口數的0.42％，其他縣市所占少年總人口數均未超

過7％。依經建會對未來人口推估中，少年人口有逐年下降之趨勢，雖未降至10％以下，不過仍呈現下跌趨勢（中華民國台灣地區民國八十一年至一二五年人口推計，1993）。就1997年台灣地區人力運用調查報告來看，在學學生人數逐年增高，而少年勞動力參與，則逐年下降。少年就業行業以製造、服務、營造業為多，大都為不需專業技巧，低薪與勞動密集職業，而且大多數少年未參加教育訓練（勞委會，1993）。由此看來，個人社會適應能力仰賴學校教育的程度加重，學校教育體系能否就未來社會發展的角度，擬定教育方案，培養社會發展所需要的人才，至為關鍵。否則未來不僅有可能引發結構性失業，與就業機會結構失衡，將導致社會問題增加，而且少年成年後的社會適應與就業訓練之工作，必然會對社會帶來沉重負擔。因此，我們應該重視未成年少年就業方面的社會福利之工作。

## 家庭結構與功能轉變對少年社會成長的危機

家庭是個人成長的初級團體。早期家庭是在一個封閉系統中，提供多種功能來養育子女。目前國內家庭結構已呈現多樣性，婦女勞動參與率增加。根據主計處統計，近十年來婦女逐年增加至近十年來一直維持在50％左右（行政院主計處，1983～1994）。家庭人口數少，會使父母管教子女上較為溺愛，或期望更高，而缺乏兄弟姊妹的子女對父母依附需求（attachment need）更多，影響子女社會行為的學習。陳玉書（1998）研究發現親子關係不良對少年負向情緒與偏差行為的發生有正相關。此外，國內離婚率自1972年以來幾乎逐年攀升，至1995年為止，幾乎五對結婚就有一對離婚，其中都市地區離婚率更高（內政部，1996）。黃富源（1996）研究發現單親家庭提供教養環境較一般家庭差，子女較多偏差行為。不論離婚原因或單親原因為何，依據調查（吳秀芳，1993；林萬億、秦文力，1992；張英陣，1987；謝秀芬，1995）顯示單親家長最感困擾的是身心壓力、經濟與

子女教養問題。

　　整體說來，家庭人口數減少，社會資訊發達以及個人提早進入學校教育體系，相信對於家庭生活型態與功能有相當程度的衝擊，家庭已不是個封閉系統，各項功能有逐漸被社會其他制度取代之趨勢，其中家庭教養功能減弱已是不爭的事實，對於成長中的少年有深遠之影響。

## 少年認知發展與身心理健康

　　許多心理學家並不同意生理變化因素是影響心理發展的重要變項。事實上，認知學派的學者，極力主張個人內在心理的自我認定乃受到個人所處社會環境中的社會期望、規範、價值等文化需求的交互互動影響而建立的。Bandura（1969）認為少年期為延續兒童時期的行為、人際關係和自我評估的發展階段。透過增強，更多不同的模範，使個人拓展自我節制（self-regulated）的行為。此一社會化過程經由差異增強、概推的刺激與反應，更高次序的制約、模範和規則學習，而行為劇本得以發展。所以，少年的自我是靠著與社會環境互動過程，而建立出一套個人對自己各方面的態度、情感或看法的參考架構，並以此參考架構來行使行為。他提及實證研究並不支持少年期並非是兒童期之後身心快速變遷所構成；尤其是與父母的緊張關係，反而是透過增強條件而逐漸朝自我獨立改變。Larson & Lampman-Petraitis（1989）的研究中並沒有發現少年情緒的易變性隨年齡而增加。許多專家（Douvan & Adelson, 1996; Baittle & Offer, 1971）均認為少年期可能有各種成長改變壓力而有情緒反應，但未必一定是狂暴的。

　　我國少年自殺一直是占著十大死亡原因之第三位（行政院衛生署，1996）與美國相同（Anda, 1994）。並且有不少少年自我表達心理有較多無聊、憤怒、挫折、容易緊張、孤獨寂寞、自卑、憂傷與孤單

等負向情緒（王淑女、許臨高，1991；林瑞欽，1994）其表達情緒常採取退縮、逃避及壓抑的作法，並常以外顯、立即、強烈的表達居多（王淑珥，1990）。在周震歐（1994）與陳宇嘉（1994）研究中少年認為他們的生活困擾來源主要為家庭、學業與升學，以及人際關係等方面為主。

## 少年自我和價值轉變與社會適應的挑戰更高

黃俊傑（1993）、郭靜晃等人（1999）研究結果均顯現少年傾向功利價值，而且社會變動發展使少年的不信任感、無力感及疏離感有增加之趨勢。台北市陽明醫院（1994）調查發現這一代的少年比較不懂得與人溝通、體諒別人、為自己做生涯規劃，且無法對自己做深入探索，經常因不瞭解自己而困惑或自我放棄。將增加少年社會適應的困難和偏差行為。郭靜晃等人（1999）調查發現少年傾向以不違反自己良心，而非社會大眾的觀點作為道德判斷之標準。勞委會（1993）、黃俊傑（1993）研究發現，少年由以往的傳統、保守態度轉為較現代化的觀念，更趨向積極求變的態度，但是也有不少的少年會為達目標而忽視手段價值，行事不擇手段。

就省教育廳（1995）調查顯示，國中學生工讀與經濟因素有較密切關係。到高中以後，從戶外生活基金會（1994）調查看來，工讀的動機是多元的，比較不是因為經濟因素，而和價值觀有密切關係，有較過去偏向忽視手段道德價值傾向。台北（1995）和高雄（1994）兩地舉辦的少年工讀座談會記錄，顯示少年工讀常見的問題有工作場所安全、薪資保障、工作時數、受不實廣告欺騙、違反勞基法就業服務情事等問題外，顯示少年工讀最值得關心的是安全性、公平性和保障性等問題（台北市政府，1995；高雄市，1994）。

## 同輩關係與異性交往需求之潛在問題

　　同輩一起活動的機會增加，意味著少年人際互動層面擴展，但是也代表同輩之間的影響力提高。然而，少年能否成熟處理同輩不當的要求或拒絕不當的引誘影響，相當重要。許多偏差行為的首次經驗也是與同輩一起進行（李月纓，1994；黃德利，1994），而兩性表示異性固定朋友顯著增多（林偉賢，1993）與性行為增加有正相關。羅文輝（1998）調查發現，台北市中學生看過色情刊物與電視節目高中學生超過九成，國中學生超過六成，收視對學生性知識與性態度均有不良影響，不僅是性態度開放，而且對異性認知有偏誤。許多研究證實（Donnerstein & Linz, 1994）性暴力的色情電影會使男性誤認為女性接受此種模式，並享受被強暴的性行為，此外，看過有線電視色情節目比例，高中學生44.1％，國中學生29.7％，相當驚人。林惠生與林淑慧（1996）研究結果相同，接觸色情資訊大都是在家裡，其次是同學或朋友家中。黃西玲（1995）發現中學生有近九成以上的人看過充滿色情暴力的日本漫畫，超過一半學生在國中時代便已經看過色情錄影帶和鎖碼色情節目。林瑞欽（1994）研究發現，犯罪少年比正常少年有較開放之性態度，但對性缺乏認知，男性比女性有較開放性態度；張明正、林惠生（1994）研究發現，少年發生性行為比例應高過一成二。晏涵文（1998）研究十年來少年的性行為與性態度，發現婚前性行為大增，而且性貞操的觀念已無法阻止婚前性行為的發生。

## 法治觀念不足與偏差行為

　　王淑女（1994）對少年法律觀進行研究，結果發現有相當多少年認為「守法的人容易吃虧」，「法律如果不公正，我們就不必遵守它」，其中與呂民璿（1992）研究相似，許多少年認為社會有成就的人泰半是靠不道德和不守法的行為獲取的，尤其是權勢大者越是如

此。顯示少年認為社會特權普遍，對法律之公平性及遵守法律之態度有相當程度的抗拒。半數以上的少年認為「法律對犯法行為的判刑不是很重」及「警察的破案速度很慢」，懷疑司法機關執行法律的嚴厲性與迅速性。整體說來，少年這種潛在反社會態度，遊走法律邊緣及強烈的防衛辨正態度，相信這會導致更多偏差行為。

依照郭靜晃等人（1999）調查顯示有三分之一的少年有各種較為嚴重偏差行為經驗。依周碧瑟（1995）調查顯示台灣地區8,320位在校學生中，曾經吸食或注射藥物的盛行率為1.38％，其中偏差行為與藥物濫用有相關（張鳳琴，1992；馬傳鎮，1996）。而受朋友誘惑影響以及好奇心所驅使都是易導致藥物濫用的原因（周碧瑟，1995；黃正鵠、楊瑞珠，1995；謝瑤偉，1993）。高雄師大（1995）、蔡德輝、楊士隆（1995）研究可知，飆車絕非精力過剩所致，飆車比較是純粹精神感官上愉快之追求，以及部分是紓解壓力之手段。尤其是有暴力傾向者，均可能受學校病理因素所影響，有嚴重挫折感及自卑心理，而有反社會心態與行為，故易受外界刺激、挑戰外在權威及攻擊他人。

## 學校生活壓力大與中途輟學問題

上下學交通時間長，又參加課外補習，將會影響學生睡眠或自由運用時間，是否會影響生理成長，值得注意。研究（王淑女、許臨高，1991；林瑞欽，1994）顯示，許多少年不喜歡上學；其中少年對學校生活不滿意。而另一研究（林偉賢，1993；羅子濬，1995）顯示，國中學生表示有參加校外補習學生比1989年調查結果的人還多。勞委會（1994）調查顯示，未在學少年未完成國民義務教育之原因：有四成是自己不願意，依教育部（1995）統計，校園傷害暴力事件。對學校生活不滿意，認為課業、教學內容與方式不甚理想，校園也不覺得安全。其中有很多學生不喜歡上課，認為不受老師喜歡，對讀書沒有意義感，所以有很多少年想放棄，並且真的未完成義務教育，中

途輟學比例高。

## 休閒生活形態不足以提昇社會生活所需知能

　　對少年而言，休閒不僅有娛樂與鬆弛身心壓力的作用（McDaniel, 1984；林清山，1985），而且具有社會化功能，對個人人格成長和能力養成有積極性作用（Feldman, 1990）；諸如自我表現和自我實現，發展人際與社會技巧，李麗日（1986）研究高中學生參與社團與否是與同輩關係滿意度成正相關。翁玉珠（1995）研究證實少年休閒態度與家庭凝聚力，和良好同輩關係之間均有正相關之外，亦與情緒調適之間有正相關。未適當運用休閒時間從事有益的正當活動，例如，飆車、賭博、追求享樂或無所事事，則對身心發展有害，反之，休閒則具有積極價值的功能。據王淑女（1995）、侯崇文與周愫嫻（1997）的研究顯示，少年不正常的休閒活動與犯罪有顯著相關，且具有直接影響存在。

　　大眾傳播媒體成為少年休閒活動主體和重要他人（王淑女，1995；羅子濬，1995；翁玉珠，1995）。整體而言，少年大多對目前的休閒與休閒方式、地點及內容均感到不滿意（黃俊傑，1993）。許多研究顯示，少年的休閒活動大多以聊天、娛樂、靜態或體能性活動為主，而對培養情意、自我成熟與人際關係能力上有潛在深遠影響的藝文、技能及社團活動性質等休閒活動較少（行政院主計處和青輔會，1999；曾華源、郭靜晃，1999；郭靜晃等人，1999）。由此看來，國內少年休閒活動，大多為非創造性、專長技能學習或有社會技巧學習之活動，且少年個人休閒時間少，休閒生活內容不夠有變化。故少年休閒生活對少年社會化功能不足，顯然的是無法增進社會生活適應能力。

　　整體看來，我國少年休閒生活時間少，休閒活動偏向逸樂性、體能性，創造性活動少，而且休閒活動的多樣性也不足（戶外生活文教

基金會，1994；金車教育基金會，1996；黃志成，1997）。對於少年來說，休閒知能有待加強（陳宇嘉，1994；陳惠次，1994），顯示少年休閒活動的主觀需求程度強和提供的不足（曾華源、郭靜晃，1999）。根據調查顯示，少年對缺乏休閒設施與活動機會感受強烈（行政院主計處，1995；行政院主計處和青輔會，1999；台灣省政府社會處，1990；范麗娟等，1995；黃俊傑，1993；陳宇嘉，1992；詹火生，1993）。其中依詹火生（1993）研究調查少年對福利措施期望之優先順序是：增設休閒活動場所、協助課業或升學輔導和多辦夏令營活動。

國內少年面對劇烈變遷的社會環境，其成長環境所提供之發展機會，值得關心。個人成長的基本生理與社會經濟機會之條件不一。因此，雖然大多數少年仍處於求學階段，也在學校就讀。但是，有相當多少年不適應缺乏彈性的制式教學方案與內容。不論學校如何改變，少年成長階段上，身心發展所面對的潛在問題值得特別關注。

# 當前少年福利政策與措施之評析

任何政策在制定上都有其想達成某種預期的目標，因此，對於政策的分析就有其必要性，其目的在幫助政策制定者瞭解政策執行上，是否遭遇那些困難或是引發其他未預期的問題，能否達成預期目標，以及有無必要繼續或該做哪些修訂來解決問題。也才能在社會問題、需求、運動、政策及立法的循環中，獲得正向的且適切的回饋，以提昇福利服務的品質與績效。故福利政策的品質與績效反映了執政的意圖與國家發展的重心。然而，任何政策在制定上都有其想達成某種預期的目標，Mcllaughlin（1976）認為政策執行過程是政策執行組織與受影響者之間，就目標或手段做相互調適的過程。實際上在執行政策上，常見到「上有政策，下有對策」的情形。因此，政策制定上未能

顧及執行層面可能遭遇的問題，將無法實現政策的理想。檢討現行政策與執行情形，即屬必要。其目的在幫助政策制定者瞭解政策執行上，是否遭遇那些困難，或是引發其他未預期的問題，能否達成預期目標，以及有無必要繼續或該做那些修訂來解決問題。

從1989年訂定「少年福利法」以前，少年的各項福利適用兒童福利法。另外少年不良行為與虞犯以「少年事件處理法」為依據，包括1981年3月4日內政部、法務部和教育部發布「少年不良行為與虞犯預防辦法」。1989年訂定「少年福利法」，少年福利即成為被政府承認為其主管責任之濫觴。而1994年核定「社會福利政策綱領暨實施方案」，到1995年制定「兒童及少年性交易防治條例」、1997年訂頒「性侵害防治法」和最近剛修訂通過「少年事件處理法」之中，其與少年相關法條，構成了當今少年福利政策的具體內容。

## 少年福利政策主要內涵偏向事後補救式的福利

整體而言，少年福利法對於一般少年實質福利服務措施並無明確的規定，只是規定要有那些類別之機構。其中少年福利法主要內容為規範少年行為和保護少年為目的（孫碧霞，1994）。就法條內容來看，比較是著重於消極性的禁止少年不當行為，和處罰照顧者和迫害者。目前「兒童及少年性交易防制條例」已經有所改進，對造成雛妓自願從娼的共犯結構，已有相當重的處置辦法規定。然而，是否達到嚇阻作用，尚未見具體評估結果報告。各法的福利服務規定項目大底是以替代性服務為主，所提供服務大多為不幸少年或特殊少年之照護，以及偏重替代性服務如家庭寄養及機構安置。

## 受害少年個人的補救性福利和懲罰父母

目前相關法規之標的著重於不幸少年為主，包括：虞犯或犯罪少年之保護、管束以及加害少年相關人員的處罰。此外，關於一般少年

身心發展任務方面之需求，並沒有全面性的福利政策規劃。從福利供給面而言，法規內容是以少年偏差行為的問題處置為主。整體說來，當前少年福利是屬於「殘補式」、「替代性」的福利政策，對於少年父母也只有提出進行親職教育的處罰，忽視家庭與父母在教養子女上可能的「無能」，整體措施看來只是假定其「不願」。因此，只採取「處罰」（強制親職教育和安置教養）之方式來要求父母盡責，規定似乎未盡符合實際情況。並未針對問題發生原因提出因應對策，對於影響偏差行為發生的家庭功能強化，也未採取對家庭和父母提出「支持性」、「發展性」的福利服務、學校教育體制之改善和配合，以及其他社會結構因素的修正或規範，均未提及。

## 少年福利政策執行服務輸送之體系效能不彰

### ・政府各級單位間福利輸送體系之規劃，並未落實服務網絡功能

　　現行少年福利相關法規均提及應由主管機關與教育、衛生、司法、社福等有關單位配合辦理，但徒為宣示性條文，並無明文規範施行方式。其原因乃是各單位因本位主義使少年福利機構無法與其他機關作有效的協調、聯繫與合作，致社政機關只憑單方面努力，無法辦好少年福利工作（內政部，1998；許臨高、王淑女，1991；鄭麗珍等人，1997），協調聯繫會報流於「顧問性質」。目前僅有「兒童及少年性交易防制條例」中有明訂在救援和安置工作上各配合機關之責任，但是規定要辦理之業務，也無法落實（內政部，1998；黃富源，1998）。

### ・少年輔導保護安置機構之功能不彰

　　各縣市主管機關應設立（或委託民間機構設立）各種安置機構、關懷中心，緊急收容中心、短期收容中心與中途學校，提供緊急庇

護、諮詢、聯繫、安置、教育及輔導等協助。然而根據研究（陳宇嘉，1994；曾華源，1996）指出，國內不幸少年教養輔導機構功能不彰，甚至還有輕微的負向影響力存在（許翠紋，1998）。

## ·少年偏差行為處遇功能有待強化

針對我國少年偏差行為處置可分為兩大類：

1. 司法體系內的機構式犯罪矯治以少年監獄、少年輔育院及少年觀護所為主，主要是以管訓和監禁為手段，以達嚇阻與復健為目的。

2. 社區式偏差行為防治工作以不收容處遇（non-institution treatment）、更生保護、少年之家、少輔會和少年福利機構各種服務方案，如外展服務、多元性向學習方案等，以除罪化（decriminalization）、去除機構化（deinstitutionalization）、社區處遇（community-base treatment）為目的。1998年10月原少年事件處理法修正之後，犯行情節輕微，以不付審理為適當者，移交由兒童及少年福利或教養機構、法定代理人及現在保護少年之人為適當的輔導。尚包括裁定保護處分（感化教育、保護管束、假日生活輔導、安置輔導）交由適當福利或教養機構處遇、緊急社會福利機構安置的轉介處分、交付觀察的福利機構安置輔導及假日生活輔導的社區處遇服務等。根據郭靜晃、曾華源（1998）研究發現，目前有關人員對於轉向制度相關辦法尚未訂定，權責劃分未能取得共識，顯示保護色彩為重的少年事件處理功能仍有待觀察。

## ·少年福利服務中心效益有待彰顯

各縣市少年福利服務中心服務項目與設施未能多樣化，以配合少年動態及靜態的需求；許多少年福利服務中心開放時間不符少年生活

作息所需；根據多次針對青少年福利服務中心使用情況的調查顯示（李淑容，1986；社會處，1991；陳宇嘉，1992；范麗娟等，1995），一般少年對少年福利服務中心認識不多，設置地點不佳，前往使用率亦不高，可見其服務輸送之設計或宣導不夠，使預期服務功能不符合少年需求，而無法吸引少年使用。

## ·公辦民營之少年福利機構設置有待強化執行方式

目前新訂的少年福利相關法規提及可由政府或公辦民營方式提供福利，雖然內政部有訂出委託經營之合約範例，但是如何委託、委託之程序和最低甄審標準或委託機構的基本條件都不明確，目前政府常蓋大型硬體建築，民間現有福利組織是否有足夠力量和專業服務能力承接，仍值得審視，否則將是政府把福利責任推給民間的好方法。

# 少年福利工作政府部門推動人力配置之不足

依照社會司（1995）統計發現，目前中央與地方大都未依照少福法和其他法規設計少年福利業務人員，常以兼職人員或社會工作原名額替代。

# 少年社會福利經費嚴重不足

少年社會福利經費預算占中央總預算比例雖逐年升高，但是少年福利支出的比例占中央總預算比例不及1％（社會司，1997；許臨高、王淑女，1991），與少年人口比例不成正比（陳宇嘉，1994）。整體而論，各少年福利法制均強調應健全身心發展，調整其成長環境。雖然目前通過的法令重視保護偏差行為的少年，然而均屬於保護與輔導偏差行為少年工作為主，未見積極培養少年的社會責任感和積極的價值觀；尤其是支持少年家庭、改善學校教育制度方案和社會文化整體教養環境，以促進少年身心積極發展。其中少年福利法通過已經超

過十年，仍未修訂。

# 對我國少年福利政策走向之建議

　　少年福利制度的推動與誕生對社會發展有積極性意義，民主先進國家均承認社會福利制度是社會的重要制度而非慈善工作。然而，制度內涵與如何運作則與福利成效有密切關係。社會福利的最基本目標，是在社會保障下保障個人（民眾）的基本需要，並且透過社會福利事業發展及滿足民眾的需求（孫健忠，1990）。就此看來，福利服務的目的有三：一、社會控制──對於社會上非行或偏差行為少年提供福利服務以達到行為的改變，使之回歸到社會所認可之行為模式；二、社會保護──對於依賴性較高的青少年如殘障，提供庇護性的保護服務；三、社會整合──提供發展的機會或實質的幫助，使這些弱勢人口擁有較平等的機會，以營建自己的生活，脫離弱勢生活圈（Gladstone, 1995）。Gilbert & Specht（1986）認為政策為行動計畫或步驟。因此，任何政策之訂定均反映決策者對問題或需求的認定，以及價值選擇，而政策也是指為實踐理想而定出的某些可能作為。社會政策的制定除了宣示性條文外，更需要透過具體可行的方案來擬定與推動（李欽湧，1994）。而政策方案的推行，更有賴具體的策略與原則，策略即為達成目標的必要手段，以作為方案的選擇與資源規劃的依準。

## 支持單獨設置少年福利法

　　有些國家如美國、加拿大，均將少年置放於少年福利體系內。目前有民間團體提議仿照美國將兒童與少年福利法規合併成為兒童福利法。其理由為兒童與少年都處於被保護的成長階段，許多問題與需

求,諸如身心健康、受虐均相似。如果福利輸送體系與處遇方式有差異時,則會出現銜接上的困難,如果兒童福利與少年福利中對於受虐處置的差異,會使兒童滿十二歲的那一天將面對不同處置。不過各國社會文化並不相同,而且少年身心成熟度與行為反應均與少年不同,如親子關係衝突;而且也有許多問題是兒童階段不會出現的,如少年父母、未婚媽媽、集體暴力行為,如何安置於同一機構內處置。因此,是否適當,值得研議中。

最近美國有一些學者(Hahn, 1994; Hamburg, 1992; Lerner, 1995; Schulenberg & Ebata, 1994)就呼籲當前兒童福利未能有效因應少年問題,而應有一全國性少年福利政策的需求(陳毓文,1997)。Tonkin(1985)即指出「少年福利體系內的少年所面臨的困境是他既不是兒童,也不是成人。此種困境就是因為我們(美國)沒有發展出一種以少年為取向的福利體系(adolescent-oriented welfare system),同時,我們在福利體系的提供,也產生一些障礙,使得少年既無法進入兒童體系,亦無法進入成人的體系(轉引自彭淑華、張英陣,1998:1)」。因此,針對以少年為主體的福利政策、福利法規與措施之規劃實有其必要性。

## 少年福利政策主軸應同時兼顧問題處置與發展

各國的社會福利政策與福利服務措施與內涵,常視政治經濟與社會文化發展層次之不同,而有差異存在。有些國家著重在經濟生活救助上,有些國家著重在生活適應與問題解決上,而有些社會則更重視國民整體身心健全發展上各種需求的滿足為主。就世界潮流趨勢和國內社經發展階段來說,我國社會福利工作應不再侷限於人道救助的慈善救助工作,而是應該重視社會福利的積極性功能。

少年福利是社會福利的一環,由於國內社會經濟發展結構之變化,對家庭及少年身心發展已經產生實質性的影響,這些變化將影響

少年福利政策內涵與措施。社會福利之內涵不能僅針對有特殊問題而需要特別照顧的少年,而是要肯定每個人有其基本的社會權,使其公平獲得身心發展所需的資源,以保障個人在生理、心理與社會的特殊需求確實得到,達成少年健全的發展。尤其值得一提的是,目前社會科學知識之發展,已經有許多論述少年時期發展之需求,強調少年是處於發展階段,其心理智能及社會生活能力均在成長階段,經濟上亦無法獨立。因此,在成長過程中,少年除了基本生活保障之需要外,還有健康維護、照顧保護、適當教養和休閒育樂等多元性的需要。其偏差之發生應視之為資源與機會不足所致。因此,事後人道精神的補救措施和事前預防工作是同等重要;尤其要肯定少年是處於學習發展的階段,必須照顧其多元發展需求。

就前述可知,我國少年福利政策之精神已經關注少年的人權和發展性需要,但主要重點仍維持事後補救式或替代性為主,而且整體的服務輸送上是零散和不整合的。對於少年身心發展的支持性福利措施與服務方案卻是不足的。環顧二十一世紀的前景,國際間的競爭壓力越來越大,社會需要有更加健全的未來主人翁,是不能忽視對當前少年福利政策之檢討修正與落實執行的需要。尤其是少年福利法公布施行至今,有許多需要修正和整合之處(曾華源、郭靜晃,1999),以建構積極性與全方位滿足少年發展需要的社會福利政策。

## 健全教養機構之安置教養功能

應加強改善現有機構之教養功能,除了聘用專業人力,提供有效之教養方案,以便因應司法單位的轉向制度和彰顯社會福利保護照護功能。除此之外,應定期評鑑各機構專業服務水準,並建構教養相關機構之網絡,以做好個案管理工作,落實全面性保護照顧功能之發揮。

## 強化家庭保護與照顧功能，推動以社區中的家庭為中心的政策

對少年而言，家庭是個人成長的重要環境。Newman、Newman（1993）認為少年對家庭及家庭價值保持依賴情感。對單親家庭教養功能轉弱之事實，以及家中有偏差行為少年之父母而言，孩子有行為問題是要由社會另設一種制度來照顧教養？而這種制度是什麼樣的制度？寄養家庭、「少年教養所」或中途學校？這樣教養制度下的少年是否能夠獲得正當社會所期待的能力？目前台灣少年福利政策仍然偏向以各種補救性福利措施來協助不幸少年的問題。但效果不彰，少年問題仍日趨嚴重（曾華源，1995；翁慧圓，1995）。其次是對於少年的家庭影響成因沒有改善的福利措施，反而新修訂之法令是強制父母親接受親職教育課程，而1994年行政院第二三八九次院會審議通過的社會福利政策綱領中，有關少年福利服務項目，未能以家庭教養強化為主，反而更是以社會機構之福利服務來替代家庭教養子女。

家庭提供多方面的功能滿足個人身心需求；尤其是情感依附、保護與親職教育等功能。因此家庭不具有替代性。許多學者專家均認為所以欲減少少年問題，便應以一般家庭為對象，提供維持家庭教養能力的福利政策走向（馮燕，1994）。如果在社會福利政策的規劃中，政府以積極性角色來發展以家庭為中心的福利策略，將能充分發揮福利服務的互助功能（伊慶春，1996；內政部，1994），因此，家庭維繫服務方案（Family Preservation Service Program）（王麗容，1997；張盈堃、方岷譯，1998；張紉，1999）提供各種家庭支持維繫與家庭重建服務，應為當前少年福利重要取向（approach），少年安置於福利機構應屬不得已或短期的措施。

以「社區中的家庭為中心」的少年福利政策，是以社區為單位的整體性（comprehensive）作法；包括增強家庭外在社區環境功能，以協助家庭在教養子女上強化權能（empowerment）。

## ‧ 強化學校支持家庭教養功能

少年成長過程中，家庭與學校應是一個共同的教養體系。學校必須成為家庭教養功能的重要支持來源。因此，學校教師應與家庭保持密切聯繫，有義務主動告知家長子女在校表現近況。尤其是利用暑寒假實施家庭訪視工作，以便真正做到共同的教養體系。

## ‧ 規範大眾傳播媒體對家庭教養功能的支持

少年福利法規應明確規範訊息傳播方式與時段之外，亦應規範傳播內容不應過多色情暴力之內容，尤其是新聞報導內容與方式不得過分誇張、煽情、聳動與低俗。

## ‧ 建構社區照顧體系對家庭教養功能的支持

加強辦理社區性活動，增進居民互助意識，以強化社區互助照顧體系之建立；例如，由社區志願服務團體辦理單親家庭少年托育照顧服務。

## ‧ 推動外展家庭教育網絡對家庭教養功能的支持

家庭福利機構應擴大現行機構內的父母親職教育工作，主動向外結合學校導師與社區資源，加強家庭訪視、社區化的家庭托育和社區家庭活動，以便提供及時性、可近性與預防性與支持性的家庭福利服務。

## ‧ 提供家庭維繫服務方案

針對各種不同家庭結構與少年需求，視實際需求提供婚姻諮商、家庭諮商、所得維繫保障、親職教育、家務服務與親職假、少年課後托育津貼等等，以協助家庭發揮子女教養功能，增強家庭權能。

## 推動發展性福利服務方案，增進少年社會生活適應的知能

以福利方案推動少年身心發展需求之社會教育活動，可以彌補學校只重升學制式教育之不足，並且可以因少年特殊生活環境之差異提供不同之福利方案。其重點可分為兩方面：一、偏遠地區或失學少年加強提供社會學習社會結構，增進社會公平，如加強科技教育或電腦資訊教學、藝術之旅或才藝研習，以維護或增進弱勢的少年社會生活基本權益；二、針對一般少年加強性教育方案、挫折與情緒處置方案、價值澄清與價值教育方案、法律教育方案、打工權益與自我保護方案和志願服務方案等等，其目標以鼓勵學習處理個人負面情緒、表達自我意見、自我管理、自我保護，並增進守法態度、自我認識、擴大見聞和自我負責為主。

## 加強設置少年休閒活動場所，倡導健康與益智性的休閒活動

休閒活動與場所一直是少年反應熱烈之需求，而且就現有少年休閒生活內涵也顯示需要特別關注，以利身心健康。因此，確實編列預算興建少年活動中心（少年生活館、休閒設施、少年服務網）或開放學校運動場所為社區活動中心，以使少年得以在晚間和假日時有活動機會。此為，為提昇少年休閒生活內涵，應鼓勵民間休閒才藝社團吸收少年會員，舉辦各項休閒競賽活動或提供少年休閒活動機會，以培養創造性休閒知能、社交技巧、個人專長與才藝，以及個人內在情意成熟之活動，以利少年身心益智之成長。

## 營造少年健康安全的生活環境

少年心智處於成長學習階段，是非分辨能力較為薄弱，積極查緝

與取締少年的進入不良場所和使用影響身心健康的危險物質，對於傳播資訊的媒體與網路，應積極管制流傳與報導低俗不當的圖片與違法價值觀念，或鼓勵社會大眾辯論，以利少年避免接受單面資訊，做出不當判斷。此外，設置少年權益諮詢服務專線，以利少年危機因應處置。

## 落實經費編列於執行，並建構整合推動工作之機制

經費編列應以個人年平均數為單位，在經費執行上應補助民間社團辦理，拒絕政治力之不當干預，並且要求各級政府落實有關單位協調之功能。至於各級政府在推動工作上，要建構出整合工作之機制，落實主管範圍內少年福利機構之評鑑工作，以利政策之落實。

# 結語

台灣社會快速變遷的情況下，家庭組織結構多樣化後，許多功能已減弱而無法承擔子女保護與教養職責，甚至是侵害子女來源。加之，大眾媒體與網路全面性侵入進入家庭與學校系統，傳統的社會規範和價值體系受到很大的衝擊，使家庭與學校系統對少年的教養無法掌控，學校五育之教育功能更為窄化。少年成長環境比成人當年成長環境優渥，生活經驗差異很大，他們接受多元化來源的價值，但是缺乏成熟的認知能力去體驗經歷，表現出來的不同或標新立異之行為和想法，卻為成人世界所不解，而標籤為「新新人類」、「狂飆少年期」，或批評「怕苦、怕累，卻不怕死」。因此，相較於過去，少年在成長過程中，政府和社會應擴大現有家庭支持體系和強化學校教育體制功能，以提供少年成長上的需求。

整體上說來，國內的少年福利政策不僅是支離破碎的，而且是口

號多於實惠。執政者並不正視少年成長上所面對的需要，等到少年偏差行爲（自殺、飆車、吸毒、集體搶劫施暴、未成年雛妓、中途輟學等等）暴增時，卻責怪家庭未盡照顧之責，學校過分重視升學教育，或搖頭嘆氣的說「好的不學，光學壞的，眞是世風日下」。內政部社會司早已有社會福利整體政策之規劃，但是，政府常被民間團體強力抗爭批評和立法委員的質詢下，導致出爐的處置方案變成「頭痛醫頭，腳痛醫腳」，無法有一個整體性政策。

　　國內這十年來民主政治西化的影響下，政黨之間爲了選舉勝選的需要，競相採取討好選民的各種福利措施，完全不顧是否會帶來財政沉重負擔，以及是否實現社會正義公平，兼顧照顧弱勢者和社會發展的需要。雖然在競選中，大舉社會福利的旗幟對民衆的社會福利權意識有孵化的影響，但是候選人提出的福利政見，卻無法看出實現何種社會正義或理想，甚至令人擔憂會帶來沉重的財政負擔，對社會發展有實質的負面影響。或許決策者的意識形態和對現實需求的考量是相當重要的影響因素，然而，政策的決定一定不能忽視運用資料理性分析所提供之意見。本章以實證資料作爲分析與建構少年社會福利政策之基礎，並據之爲提出因應社會發展需要之少年福利政策，以爲規劃邁向二十一世紀社會發展遠景之參考。

# 參考書目

## 中文部分

內政部（1994），社會福利政策綱領暨實施方案。台北：內政部社會司。

內政部社會司（1994），我國兒童少年福利工作執行概況，《社區發

展季刊》，（67），頁101～109。

內政部社會司（1998），1997年兒童及少年性交易防治工作成果報告
　　書。台北：內政部社會司。

戶外生活文教基金會（1995），八十四年度全國冬令青年活動意見調
　　查統計。台中：鄉林文教基金會。

王淑女（1994），青少年的法律觀與犯罪行為，《輔仁學誌》，
　　（26），頁337～357。

王淑女（1995），青少年休閒活動與偏差行為，《社區發展》，（72）
　　，頁105～124。

王淑女、許臨高（1991），我國現行少年福利法規適用情況調查報
　　告。台灣省法規會。

王淑琍（1990），國中階段青少年情緒發展與問題指導，師範大學衛
　　生教育研究所博士論文。

王麗容（1997），國外兒童及青少年相關家庭政策與措施，兒童、少
　　年保護談家庭的角色與功能研討會實錄。台中：中華兒童福利基
　　金會。

台北（1995）高雄（1994）。兩地舉辦的少年工讀座談會記錄。

台北市少年福利論壇（1999）。台北市政府社會局。

台閩地區人口統計（1985～1996）。台北：行政院主計處。

台閩地區少年身心狀況調查報告（1999）。內政部統計處編印。

台灣省政府社會處（1990），台灣青少年生活狀況調查報告。南投
　　：台灣省政府。

伊慶春（1997），從兒童、少年保護談家庭的角色與功能，從兒童、
　　少年保護談家庭的角色與功能研討會實錄。台中：中華兒童福利
　　基金會。

行政院主計處（1995），中華民國台灣地區青少年生活狀況調查報
　　告。台北行政院主計處。

行政院主計處與經建會（1997），中華民國台灣地區人力運用調查報

告。

行政院衛生署（1996），台灣地區醫療診所疾病與傷害調查門診患者主要疾病（1992～1996年）。

呂民璿（1990），《青少年社會參與及社會適應》。台北：巨流圖書公司。

李月纓（1994），青少年竊盜行為家庭因素之探討，東海大學社會工作研究所碩士論文。

李淑容（1996），青少年福利服務中心之研究。台北：社區發展研訓中心。

李欽湧（1994），《社會政策分析》。台北：巨流出版社。

李麗日（1986），國中生人際適應問題之研究——以台中縣光復國中為例，東海大學社會工作研究所碩士論文。

周碧瑟（1995），青少年藥物濫用原因之分析。國科會研究報告。

林偉賢（1993），國中學生課外時間所從事之行為調查報告，中國休閒教育推展協會與金車文教基金會。行政院青輔會委託。

林清山（1985），《休閒活動理論與實務》。台北：輔仁大學出版社。

林惠生、林淑慧（1996），台灣地區高中、高職及五專在校男女學生性知識態度、與行為現況與變遷。台中：台灣省家庭計畫研究中心。

林瑞欽（1994），嘉南地區十三至十五歲青少年自我意向調查——正常與犯罪青少年之比較。台北：教育部訓委會。

林萬億、秦文力（1992），台北市單親家庭問題及其因應策略之研究，台北市政府研考會委託研究報告。

社會處（1991），台灣省青少年生活狀況調查報告。南投：台灣省社會處。

行政院青年輔導委員會合編（1999），青少年狀況調查報告。行政院主計處。

侯崇文、周愫嫻（1997），少年出入不良場所問題之探討及防範策

略。台北：行政院青輔會。

范麗娟等（1995），少年福利服務現況分析──以高雄市為例，《社區發展》，（72），頁95～104。

孫碧霞（1994），兒童福利法與少年福利法政策執行力之檢討，《社區發展》，（67），頁146～153。

晏涵文（1998），現代青少年的感情生活與性教育：理論與政策。

翁玉珠（1995），青少年休閒活動傾向、凝聚力與情緒調適之相關研究。文化大學家政研究所。

翁慧圓（1995），影響國中少年中途輟學因素之探討，東海大學社會工作研究所碩士論文。台中：東海大學。

馬傳鎮（1996），我國台灣地區女性少年犯罪相關因素及其防治對策之研究。台北：行政院青輔會。

高雄師大（1995），青少年飆車行為之態度與看法，《輔導計畫報導》，（39），第四版。

張明正、林惠生（1994），台灣地區高中、高職及五專在校男女生性知識態度與行為現況與變遷。台中：台灣省家庭計畫研究中心。

張盈堃、方岷譯，《積極性家庭維繫服務──家庭政策及福利服務之應用服務》。台北：揚智文化公司。

張紉（1998），以家庭為基礎的青少年服務之芻議，《社會福利》，（136），頁41～50。

張紉（1998），規劃青少年福利需求的另類思考，《實踐學報》，（29），頁17～36。

張英陣（1995），青少年社區服務芻議，《社會福利》，（119），頁27～28。

張鳳琴（1992），以社會學習與社會連結變項預測收容所中用藥少年之用藥狀況，師大衛生教育研究所碩士論文。

教育部（1995），教育部公告，（241），頁22～23。

許翠紋（1998），不幸少女生活型態與再從娼意願之相關研究。台

中：東海大學社會工作研究所碩士論文。

許臨高、王淑女（1992），我國少年福利法之評估，《經社法制論叢》，（10），頁117～141。

陳玉書（1998），青少年偏差行為與心理不良適應之探討——以台灣地區為例，《中央警察大學學報》，（33），頁213～236。

陳宇嘉（1994），台灣地區少年福利服務需求評估與規劃，《社區發展》，（67），頁128～145。

陳宇嘉（1994），邁向二十一世紀社會福利之規劃與整合——少年福利需求初步評估報告。內政部委託研究。

陳宇嘉、周震歐（1994），少年福利需求評估報告，內政部社會司委託研究報告。

陳毓文（1997），美國少年福利制度簡介，跨世紀少年福利政策公聽會。台北：台北市政府主辦。

彭淑華、張英陣（1998），青少年服務網絡之建構——整合服務之觀點跨世紀青少年福利展望研討會，中國文化大學主辦。

曾華源（1995），青少年福利政策之研究。台北：內政部社會司。

曾華源、郭靜晃、曾騰光（1996），強化不幸少年教養輔導方案之研究。台北：內政部社會司專案研究。

曾華源、郭靜晃（1999），《少年福利》。台北：亞太圖書出版社。

馮燕（1994），兒童福利服務需求探討及政策建議，《社區發展》，（67），頁110～127。

黃正鵠、楊瑞珠（1995），台中縣市青少年對藥物濫用的看法，《輔導計畫報導》，（38），第一版。

黃西玲（1995），消除色情媒體，馬起華編，《現代家庭與社會發展》。台北：中華民國公共秩序研究會。

黃志成（1997），農漁村青少年休閒活動需求之研究，《青少年兒童福利學刊》，（19），頁128～136。

黃俊傑（1993），台北市青少年文化模式雛形建立之研究——民國七十

四、七十七年及八○年之實證分析，《輔仁學報》，（25），頁
　　131～229。

黃富源（1996），單親家庭對少年非行影響之研究——家庭結構及功能
　　的觀點：台北市之實證研究。台北：台北市政府委託研究。

黃德利（1994），青少年涉足電動遊樂場的相關因素及其替代方案之
　　探討，政大心理研究所碩士論文。

詹火生（1993），社會福利需求範圍之研究。台北：行政院國家科學
　　委員會。

蔡德輝、楊士隆（1995），飆車少年暴力行為之研究。台北：新生代
　　社會福利基金會。

鄭麗珍、陳毓文（1997），兒童及少年性交易防治工作服務模式之研
　　究——以台北市經驗為例，台北市政府研究計畫報告。

劉秀芬（1995），台灣已婚婦女問題與家庭福利政策，《東吳社會工
　　作學報》，（1），頁1～36。

謝瑤偉（1993），少年濫用安分他命之研究。法務部犯罪研究中心。

羅子濬（1995），建構正確的青少年休閒教育——從國中學生的校外生
　　活談起，《師友月刊》，（331），頁21～25。

羅文輝（1998），台北市中學生收看有線電視色情節目之現況及相關
　　影響。台北：電視文化研究委員會。


# 英文部分

Anda, (1994) *Adolescence overview in Encyclopedia of Social Work,*
　　(19th., ed.), National Association of Social Workers, pp. 16~ 33.

Bandura, A. & Walters, R. M. (1963). *Social Learning and Personality
　　Development.* N. Y.: Holt, Rinehart & Winston.

Baittle, B. & Offer, D. (1971). On the nature of adolescent rebellion, in
　　F. C. Feinstein, P. Govacchini, and A.Miller (eds) *Annals of Adol-*

*escent Psychiatry.* N.Y.: Basic Books.

Donnerstein, E. & Linz, D. (1994). *Sexual violence in the mass media.* In M. Constanzo & S. Oskamp (Eds.), *Violent and the Lew,* pp. 9~36. Thousand Oaks, CA: Sage.

Dornbusch, M. & M. H. Strober. (Eds.). *Feminism, Children, and The New Families.* pp. 274~296, NY: The Guilford Press.

Feldman, R. A. (1990). *Youth Policy and Social Development.* Sine-British-American Conference on Social Policy.

Gilbert, N. & Specht, H. (1986). *Dimensions of Social Welfare Policy,* (2d ed.). NJ: Prentice-Hall Inc.

Hahn, A. B. (1994). Toward a national youth development policy for young African-American males: The choices policymakers face. In R. B. Mincy (Ed.). *Nurturing young block males: Challenges to agencies. Programs and Social Policy,* pp. 165~168, Washington, D C.: The Urban Institute Press.

Hamburg, D. A. (1992). *Today's Childern: Creating A Future for a Generation in Crisis.* New York: Times Books.

Larson, R. & Lampman-Petraitis, C (1989). Daily emotional states as reported by children and adolescence. *Child Development,* 60, 1250~1260.

Lerner, R. M. (1995). American's Youth in Crisis: Challenge and Options for Programs and Policies. *Thousand Oakes,* CA: Sage.

McDaniel, C. (1984). Work and leisure in the career span. In N. C. Geysers (ed.), *Designing Careers.* San Francisco, CA: Jossey-Bass.

McKillip, J. (1987). *Need Analysis: Tools for the Human Services and Education.* CA: Sage Publications, Inc.

Newman, P. & Newman, B. (1993). *Development Through Life: A Psychosocila Approach.* Calif.: Cole.

Schuieng, J., & Ebata, A. T. (1994). The United States. In K. Hurelnann, (Eds.), *International Handbook of Adolescence*, pp. 414~430. Westport, CT: Greenwood Press.

# 6. 身心安全受到威脅的孩子

* 評選的心情
* 脆弱的兒童
* 制定完善兒童福利法令的需要

每年的歲末年終，對家庭而言，是全家團聚的日子；對兒童而言，更是歡欣鼓舞，全家共聚一堂，享受天倫之樂的時節。但是，這種美景對一些家庭與孩子而言，他們今年篤定不能享有這種基本的權利，甚至於身心還正遭受傷害的威脅。擁有免於恐懼的安全感受是所有兒童的基本權利，也是我們推廣兒童福利工作者的希望與理想。

# 評選的心情

　　由於又有幸參與全國十大兒童受虐、疏忽新聞，及十大兒童福利新聞評選的活動，尤其更值2000年跨向新世紀的時刻，更是令人振奮能與大家共同迎接二十一世紀的來臨。身為評審的我，個人深為擁有此殊榮而自喜，但是，看完一則則列入評選的新聞後，又不禁讓自己的心情往下盪到谷底，忍不住悲從中來。從此次列入評選的新聞資料中可發現，每一則新聞讀來都令人深覺觸目驚心！其中不乏：子女遭受到親生父親性侵害或身體虐待；也有身為專業人員者，卻罔顧兒童福利，對兒童進行身體的侵害；更有來自社會環境對兒童身心發展的威脅。所有新聞事件背後所隱露的訊息，是兒童受欺凌而傷，甚至於死亡。種種新聞皆顯現出：台灣的兒童連最起碼的基本生存權，都嚴重被剝奪的危機。

# 脆弱的兒童

　　兒童是未來國家的根本，應是父母心中的最愛，但是，他們卻也是環境安全缺失最大的受害者。原因之一在於孩子是無聲音的弱勢團體，所以容易受到社會大眾的忽視；之二在於他們年紀小，身心狀況

未達成熟，自我生存能力不足，更因受到先天體能的限制，使得他們不能在外在環境中保護自我，因而遭受到身心安全的威脅。然而，除了整體環境的保護措施及功能不完整，而導致兒童身心受到影響外，更嚴重的，身為兒童最親密的父母、家長信賴的專業工作人員，也有不克保護之責者，致使兒童身心受到侵害，這更是兒童最大不幸之所在。

# 制定完善兒童福利法令的需要

　　近年來，由於工業化、都市化及生活多元化，致使社會結構產生了各種的衝擊及劇烈的變化，例如，家庭人口數遞減、家庭支持功能降低、父母外出就業比率增加……，皆致使雙薪家庭、鑰匙兒及孩子需要送到托育機構代為照顧的人數遽增，而經濟的不景氣、失業率的向上竄升，也導致無助的兒童易成為父母的出氣筒。這種種的一切，不斷的反映出我國社會極需完整的社會支持網路及完善的兒童福利法令與措施，以補充及支持父母親職角色功能之不足。

# 7. 兒童寄養服務之另類思考
## ——家庭維繫服務及家庭重聚服務模式之探究

# 前言

　　家庭是兒童最初社會化場所，也是孕育兒童成長的天地，每一個人皆希望在其原生家庭中接受父母保護照顧與教育，以獲致最佳的身心成長與發展。美國在1909年第一次白宮會議中亦明白指出：「家庭是兒童成長最佳場所，非不得已，不得剝奪兒童在家庭環境下成長的權利。」（引自翁慧圓，1988）。

　　近年來，報章雜誌聳動的標題，電視公益廣告中所刊登有關兒童綁架、虐待、強暴、猥褻、兒童或青少年自殺、兒童適應不良、食物中毒、乞丐兒、深夜賣花兒、色情傳播等侵害兒童身心的事件，甚至於有通報孩童遭受凌虐致死，實在令人觸目驚心。雖然我國經濟成長，兒童在物質上的生活條件並不匱乏，但隨之而來的是，社會忽視了兒童的權利，傷害兒童身心安全的危機，以及不利兒童健全成長的誘因潛伏於生活環境中，在號稱「兒童是家庭珍寶」的現代社會中，實在是一大諷刺（郭靜晃，1996：146）。

　　由於社會變遷，家庭型態也日益多元化，核心家庭、雙生涯家庭、單親家庭的產生對傳統的家庭的撫養教育功能造成極大衝擊，也浮現台灣社會需要各種適應的難題（王瑞宏，2001）。此外，有些家庭對兒童的教養方式抱持著「父母權威」、「不打不成器」、「棒下出孝子」、「管教子女是自家事」的觀念，更增加兒童保護的困難。所以說來，無論是傳統貧窮失依兒童的長期安置、受虐兒童、家庭遭逢危機（例如，九二一地震的失依兒童、經濟不景氣父母遺棄孩子）等事件產生新的緊急短期安置問題紛沓而來，這些皆凸顯了兒童安置問題需求的急迫性。

　　在兒童的安置方面（placement）方面，家庭被認為是孩子最佳的成長環境，為了使兒童不因家庭問題而喪失享有家庭溫暖的權利，各國推展家庭寄養服務方案（foster family care），其需求也一直逐年上

升，以期需要安置的兒童能繼續提供完整的家庭生活經驗，並促進兒童身心之正常發展。我國兒童安置在寄養服務中，其原因也因社會變遷而有明顯的改變，早期以兒童貧苦失依爲主要之寄養原因，到目前已發展有百分之五十的寄養兒童因虐待或嚴重疏忽而被安置。

　　爲落實「兒童福利法」和「兒童及少年性交易防治條例」的立法目的，政府與民間團體在提供諸如：初級預防性質的諮詢服務，親職教育，社會宣導和家庭支持；以及次級預防性質的責任通報、醫療處遇、臨床治療、緊急安置、學校社工、輔導轉介、寄養家庭服務、收領養服務和就業輔導等等各項有關兒童保護、安置的福利措施，對於兒童及少年個人的人身安全權益是有其一定程度的保障效果（王順民，2000：152）。目前，台灣地區在兒童保護措施的提供，基本上有通報調查、機構收容安置、寄養家庭服務及領養服務。有關寄養家庭服務，兒童福利法主要是依據兒童福法第15至17條：

第15條　　兒童有下列各款情形之一，非立即給予緊急保護、安置或爲其他處分，其生命、身體或自由有明顯而立即之危險者，應予緊急保護、安置或爲其他必要之處分：一、兒童未受適當之養育或照顧；二、兒童有立即接受診治之必要，但未就醫者；三、兒童遭遺棄、虐待、押賣，或被強迫或引誘從事不正當之行爲或工作者；四、兒童遭受其他迫害，非立即安置難以有效保護者。
　　　　　主管機關緊急安置兒童遭遇困難時，得請求檢察官或警方協助之。
　　　　　安置期間，主管機關或受主管機關委任安置之機構在保護安置兒童之範圍內，代行原親權人或監護人之親權或監護權。主管機關或受主管委任之安置機構，經法院裁定繼續安置者，應選任其成員一人執行監護事務，並向法院陳報。

前項負責執行監護事務之人，應付與親權人相同之注意義務，並應按個案進展作成報告備查。

安置期間，非為貫徹保護兒童之目的：不得使兒童接受訪談、偵訊或身體檢查。

安置期間、兒童之原監護人、親友、師長經主管機關許可，得依其指示時間、地點、方式探視兒童。不遵守者，主管機關得撤銷其許可。

安置之原因消滅時，主管機關或原監護人得向法院聲請裁定停止安置使兒童返其家庭。

第16條　依前條規定保護安置時，應即通知當地方法院。保護安置不得超過七十二小時，非七十二小時以上之安置不足以保護兒童者，得請聲請法院裁定繼續安置。繼續安置以三個月為限，必要時法院得裁定延長一次。

對於前項裁定有不服者，得於裁定送達後五日內提起抗告。對於抗告法院之裁定不得再抗告。抗告期間，原安置機關得繼續安置。

第17條　兒童因家庭發生重大變故，致無法正常生活於其家庭者，其父母、養父母、監護人、利害關係人或兒童福利機構，得申請當地主管機關安置或輔助。

第15條及前項兒童之安置，當地主管機關得辦理家庭寄養或交付適當之兒童福利機構收容教養之。受寄養之家庭及收容機構，應提供必要之服務，並得向撫養義務人酌收必要之費用。

第一項之家庭情況改善或主管機關認定第15條第1項各款情事已不存在。

此外有關寄養服務之辦理，我國兒童福利法及少年福利法，均明定兒童少年因家庭發生重大變數或需適當保護安置時，當地主管機關

得辦理家庭寄養或設置機構收容教養之（內政部，1983；內政部，1989）。兒童福利法及少年福利法施行細則也均明定安置兒童應循下列順序為之：一、寄養於合適之親屬家庭；二、寄養於已登記合格之寄養家庭；三、收容於經政府核準立案寄養之兒童教養機構（內政部，1994）。少年福利法施行細則第4條對少年安置之順序亦有相同之規定（內政部，1990）。從上述的法規可見於兒童或少年在不幸遭遇需要安置的考量，以家庭寄養為優先考量。

寄養服務（foster care），依美國兒童福利聯盟（Child Welfare League of America）（1959）定義為：「寄養服務是一種兒童福利服務，為兒童親生家庭暫時或長期無法提供兒童所需的服務，同時親生父母不希望兒童被領養時，所提供兒童一個有計畫、有時間限制的替代性家庭的照顧。」Downs, Costin and Mc Fadden（1996）提出寄養服務具有以下幾項特質：一、寄養服務是由公立或志願性的社會福利機構所提供；二、當父母不適任或無力撫育兒童時，由社區代替照顧兒童日常生活的責任；三、寄養服務是二十四小時全天照顧，兒童必須離開自己的家庭；四、寄養服務又稱家庭外照顧（out-of-home care），可安置於寄養家庭、治療性寄養家庭、小型團體之家或大型的照顧機構；五、寄養服務是暫時性的安置，最終的目的是兒童能夠回到自己的家庭，或被領養，或達到法定年齡後終止安置（引自楊葆茨，1998：14）

家庭寄養服務僅是寄養服務中的一部分，專指「家庭式」的寄養服務。社會工作辭典指出：「一些不能與自己親生父母住在一起的兒童，或無親屬可以依靠的孤兒，或不知父母為何人的棄童，或因父母患病入獄而無人照顧兒童，甚至或因留在父母身旁直接受到不良影響而不得不離開家長的兒童，可以將之安置在適當的家庭中，此種方式的寄養，稱為家庭寄養。」（蔡漢賢，1992）。

丁碧雲（1985）在其所撰《兒童福利通論》一書中，提及寄養家庭主要的哲學意義，是在安置某些兒童為其生活保障上求取安全，在

社會情緒上求取適應，爲一些不可能與其親生父母暫時生活在一起的兒童予以安置，更重要的，當兒童安置在寄養期間，他自己的家庭可以準備改變、復原或改善，以便兒童回家時可更妥善的與他的家庭建立較好的親子關係。

　　何素秋（1999）更綜合專家學者的定義，及少年家庭寄養辦法，提出家庭寄養服務應具備六個特質：一、家庭寄養服務是一種專業性及社會性的兒童福利工作；二、家庭寄養服務是有計畫的；三、家庭寄養服務是暫時性的服務工作；四、家庭寄養服務必須在兒童無法在家庭中獲得充分照顧時才提供服務；五、家庭寄養服務不是僅提供物質上的照顧；六、寄養兒童並不是服務中的唯一對象。

　　綜合上述，由於社會變遷造成家庭功能瓦解和家庭破碎，便需要保護安置的兒童日益增加。而從兒童的最佳利益來著想，兒童最好能待在原生家庭，萬一不能達成上述理想時，家庭寄養遂可以成爲一種暫時性替代兒童親生家庭功能的服務。寄養家庭服務是在兒童福利服務在支持與補充父母角色功能不能滿足之後，以及不能將兒童留在家中照顧時，才考慮使用的替代父親角色功能的福利服務。（Kadushin & Martin, 1988）

　　我國寄養家庭服務更是由中華兒童福利基金會早在1981年主動提出，目前除了台北市委託台灣世界展望會外，其他縣市均爲透過購買服務合約（POSC）的方式委託中華兒童福利基金會。而寄養家庭服務計畫自民國1981年7月至1983年6月止試辦三年，試辦期間績效良好，於同年（1983年）7月開始正式辦理，至1983年度止，經安置之兒童有1,135人，其中已終止寄養者927人（台灣省社會處，1991），之後北高兩市亦陸續開辦。截至1993年底爲止，我國寄養家庭數爲251家，其中台灣省195家，台北市27家，高雄市29家，被寄養兒童的人數爲451人，其中台灣省355人，台北市47人，高雄市49人（內政部統計處，1994）。而到了1998年保護個案共安置了4,841位的兒童及青少年，較1997年度增加35.07%，而暫時性的寄養安置也增加26.92%；相

對於在1999年度之上半年度，家庭寄養的人數就比1998年整年度增加109人（15.9%），可見，這幾年來，寄養家庭之兒童人數節節上升（參考表7-1）

由於國人觀念不如西方常考慮兒童需要替代性服務，會優先考慮給予家庭寄養安置，加上宣導之工作不足，目前仍無法普遍實施此種暫時性的處遇安置。暫時性的安置，將受虐兒童安置於寄養家庭、收容之家或團體之家，皆不是一前瞻性且符合兒童應在親生家庭成長的最佳利益的方案。由於兒童不斷進出寄養照顧（foster care）的「流盪現象」（drift），以及孩子需要與父母能維持一個合適的聯結或情緒聯

| 兒童安置服務種類 | | | | | | | | | | | |
|---|---|---|---|---|---|---|---|---|---|---|---|
| 年（月） | 托兒所 | | | 育幼院 | | 兒童福利服務中心（處） | 家庭寄養 | | 受理兒童保護服務案件開案件數 | | | |
| | 所數 | 收托人數（人） | 保育人員數（人） | 所數 | 收容人數（人） | | 家庭數 | 被寄養兒童人數 | 計 | 遺棄 | 身心虐待 | 其他 |
| 1992 | 3,742 | 231,858 | | 41 | 2,618 | 2 | | | | | | |
| 1993 | 3,664 | 229,781 | | 39 | 2,656 | 19 | 251 | 451 | | | | |
| 1994 | 3,650 | 233,780 | | 41 | 2,547 | 14 | 671 | 1,101 | 2,528 | 193 | 1,044 | 1,291 |
| 1995 | 3,288 | 223,353 | | 39 | 2,441 | 17 | 311 | 474 | 3,045 | 200 | 1,235 | 1,610 |
| 1996 | 2,222 | 234,967 | 14,038 | 41 | 2,462 | 15 | 389 | 598 | 4,274 | 255 | 1,749 | 2,270 |
| 1997 | 2,304 | 246,418 | 14,860 | 43 | 2,481 | 10 | 446 | 675 | 4,273 | 254 | 1,649 | 2,370 |
| 1998 | 2,449 | 248,517 | 16,582 | 41 | 2,454 | 17 | 466 | 687 | 4,871 | 283 | 1,858 | 2,730 |
| 1999 6月 | 2,515 | 261,106 | 13,478 | 41 | 2,575 | 18 | 571 | 796 | 1,793 | 116 | 685 | 992 |

表7-1　兒童安置服務概況

資料來源：內政部社會司、直轄市及縣（市）政府。
說明：1.本表福利服務1995年以前資料不含福建省。
　　　2.本表受理兒童保護服務案件開案件數為全年度，1999年為1至6月合計數。

結（parental bond or emotional bond），此類的處遇幾乎針對施虐父母，而不是以受虐兒為焦點（focus），而兒童在此類的安置不見得獲其利，反蒙其害。兒童保護服務之目標宜建立在對兒童及其家庭的照顧。而涉案的家庭所需要的服務範圍很廣而且具多元性，例如，涵括臨床治療到實質具體的日托、醫療、就業輔導，甚至到反貧窮、反色情等社區方案，也就是社會福利社區化的具體精神；換言之，這也是預防性及主導性的兒童福利服務，此種服務包括強化親子關係的家庭取向的育兒、提供親職教育、消除貧窮及其他環境壓力、降低暴力及體罰文化之增強等（余漢儀，1995：206）。

　　從上述台灣近年來兒童保護現況中，吾人可發現政府對於民間團體及社會對兒保要求之回應也相當多且態度也由保守轉向積極。但自1995年12月18日全省統一兒少保熱線開辦後，社工員不是表示不願意值夜班或此辦法無法落實或出於安全顧慮、加班費、補休等問題表示不贊成。此外，對於目前工作量深覺負荷量而且又要兼辦其他業務；更由於工作情境不可控制因素而產生無力感等壓力造成流動率（turnover rate）高；施虐家庭不肯合作，採證困難，自家安全受威脅，警戒單位配合度低也造成兒保訪視之困擾；甚至於兒保人員認為兒保工作最主要之困難為：原生家庭服務缺乏長久之規則，兒童安置處所缺乏，工作負荷量大，工作人員經驗不足及醫療、警政單位配合度差等（余漢儀，1996；郭靜晃，1996）。此外，報章新聞也常有兒童又遭凌虐甚至致死，而社工員由於精神枯竭（burnout），工作壓力大，以致於另覓就業出路而造成流動性高（《聯合報》，1996年6月14日）。

　　就我國青少年兒童保護服務現況來看，在案情不嚴重，只提供支持性服務，其次為暫時性寄養（但寄養時間及持續性與否不得而知），至於較嚴重之案例才有採取機構式長期安置。據此觀之，青少年兒童保護可以包含家內性質和家外性質之安置模式是同時並存，但到底那一種安置模式是符合兒童之最佳利益——家庭內或家庭外之安

置模式，以兒童福利觀點之家庭寄養服務，家庭寄養是暫時性的兒童福利的替代性服務，而且不是僅以兒童為唯一對象，而且也要要求寄養父母有解決兒童生活適應上之困難，提昇養父母之能力（Kadushin & Martin, 1988）。同時，從家庭社工處遇觀點更要積極性提昇兒童親生家庭解決危機的能力，提昇教養功能，才能發展對兒童長期計畫策略，以達成家庭重建（home builder）的功能，完成寄養兒童返回親生家庭的目標（Whittaker, et al., 1990）。從預防、主導性及符合兒童最佳利益之觀點，在原生家庭內安置以及支持性輔助完整家之價值思維下，家庭重聚服務（family reunification services）及家庭維繫服務（family preservation services）之長期規劃的保護方案在我國安置服務是罕見，但在國外卻已普遍使用，自然是未來執行兒少保服務之安置中要優先考量。

# 家庭維繫服務與家庭重聚服務

在兒童福利領域中，需要寄養安置服務的家庭，長久以來一直是受關切的。傳統上，這些需要被安置的家庭，長久以來一直是受到關切的，而寄養服務並不完全是解決其家庭問題的萬靈丹；寄養安置服務被視為是問題家庭的替代方案。從兒童最佳利益為考量，考慮父母的危機處理也是一個安置服務另一種決策考量，可以成為優先於家庭外安置服務或是兒童家庭外安置期間的處遇過程（Whittaker, 1979）。然而，重新強調「永久性」的結果，卻使得兒童福利服務歷經了從強調兒童家庭外安置移轉至強調對家庭的支持（Stechno, 1986）。這些轉變已經對整個兒童福利服務的連續性產生了影響，也證實寄養安置服務和居家服務不再是彼此相互排斥（Small & Whittaker, 1979）。

為消除1970年代孩童不斷進出寄養照護的「流盪現象」（drift），美國政府於1980年通過「領養協助暨兒童福利法案」（The Adoption

Assistance and Child Welfare Act, P. L. 96-272），透過聯邦政府提供州政府領養津貼補助及各類預防方案預算等誘因來協助寄養安置的孩童與原生家庭重聚（reunification）。早期的「家庭重聚」即指將在寄養照顧的孩童接回與其原生父母住，但因體認到並非每個父母都能就近照顧其孩童，因此「家庭重聚」應定義為：使已家外安置（out-of-home placement）的孩童重新與其原生家庭聯絡，協助他們能達到或維持一個最合適的聯結程度（Maluccio, Warsh & Pine, 1993）。

　　永久性的安置計畫係指那些被用來執行以確保對兒童持續照顧的工作，無論是家庭凝聚、重整或是為兒童尋找永久的家（Maluccio, Fein & Olmstead, 1986），故強化父母教養孩童的知識、技能以及資源就變成是極重要的焦點。在八○年代之後，美國一些社福機構及各州社政部門設計用來強化家庭和避免兒童在家庭外之寄養安置服務的服務也就應運而生。所以說來，支持性家庭服務也就成為在寄養家庭之後的一種兒童福利輸送服務計畫之要素之一（Whittaker & Maluccio, 1988）。Whittaker、Kinney、Tracy and Booth（1990）在《社會人群服務之積極性家庭維繫服務》一書（*Reaching high-risk families-intensive family preservation in human services*）將積極性家庭維繫服務（intensive family preservation services, IFPS）定義為：一個特定時間內進行密集性的服務，主要在案家進行服務輸送。家庭維繫服務是以家庭為中心的社會服務（family-based human services）（Hutchinson, 1983; Bryce & Lloyd, 1981; Lloyd & Bryce, 1984），但通常也是在較短時間內提供家庭較為密集性的服務。IFPS之主要目標為：一、保護兒童；二、維繫和增強家庭連帶（family bond）關係；三、穩定危機情況；四、增加家庭成員的技巧和能力；五、促進家庭使用各種正式與非正式的輔助資源。IFPS所強調的目的不在「治療」家庭，而是在有限制的時間下，提供家庭密集性支持服務，幫助提昇家庭解決危機的能力，並增加從家庭社會工作及服務中獲得利益，強化家庭功能，以減少家庭的孤立。

在美國，另由Kinney等人提出家庭重建模式（home builder model），其主要目的是採取密集性居家的家庭危機處遇與教育的方案，用來避免各州所設置家庭外之寄養照顧、團體照顧、精神醫療或是矯治機構，以減少非必要的家庭外的寄養安置。有關許多家庭必須處於接受寄養家庭的迫切危機中，有關被處遇接受寄養家庭安置之問題，包括有兒童虐待、疏忽、其他家庭暴力、涉及兒童少年犯罪、身心發展遲緩，以及兒童或父母之心理疾病。

儘管家庭維繫方案及家庭重建服務這兩種方案之間有所差異，但仍有共同的特質。有些反映了服務輸送的特色，有些則反映了在這服務類型下其獨特工作人員的態度與價值。家庭重建者和其他家庭維繫服務（FPS）方案共同的要素包括了：

1.僅接受處於緊急安置危機中的家庭。
2.服務是危機導向的，接受方案執行之後，家庭功能得以再發揮。
3.社工人員可以隨時給予幫助，並維持一週七日的彈性時間。如家庭重建服務之社工人員將他們的居家電話提供給需要協助的家庭。
4.接案與評估的過程需確保沒有兒童是處於危險中的。
5.縱使個人的問題會出現，但家庭維繫服務所關注的是以家庭為單位，而非視父母或是兒童為問題的個體。
6.社工人員進行家訪時，要在方便該家庭生活作息下進行經常性的訪視。許多的服務也可以在學校或是鄰近的社區設立。
7.服務取向包含教導家庭成員的技巧，幫助家庭獲得必要的資源與服務，以及建立提昇家庭功能的諮商。
8.服務的基礎通常是在於辨別家庭的需求，而非是解決家庭成員的問題。
9.每一個社工人員在任何的時間是擔負著較小的工作量。在家庭

重建者模式中雖為有團隊支持下的個人運作，但在同一時間內
仍以兩個家庭的工作量為限。

10.方案所限制介入家庭的時間為一短暫時間，典型是一至五個
月。家庭重建者模式通常介入家庭是超過四至六個星期的時
間。

簡言之，積極性維繫方案的服務輸送特色預設了家庭服務，在有
限的時間內保持密集性的服務，並增加家庭從服務中獲益的可能性。
IFPS提供整體性的服務來處理家庭危機，強化家庭功能，並符合具體
和臨床的服務需求，以及減少家庭的孤立。多數IFPS的運作來自於家
庭的支持以及包括使用擴大家庭、社區以及鄰居等資源（Lloyd &
Bryce, 1984）。

# 家庭維繫服務之概念內涵

家庭維繫服務以提供支持給父母，其想法不全然是新的，但是這
是1980年以來美國兒童福利服務的趨勢，並且也持續擴大成為一種福
利服務體系與脈絡，其內涵有四：

## 理論的觀點

兒童對於連續性與穩定性的需求，以及保護免從不必要的國家干
預親子連帶關係需求已經重新浮現（Goldsteun, Freud & Solnit,
1973）。在美國社會中，家庭的完整性以及親子依附的優先性為最主
要的價值觀。家庭維繫方案與此觀點相當一致，因為這些服務的主要
目的正在於避免不必要的寄養安置以及增加兒童留在家庭中的安全
性。

# 兒童福利改革

在1960及1970年代，在兒童福利服務的安置過程中最常見的批評有：一、由於缺乏替代方案，兒童經常自家庭中移出並非有其必要性，而且常常是因為怠忽所致；二、來自少數民族、貧窮與單親的孩童在寄養照顧中被過度突顯；三、兒童常被安置在不穩定或非必要的限制環境中；四、無盡力維持原生雙親或是促進親子的重聚（Knitzer, Allan & McGrown, 1978; Mass & Engler, 1959; Shyne & Schroeder, 1978）。在許多案例中也發現，即使兒童已回到原生家庭，其家庭對之前所提供的服務仍有持續性的需求。建基於此，家庭維繫服務所強調的即是：如果可以及早提供，且提供更多的積極的密集性服務時，就能幫助更多的兒童留在原生家庭中。在1980年的寄養協助和兒童福利行動所通過的PL96-272法案即增加了家庭維繫能利的新動力。該法案強調「合理性的努力」（reasonable efforts）以防止家庭的崩解，並重組家庭以及增加兒童處於原生家庭的永久環境。

# 經濟因素

以家庭本位為服務的國家資源中心（The National Resource Center on Family-Based Service, 1983）曾估計，介入家庭方案的總成本並不會超過一個寄養安置機構的花費。然而在IFPS的成本似乎是高於傳統個案工作的方法，但是每一個兒童所節省的花費卻是可觀的，甚至在未來有更多的兒童可以避免需要家庭外的照顧，例如，華盛頓州的家庭重建者和奧勒岡州的密集性家庭服務等獨立方案的報告中指出每一個兒童離開安置機構三個月可以節省下大約二千五百美元，甚至更多。

## 服務效益

　　早期計畫的初期結果，如St. Paul家庭中心的方案，是增加對以家庭為基礎的防治處遇的熱忱。早期永久性的計畫也增加我們為兒童創造與維持永久家庭的信心，如Oregon和Alameda的計畫。它估計全國中有70～90％的兒童接受了以家庭為基礎的照顧方案者能增加留在家中（National Resource Center on Family-Based Services, 1983）。個別的家庭維繫方案、如家庭重建者方案、Oregon強化家庭服務、Utah的家庭保護方案，以及Florida的危機諮商方案，則有更高的比例。

　　簡言之，家庭維繫方案與時下兒童福利服務的趨勢是相吻合的，例如，兒童對於永久性家庭的渴望、最小限制機構的使用、生態學的觀點、養育照顧的改革，以及經費的限制。此外，也因為法律上的命令，使得這些再預防性服務的興趣以及以家庭為基礎服務的發展得以實現。

# 結論

　　健全的兒童是明日社會的動力，兒童福利的健全發展可以增進人類的幸福，減少社會變遷所產生的困擾，為兒童營造一個健全安定的成長環境是政府與社會大眾無可推諉的責任。從社會工作專業服務的角度來看時，係指經社區認可，針對兒童的問題及需求提供服務，以利於兒童的成長，而家庭是兒童最關鍵的環境，他們是透過家庭而獲得滿足。準此，寄養服務之政策內涵應反映現今社會價值及對家庭的定位，而在探討寄養家庭的同時當然也必須關注兒童成長所在的家庭，此外，寄養服務之界定也回應政府與家庭對兒童照顧之權利義務之消長。兒童照顧已不再是單純的人道主義問題，至少目前世界潮流對兒童福利努力的目標，已不只是消極性地針對需要特別救濟和特別

保護的不幸兒童，而是更進一步地積極針對每個兒童權益的保護，包括兒童的教育、衛生、社會各方面的福利事業。

　　然而，台灣的兒童福利環境正迅速地變成一項持續性的危機，許多地區已持續地發生有關兒童虐待、忽視以及家庭內衝突案件，這些皆已超過公共部門保護兒童免於受到侵犯和傷害的能力。同樣令人擔心的是部分安置機構的不良品質、過於擁擠的團體照顧設備及訓練不足的寄養家庭，這些都是當前危機的特徵。同時，由於近年來的經濟不景氣，有愈來愈多家庭受到貧窮、歧視、家庭結構改變與其他因素的影響，更增加了父母在角色扮演上的不適任危機。另一方面，青少年的提前生育、單親家庭的增加及雙生涯家庭的產生等，間接減少了年輕父母來自非正式或擴大家庭的可能支持，這種種皆造成了更多的危機家庭缺乏堅毅面對問題及處理壓力的能力。為了對抗這個危機，本文建議應透過如家庭維繫的方案干預介入之系統性擴張來改善問題與困境。基本上，家庭維繫意味了對家庭處於危機中給予密集專業協助的構想，以為了恢復適當家庭功能為目的，以及因而轉移兒童被帶離原生家庭的需求，包括：主動地協助促成家庭壓力的實務問題的解決；引導父母管教子女的技巧與家庭內衝突的解決；監督處於危機中的家庭成員，以及發展對參與家庭之正式與非正式支持系統的連結。

　　家庭維繫與家庭重建服務模式可以預防目前將兒童放置在寄養安置情境的事實，亦即使它變成現有系統改變的工具，期望透過特定性的方案干預以作為有效控制花費及避免不必要的寄養安置措施。簡言之，積極性家庭維繫服務是值得嘗試的服務策略，它能有效預防兒童和家庭的疏離，藉由「家庭重建者」將家庭視為整體，尋找並提出原生家庭的需求和問題，以強化高危險家庭的調解方式，組織父母管理家庭技巧的方式，藉以減少家庭衝突，增強身陷多重困難的父母處理家中極度失序的能力，以預防孩童脫離原生家庭，進而減少社會福利成本。

# 參考書目

## 中文部分

丁碧雲（1985），《兒童福利》。台北：新潮出版社。

內政部（1989），《少年福利法》。內政部：社會司。

內政部（1990），《少年福利法施行細則》。內政部：社會司。

內政部（1993），《兒童福利法》。內政部：社會司。

內政部（1994），《兒童福利法施行細則》。內政部：社會司。

王順民（1990），兒童保護與安置照顧方案之初探── 以兒童發展為例，郭靜晃等著（2000），《兒童福利──兒童照顧方案規劃》。台北：揚智文化公司。

王瑞宏（2001），「寄養家庭著招募與訓練」方案實施現況評估──一個社會福利機會辦理成人教育活動的探討，《社區發展季刊》，頁94。

何素秋（1999），寄養父母工作滿足與持續服務意願服務，靜宜大學青少年兒童福利研究所碩士論文。

余漢儀（1995），《兒童虐待── 現象檢視與問題反思》。台北：巨流書局。

翁慧圓（1988），寄養服務的理論基礎，《兒童寄養服務專輯》。台北：中華兒童福利基金會。

郭靜晃（1996），兒童保護輸送體系之檢討與省思，《社區發展季刊》，（75），頁144～155。

楊葆茨（1998），寄養兒童社會行為，社工處遇與安置穩定性、內外控制信念之研究。中國文化大學兒童福利研究所碩士論文。

台灣省社會處（1991），《社政年報》，頁151。台灣省社會處出版。

蔡漢賢（1992），《社會工作辭典》。台北：中華民國社區發展研究訓
　　練中心。

# 英文部分

Bryce, M., & Lloyd, J. C. (1981). *Treating families in the home: An alternative to placement*. Springfield IL: Charles C. Thomas.

Child Welfare League of America (1959). *Standard for foster family care service*. New York: Child Welfare League of America.

Downs, S. W., Costiin, L. B., & McFadden, E. T. (1996). *Child welfare and family services*. US: Longman Publishers.

Goldstein, J., Freud, A., & Solnit, A. (1973). *Beyond the best interests of the child*. New York: Free Press.

Hutchinson, J. (1983). *Family-centered social services: A model for child welfare agencies*. Iowa City: University of Iowa, National Resource Center for Family Based Services.

Kadushin, A & Martin, J, A. (1998). *Child welfare service*. New York: Mcmillan Publishing Co.

Knitzer, J., Allen, M. L., & McGowan, B. G. (1978). *Children without homes*. Washington, DC: Children's Defence Fund.

Lloyd, J. C., & Bryce, M. E. (1984). *Placement prevention and family reunification: A handbook for the family-centered service practitioner*. Iowa City: University of Iowa, National Resource Center for Family Based Services.

Maluccio, A. N., Fein, E., & Olmstead, K. A. (1986). *Permanency planning for children: Concepts and methods*. New York: Tavistock.

Maluccio, A. N., Warsh, R., & Pine, B. A. (1993) . Family reunification: An overview. In B. A. Pine, R. Warsh, & A. N. Maluccio (eds.).

*Together again: Family reunification in foster care*, 3-19. Washington, DC: Child Welfare League of America.

Mass, H. S., & Engler, R. E., Jr. (1959). *Children in need of parents*. New York: Columbia University Press.

Maybanks, S., & Bryce, M. (1979). *Home based services for children and families: Policy, practice and research*. Springfield, IL: Charles C. Thomas.

National Research Center on Family-Based Services. (1983). *Family-c entered social services: A model for child welfare agencies*. Iowa City: University of Iowa.

Shyne, A. W., & Schroeder, A. G. (1978). *National study of social services to children and their families*. Washington, DC: U.S. Department of Health, Education and Welfare (Publication No. OHDS 78-30150).

Small, R., & Whittaker, J. K. (1979). Residential group care and home-based care: Towards a continuity of family service. In S. Maybank and M. Bryce, *Home based services for children and families*, pp. 77-91. Springfield IL: Charles C. Thomas.

Stechno, S. M. (1986). Family-centered child welfare services: New life for a historic idea. *Child Welfare*, 65, 231-240.

Whittaker, J. K. (1979). *Caring for troubled children: Residential treatment in a community context*. San Francisco: Jossey-Bass.

Whittaker, J. K., Kinney, J., Tracy, E. M., & Booth, C. (1990). *Reaching high-risk families-Intensive family preservation in human service*. New York: Walter de Grayter, Inc.

Whittaker, J.K. & Maluccio, A. N. (1988). Understanding the families of children in foster and residential care. In E. W. Nunnally, C. S. Chilman, & F. M. Cox (eds.) , *Troubled Relationships: Families in trouble series Volume* 3 (pp. 192~205). Beverley Hills, CA: Sage.

親子話題

# 8. 兒童人權，加油！

＊兒童現況
＊立法保護
＊期待未來

近年來，報章雜誌及新聞聳動的標題，電視公益廣告中所刊登有關兒童綁架撕票，虐待、強暴、猥褻，兒童及少年自殺、兒童適應不良、乞丐兒、深夜賣花兒、色情傳播媒介、校園暴力傷害、買賣兒童、強迫兒童為妓等情形層出不窮。可見兒童生長的權益受到剝削和忽視，甚至導致身心傷害及凌虐致死，這些事件實在令人觸目驚心。雖然我國經濟成長，政治日趨民主，兒童在物質和生活條件上並不匱乏；但是，隨之而來的，是社會忽視兒童的權益，傷害兒童身心安全的危機四伏，以及不利兒童健全成長的誘因，處處潛伏在兒童生活周遭的環境中，在號稱「兒童是家庭珍寶」、「國家未來主人翁」的現代社會中，實在是一大諷刺。

# 兒童現況

雖然政府為了宣示兒童是國家未來的棟樑，也特別在兒童福利立法開宗明義的闡釋：為維護兒童身心健康、促進兒童正常發育、保障兒童福利，特制定兒童福利法。第5條：兒童之權益受到不法侵害時，政府應予適當的協助與保護。可見，從立法之精神來看，兒童有免於恐懼與接受教育的權利。可是最近相關社會團體、機構，為了倡導兒童人權的重要，也相繼做了一些調查研究，結果顯示台灣地區有關兒童基本人權、社會權、教育權及健康權等兒童人權指標，連連被專家、實務工作者，及社會精英評比為不及格。此外，從兒童的觀點來看，兒童表示他們很鬱卒，時常有壓力與煩憂，主要理由是「功課壓力沉重」、「遊戲空間、時間不足」、「未受到足夠的尊重」、「缺乏安全保障」等困擾存在。

# 立法保護

　　兒童的身心尚未成熟，因此無論在出生以前，或出生以後未達到
獨立成熟的階段，均應受到有關法律、人權等各種適當的保護。同
時，政府與社會均應提供兒童最佳利益的保障與義務。因此，聯合國
在1924年的「日內瓦兒童權利宣言」中規定：所有會員國應使兒童有
幸福的生活，並顧及個人與社會的福利，以及能享有兒童權利宣言
（共十條）（參考兒童權利宣言，1959），所列舉的權利與自由，以保
障兒童權益。

# 期待未來

　　我國兒童權益的推廣工作，雖然經過政府與民間有心人士不遺餘
力的促進兒童福利法規的制訂，及各種制度（例如，兒童保護通報、
出生通報）的訂定，但是在執行上缺乏各行政部門的平行協調，加上
民眾配合不夠，而導致無法保障兒童權益，及落實兒童福利立法的精
神，並造成兒童在社會生活中危機重重。凡此種種，皆顯示我國要達
到聯合國兒童權利公約的標準——讓兒童能在免於歧視的無障礙空
間，平等享有社會參與，健康安全的成長，及免受到惡待之侵害等，
實在還有待大家一同努力，共同加油。期許二十一世紀是兒童人權彰
顯的時代！

# 兒童權利宣言

1959.11.20聯合國大會通過

## 弁言

　　茲鑒於聯合國人民，曾於憲章中重申其對基本人權及人格尊嚴與價值之信念，並決心促成大自由中之社會進步及較善之民生。

　　復鑒於聯合國曾於世界人權宣言中宣布人人有權享受該宣言所載之一切權利與自由，不因種族、膚色、性別、語言、宗教、政見或他種意見、國族或家世、財產、出生或其他身分等而有所軒輊。

　　復鑒於兒童之身心尚未成熟，於出生前後均需特別保障與照料，包括適當之法律保護。

　　復鑒於此種特別保障之需要，業經1924年日內瓦兒童權利宣言載明，並經世界人權宣言及辦理兒童福利各專門機關與國際組織之規章予以承認。

　　復鑒於人類對於兒童負有盡其所能、善為培育之責任。

　　大會爰於此頒布兒童權利宣言，以期兒童能有愉快之童年生活，並為其自身利益及社會利益而享受本宣言所載之權利與自由，同時促請父母、男女個人、民間團體、地方當局與國家政府，依據下列原則，逐漸採取立法及其他措施，以承認並竭力維護此等權利。

## 原則一

　　兒童享有本宣言所載之一切權利。所有兒童，絕無例外，一律有權享受此等權利，不因其本人或其家庭之種族、膚色、性別、語言、宗教、政見或他種意見、國族或家世、財產、出生或其他身分而有所軒輊或歧視。

## 兒童權利宣言

### 原則二

　　兒童應享有特別保護，並應以法律及其他方法，予兒童以機會及便利，使其能在自由與尊嚴之情況中，獲得身體、心智、道德、精神及社會各方面之健全與正常發展。為此目的制定法律時，應以兒童之最高福利為至上之考慮。

### 原則三

　　兒童自出生時起即有權取得姓名及國籍。

### 原則四

　　兒童應享受社會安全之利益。兒童有權在健康中生長發育；為此目的，應予兒童及其母親以特別之照料與保護，包括適當之產前及產後照料。兒童有權獲得適當之營養、居住、娛樂及醫藥服務。

### 原則五

　　兒童在身體、心智或社會方面有缺陷者，應按其個別情形，予以所需之特殊矯治、教育及照料。

### 原則六

　　兒童需要愛與瞭解，以利其人格之充分及和諧發展。兒童應盡可能在其父母之照料及負責下成長，且無論如何，應在慈愛及精神與物質安全之氣氛中成長；幼齡兒童，除特殊情形外，不應使其與母親分離。社會及政府當局對無家庭或未獲適當贍養之兒童，負有特別照料之責任。對於人口眾多家庭之兒童贍養事宜，由國家及其他方面補助之。

## 兒童權利宣言

### 原則七

　　兒童有受教育之權，至少在初等階段其教育應為免費強迫制。兒童所受之教育，應足以促進其一般修養，並使其能在同等機會之基礎上，發展其能力、個人判斷力、道德及社會責任心，而成為社會之有用分子。

　　負兒童教育與輔導責任者，應以兒童之最高利益為其指導原則；此種責任首應由父母負之。

　　兒童應有遊戲及娛樂之充分機會，其遊戲及娛樂當求達成與教育相同之目標；社會與政府當局應盡力促進此項權利之享受。

### 原則八

　　兒童在一切情形下，應在最先受保護與救濟之列。

### 原則九

　　對兒童應加保護，使不受一切方式之忽視、虐待與剝削。兒童不得作為任何方式之販賣對象。

　　兒童在未達最低適當年齡前，不准僱用；絕不得令其或許其從事任何足以妨害其健康或教育，或阻礙其身心或道德發展之職業或工作。

### 原則十

　　兒童應受保護，使不薰染可能養成種族、宗教及任何他種歧視之習俗。兒童之撫育，應陶冶其瞭解、容忍、友好、和平及博愛之精神，並使其充分明瞭當以所具精力與才幹為人類同儕服務。

# 9. 從「生命教育」談兒童必要的權利——成長權及生命權

＊台灣孩子如何適應社會變遷？

聯合國「兒童權利宣言」最核心的宗旨：所有的人類不應該由於膚色、性別、語言、宗教、政治，或其他理念、國籍、出身、財富、家世，或其他和「地位」這些相類似的事，而受到差別的待遇，使每個人都能夠享受本宣言所列舉的各項權利與自由。

今年1月2日時，教育部曾部長宣布2001年為「生命教育年」，並組織推動生命教育，以培養兒童健康、健全的人生觀，以及對生命負責的態度。這是很有意義的工作，除了攸關兒童生命權的保障，還能建構兒童對未來社會生命的尊重。今日的兒童即是未來的成人，今日的兒童如未能獲得保障，那明日兒童的權益，必會受到今日兒童的忽視。

「生命教育計畫」除了以現有兒童為優先對象，最終極的目標，一定要擴充到整個社會教育，落實兒童保護及生命保障，需要掌握「國家社會是兒童的」最終之目的的基本原則，建構一片以兒童為中心，家庭及社會為本位的生命教育網路，更是一項積極落實兒童權益的最佳保證。

# 台灣孩子如何適應社會變遷？

## 家庭價值觀受到衝擊

近年來，台灣社會快速變遷，導致家庭結構改變。「核心家庭」及「雙薪家庭」的形成，對於傳統價值觀及家庭有照顧兒童功能的觀念產生衝擊。加上大環境的經濟不景氣，失業率節節高升，社會對生命教育的漠視，導致兒童被疏忽，虐待、強暴、猥褻等事件時有所聞，加上最近自殺、被迫服毒頻傳，以及色情傳播充斥等社會現象，也常在我們周遭的社會新聞當中出現。例如，每年的全國十大兒童新

聞、兒童新聞排行榜……這些事件在在衝擊到我們一貫標舉的「兒童是國家社會未來的主人翁」，以及「兒童是家庭的珍寶」的價值理念。

## 父母角色功能轉變

另一方面，台灣的社會變遷也導致父母角色功能轉變。現代家庭對於托育服務的需求愈來愈殷切，愈來愈多父母瞭解生命早期的生活經驗，對於孩子的發展極為重要，但相對的卻忽略個人情緒，及社會依附的需求。而一些環境如托育機構、學校，以及媒體和社會教育，也未能提供滿足孩子身心需求，保障安全及健康發展的環境，而導致孩子未能適應學校及社會生活，甚至衍生出行為問題。當孩子產生適應不良及行為偏差時，成人倘若未能立即給予輔導，甚至還給孩子貼上「適應不良」的標籤，常也導致孩子因為無法忍受一時的挫折，又因為抵抗壓力的能力缺乏，而造成兒童自殺事件也時有所聞。

## 新新人類如何適應未來社會

在邁向二十一世紀的時刻，日常的生活與工作，必然也會產生許多變化。但是不管經濟或科技如何改變，人類要適應社會生存，要有良好成長的機會，就必然要具備某些能力，例如，適齡的能力、自信心及自主性，這些都無庸置疑的，是促進其個人和社會福祉的重要因素。而在邁向未來社會時，每一個人都必須要擁有一些新的能力。為了達到這樣的目標，未來的新新人類，顯然非常需要充分發展走入社會時必然會被要求的讀、寫、算，以及其他學科的知識和技能，除了專精學科以外，還要加上培養個人身心之術科陶冶，如音樂、美術、體育等。

除了這些為了適應社會生活的知識與技能以外，孩子還必須擁有發展良好的人格特質和生活態度。而且孩子更需要瞭解他們必須得努

力才能獲得成就，同時在學習時得到個人之自信及成就，來幫助他們
提增抗壓及忍受挫折的能力。

# 10. 媒體與兒童——兒童人權指標調查

## *調查結果

兒童福利聯盟於2000年11月20日公布兒童人權指標調查，結果是和以往三年都不及格。有關兒童人權調查的項目共分四大項（見**表**10-1）：

| 基本人權 | 生存權、基本生活權、人身安全權 |
|---|---|
| 社會權 | 福利與保護、社會參與機會、社會公平、司法公正 |
| 教育權 | 教育機會、教育品質、教育資源分配 |
| 健康權 | 婦幼保健、疾病管理、就醫機會、醫療資源 |

表 10-1　兒童人權調查項目

　　據兒童福利聯盟指出：雖然2000年台灣地區兒童人權指標分數，比起前三年進步許多，也是歷年來最高，但是還是不及格，其中又以社會權最低，健康權最高。這項調查的問卷對象是採社會精英調查，成員包括：瞭解兒童人權的學者、兒童福利行政及機構之主管、社工人員、立法委員、媒體、醫療及法律界人士。總共發出一百八十二份問卷得到一百零二份問卷，回收率56％。

# 調查結果

　　調查結果隱含著兩種可能性：一、我們的社會精英對社會上的兒童人權所做的努力，仍採取較負面的看法；二、我們社會真的對兒童人權漠視，甚至造成傷害。不過，據兒童福利聯盟解釋不及格的可能原因，是媒體對教化兒童的功能不重視，對兒童隱私權不尊重。

# 11. 成人加油——縮短和孩子認知的落差

* 兒童人權的執行狀況調查
* 孩子需要的是什麼？

保障兒童的利益就是兒童的最佳福祉，世界潮流的趨勢，都是朝重視與發揚兒童人權的發展。聯合國目前已經制定兒童人權公約，來倡導世界各國落實兒童人權的方案。兒童是國家未來的主人翁，但由於兒童身心還不夠成熟，國家與社會更應特別保障兒童人權，避免他們身心受到侵害。因此成人所主導的社會，只能透過制定各種保護兒童身心的法案，來宣示對兒童人權的重視。

---

# 兒童人權的執行狀況調查

---

民進黨民意調查中心曾針對台灣地區二十至五十九歲的國民，進行電話調查「兒童人權的執行狀況」。

兒童人權之調查又分為：兒童基本人權、兒童保護權。

## 兒童基本人權：包括隱私權、人格權和遊戲權

兒童基本人權之隱私權，是指兒童之私事及物品，可保有隱私及不被人知道的權利。人格權係指每一位兒童都是獨立且有個別差異的個體，無論年齡大小，皆有其個人之尊嚴及權利，而且每個人都應該受到保護與尊重。遊戲權係指每個兒童都有遊戲及從事休閒活動以利其發展之權利。

### ・兒童基本人權的意見

至於在隱私權、人格權和遊戲權之兒童基本人權方面，相對於兒童保護權，成人普遍認為更應由成人來監控。在兒童隱私權方面，七成以上成人認為大人有權檢查孩子之私人物品，以及九成三之成人認為大人應仔細過濾孩子所結交的朋友。事實上，兒童福利聯盟曾針對兒童的問卷調查當中也表現出，有75％的兒童表示成人經常或偶爾不

經其同意翻閱他們的私人物品。在兒童人格權方面，六成五的成人不贊成「囝仔有耳沒嘴」的大人權威式想法，及近半數成人認為兒童應以大人之意見為主。相對的，兒童福利聯盟的兒童調查問卷也表現出，超過八成的兒童認為他們的意見不被父母接受，大人根本不懂兒童的心理。在兒童遊戲權方面，雖然有七成八的成年人認為兒童休閒是重要的，而且近七成民眾不認為上才藝班是一種休閒育樂。相對的，兒童福利聯盟的兒童問卷指出，父母最常與兒童一起從事的活動是看電視、逛街及爬山；我也曾對青少年做過全國性調查，結果指出青少年最常與父母一起看電視、談天和吃東西，但是，有近四成的青少年認為與父母在一起做休閒活動時感覺不是正向的；換言之，父母常會與青少年在一起做休閒活動時，順便會對孩子說教。

## 兒童保護權：包括法律保護權、人身保護權及教育保護權

兒童保護權之法律保護權，是指兒童如不慎觸犯法律，得減免其刑責，並給予適當的保護、輔導及矯治，使孩子有機會改善行為。人身保護權是指兒童由父母所生，有權受到父母妥善的保護與照顧，以利其成長，而且兒童需要愛與瞭解，使兒童的人格能夠健全發展。家庭應提供兒童愛與瞭解，這裡也是兒童最重要的成長環境，所以兒童有權在家庭中成長，如果家庭不能給予兒童適當的成長與發展環境，甚至有侵害兒童身心之事實，及令人憂慮情形，國家應動用法律來保護兒童之人身安全，這也是所謂「國家親職主義」的由來。教育保護權是指社會應提供兒童接受教育的機會，使兒童的能力、判斷力及道德與社會的責任獲得發展，並促使兒童未來成為社會上有用的一員。

### ‧兒童保護權的意見

在民意調查當中，有關「兒童保護權」的法律保護權、人身保護權及教育保護權，成人的觀念大都持向較積極的角色，也普遍存在成

人應該要保護兒童的看法。例如，在法律保護權方面，近五成六民眾認為兒童不是成人之私有財產，當別人打小孩過度時，成人實有出面的必要。此外，兒童之安置與保護宜考量兒童之最佳利益。在人身保護權方面，有八成以上的成人認為兒童不能單獨留在家中，以及大人應盡量避免讓兒童接觸任何有害物質環境。在健康保護權方面，成人普遍關心兒童之身心健康的權利。至少有七成以上的成人認為電視媒體之不當節目，對兒童有不良的示範作用，以及兒童應享有平等接受教育的權利。這些民意的數據皆顯示我國民眾，對於兒童的保護權應有相當的認識，而且在想法上也認為應提供兒童最佳保護的權利。

# 孩子需要的是什麼？

綜合上述有關民意調查結果，我們可以發現大多數成人皆認為兒童是需要保護的，尤其在教育、人身及法律等項目；除此之外，對於兒童之基本人權如隱私、人格及遊戲權也認為理應如此，只是在做法上會採取不尊重兒童之意見，顯示兒童與大人在隱私權、人格尊重權及休閒育樂的提供層面，認知上有相當大的差距。

## ‧貼心的話

為孩子好，為孩子提供一個安全無憂的零危害環境，這是成人一貫的心聲與期望。但是，兒童也是成人社會環節中的一分子，他們的心聲更不能忽略。成人在提供最佳權益的環境時，也須掌握孩子的需求與想法，從縮短彼此之認知差距，透過相互溝通瞭解及相互尊重，這也是一種兒童人權的機會教育。因為兒童即將成為明日之成人，兒童的想法和行為，必然從成人互動中得到仿效之結果。因此，落實兒童人權，更應從成人的身教做起，尊重孩子，瞭解孩子的需求，並透過良好的互動關係來為孩子奠基兒童人格之基本觀點，以落實兒童基本人權的保障。

# 12. 「攜五稚子投海事件」與「兒童福利」

* 事件始末
* 爲何沒有兒童福利方面的探討呢？
* 「兒童福利」與「周呂美鳳攜子投海事件」
* 周家的家庭狀況及家庭關係
* 周氏夫婦曾獲得的支援
* 「兒童福利」可以做什麼？
* 結語

# 事件始末

　　此一慘案的起因，也許只有當事人清楚，社會大眾只能由記者根據周呂美鳳及其先生的說詞所做的報導，以及周家夫婦兩人的生長背景去加以臆測。

　　根據報導，周呂美鳳是在六年前去給當時以算命為業的周朝復算命當天，即決定要與周結婚，此樁婚姻未獲得女方家長的同意與祝福，因此兩位年輕男女遂以私奔方式來共結連理。三年後，女方家長無奈的接受了已育有三個子女的女兒與女婿，並發現女兒有迷信鬼神、走火入魔的現象，為了就近照顧，周呂美鳳的妹妹將頂樓違章加蓋的部分讓與周家一家七口住，呂家也曾希望將女兒送去醫院治療，但為這一對年輕夫婦所拒絕。周朝復夫婦結婚六年，即已育有五個孩子，最大的六歲，最小的兩歲，對以算命為業精神又有異常的周朝復一家而言，生活的壓力一定不小。

　　周朝復自稱是「太陽星君」再世，曾全家閉關一年修行，在子女皆亡後，卻一再宣稱能做法使子女復活，也一再宣稱五個孩子都是惡魔轉世，來到人間是加害於人的。

　　而有報載周呂美鳳視其夫有若神明，其攜子投海的動機，有一即為孩子吵鬧，怕妨礙其夫的修行；但在警方一再的詢問下，有時卻供稱因夫妻不和，不願留下孩子，才攜子投海；不過最初的供詞則是：孩子乃惡魔轉世，會害人，才將他們溺斃。她的供詞反覆又駭人聽聞，因此警方最先要確定的是：一次害死自己五個孩子的母親，精神狀況是否異常。

　　而由眾多的報導及就此一事件所做的探討中，我們發現討論最多的是周呂美鳳及其先生的精神狀況、周呂美鳳是否符合自首條件、當今精神病患強制送醫的規定等等，少數報導也曾提到兒童虐待，以及台北市社會局與周家夫婦接觸的經過。我們一直期待著，希望有媒體

能從兒童福利的理念出發，探討五位未滿六歲兒童的人權、生存權、福利權，但是，我們還是失望了。

## 爲何沒有兒童福利方面的探討呢？

　　整個事件的最大受害者，是那五個還不識人間滋味的孩子，但卻自始至終沒有人爲他們說話，他們連生命都被剝奪了，卻沒有贏得多少關注的眼光，社會上也沒能由這五個孩子的死而悟出些什麼，更沒有一個孩子因這些孩子的死而獲得任何實質上的改善。

　　追究原因，可能得歸罪於社會上對「兒童福利」的理念不合潮流，仍然停留在未開發國家的「兒童福利就是兒童救濟」時代。周呂美鳳的五個孩子不是殘障的特殊兒童，不是失去父或母的不幸兒童，周家也不是符合救濟條件的貧民戶，而孩子也沒有立即可見的危險，可以讓社工員將之從他們的原生家庭中移出。於是，周家的孩子不是兒童福利服務的對象，許多的探討，就只好從孩子的父母身上著手，討論他們的精神狀況，討論我們這個社會現有的精神衛生法，討論周氏夫婦是否患了「雙人妄想症」，爭論周呂美鳳是否符合自首條件了。

## 「兒童福利」與「周呂美鳳攜子投海事件」

　　但是，邁入已開發國家的台灣，兒童福利實在不該再停留在救濟、殘補的階段，而應該要有實行「發展式的兒童福利」的胸襟。爲全體兒童謀求身心健全發展的機會。

　　基於此，縱使周家的孩子不是殘障兒童，不是不幸兒童，也沒有

明顯受虐的跡象，但他們仍是我們社會的一分子，是我們國家未來的主人翁，他們仍有權利要求兒童福利的服務。

而一個事件的發生，往往有其遠因跟近因，在此將試著由周家的家庭狀況及家庭關係，來剖析此一事件與兒童福利的關係。

# 周家的家庭狀況及家庭關係

\* 周氏夫婦的教育水準都不高，且迷信於怪力亂神，他們的婚姻一開始並未獲得女方父母的同意，因此家庭的建立，可以說未能獲得社會的認可，必然承受到來自社會以及自身的壓力。

\* 周家夫婦結婚六年，連生五個孩子，對一般人而言，都是沈重的負擔，何況周朝復只是個以算命為業的，且又沈迷於「修行、閉關」，家庭生計愈發困難，這又是周家家庭的另一個壓力來源。

\* 周呂美鳳老在懷孕、老在照顧初生嬰兒的情況，自是超過了體力、心力的負荷量，對周呂美鳳的身心健康有不良的影響。

\* 周朝復一家長期接受親人的濟助，對當事人的自尊產生貶抑的影響，造成另一個壓力來源。

\* 周家一家七口，是擠在頂樓小小的違章建築裡頭，狹小的生活空間、不斷哭鬧的孩子，都可能使人變得緊張、煩躁、焦慮。而周朝復又有修行的舉動，需要的似乎是較為安靜的環境。在此情形下，可以推斷周家的親子關係可能並不和諧，甚至相當緊張。

\* 報載周朝復的精神狀況並不很正常，但其妻卻視周為神明一般。台大醫院精神科醫師推測周氏夫妻倆人患有「雙人妄想症」，此病通常是共同緊密生活在一起的人彼此分享共同的妄想，而其中有精神病者多是團體中最具影響力的人，其他人行

為並無異樣，但對他的說法卻深信不疑。

　＊周呂美鳳的娘家雖十分關懷他們，但因本身的情況也
　　並不是非常好，其母靠在廟前擺攤販賣雜物貼補收
　　入，因此對這個女兒一家也不能有多少實質的幫助，
　　但在情感上的關懷與支持，相信對周呂美鳳而言，仍
　　然是難能可貴的。

# 周氏夫婦曾獲得的支援

　　由於周氏夫婦的經濟有困難，其親友或以頂樓的違章建築供其居
住，或以金錢、食物接濟他們。除此之外，周家所獲得的，大概只有
親友的關心了。在周呂美鳳攜子投海案發之前，台北市社會局曾接獲
周家親人的電話反映，希望社會局能將小孩送往適合的機構撫養，可
見周家在社會上並非全然孤立，與社會仍維持某種程度的連結。

　　而台北市社會局接獲報案後即前往訪視，發現周呂美鳳的長子已
由其母親接往照顧，其他孩子也由孩子的舅舅及外祖母應允照顧，而
孩子只有輕微被虐待的情況，周呂美鳳及其先生亦應允改善，故社工
員並沒有在當天帶走孩子，誰知第二天即發生推子落海的慘劇。

# 「兒童福利」可以做什麼？

　　積極的兒童福利是要謀所有兒童的幸福與利益，而所有的兒童都
享有生存的權利，因此兒童福利工作人員除了有必要加強腳步，教育
社會大眾尊重兒童的權利，也提醒父母要為兒童爭取福利之外，此一
慘劇的發生，更是教育大家重視兒童人權、生存權的機會。社會已經

付出了代價，希望能得到教訓，兒童福利工作人員應出面將大眾的焦點拉到兒童的權利與幸福上，而不要老在精神衛生法、神壇的適當合法與否上打轉。

1973年頒布實施的「兒童福利法」已年久失修，而修正草案在立法院吵吵嚷嚷也有好幾年了，當社會由此一慘劇而正視兒童福利時，正是告訴立法諸公該加緊腳步審核「兒童福利法修正草案」的時候了，相關人員應該抓住這個契機。

由於我們的兒童福利仍停留在救濟的階段，由周呂美鳳的事件中，我們看到了福利服務的死角，一個不殘、父母不缺、家庭經濟未達貧苦需受救濟的兒童，只要不被嚴重虐待，不做出太違背社會倫常的事，社工人員幾乎不會主動探訪，一般人似乎也與兒童福利牽扯不上，因此才會有周呂美鳳慘案的發生。因此，我們首先應做的，除了喚醒大眾對兒童權益的敏感與重視之外，責任報告制度的建立相當重要，凡是有害兒童權益的，人人皆有權來干涉或介入，廣設報告的管道，把維護兒童權益當做是每一個人的責任。而當個人所屬家庭不能發揮功能，國家可透過法令對兒童人權予以適當的維護，甚至於，必要時取得監護權，避免因管教方式不當，戕害兒童身心之健康，並危及社會國家整體利益，此種基於人道立場及社會國家利益，適當時機由國家公權力來保護兒童，此乃國家父權之精義。

其次，給與兒童福利人員專業地位，建立專業形象，任何有關兒童權益之事，必須有兒童福利人員在場，以兒童的福祉為最先考量。當然，要做到此，必須在立法上有所修正，包括：人員的聘用與經費的撥用等等。現今各縣市政府的社會局（科）的人員有限，業務繁重，待遇不高，人才也經常流失，工作辛苦又經常力有未逮。我們不禁要問，假如社會大眾對兒童權益能十分重視（例如，周呂美鳳的孩子未能接受到學前教育），報告的管道又十分的暢通，而兒童福利人員亦隨時待命，周呂美鳳的五個稚子現在應仍在世吧！

已開發國家發展式的兒童福利，不僅要解決兒童問題的發生，更

要預防問題的發生。就以此一慘案為例，倘若我們有像荷蘭的再教育中心（Reeducation Center），當社工人員到周家訪視時，發現周家的確有問題存在，卻又礙於法律，不能將五個孩子從周家中移出時，可以將周家遷入類似再教育中心的機構，為父親找工作、做諮商，讓孩子到中心裡的學校就讀，或上中心裡的托兒所，迨家庭步入常軌之後再遷出，也許此一慘案就不會發生；或者我們有很完善健全的家務服務，在周家的問題出現之後，不僅由社工人員前去探視，亦有家務服務員隨同做密集的服務，或者可以減輕周呂美鳳的壓力，不至於犧牲掉五個孩子的寶貴性命；再假如我們有仿瑞典的「度假中心」，提供給家庭主婦度假之用，費用由福利經費支出，則周呂美鳳可能在多與外界接觸、獲得別人同情的情況下，打消了攜子投海的念頭。

周家夫婦的迷信在此一事件上扮演著舉足輕重的角色，普及教育、提高國民的知識水準是國家的責任，辦好成人教育以間接嘉惠受成人照顧、教養的孩子也是刻不容緩的。另外，國民義務教育的向下延伸，在爭論研討了多年之後，也該儘早付諸實施，對父母沒有能力照顧的孩子，國家應負起照顧、教育的責任，這是國家不可推辭的職責。

# 結語

往者已矣！逝去的生命已喚不回，但，來者可追！國家未來的希望就在這些年幼、天真無邪的孩子身上，希望我們的社會真的能從這事件上獲取教訓，促成兒童福利的健全發展，從此不再有第二個周呂美鳳！

# 13. 兒童保護靠你我

\* 建議

\* 參考書目

兒童不像成人，在思想、生理及行為皆已臻成熟，可以獨立的生活。而且人類也是所有動物中成長依賴期最長的物種，因此人類在幼小時期需要更長的照顧與適應，以幫助其未來的獨立生活的準備，他們更需要良好的保護，才能避免受到傷害。兒童是國家未來的主人翁，社會的中堅，如果在其生長過程中未能詳盡保護及提供其發展的良好環境，致使兒童遭遇虐待或不幸，或是成人未能提供適足機會使兒童發揮潛能，而導致未來青少年犯罪，或適應不良，這是個人、家庭及國家的損失，更造成沈痛而複雜的社會問題。

　　兒童保護的目的，在維護每一兒童享有安全、健康的成長與發展環境，得到其健全成長過程中各種需要的滿足。每個人的成長需求也許有其獨特性及個別性，但人類成長的共同需求，至少應包括安全的環境，足夠的營養與醫療，適當的學習機會和成人的關懷與扶持（Kagan et al., 1983；引自馮燕，1994：1）。就上述對兒童的保護目的來看，兒童的成長與發展奠基於家庭，中介於學校，顯現於社會，換言之，在人的發展歷程中，保護兒童的主要責任在於家庭，但如果家庭不能提供保護兒童的功能，為了孩子健全的成長，那就需要學校、社區以及社會給予支持或補充家庭功能的不足，以發揮健全兒童保護網絡，達成具體保護兒童的目的。

　　今日的家庭及社會和以前已大大不同了。從前在農業時代，家庭常是大家庭式，兼具有經濟、生產，以及養育、教育、休閒等功能。除了父母之外，叔舅、姨姑、祖父母或親戚等也能給予孩子照顧及社會化。在今日，婦女走出家庭，出外工作而衍生雙生涯家庭，致造成鑰匙兒或送孩子去托育機構；婚姻品質的不穩定、不和諧而衍生了單親家庭；孤立的都市核心家庭，造成社會支援不足等因社會變遷所產生的社會問題。這些社會問題皆隱藏著兒童照顧問題受到新的挑戰，這更意謂著兒童照顧問題因社會變遷產生導致兒童保護的功能受到侵害，使得不能因應生活壓力的父母對兒童照顧與保護感到無能，另一方面，即使功能健全的家庭或有意願及有能力保護兒童的家庭，也顯

現出對滿足兒童成長的需求感到負擔甚重。（內政部，1992）。

　　近年來，翻開每日的報紙或從新聞的傳播中，常常有關兒童綁架、虐待、強暴、兒童與青少年自殺、食物中毒、幼兒園娃娃車事故等侵害兒童身心的事件報導，實令人怵目驚心。雖然我國經濟的成長，外匯存底的雄厚可仰視於國際社會，甚至致使兒童在物質上的生活條件並不匱乏，但隨之而來，社會忽視兒童生存的權利，侵害其發展的危機以及不利兒童健全成長的誘因潛伏於生活環境中，這實非兒童的幸福。加上保護兒童的最主要場所——家庭，也面臨了社會變遷中的無比壓力，而造成家庭功能失調，甚至於危害到兒童的傷害。諸此種種皆明白指出，不能獨立生存的兒童需要保護。

　　兒童保護工作具體可分為處遇式及預防式的策略。前者著重乃是針對不同受害兒童藉由不同的處遇方式來幫助其傷害後的復健及療癒異常行為，這種策略較屬於殘補式的處遇治療（residual intervention）；後者著重於事前預防的前瞻性策略（proactive strategy），積極性瞭解問題及針對問題防治建立預防的兒童保護網絡來預防兒童受到傷害的機會。傳統式的處遇策略常是以兒童侵害行為的症狀做一診斷，採用個案治療、團體治療、家族治療或利用政府或民間機構整合社區資源來支持及補充家庭的需求，配合專業的服務來幫助個案解決困境等方式，以達到行為改變或避免受到再度傷害。而前瞻性的預防策略乃是從兒童傷害的高危險群（atrisk）的傷害者著手，作積極性的預防再教育的工作。台大社會學教授馮燕（1994）曾明白指出，預防性兒童保護工作可從制度面及服務面雙管齊下。她更進一步解釋制度面乃是考量影響傷害兒童行為發生的外在環境因素，作適當的修正改善。而服務面乃是從「病原體」著手——亦即改善兒童不利成長的環境，以免為後來施虐行為的起始點（參考圖13-1）。

　　因此從預防性的策略來看，兒童保護就是一教育的過程，透過教育改善潛在性傷害兒童的父母的經驗，以遏止高危險群的父母再次產生傷害兒童的行為。

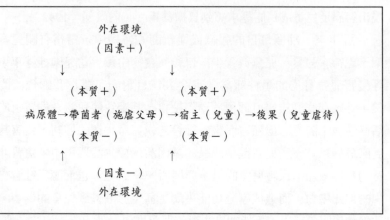

圖 13-1

1. 外在環境因素：可指親權範圍的界定；虐待兒童的定義和文化
   習俗的看法；家庭暴力的合法標準；不受歡迎的家人關係；健
   全的兒童保護網絡。
2. 病原體：不正常的養育環境，例如，未滿足需求；生活壓力
   大；低自信、低自尊；沒有社會支援等。
3. 帶菌者：生活壓力大，其有精神病傾向；有被虐待的經驗；低
   自尊、低自信等。
4. 宿主：生、心理不健康；早產兒；心理遲緩；難以管教的本質
   或性格等。

（資料來源：引自馮燕，1994 ：2～3）

　　綜合上述，兒童傷害行為並不是一個簡單或單純的事件，它是和
施虐者、受虐者及其所處的環境有關，而且也呈現複雜及惡性循環的
因果關係。有鑒於兒童傷害對於兒童及社會產生危害及威脅，政府和
民間機構在近幾年來也積極地展開兒童保護工作，如加強親職教育，
推動學校社會工作，建立兒童保護網絡（二十四小時通報系統，台北

市電話是：27048585）等，並且也推廣社區及托兒服務以預防兒童傷害事件的發生，並呼籲社會對於防止民族幼苗受傷害，人人責無旁貸。具體來看，要杜絕兒童免受傷害必須靠社區中的你和我一起來推動的。

# 建議

　　有效的兒童保護工作是靠社區，不分男女老少，大家一起來推動的。基於此，做為社區的一分子應如何配合呢？個人提出下列的建議：

1. 破除兒童是屬於己身而出的父母所擁有，以及不當之管教，如「父母權威」、「棒下出孝子」、「管教子女是自家事」的觀念，避免增加兒童保護工作的困難。
2. 學校或其它社區資源可依社區居民的現況及需求，設計一套符合社區居民的親職教育方案，鼓勵父母參與，以獲得正確及適當管教子女的方式，並加強父母的支持系統以減少其育兒的壓力。
3. 托育機構及學校應加強親師合作，破除傳統親職教育的方案，取而代之是老師走入家庭做訪察，以瞭解家長的需求及兒童在家庭的生活狀況，此外，鼓勵父母參與學校課程，進行雙向溝通，從中掌握兒童生長及受虐的環境。
4. 媒體報導對於兒童傷害事件儘量以不渲染，避免兒童受到二次傷害，並多採取正面報導方式，教育或傳輸正確訊息給社會大眾。
5. 政府應及早建立兒童保護網絡，消極性遏阻兒童傷害事件的再發生，積極性提供補充及家庭功能不足的兒童照顧方案，如彈

性工時、兒童生活津貼等，以滿足特殊需求的父母。

6.加強宣導兒童福利法，倡導國家公權，以提醒大家對兒童的重視，並利用各種資源加強社會宣導，提醒大家保護兒童的方式。

7.重振「守望相助」及「敦親睦鄰」精神，落實生命共同體的社區發展，配合各種加強兒童保護工作的活動，來提昇兒童保護的實效及減少社會成本。

# 參考書目

## 中文部分

馮燕（1994），運用社區觀念健全兒保服務網絡，社區兒童保護研究會發表，頁1～11。中華民國青少年兒童福利學會暨台北分會。

內政部（1992）兒童生活狀況調查。內政部統計處。

## 英文部分

Kagan, S. C., Klugman, E., & Zigler, E. F. (1983). Shaping child and family policies: Criteria and strategies for a new decade In E. F. Zigler (ed.), *Children, families and government*. New York: Cambridge University Press.

# 14. 就兒童安全論兒童福利之隱憂

# 前言

　　人類與環境乃是藉著不斷地互動，得以在相互投入的過程中，促使孩子的成長與適應，相對地，也帶動了環境的發展。因此，在如此支持與回饋的依存關係中，更突顯出個人、群體和社會環境相互尊重的重要性。1993年2月兒童福利法修法的通過，適足以顯示出我們願以此良善美意，來滿足民眾的需要及迎合社會的變遷，並彰顯政府的決心，保障我們最珍貴的資源——「兒童」的權利及福利。

　　兒童的成長，其實就是一與環境互動的持續歷程。就生態學（ecology）的環境互動觀點來看，家庭乃是兒童身心得以健康、安全發展的重要且基本之社會體系，伴隨互動頻率的增加，並漸擴及至與家庭以外的社會支持網絡如鄰里學校等之互動，此由微觀系統（microsystem）至宏觀系統（macrosystem）如社會價值、文化觀念等所形成的生態學概念，正呈現出社會體系中，環境相扣的互動模式對於兒童發展上及福利上的重要意義。另一方面，就Abraham Maslow的需求理論（needology）觀點而言，當兒童自生理層面的需求獲得滿足之後，便會尋找安全需求的保障與滿足，而唯有對安全、舒適及免於恐懼的需求得到適當的回應與滿足，才能驅動兒童隨著年齡發展尋求更高層次的需求滿足，進而朝自我實現之理想發展。因此，兒童賴以生存互動的社會環境安全與否，則為其身心健全發展的基本條件。

　　由於工業化、都市化及多元化的社會變遷，致使社會結構產生了種種衝擊及劇烈變化，例如，台北市政府主計處1991年公布的資料顯示，在1981年至1991年台北市家庭型態中，戶內人口以四人及五人最多，占55.48％。其戶內人口在五人（含）以下之戶數由1981年占78.49％增至1991年的88.88％，凡此種種由於現代社會中家庭人口數減少（見行政院主計處八十年報、1993年3月月報及謝秀芬，1989；蕭新煌，1990）及有偶婦女勞動參與率增加（台北市政府主計處，

1991年）等因素所產生的變化，例如，雙生涯家庭、單親家庭及輪番核心家庭等。此外，人口異質性與人際關係疏離感之特性，也因人口趨向都市集中而突顯出來，因此，兒童所能獲得最早的安全互動環境——家庭系統，其在型態上與功能上也產生顯著性的變化，致使原本在傳統大家庭中親族住在一起彼此支持、照顧、教育兒童的功能，漸漸需要社會環境中其他支持系統的介入與輔助。

在此情況下，兒童缺乏適當成人照顧、獨處的危險性也大為提高，如缺乏危機意識、安全教育不足、欠缺自保自救能力等，所以，對於互動環境的安全需求與保障，則更形強烈與迫切，福利服務的支持性、補充性、替代性功能也更加突顯出來。

兒童福利服務乃是國家不變的政策，藉由專業的知識、技術與服務，在消極層面上，當兒童有需求時，原生家庭無法滿足兒童所需，則兒童福利服務必須強制介入，以取代原生家庭或親職功能，此乃兒童福利服務的替代性功能；就積極層面而言，乃是迎合社會變遷、家庭結構改變、親職角色功能不足等，而給予支持性、補充性的兒童福利服務，是謂支持性、補充性功能（周震歐，1991年）。

然而，凡此種種因社會變遷所致的現象，雖為事實，但卻不應該做為接受或解釋整個環境欠缺安全保障的藉口。因為，如果我們尊重自己，就應尊重整個賴以互動生存的社會環境。換言之，當整個環境已無法周延地保障兒童福利福祉時，我們是否應加以省思：我們究竟為兒童做了些什麼？這個具有法律保障的社會環境為兒童的發展究竟帶來了何種意義？兒童所祈求能符合他們身心發展的需求究竟是什麼？

秉持著真誠的行動力，落實福利理念並尋求更臻完善的福祉，正是我們努力的目標與理想。但是，能使兒童順利發展並蒙受立法保障福祉的基本「安全社會」需求，是否就因兒童福利觀念的廣泛探討而受到重視？縱然，社會事件的回顧往往能鞭策我們加以省思，防患未然，但若不能自歷史教訓中形成危機意識，並由危機意識中發展出預

防性的政策理念與法規，那麼此良善的「兒童福利」豈不是反而令原就為弱勢團體的兒童，陷入另一種現實面與理想面不斷衝突的危機？或許，衝突的危機往往是適應與進步的轉機，但是，不容否認的，單是浮出檯面的社會事件經驗，便足以明白顯示：能促使兒童福利順利推展的兒童安全基本需求，已在社會變遷及國人習以為常的漠視健忘中，逐漸演變成為兒童福利的隱憂。

# 歷史回顧與現況探討

衛生署在1993年3月份所公布的衛生白皮書，針對兒童意外死亡的順位，依序為交通事故、溺水、墜落及火傷；而意外發生率最高的場所為家庭；另依據衛生署統計處的統計資料顯示，1989年因意外死亡的十四歲以下兒童高達1,342人（亦即平均每天有3.8名兒童死於意外事件），且有逐年增高的趨勢。如此驚人的數字，可以明顯發現，近十年來，台灣地區的兒童其本身對安全意識的無知以及成人疏忽的嚴重性，也令我們深切地體認兒童安全未受到重視與保障。

筆者茲就近十年來的兒童安全意外事件，依事件類型劃分為交通安全、醫藥安全、食品安全、玩具安全、設施安全、人身安全、校園安全以及其他等八項類型；彙整於表14-1，並歸納肇事主因以做為探討。

縱使體認兒童安全之於兒童福利的重要性與需求性，然而反觀這幾年來相關事件的不斷重演，是否意味著我們所強調重視的兒童安全需求與福利，與其說是推動不易窒礙難行，不如坦言在普遍漠視中，缺乏發展性及制度性的預防而導致問題的發生。此外，可以明顯地發現，我們常常勇於事後的檢討，卻未能自不幸經驗中記取教訓！否則，類似事件何以在短短數年中不斷重演？誠然，社會環境的多元化的確使兒童安全面臨更多傷害的機會，但是，「意外」的發生豈是蓄

| 類型 | 日期 | 意外事件 | 肇事主因 |
|------|------|----------|----------|
| 交通安全 | 1989年11月 | 某國小放學時，貨櫃車因急駛煞車不及，撞及學生路隊，致學童三死十二傷。 | ・駕駛人缺乏安全駕駛觀念與操守<br>・不尊重兒童權利 |
| | 1992年5月16日 | 北市健康幼稚園校外教學，遊覽車火燒車意外，致林靖娟老師及家長二名、幼童二十名共二十三人死亡。 | ・液態瓦斯罐<br>・安全門扳手卡住<br>・缺乏安全常識及危機意識<br>・園方忽視消費者權益 |
| | 1993年3月5日 | 北市碧湖國小校外教學，二名學童自光華巴士安全門跌落路上，分致輕重傷。 | ・校方為節省經費，漠視學童一人一位權利<br>・駕駛人的駕駛修養 |
| 醫藥安全 | 1983年1月7日 | 北市馬階醫院急診部判定一名五個月大女嬰因服食過量的八寶散，導致小兒鉛中毒，二星期後宣告不治死亡。 | ・缺乏安全用藥常識<br>・保母因循傳統錯誤觀念<br>・父母疏於監督保母 |
| | 1992年6月 | 醫護人員及父母濫用絨毛膜採驗，致使畸型兒出生率增加及胎兒危險性提高。 | ・醫療檢驗的濫用<br>・傳統重男輕女觀念 |
| | 1993年6月 | 北市馬階醫院急診部判定一名十一個月大嬰兒，服食過量的八寶散，導致小兒鉛中毒，加護病房觀察中。 | ・缺乏安全用藥常識與危機意識 |
| 食品安全 | | 高市佛光山大慈育幼院主辦暑期兒童快樂營，發生二十八人疑似食物中毒事件。 | ・團體膳食食品保存及衛生問題 |

表 14-1

| 類型 | 日期 | 意外事件 | 肇事主因 |
|------|------|----------|----------|
| 食品安全 | | 高市小港區漢民國小師生五百四十一人食用外包營養午餐，疑似食物中毒事件。 | · 食品包裝及輸送過程的污染 |
| 玩具安全 | 1985年 | 一兒童好奇誤食一種體積小但遇水會膨脹的水母玩具，造成傷害。 | · 安全教育不足<br>· 玩具警語標示不清或缺乏<br>· 使用不當 |
| | 1977年1月 | 一兒童玩BB彈玩具槍，不幸傷及鄰童眼睛，有失明之虞。 | |
| | 1978年 | 台灣出口至英國的玩具玩偶，因玩偶鼻子脫落導致幼兒窒息事件。 | |
| | 1991年11月 | 一香港男童以附吸盤的絨毛玩具吸住眼球，用力扯下之後，導致眼球表面微血管破裂。 | |
| 設施安全 | 1982年 | 北市吳興國小發生鐵捲門夾死學童事件。 | · 安全教育與常識不足<br>· 使用開關及鐵捲門本身安裝安全設備不足 |
| | 1990年8月10日 | 四歲男童於北市內湖的大湖公園玩耍，被翹翹板底部突出鋼釘傷及後腦，送醫不治死亡。 | · 遊戲場的設計在安全考量上不夠周延 |
| | 1989年8月 | 彰化北斗螺陽國小一學童，攀爬校園中騎座式長頸鹿雕塑時，因基座鬆動，被倒下之雕塑設施壓死。 | · 維修及保養問題 |

續表 14-1

| 類型 | 日期 | 意外事件 | 肇事主因 |
|---|---|---|---|
| 設施安全 | 1990年8月15日 | 北市一名兩歲女童，在保母六樓住處玩耍時，不慎自窗口墜地死亡。 | · 照顧者不瞭解幼兒發展情況，未能妥善照料<br>· 缺乏危機意識 |
| | 1993年5月 | 北市天母地區發生父母出國，國小學童兄弟二人獨自在家，弟弟不慎被鐵捲門壓死事件。 | · 父母缺乏危機意識與未善盡親職<br>· 業者無知或消費者因節省經費不願安裝鐵捲門自動警示／停止安全裝置 |
| 人身安全 | 1991年8月26日 | 周呂美鳳攜五子投海事件。 | · 精神異常患者的隱憂 |
| | 1991年5月24日 | 父親以就讀國小之親生女兒向人誘姦並捉姦，私下和解取得十萬元，自此，以收取金錢方式，迫使幼女賣淫，以供其花用。 | · 視子女為私產，濫用親權<br>· 人格異常 |
| | 1993年3月21日 | 失業男子因心煩且幼兒哭鬧不休，失手毆死幼兒。 | · 社會變遷中壓力調適能力不足 |
| | 1993年4月7日 | 父親吸食安非他命，猛毆三個月大嬰兒致死。 | · 偏差行為的隱憂 |
| | 1993年6月26日 | 高市一父親不滿子女打電玩，遂不准子女進門，子女久候欲離去，反遭強制當街跪行百里，雙膝流血，路人不忍，報警指責，反遭恐嚇。 | · 不當的管教子女 |

**續表 14-1**

| 類型 | 日期 | 意外事件 | 肇事主因 |
|------|------|---------|---------|
| 校園安全 | 1984年3月 | 北市螢橋國小二年級學童在教室內遭惡徒闖入，被撥灑硫酸致灼傷毀容。 | ·校園安全管理問題 |
| | 1992年4月 | 二名國小學童於操場工地玩耍，失足落水溺斃。 | ·學校與建築業者未加強對建築工地的管理 |
| | 1993年6月10日 | 北市古亭國小遭野狗侵入教室，咬傷五名學童。 | ·校園安全管理問題 |
| 其 他 | 1991年4月 | 兩歲幼兒乘坐父親座車，獨自繫上成人安全帶坐於前座，車禍時卻被安全帶勒斃。 | ·缺乏行車安全常識 |
| | 1993年6月11日 | 北市三軍總醫院小兒科：一年來寵物咬傷之意外事件，門診記錄達一百多件。 | ·缺乏危機意識與專業知識 |
| | 1993年6月20日 | 五歲女童被爺爺所豢養的洛威娜犬咬掉兩條肋骨，傷口深及肺部，性命垂危。 | ·缺乏危機意識與專業知識 |
| | | ·兒童使用家電產品機率增加，但不諳英／日文，致操作不當而燙傷機率提高。<br>·氫氣球之自燃性／引爆之傷害事件。 | ·缺乏／漠視危機意識 |
| | | ·父母親離車購物／辦事，將兒童單獨留在車內，連車被拖吊。 | ·缺乏／漠視危機意識 |

續表 14-1

意？幾乎都是在疏忽與漠視下帶來永久的傷害與悲痛。

　　同時，基於家庭是影響兒童福利的最重要環境因素，並且社會福利的主要目的乃在於強化家庭生活，以及關心兒童與家庭的健全（Lela B. Costin & Charles A. Rapp, 1984, p. 10）等種種緣由，我們實應在深刻體認之後予以正視：目前我們所擁有的整個大環境結構，在重組與變遷中，已帶給兒童安全及兒童福利極大的隱憂和危機，相對地，也突顯出對於更具周延性、適切性兒童福利服務需求的殷切與必要。

# 隱憂與危機

　　對於「兒童福利」我們努力的方向與依歸，除了尊重兒童福利、保障兒童福利之外，更應自兒童福利的發展性理念和政策環境，配合適切地福利服務以促進兒童之福祉。誠如Lela, B. Costin所言，兒童福利是社會工作領域中的一項重要專業，用以支持、增強及補充家庭功能；所以，當我們就兒童安全的現況，衡量兒童福利在執行上以及大環境中所蘊藏的困難與危機時，不難發現在推動整個兒童福利服務系統——支持性服務、補充性服務、替代性服務（Alfred, Kadushin & Judith, Martin, 1988, p. 29）中所呈現的不夠周延與適切，遑論落實兒童福利理念與政策。

　　因此，在大環境的變遷如人口數量與結構、家庭體系與功能、有偶婦女就業情況、個人角色與價值觀等的改變下，家庭已不足以因應得宜地扮演社會化的角色、擔任引領與塑化的功能（鄭淑燕，1991：21）。在開發中國家所強調的經濟與工業技術之社會，我們亟需要完善的兒童福利來加強、補充因經濟發展所衍生的社會問題，我國在兒童安全方面，普遍呈現以下疏失：

## 危機意識的普遍缺乏

由於國人對於兒童安全，往往習以為常地予以漠視及疏忽而未見重視，因此，疏忽一時、遺憾終身的意外事件不僅發生頻繁，同時也一再重現。譬如就異物吞食及窒息事件而言，前者乃零至四歲最常見的意外傷害，在台灣每個月有九位兒童因此而喪生；窒息則最常發生在與母親熟睡的嬰兒身上，死亡原因多因棉被壓住而無法呼吸（福特六和汽車編，1991：3）；此外，常見於冬季的幼兒被洗澡熱水燙傷事件，亦因父母缺乏危機意識或是疏忽所致。因此，再安全的地方，也會因為危機意識的不足轉而變成易招致傷害的環境，實不容掉以輕心。

## 安全教育未見落實於生活

「知易行難」這四個字，適足以代表兒童安全在落實預防觀念上，所遭遇到的困境；安全教育能否落實於日常生活，首重教育的養成是否能自幼內化，因此，兒童初始接觸的互動環境「家庭」則相對地更形重要；觀念的宣導固然必需，兒童在社會化過程中所模塑的對象與環境尤為重要；反觀當今社會，安全教育雖已或多或少地納入義務教育，然而，意外事件發生之際，群眾圍觀依舊、錯誤的處置方式依舊，如徒手救溺或燙傷的錯誤急救等；另又如食物中毒事件，根據行政院衛生署公布的資料統計，台灣地區食物中毒人數逐年增加，由1990年的57件1,380人，至1991年的93件2,378人，中毒攝食場所多為自家、營業場所、學校，尤以學校所占比例最大，諸如此類，在在顯示出安全教育的匱乏與未見落實於生活，甚至流於備而不用或應付檢查的形式。

## 福利政策的規劃未盡完善

　　落實兒童福利工作，除須有與時俱進的政策以為推展導向之外，更須訂有完備的法規以為推展該項工作的依據。唯有明確的政策，嚴謹的法令與完善的服務網絡相互配合，兒童福利的理念與措施方能做到保障的落實與關懷的深入（鄭淑燕，1991：113）。

　　兒童福利與服務的範疇涵括了衛生、福利、教育與司法，政策的執行推動雖以社會行政機關為主，但仍需衛生、教育與司法等機構的配合及合作；惟實際執行時，易致分工卻無合作，或資源重疊劃分不清的兩極現象。譬如就兒童安全意外事件為例，健康幼稚園校外參觀旅行火燒車事件的悲劇發生後，教育與司法機關在同表震驚與譴責之際，當溯及事件之前的行政態度與責任時，則充分顯露自我保護的心態而互踢皮球，在兒童福利法僅規定各級行政機關職責，卻未註明各級政府之相關單位應就其職責主動配合的法令漏洞中，規避事件前的疏失與事件發生後的責任；縱使在「協商」與「法令釋疑」之後，紛紛檢討與負責，卻無法掌握緊急救助的時效，爾後不幸事件的一再發生，更充分呈現出執行機關未能落實兒童福利的預防觀與發展理念的盲點。

# 結論

　　社會環境的變遷並不能做為輕忽兒童安全的藉口，更不能視為兒童福利執行上窒礙難行的理由。政策所為人民帶來的福祉，非僅在於幾近完善的規劃，而在於能以預防觀念制定、推動、執行並評估；由消極的處理、進而能切中時弊、再以具制度性的預防觀為理想目標。因此，對兒童而言，我們無法保證給予每一個兒童一個完整無缺的互動環境，但是，卻能夠將我們對兒童福利的堅持，以兒童福利的確實

執行，落實在生態學的互動觀中，給與兒童、家庭、社區、社會、環境適切地支持性、補充性、替代性的兒童福利服務，滿足兒童的成長所需，使其得以在「安全社會」的互動環境中，身心健康地適性發展。

基於我們對兒童福祉的共識與期盼，如何在兒童安全的領域上努力並因而帶動兒童福利理念之落實，為刻不容緩的當務之急；彙整近十年來兒童安全傷害事件的肇事原因，不難發現整個社會環境缺乏一完善的安全體系、觀念和教育。例如，缺乏物品使用的基本安全認知概念，缺乏生活安全常識與危機，及缺乏實際模擬演練安全技巧的機會，尤其重要的，是缺乏對「生命」的基本尊重；凡此種種，更突顯出兒童安全及福利教育之重要與嚴重欠缺，以及政策上應有的檢討：

## 家庭教育方面

體認兒童福利是始自家庭教育、根基於家庭福利，自幼培養兒童正確區辨危險與易生意外的能力，以正當安全的嘗試機會來取代防堵式的教育，是家庭所必須肩負的重責，實因家庭提供兒童一個最早的模塑環境。此外，宜在日常生活規範中，藉助良性的親子互動，養成良好習慣及正確的緊急逃生與急救方法，唯有良性的親子互動才是兒童福祉的最佳保障。

## 學校教育方面

將兒童福利理念的權利與義務觀念，納入教育課程；使兒童除了在宣導教育上有所認知外，更具有保護自己的能力，如基本求生技巧的防火逃生、心肺復甦術、簡易醫護包紮等，非僅求取教學上的認知，更重要的是「教會」，使成為兒童之技能。同時，使兒童在學習的過程中，內化「自我肯定技術」以保護自己，遠離危機之困擾。

## 社會教育方面

　　提供成人自我再教育的機會，進而確保兒童之福祉，並爲兒童樹立正確性的典範，使兒童得以在安全、關懷與愛的社會環境中成長。

## 法令制度方面

　　以本土化的角度強化如「兒童遊戲設備安全準則」、「托兒所設置辦法」、「兒童福利法施行細則」等相關法令的修訂，並賦予法律約束力，及落實執行法律的公權力；加強主管業務人員之專業知識與訓練；確立兒童福利法的權責與評估，以分工合作共謀兒童之福祉。

# 參考書目

## 中文部分

行政院主計處編（1992），《中華民國台灣地區社會指標統計民國八十年報》。台北：行政院主計處，頁1、56。

行政院主計處編（1993），《中華民國台灣地區重要社會指標月報》，1993年3月。台北：行政院主計處，頁1。

台北市政府主計處（1991）。

謝秀芬（1989），《家庭與家庭服務》。台北：五南圖書出版公司。

蕭新煌（1990），《現代化與家庭制度》。台北：巨流圖書公司。

周震歐編（1991），《兒童福利》。台北：巨流圖書公司。

鄭淑燕（1991），《兒童福利新課題之探究》。中華民國社區發展研究
　　訓練中心，頁21、113。

福特六和汽車編（1991），《福特六和汽車兒童安全手冊》，頁3。

財團法人靖娟幼兒安全基金會等編（1993），《兒童安全研討會會議
　　實錄》。

## 英文部分

Bronfenbrenner, U. (1979) *The ecology of human development*,
　　Cambridge, Mass.: Harvard University Press.

Costin, L. B. & Rapp, C. A. (1984) *Child welfare*. McGraw.: Hill Book
　　Company, p. 10.

Kadushin, A. & Martin, J. (1988) *Child welfare services* (4th ed.) .
　　MacMillan Publish Company, p. 29.

# 15. 如何給予單親家庭幼兒更好的成長空間

* 重新定位單親家庭
* 開創單親家庭的天空
* 雙親家庭未必環境一定好──彼此關係和諧的單親家庭反而有俾幼兒成長
* 危機與契機──離婚對幼兒是危機，也可能成為促進其成熟發展的契機
* 克拉馬對克拉馬──每一位父親、母親都可能成為好保母、好爸爸

由於科技文明的衝擊，使社會日趨都市化及工業化。此種社會快速變遷趨勢造成人們在觀念上的改變，例如，傳統婦女就業機會增加及傳統家庭組織之改變。而家庭組織之改變，使得小家庭取代了傳統的大家庭組織，而雙薪家庭和單親家庭持續的增加，亦造成家庭的穩定性相對地降低，破碎家庭與日俱增。

就台灣而言，離婚率有逐年增加的趨勢。隨著離婚率的上升，因父母離婚而形成的單親家庭兒童，必然有增加的趨勢。許多時候，單親家庭常被視為一種不正常及破碎的家庭，他們被歸咎於生活中的種種不適應問題之源，尤其對於其子女在人格發展上所導致的危害，易造成兒童及青少年犯罪、憂鬱症、不安以及問題行為的產生。例如一些研究指出，家庭父母婚姻關係不好，其子女較易有消極的行為傾向，表現情緒困擾高，例如，害怕、憂鬱及緊張等。

# 重新定位單親家庭

無論如何，以往對於單親家庭的許多不正確的觀點已經導引了許多不正確的看法，人們往往認為單親家庭對於孩子有不利的影響，並造成了許多問題兒童。因此，在開始瞭解單親家庭之前，我們必須重新考慮這些不正確的看法，應該認為單親家庭的存在，已經成為不容忽視的事實，並且單親家庭也漸漸成為現代家庭其中之一。而本章的目的是幫忙我們重新去認識單親家庭及如何使單親家庭及其幼兒有更好的成長和發展。

除了上述父母離婚造成單親家庭外，單親家庭形成的原因不外有因分居、配偶死亡、遺棄、未婚媽媽、私生、謀生離家、犯罪坐牢等原因。以往人們對單親家庭的不良印象，間接造成問題兒童。

而近年來，因單親家庭的型態已經變成了一種普遍可接受的特殊家庭型態，僅有一位單身父母住在一起並負起照顧幼兒的責任。因

此，單親家庭一定不好嗎？而在回答此問題之前，我們可從三個層面來考量一個家庭的優劣，第一個層面是家庭的結構，第二層面是家庭成員的心理狀態，第三層面是家庭成員之間彼此互動的情況。例如，一個單親家庭中仍有二位家長積極的參與，但有些雙親家庭僅有一位家長的參與，因此我們仍舊要問一個問題：我們單從家庭的結構來區分單親與雙親家庭的好壞是否有其價值存在？因此我們尚須進一步去瞭解家庭的氣氛、家庭成員彼此間的心理狀態以及家庭成員彼此的溝通和互動的情形。這樣一來，我們才能去評判一個家庭的優勢。雖然單親家庭在某些條件上比不上雙親家庭，但在這個存在的事實下，單親家庭如何去開創自己的一片天空，實為所有單親家庭所需共同努力的方向。

# 開創單親家庭的天空

通常父母在離婚之後，單親家庭往往帶給家庭或其子女一些負面的影響，家庭經濟來源減少，子女通常有較多的問題行為。但單親家庭不一定造成「問題兒童」，而「問題兒童」並不一定來自「單親家庭」。家庭破碎本身並不是造成子女問題行為的原因，而是家庭內的氣氛（情緒）狀況和親子關係的和諧，才是造成問題的主因。例如，家庭壓力增加是造成單親兒童學習成就與人格較不良的主要因素。

# 雙親家庭未必環境一定好——彼此關係和諧的單親家庭反而有俾幼兒成長

兒童雖然與單親同住，但彼此關係和諧、氣氛融洽時，仍可獲得

較佳的發展。相反地，若一個雙親家庭，天天充滿了爭吵、敵意和悲痛的氣氛，兒童雖生活在此完整的家庭中，亦不快樂。因此，一個安全、溫暖和舒適的環境是培養兒童身心正常發展的最適當場所。所以，在成為一個單親家庭之時，其已成為不容改變的事實。單親父母如何去積極培養一個舒適和安全的家庭氣氛，提供給孩子理想的學習環境，實乃單親家庭首要工作之一。因此，離婚是父母之間的決定，而千萬不要影響親子關係的和諧。單親家長如能克服自身的心理困擾，多關懷子女不要將家庭壓力傳染給小孩，常與子女交談。

　　其次，是有關單親家庭的兒童教養問題，由於單親家庭親子關係的冷淡和彼此互動的疏離，這些單身父母必須扮演雙親的角色，擔負起照顧孩子的責任。因此，單身父母在面臨工作與教養子女的雙重難題下，可能因而放棄工作照顧子女或因工作而疏於照顧子女。而一個單親家庭的父或母如何呈現正確的管教態度，乃為大家關心之處。因為子女的發展其主要的責任在於父母，而父母的管教態度在此發展過程中，對子女的影響極為深遠。因此，父母在此時候應先穩定自己的情緒，並改變自己的工作態度，除每天照顧孩子的衣食住行外，應多抽空陪陪孩子，瞭解其內心感受和需要，並去接納他，以鼓勵代替懲罰，讓孩子感受到家庭的溫暖。且不要因為孩子沒有父親或母親，就讓他為所欲為，一些家庭的規範仍需建立，讓孩子瞭解什麼是對錯，對時就多鼓勵他，但當其犯錯時，也須給予適當合理的處罰，讓其瞭解錯誤之處。這樣一來在此環境生活下的兒童，雖先天性的條件比別人差，但透過和諧、溫暖、信賴和支持的家庭氣氛，並配合適當的管教方式，讓子女有更多自由表達的機會和學習如何獨立去處理自己生活的機會，這些單親兒童就容易發展良好的適應行為。另外，有些單親父或母擔心因父母離婚，加上因經濟問題需要工作，因此單親兒童缺乏社會化（例如，情緒支持）及不足夠的家庭教養而造成孩子日後人際問題或不當的性認同。其實目前研究尚沒有此類的定論，但相對地，如果父或母缺乏時間量的照顧，在品質足夠的照顧養護之下，還

是可以減少孩子日後生活的問題。

# 危機與契機——離婚對幼兒是危機，也可能成爲促進其成熟發展的契機

　　因此，從上述的觀點我們還可以說單親家庭不好嗎？雖然這些單親兒童經歷了父母死亡或離婚的傷痛期。但在傷痛中卻包含了「危機」和「契機」兩種可能。也就是父母離婚可能對兒童發展造成「危機」，卻也可能是兒童發展成熟的一個「契機」。究竟是「危機」或「契機」，就須靠父母處理得當，正確地去面對它，便有可能化「危機」爲「契機」。

　　所以說，這時候單親家庭父母面對壓力的處理能力及社會支持的重要性，可能促使成爲成功的單親家庭。父母離婚後，通常父母常面臨巨大的壓力且在情緒上極端的不穩定。因此，社會支持正好提供單親家庭一項重要的社會資源，其中包含了親戚、朋友或他人的支持。而其主要是在增強個人的生活能力，提供個人在情緒上的支持與回饋，並使個體感受到被關愛、被尊重，感受到自己是有價值的，尤其是在面對壓力的情況下，更能滿足其需求和增進其適應力。因此，在面對一個單親家庭時，我們除了提供精神上和情緒上的支持外，我們尚須進一步的提供其在經濟上的扶助、職業訓練和足夠、可靠及花費不貲的托育服務。

# 克拉馬對克拉馬——每一位父親、母親都可能成爲好保母、好爸爸

　　單親家庭爲現代的一種家庭型態已經不可否認的事實,雖然單親家庭比一般家庭須付出更多的時間和精力在維持家庭功能的正常發展和照顧孩子上。所以單親家庭是一種挑戰,相信只肯付出時間和心力,孩子還是可以正常成長的。就如同達斯汀‧霍夫曼所主演的「克拉馬對克拉馬」劇中所呈現的,相信單親家庭中的爸爸能成爲一位好保姆,且每位母親也都能成爲一位好爸爸。如此一來,單親家庭必將能開創出自己的一片天空,而和大家一樣自由自在的共同生活在這一片屬於大家的土地上。

# 16. 親職教育之新趨勢——
## 落實父母參與

* 親職教育概念緣由
* 親職教育與其方案
* 親師合作與父母參與
* 親師合作的好處與障礙
* 結語

# 親職教育概念緣由

在兩歲以前，母親（或其他的主要照顧者）一直是孩子最主要的守護神、養育者及照顧者。到了兩歲以後，孩子的社會化擴大了，父親亦成為孩子社會化中主要代理人之一。相關研究一直指出親子互動品質好，可以促進孩子性別角色認同，傳遞社會文化所認同的道德觀，增加彼此親密的依戀品質，促進孩子玩性（playfulness）發展，亦有助於日後同儕互動的基礎。環視國內社會，有關兒童的問題（例如，意外傷害、精神、身體的虐待）層出不窮，青少年問題（例如，自殺、犯罪、學業挫敗、逃學等）日趨嚴重，探究其因素，總是有關家庭結構及互動品質不良，其中更有因親子關係不良、父母管教不當而造成，也誠如國內知名教育及心理學家張春興博士就曾談過，「青少年問題種因於家庭，顯現於學校，惡化於社會」。所以，家庭遂成為造成社會問題的隱形因子。國外心理及家庭治療大師Virgina Satir也提出：「家庭是製造人（people making）的工廠」，家庭是提供孩子社會化及教育的場合，它能造就孩子的成長與發展，但不良的家庭互動也會傷害孩子。

不到三、四十年，台灣逐漸脫離「以農立國」的農業時代，躋身於工業發展國家之林，家庭型態亦隨之有了重大的改變，以往身兼教育功能的大家庭已不再盛行，取而代之是獨立、疏離於社會的小家庭型態。

現代的家庭伴隨太多的不穩定性，如婚姻失調（平均每五對結婚就有一對離婚，而離婚率增加勢必也會增加單親家庭）、貧窮、壓力、加上社會支持不夠，終至衍生了許多問題。此外，社會變遷如人口結構改變、家庭人口數減少、家庭結構以核心家庭為主；教育水準提昇、個人主義的抬頭導致婦女前往就業市場；兩性平等造成家庭夫妻關係及權利義務分配日趨均權；社會經濟結構的改變，使得需要大

量勞力工作機會降低，取而代之是服務及不需太多勞力的工作機會提增，也刺激婦女就業意願；及經濟所得的提增以及通貨膨脹上升，婦女為求家庭經濟生活的充裕，也必須外出工作，以提昇家庭的物質生活品質，也造就了婦女成為就業市場的主力，甚至衍生了雙生涯家庭（目前約有48.6%的婦女勞動參與率）。

家庭本身並無生命，家庭組織成員賦予生命。在家庭中，家人關係是互動的動態系統，不是固定不變，它隨時都是在改變與調整。家庭更是人類精神與物質所寄託的重心，雖然家庭功能會隨時代變遷而改變，但有些基本的功能則是不會因時代和社會之不同而改變。Burgress和Locke（1970）將家庭功能分為固有的功能和歷史的功能。固有的功能包括：愛情、生殖和教養；歷史的功能包括：教育、保護、娛樂、經濟和宗教。不過因時代變遷，原有屬於家庭的功能也逐漸地被政府及民間等組織制度所取代，例如，托兒所、幼稚園的托育機構或學校之教育機構。

由於父母的親職角色功能不足，加上父母的錯誤認知；認為托（教）育機構不但要成為「訓練機器」，而且也是代管「孩子」這物品的場所，孩子應「及早」且「待愈久愈好」的主要社會化的機構。如果托（教）育人員與父母的教養方式不同，孩子會增加其適應的不安與焦慮，更使得孩子在父母及托（教）育機構的雙重忽略下，延滯其發展的重要時機。

以往老師是罕見的，家長與老師的關係並不密切。雖然往昔日孩子在生活上過得相當困苦，但孩子至少有一定簡單、安定及嚴格的限制（教養），生活方式彈性較小，親職教育就不太需要；而今日的世界，家庭和社會形貌和往昔大不相同，老師和家長更處於一個複雜、快速變遷的世界，它們有許多的立場及責任要分工與協調，甚至更要合作，才能共同積極幫助孩子謀取最佳福祉，這也是親職教育的概念緣由。

# 親職教育與其方案

　　目前，國內親職教育的推廣除了透過教育部的家庭教育司，並配合社政單位或社會服務團體（例如，托教機構、基金會等）實施一系列的親職教育。所謂親職教育，筆者簡單給予一直接的定義：有系統、有理論基礎的方案，主要目的及用意是喚醒家長對於教育子女的關心與注意，從中協助獲得社會資源或幫助家長擔負為人父母的職責，配合學校、社會及家庭提供兒童最佳的成長環境，以幫助孩子的成長與發展。

　　孩子的成長，家庭是它成為社會人、感染社會化歷程的最主要及重要的環境。在家庭中，除了父母在受孕期間所提供的遺傳訊息外，其餘都是由其成長所接觸的自然與社會環境所影響；及其成長中，孩子漸漸脫離家庭，而接觸其他的社會環境（例如，家庭、托育機構），於是這些環境遂成為孩子成長及社會化的第二重要環境。總括而論，這些環境變成孩子成長的生態系統的環境。而這些環境對孩子的社會化有親子教育（父母對孩子）、及幼稚（學校）教育（老師對孩子），而家庭與學校之合作則為親職教育（參考**圖16-1**）。

　　親職教育最早在美國源由於1910年代，由中產階層的父母來參與學校的活動以瞭解孩子的需求，直到1960年代，由於美國政府基於經濟社會法案（**The Economic Opportunity Act**）提出啟蒙計畫（**Head Start**），尤其針對低收入戶（主要是單親的女性家長）來進行父母參與學前教育及老師積極涉入家庭教育，而使得家庭與學校的環境配合以及相互作用來促進幼兒的學習，之後，由教育學者（如**Gordon**）發展一些父母效能及老師效能的方案（**PET**及**TET**）來教育父母及老師相互合作，參與親職計畫，以藉著刺激孩子早期學習環境關鍵因素的改變，來改善孩子的學習機會，進而發揮智能及學習潛能。總括來說，親職教育是成人透過「再教育」，走入孩子內心世界，捕捉他們生活

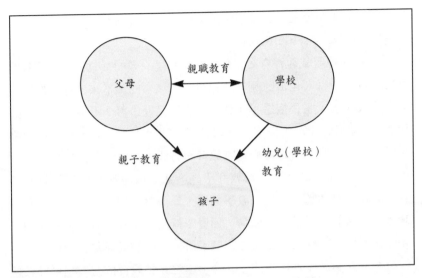

**圖** 16-1　兒童與其社會化系統之關係

經驗，為孩子追求優質的成長與發展的機會。親職教育適用範圍是孩子及其相關的家人，而且親職教育也應往下扎根，擴及到未結婚及已結婚並即將為人父母者之教育，包括婚前、產前之兩性及親職訓練，預先告知日後之角色以提早做好準備及規劃，以期日後扮演好夫妻及父母的角色。相關的親職教育的研究亦明白顯示：親職教育方案對於母親在改善教養子女的態度與行為有大幅改善，對其親子關係有明顯的幫助。甚至馬利蘭大學幼兒教育及發展系（The Department of Early Childhood and Development, Univ. of Maryland）的Dr. Fein也專門針對父親作親職教育，在有系統設計父親參與孩子活動，參加八至十二週的成長團體之後，結果發現：父親表示他們更瞭解孩子，也增加與孩子的親子關係，媽媽們更有閒暇時間（以作為母職角色的喘息），夫婦關係更加親密，更重要的是孩子的情緒與智力發展有明顯的進步，遊戲的層次也提增很多。而其他研究也指出父母積極參與孩子的活動可增加孩子認知能力、學業成就、考試分數及自我概念皆有長期的效

果；相對地也增加父母對孩子的瞭解及對教育感到有興趣及發展自我效能感（sense of self-efficacy）。

到底何種親職教育方案對父母或子女是有效的？為何有關親職教育的施行中，吾人也常聽見老師抱怨：「該來的都不來，每次都是不該來的人來」；家長抱怨：「是不是孩子又做錯事？不然老師找我做什麼？」，諸如此類的抱怨。親職教育早期出席率不高，也未能激發父母的參與。今日普遍實施親職教育的方式大概可分為動態與靜態兩種方式，前者主要是以親職教育座談、親子旅遊活動、媽媽教室活動、影片欣賞活動、玩具／教學觀摩、家長會、個別親職諮商服務與輔導、親職教育研習會、演講、節慶慶祝活動；後者有家庭聯絡簿、社會資源手冊的應用、父母之親職手冊、公布欄或雜誌書刊提供、平面海報及宣傳品流通等方式。綜合上述之親職教育的方式是屬於較低層次的父母參與，只允許父母參與一些不會挑戰到老師專業見解或是學校政策權力的活動，目的是要家長參與設計好的活動，而這些活動也傾向於使父母保持距離，並從第二手資料得知孩子在學校的生活情形。

# 親師合作與父母參與

親師合作是親職教育的最高境界，換言之，親師合作最重要在於鼓勵父母的積極參與（parental active involvement or participation），並藉著共同參與學校有關政策的訂定、幫助父母如何再教育、籌募基金、籌劃義工父母時間、提供資源、並與老師交換育兒／教養兒童的資訊，使兒童在不同的社會化受到連續性的一般照顧的目標之下，以獲得最好的親職或較好的托育的照顧。Peterson（1987）為家長參與提供了一個實用的定義：一、以教育性介入為目的，並有責任為幼兒和家長提供服務；二、參與與兒童有關的課程活動，此一活動之目的

在於提供父母資訊及協助父母扮演自身的角色。從此定義來看,家長參與包括某些可能的服務和活動,可廣義地區分為下列四種:

1. 專業人員為父母做的或是提供給父母的事物:服務、資訊、情感支持和建議。
2. 家長為該親職計畫或專業人員所做的事:籌募基金、宣傳、倡導方案或蒐集資訊。
3. 家長與兒童合作以作為課程延伸的事物:在家中或在學校中教導或個別指導兒童。
4. 家長與親職員共同執行與課程有關的一般性活動:聯合活動的計畫、評估與執行,以訓練者和受訓者的身分合作,討論兒童共同興趣的活動主題,或是做為兒童的協同治療師(Peterson, 1987)。

這四種廣義的家長參與類型,從父母被動到積極主動的角色不等,因為家長的需要是多元的,所以學校必須判斷哪一種參與是教師課程所最需要。而為了更能鼓勵家長的參與,基本上,學校的課程應包括:一、允許隨時改變家長參與的層次及型態;二、個人化的風格及參與的次數應符合父母、兒童、家庭及課程所需;三、為了達成有建設性及有意義的結果,提供父母可選擇的活動及選擇的權利。所以,父母的參與並不是只允許父母參與一些不會挑戰到老師的專業見解或學校決策權力活動的低層次父母參與(low-level parental participation);相對地,而是要提供父母自我決策機會,並把父母當作是一可貴資源的高層次父母參與(high-level parental participation)。因此,在設計一個家長參與的計畫時,教師必須確定可以擁有來自學校及行政方面的支持,以及確定學校中有其他人樂意幫忙,當然,教師也必須確定擁有執行計畫的技巧,及資源所在;能找出樂於支持及參與此計畫,並從參與中獲得成長的家長。

近年來，對於家長參與計畫的重視，家長已被視爲決策的參與者，而不只是教育機構的委託人。家長對於社區學校的關切及家長要求在所有層級的教育政策制訂時，家長的意見應被充分瞭解，這也可視爲父母親應擔負教育其子女的責任。

　　家長參與他們孩子的教育有其教育上、道德上及法律上的理由。顯然孩子是父母親的主要責任，家長應參與教育方面的決定。任何教育課程的成功與否，家長參與是關鍵的因素，特別是在那些特別設計給有特別教育需求兒童的課程（Brofenbrenner, 1974），當家長與學校成爲合作的關係之後，和兒童一起合作可以超越教室空間，進而可以促進在家與在校學習獲得相互支持。

　　台灣今日的兒童及青少年問題日趨惡化，社會變遷是主要成因之一，其他的因素則是家庭、學校與社會的教育的環節失去配合與連貫，家長將教育的問題推給學校，學校將孩子行爲問題推給社會（例如，警政機關），而警政機關將孩子又送回家庭中。家長對孩子教育的觀點是多元的，誠如教師對於家長應否參與他們的教學也是多元的。有些教師認爲教育兒童是他們的責任，孩子的家庭背景及家長是否參與是不重要的，所以將家庭摒除於學校之外；而其他教師則認爲兒童完全由父母及家庭所塑造出，將家長與兒童視爲一體，並相信家庭的幫助能使他們更有效與兒童溝通並教育他們（Lightfoot, 1978）。相關家庭背景的研究（Schaefer, 1988; White, 1988）皆顯示家長創造養育的環境，而且家長的教育行爲也影響兒童的行爲功能。此外，家長的參與學校教學也影響兒童人格特質的品質，例如，正向的自我形象、樂觀的態度、正向社會關係（Swick, 1987）及語言的獲得、動作技能的學習及問題解決能力的提增（Pittman, 1987; Schaefer, 1984; Swick, 1987）。

# 親師合作的好處與障礙

衝突常常成為學校和家庭、學校和社區之間關係的特色，尤其是較低收入或少數民族的社區之中。這種衝突可視為對學校的一種回應，藉以傳達壓抑和表達自由解放與互動的工具（Lightfoot, 1978）。

## 好處

無論持何種觀點，學校必須找出方法來超越各種既有的衝突，並且依兒童最佳利益（child's best interests）來加以運用。親師合作固然是有衝突的，但是它還是有好處，其好處可分為三個層面：

### ·對孩子而言

1. 減少分離焦慮及依戀之影響，增加在新學校環境的安全感。
2. 增加孩子的自我價值。
3. 由於父母的分享知識而使得孩子的反應及經驗的增加。

### ·對父母而言

1. 對有困難照顧子女的父母提供支持。
2. 獲得教養子女的知識技巧。
3. 從照顧子女的回饋來獲得做父母的自尊。

### ·對老師而言

1. 使得老師更瞭解孩子和更有效的與孩子相處。

2.增加自己對所選擇職業的勝利感及對教學興趣的堅持。

3.父母的資源增強老師對孩子照顧的努力。

親師合作帶給孩子父母及教師們有了正向的回饋及好的行為功效,但是親師之間也可能有了錯誤的概念,或低估彼此的技巧或彼此生活上的壓力而導致彼此之間不能合作。

# 障礙

父母與老師不能合作之障礙可能:

## ·因人性有關的障礙

1.批評的恐懼:父母老覺得老師只會對孩子產生負向的批評,而引起個人情緒不安。

2.過度專業的恐懼:老師老說一些教養的專業術語及理論,而讓家長無所適從。

3.失敗的恐懼:每次舉辦親職座談,出席率總是很低的。

4.差異的恐懼:老師不能設身處地為孩子來自不同家庭背景、觀點和經驗來設想,使得父母不能真誠地開放心理以獲得最終的需求滿足。

## ·因溝通過程衍生的障礙

1.對角色的反應:父母對老師角色的期待而影響合作的意願。

2.情感的反應:父母擔心孩子在老師手中,而不得不聽命老師或個人對為人父母的罪惡感,使父母逃避讓他們有這種感覺的人。

3.雙方的憤怒:家長的壓力(例如,工作時數、工作自主權、工

作需求等），加上孩子表現又沒有達到父母的期望，老師又不能採納家長的意見；而老師認為工作時間長、低薪、福利少又缺乏專業的肯定，以致不願多作努力與父母接觸。

4.其他因素：其他因素如個性、時間上的配合、彼此的忙碌、親職教育實施方式、學校管理政策等也皆影響家長與老師的合作意願。

因此，老師和家長溝通之間如有太多的不安，情緒及個人經驗皆會造成彼此之間的溝通的障礙。與其相互責備對方，不如有建設性地為他人設想，多一些同理、心情放鬆，以減少人和人之間的溝通障礙。

## 教師與家長有效合作

Galinsky（1988）提出以下的建議提供教師和家長更有效地合作：

1.瞭解個人的期待：家長和老師應捫心自問：自己的期望為何？這些期望是否可行？對孩子好嗎？

2.瞭解家長的觀點：更具同理心思考，並能為家長設身處地想。

3.瞭解家長的發展：如同兒童一樣，家長也會成長、發展，教師必須瞭解這種成長。

4.思考自己的態度：教師需要評估自己對家長的感覺，並且嘗試延伸到最難溝通的家長。

5.接受對立性：家長因為文化不同，可能在某些事情上和教師有不同的意見，教師必須接納家長的不同意見。

6.獲取支持：在遇到與家長有衝突時，可以尋求自己的支持網路，以獲得傾訴。

7.為自己的角色設定合宜的限制：與家長合作時要確立自己的角色。

8.思考自己所用的語彙：教師必須確定運用合宜的語彙來傳達正確的訊息。

9.提供不同的專門知識：教師必須建立增強家長專門知識的聯繫及訊息提供。

# 結語

誠如為人父母不是一簡單的任務或角色，有效的及成功的為人父母，父母是需要成長、支持與輔導。而親職教育就是秉持這種功能，透過再教育過程，使父母角色更成功。親職教育的功能更是兒童福利體系的支持性功能，透過專業服務，支持父母成為好及成功的父母。因此，至少親職教育應包括：一、提供父母瞭解獲得相關教育子女的方法與知識；二、協助兒童教養，包括教育的抉擇、規劃、行為問題的解決；三、家庭諮商服務，以幫助家庭氣氛的建立及婚姻的問題諮商；四、替代性兒童教養服務以解決兒童受虐的問題。

教師更要瞭解在任何一個階段的教育，與家長合作是很重要的一環。教師除了對加強孩子及其家庭情況的瞭解，也必須依各種不同的目的，嘗試與家長合作的各種技巧，最重要的是，教師必須瞭解教育兒童不是一件孤立的事，為了成功地協助兒童成長，教師更需要家長的主動配合，以達成親師合作，使得親職教育功能彰顯以減少孩子的成長與發展的問題。

# 17. 現代家庭的因應之道——
## 雙薪家庭之父親角色

* 前言
* 雙薪家庭對家庭與個人的影響
* 因應之道
* 結語

# 前言

　　隨著政治、社會、經濟的轉型，婦女逐漸成爲就業市場的主力。我國女性勞動參與率從1982年的40％上升至1993年的45％；而家有學齡兒童的有偶婦女參與率，也由1981年的28.8％上升至1993年的45％（行政院主計處，1994）。婦女外出就業的家庭，稱爲雙薪（生涯）家庭（dual career family），也就是說一個家庭中的父母各有一全職工作，共領有兩份薪水。

　　雙薪家庭乃是社會變遷的產物，主要是受下述原因所致：

## ・人口結構改變

　　家庭人口數減少，家庭結構以核心家庭爲主，家庭的主要功能也逐漸式微。

## ・個人主義的抬頭

　　個人的成就、自我實現及經濟上的成就吸引婦女前往就業市場。

## ・兩性平等

　　家庭內夫妻關係與權利義務之分配也愈趨均權。

## ・社會經濟結構的改變

　　現代社會需要勞力工作的機會降低，取而代之是服務及不須勞力工作機會提增，也刺激婦女就業機會。

## ・經濟所得的提增以及通貨膨脹的上升

　　男人一份薪水不足以撐持家庭生活的開銷，爲求家庭經濟生活的充裕，並提昇家庭生活品質，故婦女亦外出就業。

# 雙薪家庭對家庭與個人的影響

　　隨著男女教育機會的均等，家庭結構的改變，經濟的需求及女性對自我意識的提昇，刺激了愈來愈多的女性投入社會生產的行列。

　　就整體的環境而言，女性投入工作市場，造成社會經濟力的提高，但是女性在家庭中的角色期望及要求並未因家庭經濟力提昇而減少，使得女性陷入家庭與職業雙重角色壓力的兩難困境中。

　　家庭是人類精神與物質生活寄託的重心，當家庭功能隨著社會變遷而有所改變時，家庭成員在生活上也必須有所改變與調節，方能確保家庭功能可以有所發揮。然而在雙薪家庭中，夫妻二人每天朝九晚五辛勤工作，下班回家時還需拖著疲憊的身心面對機械化、瑣碎煩人的家務事，尤其面對兒女的照顧問題時，更是雪上加霜，造成個人身心更加疲憊。美國「職業婦女」雜誌曾對白領階級的職業婦女做調查，此研究發現已婚的職業婦女比未婚婦女的健康情形來得差；然而以已婚的男女相比較時，發現女性比男性更不健康，理由之一是女性在工作時要和男性付出相同時間與精力，然而回家之後，仍需面對繁瑣的家務及負起育兒責任，使得她們角色負荷過重，壓力過大，以致於影響其個人之身心健康。

　　此外，家庭中性別角色分工與協調不好時，例如，夫妻之間尚未做好當父母親的準備，或性別角色未能妥善分派，一旦遇到狀況，便會造成手忙腳亂，夫妻之間爭吵增加，終致影響婚姻品質；如果男性存有「男主外、女主內」的刻板觀念，不但在家務分工上未能適時提供援手，加上育兒角色也未能積極參與，更使得女性的角色累積過多，時間不夠使用，必然影響其婚姻的親密性甚至家庭的幸福和諧。

# 因應之道

　　現代社會中，雙薪家庭是以先生的職業為主的占多數，但由於夫妻二人的工作時間、任務、要求各不相同，時間的搭配也不一樣，因此，唯有掌握有效的家務管理才能解除家務的壓力，甚至能更有效的解決問題，而家庭又要如何有效的管理呢？其中父親或丈夫要扮演何種角色呢？個人認為丈夫或父親的角色為了因應生活的變遷，宜做到下列幾點：

1. 破除傳統的大男人主義，主動且積極的參與家庭的勞務分配，並利用溝通協調，把角色的定義釐清，迎合夫妻彼此的期望，縮減不必要的猜忌或不合理的要求。
2. 充分利用時間管理方法，將工作與家庭時間分配妥當，避免將工作與家庭的時間合併。
3. 找尋社會資源，例如，親戚、朋友或其他機構的支持系統，來緩衝家庭的壓力。
4. 用輕鬆、愉快、關愛、認同的態度來看待自己是「孩子的大玩偶」，多陪伴孩子，與孩子溝通、共享親情。
5. 夫妻彼此相互尊重與配合，必要時可以替換夫妻角色，以便實際體會，瞭解對方的壓力與問題，進而欣賞對方。
6. 言教之餘，更要以愛及鼓勵的身教方式，加增親子之間的情感，並提供孩子良好的模範。
7. 避免遷怒，尤其不要將工作情緒帶回家中。

# 結語

　　現代家庭由於婦權主義倡行而導致婦女地位的提高，兩性平權婚姻、離婚率增加和個人主義抬頭等等也大大改變了家庭的型態。面對多元化、選擇性和包容性的現代社會特質，人們對於個人及家庭需求滿足的適應以及個人對不同生活方式的選擇，已從單一轉變為有選擇性的模式（藍采風，1994）。而此種選擇模式也必須反應到個人的適應以及家庭功能再調適。誠如有一哲學家曾言：「世上沒有永恆之事，除了變遷之外」。因此，因應現代社會變遷，家庭中兩性角色必須加以重新檢視與定位；家庭需要有效及永續的經營與管理，夫妻之間更需要透過坦誠的溝通協調，如此，不僅可增加婚姻的親密度及滿意度，更能進而解決家庭所面臨的一切壓力與威脅。

# 18. 愛與妒忌

愛（love）是什麼？實在是很難加以定義。說穿了，愛對不同的人象徵相異的意義。它是一種情感（feeling）與活動（activity）。它使男人與女人、父母與孩子、朋友或鄰里之間連結（bond）在一起。愛令人高興也令人氣惱，它並不能帶給人有完美之感，但卻能帶給人存在的意義。

　　在瞭解愛之前，吾人應先區分愛與喜歡之不同。Rubin在1973年曾指出喜歡（like）在情緒強度比愛來得弱，它包含了尊重（respect）、讚賞（admiration）及相似的感覺；而愛係指對特定的人關心（care）、依戀（attachment）及情緒聯結和親近的慾望〔又稱為親密感（attachment）〕。喜歡與愛皆受人際互動及社會化之影響。「情人眼裡出西施」道出你被喜歡或愛的人所吸引（physical attractiveness）；「近水樓台先得月」又清楚指出由於時空的接近而增加彼此的互動關係（proximity），這也可以從廣告之過度曝光（explosure）而讓一個人對不熟悉的商品產生喜歡來說明；「物以類聚」（similarity）又說明兩個人由於門當戶對（指的是個人年齡、行業、教育程度、興趣又相當時），也可增加彼此互動中的和諧及減少誤會與衝突；而如果兩人相遇皆缺乏上例之因素時，又如何說明兩人彼此吸引呢？最後一個原因可能就是彼此在人格或需求之互補（complementarity），例如，一個愛說話的一方卻能吸引寡言的另一伴，但是成功的互補需求仍需要有某種程度之相似與和諧。

　　而當兩人互相吸引之後，隨著交往約會之機會而衍生另一種情境；換言之，也就是隨著相遇及相互吸引、探索對方之喜好興趣及發展對對方之期望與承諾而萌生親密的情緒聯結（lntimecy and emotional bond）而產生了愛情。

　　你不妨回答下列六個問題：

1.我認為_____是適應良好的。

2.我將為_____極力推薦一需要負責任的工作。

3.在我看法中，_____是一成熟的人。

4.我覺得我對_____所做的任何都會相信。

5.我將會為_____做任何事。

6.假如我沒有與_____在一起，我會有很強的失落感。

　　如果在1～3題中，你的回答傾向某一人時，這表示你對他有好感，你喜歡此人；而如果在4～6題中，則表示你已愛上此人哦。這是Rubin發展的喜歡與愛量表中的某些題目。

　　喜歡是個人表達對他人情感的連續，尤其對青春期的青少年，喜歡是兩人之間吸引的形式，主要是受友誼之間的和諧溝通（persisting compatible communication）所影響。兒童隨著對自我的認識與認同（self identity）之後，而逐漸對同伴透過生理吸引、時空的接近、相似性及需求互補之社會互動而萌生對他人有著親切的感覺（feeling of tender），這也是個人瞭解他人內在生活之覺察（awareness）（又稱為同理心），如此一來，彼此之間便成為膩友、死黨（chum），尤其對同性別青少年是非常普通，而且對他們而言，此需求是很重要的，它可使青少年信任他人的感受，對別人親近並接受別人善意的干涉與批評。

　　隨著個人成長，兒童從自戀（narcissist）到關心他人，尤其對同性別的幫團（crowds or cliques），他們聚集在一起，從共享活動，注重相似的外表及共享內心的價值與態度。之後，個人由自我中心（ego centric）逐漸學習與別人分享內在感覺、概念與心情而進展為多層利他性（ultruistic），此時個人不再個人化而是具有人性化。

　　當兩人關係透過接觸、溝通、相互致意，從陌生到熟識，從相知到相惜，從意見不合到和諧圓融，從肉體的情慾而產生心靈之契合，如此一來，兩人即產生共同的愛慕之情，甚至可以結婚、組成家庭。這個過程可由社會交換理論、浪漫與成熟之愛、愛情色彩理論、愛情三角型理論、愛情依附理論等做分類。將愛情歸納具有一些共同因

素，如對對方之關懷、激情、依戀、及承諾等。正如Farber（1980）指出婚姻之愛（conjugal love）應具有下列三因素：一、內在思考及情感的分享，也就是建立彼此之親密感；二、建立自我認同，這是一種融合於人格，造成彼此之間信任及相互影響及改變行為；三、彼此之間的承諾。Abraham Maslow（1968）將愛分為缺陷的愛（deficiency love）及完整的愛（being love）缺陷的愛是自私的，可以滿足個人之需求，通常缺乏自我認同的人常將愛看成是獲得，而不是給予，並將愛的人當成物品（object）。例如，男人愛女人只為了性或為了滿足其男性的自尊，此種男人希望女人為他煮飯、洗衣、滿足其性慾；而女人為了金錢、需求或依賴而去愛男人。這種愛不會幫助個人成長及發展更深固的自我認同。通常男人指女人是他的好太太；而女人指男人很顧家。他們彼此之間很少有交集，而以角色、物體或功能來維繫彼此之關係。

完整的愛是一種不求回饋的愛，彼此雙方不是盲目的吸引或愛，而是相互瞭解、信任；它可以使個人成長與成熟。父母對子女的愛更是完整的愛的代表，它也包含了個人的情緒，例如，憤怒、厭煩、害怕、驚奇的感覺以及感情和知識。

愛與被愛總是令人興奮的，尤其愛是透過社會化經由學習過程而來。然而，愛也有其障礙，茲分述如下：

1. 視人為物品：當將人視為物品或他人的附屬品時，那麼你我之間的關係將變成我與它的關係。尤其是資本社會講求功利、現實。將愛人視為物品，也隱含著不尊重，人與人之間的關係也變成非人性化。
2. 隱藏的禁忌：不能控制自己的情緒、衝動將使我愛你變成我恨你；而不瞭解自己，未能獲得自我認同又如何愛人；不能尊敬別人又如何能愛別人。
3. 傳統的兩性角色：傳統的兩性角色教導男人要勇敢，隱藏情

感，不能輕易示愛；而女性要情緒化、溫柔並依賴男人而成「男主外、女主內」。此種障礙會影響兩性在情感或性交流時產生困難，並造成兩人之間的疏離，唯有透過自我肯定，坦誠溝通並達成自我坦露，兩人關係才能獲得改善。

妒忌（jealous）也和愛一樣，不是與生俱有的行為，而是後天的學習行為。妒忌是個人透過社會化過程而來。

雖然，大多數的人可能認為妒忌是一件不好的事，非理性、甚至不應擁有；但妒忌其實只是一不愉快的情感，其夾雜著怨恨、生氣、害怕、沒有安全感、不信任或痛苦之感覺。就因為妒忌有著惱人的影響，因此我們皆想要避免或去除妒忌。然而，無論我們傾向妒忌與否，都可能常使用它，甚至不知不覺中表達此種情感。

心理學家Barbara Harris（1976）指出妒忌也有其價值，她認為妒忌是複反應的信號或症狀。正如痛苦提醒吾人身體上出現問題，並要我們注意或做某些行為來避免痛苦（如驅力與驅力降低理論）；而妒忌也是一樣，代表吾人心中有了壓力，或許是來自潛意識抑或來自意識中你所不想面對的事。因此，當個人面臨此種情況，最重要不是吾人是否知道我們正在妒忌，而是是否我們能發現為何我們在妒忌，進而要如何以對。通常，吾人可能很容易將以往社會化的經驗（換言之，所接受的傳統規範）來處理妒忌的情形，而且通常是負面大於正面，例如，對外遇的處理。當個人面臨外遇時，妒忌將令人感受你面臨你將失去你所愛的人。不管男女雙方皆害怕你所愛的人。不管男女雙方皆害怕你的伴侶和別人在一起，除了懷疑性關係的不滿足之外，通常女性比男性更易受到威脅，因為女性常懷疑自己比對手是否來得不具吸引力（attractiveness）。

妒忌的反應有時是合乎理性，有時是不合乎理性的。合理的反應主要是因個人的主權（控制）受到威脅而引起妒忌的反應，此種反應是被遺棄、被迫的。此外，妒忌有時也在不合乎理性之下運作，例

如，當某人的伴侶和一位異性朋友共進午餐，某人因害怕他的伴侶會離他而去，雖然意識上知道他們僅是朋友關係，但某人已受到威脅而產生妒忌，這種不合乎理性的態度值得我們探討與深思。你不妨回答下列幾個問題：

1.你是否信任你的另一半？
2.你相信你的伴侶所告訴你的話或情節嗎？
3.你是否將你的感受投射給你的伴侶？
4.你是否感受沒有安全感而責怪他？

如果你的回答是多數情形皆會，那你大約已陷入不合理的妒忌情感中。吾人爲何如此害怕妒忌呢？因爲我們皆依賴所愛的人，而且人類是分工的，人的生活愈來愈不獨立，而因爲害怕失去依賴，可能增加你對失去伴侶的恐懼。

在我們瞭解妒忌之後，接下來，吾人要如何面對我們妒忌的情感呢？

筆者認爲事先瞭解自己爲何妒忌，並清楚那些方式或行爲會令你感到妒忌，你才能應對它。妒忌基本上是一「三人行」的人際問題，絕對不能只是你個人的問題，同時，你也不能指著你的另一半說「那是你的問題」。最理想的方式是三人一起處理，共同來負責，以減低負面的影響。以下有幾個減緩妒忌的方法供各位參考：

1.在認知上，個人必須瞭解你爲何妒忌，以及導致你妒忌的想法或知覺。在瞭解你的妒忌是理性或非理性之後，你才能預知這種結果是否會帶給你威脅、害怕或沒有安全感。
2.要誠實、自我坦露面對你的感覺，而且個人要確信你與被妒忌的人的關係是不具威脅性及安全的。
3.要自信，因爲妒忌反映的是自己缺乏自信及沒有安全感。

# 19. 婦女經濟自主權的提昇

# 前言

　　隨著政治、社會與經濟的轉型，婦女逐漸成為就業市場的主力。根據我國行政院主計處的台灣地區人力資源統計年報（1997）顯示：女性勞動參與率自1982年的39.30％，升高到1992年的44.83％，到1997年已將接近46.13％。雖然這些數據相對於工業國家，如美國近60％的女性勞動就業率，尤其在二十五至三十四歲主要的生產族群更是達70％，但台灣在這年齡層充其量也只有48％左右，可見我們還有一些努力的空間。

　　女性參與勞動率增加之影響因素很多，諸如經濟的需要、教育的提高、生育率的下降及人口統計趨勢的改變，產業結構及雇求需求的改變，以及托兒及托老等家庭照顧需求的滿足等皆足以影響婦女是否出外就業。隨著婦女教育機會的均等、家庭結構的改變、經濟的需求及女性對自我意識的提昇，刺激了愈來愈多的女性投入社會生產的行列。就整體的環境而言，女性投入工作市場，造成社會經濟力的提昇，但是女性在家庭中的角色期望及要求，並未因家庭經濟力提昇而減少，相對地，女性不再是以傳統的單一角色自居，「她」除了扮演職業婦女，同時也扮演母親、太太、媳婦、朋友、同事等多重角色，於是女性陷入家庭、職業、人際關係等多重角色壓力的困境中。

　　單驥（1998）在1998年婦女國事會議中引用聯合國的一些調查統計資料，這些資料數據顯示，全世界大概有二分之一的婦女，她們的工作時間占全世界工作時間的三分之二，收入是世界總收入的十分之一，但財產卻僅占世界的百分之一。

　　從上述的資料告訴我們，女性比男性工作時數長，收入卻來得低（女性約為男性的71.6％），可見女性的工作經濟缺乏自主權，甚至還有被剝削，這些皆顯示女性在工作職場上的經濟自主權需要努力的。

# 婦女經濟自主權之提昇

## 在經濟取向

### ．婦女經濟自主權

　　婦女經濟自主權的取得工業化國家皆以全民就業列為國家政策的主要目標，這些目標可以用下列方式來達成：

1. 增加就業機會：目前我國婦女就業率為46.13％左右，比起工業國家（55～70％之間）還少，這些可以從預防經濟結構改變，（如增加穩定、收入較高或有發展性的工作機會）以及避免經濟不景氣的波及來著手。

2. 維持就業：掌握減少工作不穩定及不確定性的因素，如避免公司（廠）倒閉、職員離職或有失業保險，促使女性維持在就業市場上。

3. 增加再就業機會：依中華民國台灣地區人力資源調查統計年報（1996）指出：我國已婚女性在十五至六十四歲年齡層中就業率從1979年35.16％上升到1993年48.61％，雖有大幅的進展，但女性曾因結婚離職現已恢復工作，曾因生育離職現已恢復工作，或因其他原因離職現已恢復工作等原因，從1979年的2.82％也升到1993年的11.89％（參見表19-1），可見我們婦女再就業率仍有增加的空間，政府可利用一些誘因或托兒、托老、工作訓練／尋找的措施來幫助婦女回到工作職場。

4. 收入補助：對有能力的人而言，創造就業和維持就業的策略或方案是有用的，然而在許多方案中，個人因沒有這種技術、或因殘障而找不到工作，還有些人則無法賺取足夠的錢養家。對

| 年代 | % | 曾因結婚離職現已恢復工作（a） | 曾因生育離職現已恢復工作（b） | 曾因其它原因離職現已恢復工作（c） | a＋b＋c subtatal | 婚前無工作婚後現有工作 |
|------|------|------|------|------|------|------|
| 1979年 | 35.16 | 1.09 | 0.80 | 0.93 | 2.82 | 8.35 |
| 1980年 | 36.55 | 0.88 | 0.89 | 0.70 | 2.47 | 7.20 |
| 1981年 | 35.69 | 1.82 | 0.73 | 0.86 | 3.41 | 6.32 |
| 1982年 | 35.66 | 1.74 | 0.81 | 0.94 | 3.49 | 5.76 |
| 1983年 | 39.28 | 3.13 | 1.37 | 1.11 | 5.61 | 7.50 |
| 1984年 | 42.15 | 4.12 | 1.50 | 1.25 | 6.87 | 7.62 |
| 1985年 | 43.15 | 3.94 | 1.54 | 1.22 | 6.70 | 7.17 |
| 1986年 | 45.70 | 4.10 | 1.88 | 1.24 | 7.14 | 6.81 |
| 1987年 | 47.40 | 3.80 | 1.74 | 1.52 | 7.06 | 6.51 |
| 1988年 | 46.20 | 3.88 | 1.99 | 1.20 | 7.07 | 6.03 |
| 1990年 | 46.93 | 3.57 | 2.21 | 1.05 | 6.73 | 6.08 |
| 1993年 | 48.61 | 5.07 | 5.07 | 1.75 | 11.89 | 6.64 |

表 19-1　台灣地區十五至六十四歲已婚女性之就業狀況

資料來源：中華民國台灣地區人力資源調查統計年報（1996）。

　　這些個人和家庭，需要收入補助以避免經濟貧困，一般可用失業救助或政府補助來維持收入。

## ·職業區隔及所得差距

　　男、女有別，除了在工作時數不同、角色不同，連工作之種類及收入也有所不同，這種差異最常表現在工作區隔及收入上面。

1.職業區隔：兩性在勞動力平等參與的比例增加，使大部分的工作者和雇員在兩性分隔的工作較不明確。加上兩性角色的刻板化，使得工作市場成為兩個勞動——男性vs.女性。而這兩個團體較少競爭相同性質的工作，造成工作為性別所區隔。

| 縣市 | Total | 民意代表／民政主管／經理人 | 專業人員 | 技術員及助理專業人員 | 事務工作人員 | 服務工作人員及售貨員 |
|------|-------|----------------------------|----------|----------------------|--------------|----------------------|
| 台灣省 | 2,592 | 36(1.22%) | 194(7.5%) | 328(12.7%) | 492(19%) | 493(19%) |
| 台北市 | 511 | 20(4%) | 54(10.6%) | 144(28.2%) | 143(28.2%) | 89(17.4%) |
| 高雄市 | 213 | 5(2.3%) | 23(10.8%) | 27(12.7%) | 51(24%) | 48(22.5%) |

表 19-2 台灣地區女性員工之工作類別　　　　　　　　　單位：千人

資料來源：台灣地區人力運用調查（1997）。

在美國1991年，有超過四分之三的女性員工是在三種工作領域工作：事務性占28％，管理性（如教學、行政）占27％和服務性。相對地，在台灣1997年的資料顯示（如表19-2）是以技術員及助理專業人員、事務工作人員、服務工作人員及售貨員為居多，但在民意代表／民政主管／經理人卻少得可憐（不超過4％）。

綜合上述，女性不僅受限於一些傳統上認為較柔性（pink job）的工作，同時這些工作也是趨於較低的地位和酬勞。美國在1964年已針對此現象在人權平等法案第7條通過平等就業機會委員會（The Equal Employment Opportunity Commission）所規定：「因性別、種族或國籍而造成在錄用、訓練、升等、及薪資方面的歧視都是不合法的。」然而，在台灣，我們在工作職場上還有一些排除女性及單身之條款存在，甚至女性在職受騷擾、性別歧視以及單身婦女不易受得商業貸款，已婚婦女經濟活動還須丈夫同意，使得貸款等不平等現況存在。

2.同工同酬：同工同酬（comparable worth）通常係指針對低薪、工作沒有發展性的女性及少數民族提供協助，以便在男性主導的行業中取得工作。同工同酬方案主要在於解決女性薪水偏低。美國於1963年同酬方案（the Equal Pay Act）規定男女要

同工同酬。在此「同工」乃指工作「需要同等技術、努力和責任⋯⋯並在相同的環境」。另一方面,「同酬」係指「在同一組織內,若工作對組織的價值相同,則應付予相同的酬勞,不論工作內容是否相似(us commission on civil right, 1983: 25)。但是在實際現實生活中,在美國相關研究工作評估的結果:女性的平均薪水比男性少,大約為男性三分之二;而兼職工作薪資的比率更只有二分之一。換言之,女性大部分從事低技術、高勞力的工作,卻比相同職位的男性得到較低的薪水(Stamley, 1983)。而在台灣地區,我們男性平均收入每月37,321元,女性26,383元,女性是男性70%左右(台灣地區人力運用調查報告,1997)。

## 在家庭取向

### ・有薪貢獻

　　婦女在工作職場上如經濟取向所述,婦女因不同工不同酬,經濟機會較處於不利地位,其中可能是婦女在婚後需要花大部分的時間在家務及照顧家中子女及老人,所以,造成資歷累積不像男人那麼快速。由於社會變遷、經濟的成長,也無形造成物價上漲,特別對勞工及中產階級,都需要兩份薪水來維持家庭的基本生活,所以說來,女性和男人一樣,大部分的工作是為了經濟需求的考量。事實上,家庭收入有逐年上升,但其中只有10%是來自妻子們的薪資所得,因此,女性的薪資也可減輕生活之困境,渡過生活難關。換言之,他們可能是單身、離婚、守寡、分居、或先生所賺的錢過少,所以他們必須出外工作,更是家庭經濟主要的提供者。

　　然而,並不是所有婦女皆就業,也有一半以上的婦女(占53%以上)是選擇待在家中,或許他們沒有外出工作的理由很多,而大多數

是基於對家務整理、兒童、老人或生病（失能）的家人的照顧。

## ·無薪貢獻

　　男人對家庭經濟幸福感最大的貢獻是他們有一份薪水的工作，除了有薪工作之外，男人還需處理家中一些無薪的工作；而女人不管是否有工作，他們也要處理家中一些無薪的工作。家務工作依傳統上會依性別來區分工作性質。男性一般做一些修理家電、屋內、外環境的維護等的工作；而女性則幫忙家務和照顧依賴者（如小孩、老人和失能的家庭成員），此外，有些女性還要幫忙參與先生的工作及經營有限的資源。根據聯合國的調查統計資料，平均男人從事家中有關的工作大約爲一小時三十九分；而女人則爲三小時又五十四分（單驥，1998）。

　　傳統上家庭具有四項功能：一、生產、養育孩子；二、分派地位及社會角色；三、提供親密關係；四、經濟的合作體（郭靜晃，1997）。基本上，傳統家庭常因性別角色將家庭事務分成男性vs.女性工作，但最近社會及經濟生態改變也使得男女在傳統角色不再男性化vs.女性化（masculine vs. feminine）而是趨向中性化（androgyny），甚至於家庭各成員共同參與及分享家庭事務，而成爲經濟獨立體（economical independence）。經濟學家在八〇年代也開始注意家庭爲一生產單位，例如，女性在家庭中所從事家庭事務之勞力、生產並沒有獲得實際的金錢回饋，而且生產能力也一向被傳統社會所忽略。

　　實際上，經濟學家換算女性在家庭之勞務，如洗衣、煮飯、照顧小孩，可以換算等值44％的GNP，這些金額甚至是他們出外工作所賺的錢的二倍（大約爲美金四萬至六萬之間），但是，女性在家庭的權威及地位卻是最低的，可能的原因是他們相對於男人少於一份拿回家的薪水。這些觀點也是最近社會所倡導的家務有給制的觀念。

　　綜合上述，台灣在邁入二十一世紀之初，婦女在社會經濟地位雖有顯著提昇，但在工作的經濟自主權及福利仍待社會、國家資源的合理分配及相關政策的規劃與落實執行，以避免婦女的角色與地位受到

限制，進而預見國家發展與社會安定。

# 落實家庭取向

　　女性之工作←→角色的特質，對家庭生活品質、個人幸福感及企業之生產力、社會的安定繁榮皆有影響，所以政策及企業宜加以考量一些家庭取向的人事政策。（張惠芬、郭妙雪，1998）

1. 彈性工時：除了朝九晚五的上班時間，政府或企業可以配合彈性工時及非全職工作來幫助女性員工協調工作與家庭的角色。
2. 親職假：女性員工除了六至八星期（公務員六週，勞工八週）的產假之外，親職假（parental leave）係指提供三個月的無給假，並保證回來工作職場時給予相當請假前的工作待遇與職位。近年來，有些美商公司如IBM，也提供家中有三歲以前的嬰孩，可以請育嬰假，然而，北歐國家將此假的福利擴及至家庭成員，如父親、祖父母也有權利申請親職假，以幫助照顧家中的兒童。
3. 兒童及老人托育：台灣地區近年來婦女就業雖有增加，約為46.13％，仍比不上工業國家，但仍有近40％的職業婦女因工作關係不能親自照顧子女。目前台灣之幼兒托育提供率約為30％（機構式24％，保母6％），可見的，社會支持系統明顯不足。據內政部（1993）統計顯示：台灣地區有將近83％之學齡前兒童是由未立案之托兒所、家庭保姆、親戚、或父母自己照顧，僅有17％在已立案的托兒所或幼稚園。所以幼兒托育除了量的增加，還有確保托育之品質，這也是職業婦女在選擇兒童替代照顧時第一個考量的因素。此外，托老機構的不足及品質也是婦女在選擇重返職場的一個考慮因素之一。

4. 彈性福利方案：員工福利也是個人工作所得，在國外，員工福利平均約占平常薪資所得的37％以上（Axel, 1985），因此，員工福利對雇主及員工皆有很大之影響。而傳統的員工福利包括公／勞保、健保、退休金、有給假期和病假，或生命或健康保險等。而彈性福利方案是讓員工依據個人之需求，選擇福利方案，例如，雙生涯家庭，由於夫妻的公司皆有提供健康保險，二人都接受，恐有資源重複，因此，其中一人可以不要健康保險，而交換同等利益之福利方案。此種措施不但對不同家庭狀況之員工比較公平，而且也可以協助企業控制成本。

5. 諮商及教育方案：企業可以提供一些方案來因應某些工作／家庭問題，如應付工作不確定之因素，增加自己的專業能力，幫助親職功能，協調工作和家庭責任，工作壓力和財務管理技巧等也是利用經濟的方式來協助員工協調工作與家庭之雙重角色，以避免因角色衝突而衍生了工作或家庭的壓力。

# 結語

　　婦女一向被傳統社會的價值所歧視、忽視。聯合國在1948年世界人權宣言中也宣示要重視男女平權，消除同工不同酬，但五十年過去了，婦女所面臨的性別歧視不但未改善，反而也有愈演愈烈之趨勢。女性為家庭的終身貢獻，無論表現在有薪及無薪貢獻上皆是有目共睹的。不管女性是否要工作或其工作之目的為何，他們皆是為家庭及社會盡最大之貢獻，但卻是為大眾所忽視的。相對地，我們的社會卻未能給予婦女最佳的支持環境，免除他們在經濟安全的威脅及家庭和工作之角色壓力衝突之下。有關因應工作和家庭角色協調，政府與社會應一起同心協力來回應婦女之經濟自主權：一、經濟政策回應包括就

業、收入不足、雇用政策和薪資方面的歧視，以及減少社會經濟之困境（例如，工作不穩定、工作不確定、經濟剝奪等）；二、家庭取向的人事政策，例如，彈性工時、親職假、彈性福利方案、托兒／托老的托育照顧方案，藉以吸引並留住員工、降低曠職率、流動率及低生產力。

總體而論，婦女在家庭及社會的貢獻是不容忽視的，而婦女經濟自主更要破除兩性平等的障礙，尤其在工作機會、身分及薪資層面，落實男女平等工作權，重視家務之無薪貢獻以及要以婦女為主體考量的經濟結構及政策才能有助於提昇婦女的經濟地位和福利感。

# 參考書目

## 中文部分

內政部（1993），中華民國八十一年台灣地區兒童生活狀況調查報告。內政部：統計處。

行政院主計處（1993），中華民國台灣地區人力資源調查。行政院：主計處。

行政院主計處（1997），中華民國台灣地區人力運用調查報告。行政院：主計處。

郭靜晃（1997），《社會問題與適應》。台北：揚智文化公司。

單驥（1998），婦女經濟自主權，中央婦工會：1998國家婦女政策會議。

張慧芬、郭妙雪（1998），《工作與家庭》。台北：揚智文化公司。

# 英文部分

Axel. H. (1985). *Corporations and families: Changing practices and perspectives*, New York: Conference Board.

U.S. Commission on Civil Rights (1983). *Aigrowing criziz: Disadvantaged women and their children*, Washington D. C.: U. S. Commission on Civil Rights.

# 20. 婦女參與家庭休閒之限制及因應策略

* 休閒的定義
* 家庭休閒
* 婦女參與家庭休閒的限制
* 因應策略
* 結論
* 參考書目

# 休閒的定義

休閒一詞的英文是Leisure，係源自拉丁語中的Licere，其原意是指「被允許」(to be permitted)，而Licere又源自schole，是指擺脫生產勞動之後的自由時間或自由活動，在古希臘亦泛指「學習活動」(張火木，1999)。世界休閒協會（World Leisure and Recreation Association）對休閒的解釋最為扼要：「休閒是工作或生計活動之外的自由時間。」張春興（1989）對休閒的解釋為：一、是休閒而不是工作；二、是閒暇並可自由支配的時間；三、是應付生活的幽雅心境。根據社會科學國際百科全書在1989年定義休閒是：一、付予義務、自由選擇的結果；二、沒有任何實用的、高等的或外在酬賞的動機；三、為了尋找變化的一種內在滿足的狀態。總括來說，休閒活動對個人身心充實有關，凡諸個人的活動與行為可以迎合個人需求，滿足個人目標的達成（Blocher & Siegal, 1984）。相對於休閒，工作則常被限定時間分配，目標導向，任務與責任歸屬及外在動機。McDowell（1984）將休閒與工作之意識區分截然的二分法（如表20-1）。

為了進一步區分表20-1，McDowell將表20-1縮短成為五個指標來區分休閒vs.工作。此五個指標為：時間導向──非時間導向，效果──放鬆，理性──直覺，有限的──無限的，活動──經驗，茲分述如下：

## ．時間導向──非時間導向

時間因其架構（frame）、結構（structure）、日程（schedule）、規律（routine），可幫助工作者對於行為的輸出會更有規律、效果與效率。古代人日出而做，日落而息，並也從時間的區分我們個人的行為，如工作、休息、飲食等。相對於工作，休閒是無時間導向，而是受個人即時即刻內在動機及歡樂的經驗來引導時間。

| 工作（責任——義務） | 休閒（娛樂——遊戲） |
|---|---|
| 白天／光亮 | 晚上／昏暗 |
| 男性化 | 女性化 |
| 強壯的 | 虛弱的 |
| 正直的 | 輕蔑的 |
| 天／精神 | 地／自然 |
| 道德／倫理 | 不道德／非倫理 |
| 忙碌／生產性 | 懶惰／悠閒 |
| 主動的 | 被動的 |
| 創造性／建設性 | 休閒／放鬆 |
| 效果／行動 | 休閒／被動 |
| 時間導向／日程規律 | 無時間壓力／空閒 |
| 行動／外在行為 | 經驗／內在行為 |
| 焦點集中 | 焦點擴散 |
| 外在的 | 內在的 |
| 理性、邏輯、規則 | 感性、直覺、歡樂 |
| 分析的、嚴肅性 | 幻想、作夢 |
| 有限制的 | 無限制的、自由的 |
| 成人式 | 兒童式 |
| 智慧 | 感性 |
| 順從性 | 非傳統性 |
| 右大腦 | 左大腦 |
| 陽 | 陰 |

表 20-1　工作與休閒之二分模式

## ‧效果——放鬆

　　效果——放鬆常用於形容工作與休閒的兩極。工作常伴隨著責任與義務，它需要努力、忙碌、行動及有生產力；而休閒是強調內在滿足、自主動機，並為個人帶來歡樂及愉悅。

## ·理性——直覺

工作常被形容追求理性。一個人工作合理上被要求去思考或行為事情。工作職場上，人被要求順從、表現、準時並自我約束。直覺可以被隱喻為反應、放鬆、自然與情感。在休閒狀態中，無時間壓力，反應將允許個人從休閒經驗中獲得歡樂。

## ·有限的——無限的

在工作情境，由於時間、理性、效果的限制，將使個人的經歷及生活規律朝向目標。而休閒是在於個人經驗的獲得，內在自由的經驗將使個人生活無所限制。個人隨心所欲，常在我心。

## ·活動——經驗

在工作職場上，有活動力代表忙碌、生產導向，而無活動力代表懶散、無生產力。休閒活動的定義可以區分為主觀及客觀的定義。前者強調休閒的特性是知覺的自由和自我決定。主要是探討「人為何要休閒」；後者則從「人在休閒時做什麼事」。Krous（1990）源自亞里斯多德的想法，認為休閒是一種心靈的狀態，活動是為了自身而非外在目的，休閒是為理想的自由狀態、心靈和智慧哲學的機會。Kelly（1978）將休閒依自由程度及社會之意義兩個向度將休閒分為四類：

1. 無目的性的休閒（unconditioned leisure）：個人為追求內在滿足而選擇的活動和成就、成長、健康有關。
2. 準備和補償的休閒（preparation & complementary leisure）：是沒有壓力和其他角色義務的活動，由工作和例常活動中消除身心疲勞。
3. 關係的休閒（relational leisure）：個人藉著休閒的參與而獲得社交關係的滿足，建立親密關係、維繫人際情誼。
4. 角色義務性的休閒（role-datermined leisure）：是一種家庭的休閒活動與義務及社會性的活動，受到角色期待的限制，但它

往往更具人際休閒的目的。

而客觀的休閒，依Mercer（1980）可以分為兩個看法：一、休閒是一種扣除工作及日常生活活動的自由時間；二、休閒是一種活動，是一種個人自由時間所從事的非工作活動，具有鬆弛身心、娛樂和自我發展的功能。

綜合上述，工作與休閒在個人生活體驗上是有區別的：工作是外在酬賞與滿足、理性計算、行為、分派的責任、生產酬勞及有權威性；相對於工作，休閒是內在酬賞與滿足、直覺功能、蛻變、自我動機、自我酬勞及自主性。

# 家庭休閒

近年來，個人在物質生活滿足之後，極力追求生活品質及生活型態，言下之意，個人想獲得更多的生活滿意、歡樂及避免疾病、不舒服及不滿足（McDowell, 1984: 25）。在人的一生，學習、工作和休閒是生活中三個重要的活動。隨著社會環境的改變，資訊發展也一日千里，人們發現過去在正統教育中所學到知識並不夠用，因此「終身學習」已儼然成為一種趨勢。而成人大多時間皆花費在有目的及酬勞的工作活動中，因此，衛生及醫學的發達，也使人的平均壽命延長，健康情況也改進，所以許多人到了退休年齡仍有充分時間，而個人若能以豐富的經驗及累積的智慧來貢獻社會，必是社會之福。由於人們自由可支配的時間隨著義務時間的縮短而增加，但是人們卻因為在自由時間沒有充分的能力安排休閒生活，而感到無聊，甚至因而產生偏差行為，而造成個人身心受到戕害；同時人們也發現工作過度會帶來身心的疾病，必須藉休閒來充電，才能事半功倍。休閒可以充實個人的身心，也可促進個人身心理健康（physical and psychological well-being）。所以，新的生涯觀強調終身學習，工作、休閒及健康的生活是人一生之三備。國外相關研究（Ragheb, 1980; Stover & Garbin, 1982; Bernet, 1987）發現：休閒參與和個人休閒滿意、生活滿意皆是高度相關，這表示休閒的參與有助於個人生活品質的提昇。

家庭是人類精神與物質生活所寄託的重心，雖然家庭功能會隨時代變遷而改變，但有些基本的功能則是不會因時代和社會之不同而改變。Burgress和Locke（1970）將家庭功能分為固有的功能和歷史的功能。固有的功能包括：愛情、生殖和教養；歷史的功能包括：教育、保護、娛樂、經濟和宗教。不過因時代變遷，原有屬於家庭的功能以漸被政府及民間等組織制度所取代。

家庭是個人「生於斯，長於斯」的場所，每個人自幼在家中學習到不同的娛樂、休閒的價值觀與方式，也影響到成長之後自己的休閒態度及活動。McDowell（1984）也提出，一個人幸福感的品質等於生活型態的品質與環境的品質之和（Quality of well-being＝Quality of life style＋Quality of environment）。而成人所從事的休閒活動中約有半數以上在兒童期已經開始，也就是說家庭是學習休閒最初、最重要的環境。家庭休閒對家庭生活有具有不容忽視的意義（黃迺毓，1995：192～193）：

1.家庭休閒與婚姻的滿足呈現正相關。
2.家庭休閒可促進家人之間的溝通。
3.家庭休閒可疏解壓力。
4.家庭休閒可共同學習。
5.家庭休閒是達到令家人身心健康的最好方式。

縱然家庭一起休閒可以帶給家庭歡樂、健康，但是家庭處於一個系統中，系統中每一個人皆有其需求，有人想獨立自主，有人想聚集一起分享，在家庭休閒中如何滿足個人，也滿足家庭成員，更是一個

重要課題。Qrthner及Herron（1984）對家庭休閒指出三項重點：

1.休閒需求和家庭互動。
2.顯現伴侶（同伴）價值。
3.休閒及家庭衝突。

### ·休閒需求和家庭互動

家庭休閒最重要的是要瞭解家庭共同休閒時間及經驗對家庭的價值。家庭休閒不專指為少數個人來獲得需求滿足，家庭本身是一個系統，每個人皆有其特殊獨特的互動模式。而個人休閒經驗有助其個人對家庭產生聯結（bonds）及付出個人承諾（interpersonal commitments）。家庭中要獲得自個人的承諾，最重要的是藉著開放的溝通（open communication）。家人藉由開放的溝通，揭露情感，個人價值及需求，並透過經驗分享來貢獻時間，並認同家庭以達成家庭休閒的目標（Qrthner, 1976），並從中獲得婚姻滿足（Qrthner, 1975），關係的承諾（Goffman, 1961），價值的相似性（Adams & Cromwell, 1978）。

### ·顯現伴侶（同伴）價值

家庭成員中成為伴侶（companionship）是今日家庭生活品質表現的最重要因素。今日婚姻生活趨向不穩定，離婚率增加的一個重要因素是親密感不再復見，夫妻之間的伴侶性的愛未能提昇。Levinger（1964）的研究發現婚姻中九大目標中以成為伴侶為最高。Roper（1974）的全國性研究中也發現婚姻中最滿意的因素是夫妻共同活動並成為伴侶，比起有孩子或財務安全對婚姻滿意更來得重要。

伴侶性（companionship）在傳統生活中並不是那麼強調，相對的，傳統的家庭強調個人的角色履行。但現今家庭成功的要素在於家庭成員是否有能力調適角色並適應家庭責任。伴侶性可促成個人角色

彈性化及角色再造，尤其是家庭休閒活動，由於時間的限制，個人角色期待，如果沒有加以調適，那個人將受限於家庭責任與義務的限制，反而失去家庭共同休閒的機會。相對地，家庭成員能透過共同分享休閒機會，彼此溝通，甚至妥協個人之價值及需求，並由共同參與來分享同伴之樂。

### ·休閒及家庭衝突

當我們想到家庭的衝突。大多會想到經濟、孩子、性和婚姻關係，很少人會想到休閒和娛樂。Straus等人（1980）在一個美國全國性研究中發現有三分之一以上的家庭曾經驗到休閒衝突的壓力。Qrthner及Bowen（1982）曾對國際上軍人家庭的研究，也有類似的發現。這些研究發現休閒時間及休閒伴侶選擇的機會比起家庭子女教養及財政問題才得具壓力性。

Qrthner（1980）鑑別出導致家庭休閒衝突的幾個因素：

1.休閒時間與活動的不同。
2.對休閒活動的不同需求。
3.休閒活動形式與家庭生活型態不符合。
4.家庭正常休閒模式常被干擾，導致個人在沒有替代性休閒活動之下，造成休閒不穩定。
5.個人生活規律的不同導致對休閒選擇及需求的不同。

# 婦女參與家庭休閒的限制

個人與家庭一樣，有不同的發展週期，如同家庭有不同的形貌。家庭會因其大小、貧窮、單親與否，城鄉差距有不同風貌及其家庭成

員也有不同的休閒經驗。而個人由於其成長的發展階段不同，也衍生了不同的需求。因此，如欲更詳細瞭解家庭休閒的內涵、需求極其影響因素，更要從家庭的生命週期來探討。此外，社會變遷（例如，人口結構改變、家庭人口數減少、家庭結構以核心家庭爲主）；教育水準提昇，個人主義的抬頭導致婦女爲追求個人成就、自我實現及經濟成就，導致婦女前往就業市場（job market）；兩性平等造成家庭夫妻關係及權利義務分配日趨均權；社會經濟結構的改變，使得需要大量勞力工作機會降低，取而代之是服務及不需太多勞工工作機會提增，也刺激婦女就業意願；經濟所得的提增以及通貨膨脹上升，婦女爲求家庭經濟生活的充裕，也必須外出工作，以提昇家庭的物質生活品質，也造就了婦女成爲就業市場的主力，甚至衍生雙生涯的家庭（目前約占48.6％的婦女勞動參與率）。從社會的變遷及生活型態的改變，現代的已婚婦女比起傳統農業社會的已婚婦女中，確實擁有較多的生活自主權，較能走出家庭並尋找自己的天空（郭國良，1996）。這些生活型態的改變，也影響婦女的休閒機會與空間。Harrington及Dawson（1995）指出婦女從實際參與休閒活動過程中，可能吸取到勝任感、罪惡感、獨立感、安全感或愉悅感等經驗，這些經驗也對婦女自我評價（自我概念）有所影響，甚至影響婦女之幸福感（well-being）。

　　家庭本身並無生命，家庭組織的成員賦予生命。在家庭中，家人關係是互動的動態系統，不是固定不變，它隨時都在改變與調整。因此，家庭也像個人一樣，具有發展性，個人終其一生經歷嬰兒期→幼兒期→兒童期→青少年期→壯年期→老年期，而形成一個生命循環（life cycle）。家庭的發展也有其週期性的歷程，從兩人歷經戀愛、結婚、到夫妻離異或一方死亡而結束也歷經不同的階段，構成一個「家庭生命循環」（family life cycle）（高淑貴，1991），也成爲家庭生命週期。所以說來，家庭生命週期是指：家庭形成、發展、擴大至衰弱的過程。

在家庭生命週期中，不同階段、不同家庭狀況的個體，都有其待解決、待完成的工作，稱為「家庭發展職責」（family development tasks）。藍采風（1982）將家庭生命週期分為八個分期，其各階段及發展職責參考表20-2。

最近有關家庭休閒的研究以家庭生命週期來鑑別家庭休閒參與與歡樂的動力來源。例如，Kelly（1974; 1994）細分家庭生命週期的改變也造成家庭休閒型態的改變。Kelly於是提出休閒生涯（career of leisure）的概念，休閒生涯是個人經歷家庭週期改變，個人開始、發展、增加與減少、改變及重新建立休閒模式而產生其休閒生涯。

Qrthner（1976）也發現家庭休閒型態及個人家庭週期及夫妻之間的婚姻滿意感有其相關存在。而家庭的互動模式又與個人在家庭的時間、精力及其因應能力有關。Rapoport, R.及Rapoport, R. N.（1975）將Kelly及Qrthner的研究進而從家庭最關心的事及其潛在問題鑑別出四個階段（參考表20-3）。這些所關心的事及其潛在問題可能因家庭的休閒型態或經驗而成為家庭休閒的益處或阻礙。

在表20-3，第一個階段：未有孩子的已婚夫妻階段，年輕夫妻似乎從共同參與休閒活動獲得很多經驗及滿足感。相對地，個人的休閒卻帶來一些婚姻不滿意的因素，這不代表獨立性是不健康的因素，而是共同參與可以帶來角色及溝通模式的建立以及建立滿足的伴侶關係。第二個階段：養育幼兒階段，個人同時要滿足個人、婚姻及父母的要求。這種增加的父母角色、生涯及家庭義務帶給個人休閒的威脅與阻礙，處於這階段的父母遭遇家庭休閒時間不足以及婚姻不滿意感和威脅彼此伴侶關係（Qrthner & Bowen, 1982）。第三階段：育有學齡兒童的階段，當小孩長大之後，父母又重拾以往的伴侶關係（Qrthner & Axelson, 1980）但是休閒模式卻相距甚遠（Pratt, 1976）。這期間，先生、太太和小孩會有各自不同的娛樂及休閒生活，父母的休閒與其在家庭的性別角色有關。第四階段：孩子離開學校以後，父母有較多的時間可利用，同時，父母在經濟上的負擔減輕，有更多可

| 階段 | 每階段大約年數 | 階段說明 | 家庭發展職責 |
|---|---|---|---|
| 一 | 2 | 未有小孩的已婚夫妻階段 | 1.配偶二人每日日常生活（事業上和休閒時間）上之互相適應。<br>2.建立新的認同——成人配偶。<br>3.對新的親戚關係的適應。<br>4.可能開始期待第一個孩子之來臨，對懷孕的適應。 |
| 二 | $2\frac{1}{2}$ | 養育幼兒階段（第一個孩子未滿30個月） | 1.對新的父母角色之適應。<br>2.學習為人父母之各種技能。<br>3.夫妻與父母角色之協商。<br>4.對事業、前途等工作上之各種適應。 |
| 三 | $3\frac{1}{2}$ | 有學齡前兒童之階段（第一個孩子年齡在$2\frac{1}{2}$至5歲之間） | 1.教導輔育兒童新的技能。<br>2.對因孩子們之成長而失去隱私之適應。<br>3.對事業與生涯之適應。<br>4.對可能有第二個小孩降臨之準備。 |
| 四 | 7 | 有學齡兒童的階段（第一個孩子年齡在6－12歲之間） | 1.鼓勵每位子女身心之成長。<br>2.對學校需求之適應。<br>3.妻子或丈夫可能從返學校或工作崗位。<br>4.逐漸增加參與和子女有關之社區活動。 |
| 五 | 7 | 有青少年子女在家之階段 | 1.對子女日增自主權之適應。<br>2.計畫夫妻之各種活動並做子女離家之準備。<br>3.事業可能在此階段達高峰。<br>4.家庭經濟在此階段多達最高峰。 |
| 六 | 8 | 步入突飛之階段（自第一個孩子離家到幼兒離家） | 1.促使成年子女之獨立機會（上大學、工作、結婚等）。<br>2.繼續給予子女支持與協助但注意不過分控制他們。<br>3.鞏固父母之婚姻生活。<br>4.對可能失去配偶（死亡）之適應。 |
| 七 | 15± | 中年父母階段（空巢階段） | 1.享受老伴之恩情。<br>2.對健康狀況之適應。<br>3.對祖父母角色之適應（若有孩子時）。<br>4.增加社區活動或其他休閒活動。<br>5.親戚關係。 |
| 八 | 10－15± | 老年階段或鰥寡階段（自退休到死亡） | 1.對邁入老年及健康衰微之適應。<br>2.「老人」之認同。<br>3.退休及失去社會或工作地位之適應。<br>4.健康情況許可之範圍內參與有意義之活動。<br>5.能失去配偶而需獨居之適應。 |

表 20-2　家庭生命週期各階段及其家庭發展職責

資料來源：藍采風（1982），《婚姻關係與建立》。台北：張老師出版社，頁33～34。

| 階段 | 所關心的事 | 潛在問題 |
|---|---|---|
| 未有孩子的已婚夫妻階段 | 建立夫妻關係，生涯，認同 | 獨立性，個人選擇之優先順序 |
| 養育幼兒的階段 | 創造與生產（創生）：選擇與計畫 | 個人精力的分配 |
| 育有學齡兒童的階段 | 表現 | 忠誠、義務及不滿足 |
| 孩子離開學校的階段 | 評估：承諾的意義 | 抑鬱，無聊，孤立，被誘騙的感覺，是否要改變 |

表 20-3　家庭生命週期階段中所關心的事及其潛在問題

資料來源：Rapoport, R. & Rapoport, R. N.（1975），p. 191.

使用的休閒費用。如果夫妻雙方仍保持有共同休閒興趣及活動會增加彼此婚姻滿意度。對女性而言，在此時期，由於難於發展女朋友支持系統卻造成個人的壓力，對男性而言，在此時期較難實現其社會及休閒需求（Levinson, 1978）。女性的休閒活動大多是以家庭和小孩為基準的（home-based），或者是依循男性或家庭活動的模式（李素馨，1997）。

　　除了這些因家庭生命週期的階段發展所造成家庭休閒之影響之外，也有一些研究者提及一些關鍵因素，例如，季節（seasons）（Levinson, 1978）、暴力（violence）（Green, Herbon & Woodward, 1987）、儀式（passages）（Sheehy, 1976）或社會化時期（socializing periods）（Kelly, 1975），例如，結婚、孩子出生、配偶死亡或孩子長大離家等時期可能對婚姻適應及個人滿意有關。在此時期，休閒活動可能帶給壓力的緩衝而使婚姻生涯穩定。Rapoport, R.及Rapoport, R. N.（1975）認為個人所擁有的資源（resourcefulness），如個人內外控人格特質，適應及因應能力（例如，辨別休閒歡樂的阻礙，有能力發展克服阻礙的策略），才能幫助個人因應這些阻礙家庭休閒及情緒適

應，而使個人壓力情境得以解除。

　　個人與家庭並不是很容易在休閒中獲得滿足，尤其隨著家庭生命週期的推移，個人角色的改變，更難以兼顧個人及家庭共同的需求。雖然家庭休閒對家庭生活的充實有其不可或缺的重要性，但是家庭還是存在一些因素阻礙了對休閒生活的追求。

## ‧物理層面

1. 訊息因素：城鄉差距很大，都會地區資訊多，無法選擇；鄉村地區缺乏休閒資訊和機會。
2. 經濟與時間因素：休閒需要有錢與有閒。傳統的婚姻制度預設女人從屬於男人的地位，加上男性主義對女性的權威與控制，性別勞力分工與薪資不平等也增強婦女對男性的依賴（孔令嘉，1997）。婦女比男性少有空間（Shaw, 1985）。
3. 健康因素：身體體能或虛弱導致個人無法參與休閒。
4. 同伴因素：同伴是休閒很重要的一個因素。女性較男性因缺乏同伴而較少有休閒活動（李素馨，1997）。
5. 場地設施因素：物理設施（physical plants）可讓休閒者覺得舒服，休閒場地充足與否也會影響休閒意願。

## ‧心理層面

1. 知覺因素：個人察覺休閒的重要及好處以及過去知覺休閒的困難會影響依個人休閒意願。婦女較少知覺與經驗到屬於休閒的時間（Henderson, et al., 1989）。
2. 態度因素：對休閒的感受，例如認為休閒是否必要，關心家人休閒與否，是否會浪費時間與精力，皆是影響休閒行為重要因素。

3.經驗因素：缺乏休閒經驗或缺乏休閒技巧或人際關係皆會影響個人對休閒活動的參與。

4.對關係的需求：家庭成員對家庭的需求有其兩極化〔團體凝聚（enmeshemnt）及個人自由（disengagement）〕，要求團體絕對凝聚的家庭，會希望家人相互依賴及共同行動，此種家庭不希望家庭成員單獨個人行動或休閒。如果家人有人獨自行動（休閒），會受家人譴責，甚至會覺得有罪惡感。所以，此種家庭的休閒是要預先計畫。相對地，絕對自由的家庭的成員很少共同休閒，每個人有其疆域（boundary），家人很少相互聯繫。家庭的功能只是提供衣食的經濟單位，個人從他人獲得娛樂及情緒支持。

5.活動的沈迷：此種家庭最大的問題是個人沈迷於某種活動而忽略家庭其成員的需求。這些活動本身不是有問題，而是只滿足個人的需求，甚至這些活動轉而變成家庭的休閒，可是家庭成員的需求卻是被忽略的。這種家庭最大的問題是其缺乏共同性而且休閒選擇沒有其他替代性。對孩子而言，他們需要被鼓勵探索其他活動的機會，如果這種活動是很冷門的，那孩子可能被剝奪與其他同儕有社會化經驗。如果產生在家庭成員身上，這種活動沈迷忽略別人需求，如果強迫其他成員一起參與，而他們又缺乏意願，可能造成家庭成員怨恨、不瞭解及衝突。

6.不和諧的活動選擇：家庭成員之多元需求，如果活動的喜好是南轅北轍，那麼會失去追求共同活動的共同性（commonality）。因此從異中求同，或尊重他人的選擇是此類家庭應注意的。

7.休閒的自主性：除了時間、經驗等因素之外，家庭中的一些成員，如大部分的女性被剝奪休閒權利，因為附屬在父權社會中的男性休閒取向，女性在休閒時受到較多的規範，而導致壓抑休閒活動的參與及自主性（Green Hebron & Woodward, 1987；

李素馨，1997），也顯示女性休閒型態是「少年從長、女性從男性、婚姻從家庭」。

綜合上述，在家庭中追求個人及家庭共同的滿足及迎合個人的需求實是一種兩難的困境（dilemma）。家庭有其特定的功能以維持家庭的系統，如滿足個人及家庭團體的需求，也就是維持個人的自主性及團體的共同性及親密性。這也就是家庭治療學者如Beavers（1977）或Minuchin（1974）也宣稱一個健康的家庭成員需要獨立及親密。個人的需求及家庭系統的需求又常常是衝突性（參考**表20-4**）。因此，解決這種衝突有助於維持家庭系統健康。Lewis及其同事（1976）更進一步列舉一個健康的家庭系統應包括五個要素：

1. 共同瞭解，明確的權力結構。
2. 整合個人經驗並融合成家庭功能。
3. 具有協調及問題解決能力。
4. 自我肯定，追求個人自由。

| 個人的需求 | 家庭系統的需求 |
|:---:|:---:|
| 自主 | 親密性 |
| 自由 | 責任 |
| 單獨 | 共同 |
| 自我知覺 | 與他人互動 |
| 需求 | 問題解決 |
| 態度 | 共同增強 |

表 20-4 **個人及家庭系統的需求**

資料來源：Qrthner & Herron (1984) : 188.

5.充分表達個人情感並同理他人情感。


# 因應策略


　　家庭有不同的形貌，而個人亦有不同的週期。Hall（1975）的研究發現：女性在孩子皆成長之後（大約在中年期），大概因失去父母的角色，覺得個人能力感應差，生活有較多衝突，較少滿足及快樂。為了維持家庭中個人及共同的滿足，透過高品質的家庭時間來共同相處及休閒，可以增加個人之生活滿意及成就感。為了維持一健康的家庭系統，在家庭休閒的文獻也建議要擁有一些能力、技術及策略。分述如下：

1.決策能力，包括辨別目標，選擇達成目標的方法及彈性。
2.價值澄清，包括選擇個人的生活及扮演的角色，這是需要個人要有自我肯定的能力。
3.動機，包括承諾的制定與保持。
4.發展休閒參與的技巧。
5.找尋及開創資源，保持休閒的創意及彈性，以充實個人及家庭成員的休閒充實性（leisure enrichment）。家庭休閒教育及輔導學者也皆同意家庭需要再教育及提供最大資源來充實其生活。誠如諺語所言，「休閒」如同「性」一般。只強調技術層面會終遭無能，因此要幫助家庭獲得最佳生活品質，我們應要瞭解家庭的需求，家庭如何不同，然後再輔於技術層面及提供家庭最大的資源，以幫助家庭成員獲得最佳的歡樂與滿足。
6.問題解決。家庭的休閒機會及問題並不一定可由溝通及交換原則可解決，這些衝突需求解決問題的技巧：
(1)每次只解決一個問題。家庭透過共同協商（溝通）時間，每

次只排定一次議題，充分討論並找出解決之道。

(2)家庭成員應有一些正向思考，透過正面表達以讓家庭成員瞭解個人的需求，而不是個人之厭惡及負向情緒。

(3)表達需求要明確與肯定，拒絕模糊及不清楚的話題。

(4)找尋替代可行的策略，增加生活彈性。

(5)家庭成員有責任一起共同解決問題，執行決策。

7. 自我肯定。由於文化習俗所傳遞「業精於勤，荒於嬉」，而使得個人覺得休閒是罪惡的，但是家庭休閒不但是個人的權利，同時也是改善家庭生活品質的良劑。McDowell（1984）提出清除罪惡感的七項自我肯定原則：

(1)不做事情的權利。

(2)因循怠惰的權利。

(3)不明確的權利。

(4)單獨的權利。

(5)遊玩的權利。

(6)自我表達的權利。

(7)天眞的權利。

上述的權利必須與家庭休閒有關的，而不是強調個人負向情感的表達，相對地是培養個人有能力表達個人的想法及瞭解別人也有此種權利。

8. 保持家庭休閒的彈性及創意。

9. 充滿家庭的資源。

# 結論

家庭休閒中最大的限制是如何保持個人的需求，也兼顧家庭其他

成員的需求，也就是如何在個人的單獨性（separatedness）及家庭的共同性（togetherness）找出一個平衡點。家庭及個人的休閒的滿足及個人及家庭的幸福感及滿足感息息相關。最近有關家庭休閒的研究大多以家庭生命週期來鑑別家庭成員參與及對其所造成的影響。家庭如同個人也會隨時間的推移而產生不同的發展職責，家庭休閒如能迎合家庭的職責必然會造成其個人的生活品質，反之則遭到潛在危機，家庭休閒對個人及家庭生活的充實有極大的關聯。家庭休閒仍存在一些相關因素，如物理及心理層面的阻礙與限制。為了建立一健康系統的家庭，家庭成員應相互瞭解彼此的需求，再輔以相關增加家庭資源及充實休閒技能的技術以幫助個人及家庭成員參與家庭休閒，獲得最高的滿足。

# 參考書目

## 中文部分

孔令嘉（1997），台北市婦女休閒行為與場所選擇之研究，逢甲大學建築及都市計劃研究所碩士論文。

李素馨（1997），都市女性休閒類型和休閒阻礙，《戶外遊憩研究》，10（1），頁43～68。

高淑貴（1991），《家庭社會學》。台北：黎明文化。

黃迺毓（1995），《休閒與家庭生活》，黃迺毓、黃馨慧、蘇雪玉、唐先梅、李淑娟等著，《家庭概論》。台北國立空中大學印行，頁187～200。

郭國良（1996），婦女休閒活動參與、人口變項及自我概念之研究——

以高雄市已婚婦女為例，國立高雄師範大學成人教育研究所碩士論文。

張火木（1999），青少年休閒觀與休閒功能之探討。實踐大學：1999家庭教育與社區青少年休閒文化學術研討會論文。

張春興（1989），《現代心理學辭典》。台北：東華書局。

藍采風（1982），婚姻關係與適應，《張老師月刊》。

## 英文部分

Adams, B. & Cromwell, R. (1978). Morning and night people in the family: A preliminary statement. *The Family Coordinator*, 27, 5~13.

Bernet, D. D. (1987). *Leisure and well-being: A study of adults in rural areas of wisconsin*. Ph. D. Dissertation, University of Wisconsin-Madison.

Blocher, D. H. & Siegan, R. (1984). Toward a cognitive development theory of leisure and work. In E. T. Dowd (ed.). *Leisure counseling: Concepts and application*. IL: Charles C. Thomas Publisher.

Burgess, E. W. & Locke, H. J. (1970). *The family from institution to companionship*. New York: American Book Co.

Goffman, I. (1961). *Encounters: Two studies in the sociology of interaction*. Indianapolis: Bobbsmerrill.

Green, E, Herbon, S., & Woodward, D. (1987). Women, leisure, and social control. In J. Hanmer & M. Maynard (Eds.), *Women violence and social control*, 75~92. London: MacMillan.

Hall, D. T. (1975). Pressures from work, self and home in the life stages of married women. *Journal of Vocational Behavior*, 6 (1), 121~132.

Harrington, M. & Dawson, D. (1995). Who has it best? Labor force participation, perceptions of leisure and constructions to enjoyment of leisure. *Journal of Leisure Research,* 27 (1), 4~24.

Henderson, K. A., Bialeschki, M. D., Shaw, S. M.,& Freysinger, V. J. (1989). *A leisure of one's own: A feminist perspective on women's leisure.* State College, PA: Venture Publishing.

Jacobson, N.& Margolin, G. (1979). *Marital therapy.* New York: Brunner/Mazel.

Kelly, J. R. (1974). Socialization toward leisure: A developmental approach. *Journal of Leisure Research,* 6 (3), 181~183.

Kelly, J. R. (1975). Lifestyles and leisure choices, *Family Coordinator,* 24, 185~190.

Kelly, J. R. (1978). A revised paradigm of leisure choices. *Leisure Science,* 1 (4), 345~363.

Kelly, J. R. & Kelly, J. R. (1994). Multiple dimensions of meaning on the domains of work, family and leisure. *Journal of Leisure Research,* 26 (3), 250~274.

Krous, R. (1990). *Recreation and leisure in modem society* (4th ed.).Englewood Cliffs, NJ: Prentice-Hall.

Levinger, G. (1964). Task and social behavior in marriage. *Sociometry,* 27, 433~448.

Levinson, P. (1978). *The seasons of a man's life.* New York: Alford Knopf.

Lewis, J., Beavers, W., Gossett, Jr.,& Phillips, V. (1976). *No single threat.* New York: Brunner/Mazel.

Mercer, D. (1980). In pursuit of leisure and marital interaction. *Journal of Leisure Research,* 8 (2), 98~111.

McDowell, C. F. (1984). *Leisure: Consciousness, well-being and* counseling: Concepts and application. IL: Charles C. Thomas Publisher.

Minuchin, S. (1974). *Families and family therapy*. Cambridge, MA: Harvard.

Orthner D. K. (1975). Family sadens: Reinforcing the leisure component in family life. *The Family Coordinator,* 24, 175~183.

Orthner D. K. (1976). Patterns of leisure and marital interaction. *Journal of Leisure Research,* 8, 98~111.

Orthner D. K. (1980). Family in blue: Washington D. C.: Dept. of the Air Force.

Orthner D. K.& Bowen, G. (1982). *Family in blue: Phase II. Greensboro,* NC: Family Development Press.

Orthner D. K. & Herron, R. W. (1984). Leisure counseling for families. In E.T. Dowd (ed.), *Leisure counseling: Concepts and applications.* IL: Charles Thomas Publisher.

Ragheb, M. G. (1980). Inter relationships among leisure. *Journal of Leisure Research,* 12, 138~149.

Rapoport, R. & Rappoport, R. N. (1975). *Leisure and the family life cycle.* London: Routledge and Kegan Paul.

Roper Organization (1974). *The virginia slims american women's opinion poll.* New York: The Roper Organization.

Shaw, S. M. (1985). Gender and leisure: Inequality in the distribution of leisure time. *Journal of Leisure Research,* 17 (4), 266~282.

Sheehy, G. (1976). *Passages: Predictable crises of adult life.* New York: E.P. Dutton and Co., Inc.

Stover, R. B.& Garbin, A. P. (1982). Explanations of leisure behavior: An analysis. *Journal of Leisure Research,* 14, 91~99.

Straus, M. Gelles, R. & Steinmetz (1980). *Behind closed doors.* New York: Doubleday.

# 21. 同心協力，家運順吉

# 社會變遷對家庭的衝擊

　　近年來台灣地區由於經濟與社會發展快速，導致家庭與社會不論在結構層面、功能內涵均起了急劇的變化。這些改變，對家庭及其成員均造成相當的衝擊。家庭結構主要深受工業化及都市化之影響，使得家庭組成型態發展為以小家庭或核心家庭為主軸，而傳統的大家庭或擴大家庭，甚至折衷家庭似已逐漸式微。

　　根據內政部統計處（1993）及行政院主計處（1990）之調查所顯示：我國的家庭結構以核心家庭（占58.71％）為主要的家庭型態，此外台灣地區戶量（每戶平均人口數）持續在三十年來下降中，從1961年的5.57人降至1992年的3.88人，其下降的速率相當一致而且穩定（參見表21-1）。

　　此外，都會地區的台北市，情況也一樣，平均每戶人口數從1968年的5.26人，降至1990年的3.96人（參見表21-2）。就上列兩表資料可推論，今日台灣地區的家庭組成型態，可說以小家庭或核心家庭為大多數，傳統的大家庭或擴大家庭，甚至於折衷家庭已逐漸式微，這些改變也可從過去的研究，如謝高橋（1980）、黃俊傑（1990）及羅紀瓊（1987）的研究發現中看出端倪（參見表21-3）。

　　另一方面，社會變遷的結果也造成婦女勞動參與率的增加，目前我國有偶婦女勞動參與率有逐年提昇之趨勢，近十年皆保持在50％以上，且逐步攀升；有六歲以下子女之職業婦女的勞動參與率也平均維持在四成以上（行政院主計處，1984～1993）。

　　婦女就業率的增加，固然可增加家庭的經濟收入、提昇生活之品質，實為可喜，然而婦女出外就業也衍生了家庭中照顧子女及老人居住安排的問題。鄭淑燕（1991）曾指出近年來已婚婦女日間親自照顧子女之比率大約在31.47％，在十年間降低了8.56％。

　　此外行政院主計處（1990）依中華民國台灣地區社會指標統計

| 年（西元） | 戶數（戶） | 戶量（每戶平均人口數） |
|---|---|---|
| 1961 | 2,002,493 | 5.57 |
| 1966 | 2,321,596 | 5.60 |
| 1971 | 2,702,792 | 5.55 |
| 1976 | 3,182,646 | 5.19 |
| 1977 | 3,307,224 | 5.08 |
| 1978 | 3,426,585 | 4.99 |
| 1979 | 3,593,061 | 4.86 |
| 1980 | 3,744,024 | 4.76 |
| 1981 | 3,895,196 | 4.66 |
| 1982 | 4,031,820 | 4.58 |
| 1983 | 4,144,312 | 4.52 |
| 1984 | 4,246,587 | 4.48 |
| 1985 | 4,360,647 | 4.42 |
| 1986 | 4,489,300 | 4.33 |
| 1987 | 4,644,839 | 4.24 |
| 1988 | 4,807,714 | 4.14 |
| 1989 | 4,954,075 | 4.06 |
| 1990 | 5,093,098 | 4.00 |
| 1991 | 5,216,613 | 3.94 |
| 1992 | 5,344,486 | 3.88 |

表21-1　台灣地區歷年戶口數與戶量

資料來源：行政院主計處（1990）；內政部統計處（1993）。

（1989）的資料也顯示出：目前我國老人的居住方式，與子女同住之
比例有逐漸下降的趨勢，從1986年的70.24％，降到1989年的65.65
％。可見老年父母和子女居住在一起的趨勢逐年減少，造成老人獨居
的比例提昇，而且年輕父母因為生涯的抉擇也造成無法親自照顧孩子
及家中老年父母的現象。

| 年（西元） | 戶數（戶） | 戶量（每戶平均人口數） |
|---|---|---|
| 1968 | 350,821 | 5.26 |
| 1970 | 376,344 | 5.29 |
| 1975 | 462,539 | 5.05 |
| 1980 | 561,016 | 4.57 |
| 1985 | 671,257 | 4.31 |
| 1986 | 701,509 | 4.26 |
| 1987 | 739,733 | 4.15 |
| 1988 | 769,057 | 4.06 |
| 1989 | 787,664 | 4.03 |
| 1990 | 805,970 | 3.96 |

表21-2　台北市歷年戶口數與戶量

資料來源：台北市政府主計處（1991）。

| 年（西元） | 占家戶總百分比 | |
|---|---|---|
| | 核心家庭 | 三代同堂 |
| 1976 | | 21％ c |
| 1980 | 約66％ a | |
| 1985 | | 8％ c |
| 1990 | 約75％ b | |

表21-3　台灣地區家庭結構的變遷情形

資料來源：a.謝高橋（1980）；b.黃俊傑（1990）；c.羅紀瓊（1987）。

# 單親家庭逐年增加

　　台灣地區家庭結構變遷的另一個趨勢是單親家庭的逐漸增加。詹火生等人（1994）指出：由於婚姻價值觀的改變，以及兩性平等觀念漸受重視，加上社會對離婚接納程度之提昇，造成近年來台灣地區的

離婚率有逐年增加的趨勢。內政部統計處（1993）列舉台灣地區在1951年至1992年從0.5‰竄升至1.41‰，其中從1971年至1992年，短短二十餘年間，離婚率成長了三至四倍之多，其成長速率相當驚人（參見 表21-4）。

　　縱然，單親家庭並不是現今社會才產生的一種新的家庭型態，而是存於古今中外各個社會中，只不過傳統社會的單親家庭以喪偶為主要原因，而且比例較少，且大多仰賴家庭、鄰里或社區的協助與照顧，因此問題為家庭所稀釋，未造成社會的問題（張清富、薛承泰、

| 年份 | 年終總人口數 | 離婚對數 | 離婚率（千分比） |
|---|---|---|---|
| 1951 | 7,869,247 | 3.858 | 0.50 |
| 1956 | 9,390,381 | 4,537 | 0.49 |
| 1961 | 1,149,139 | 4.487 | 0.40 |
| 1966 | 12,992,763 | 4,915 | 0.38 |
| 1971 | 14,994,823 | 5.310 | 0.36 |
| 1976 | 16,508,190 | 8,173 | 0.50 |
| 1981 | 18,135,508 | 14,876 | 0.83 |
| 1982 | 18,457,923 | 16,951 | 0.93 |
| 1983 | 18,732,928 | 17,520 | 0.94 |
| 1984 | 19,012,512 | 19,015 | 1.01 |
| 1985 | 19,258,053 | 21,159 | 1.11 |
| 1986 | 19,454,610 | 22,381 | 1.16 |
| 1987 | 19,672,612 | 23,054 | 1.18 |
| 1988 | 19,903,812 | 25,008 | 1.26 |
| 1989 | 20,107,440 | 25,097 | 1.25 |
| 1990 | 20,352,966 | 27,455 | 1.36 |
| 1991 | 20,556,842 | 28,287 | 1.38 |
| 1992 | 20,752,494 | 29,191 | 1.41 |

表21-4　台灣地區歷年之離婚對數和離婚率

資料來源：內政部統計處（1993）。

周月清，1995）。然而因時代之變遷，現代社會之家庭型態以小家庭為大多數，而且單親之成因除了喪偶外，也因離婚、分居以及未婚生育所造成，使得單親家庭日益增多，而且問題也較複雜。

## 家庭功能的調整

綜合上述，台灣地區因應社會變遷之結果已使得家庭組成方式有所改變，小家庭、單親、單身家庭不斷增加，這些趨勢多少折損原本的家庭功能。家庭是社會組織的基本單位，亦是提供家庭成員安全感、規範「性」活動、幫助繁衍後代，保護幼小殘弱，以及維繫社會秩序之場所（薛承泰，1995）；除此以外，家庭亦是模塑社會成員思想、情感、人格等各方面之初級單位（彭淑華、張英陣，1995）。所以，家庭又是幫助社會成員折衝社會變遷所造成的負面影響。

環顧國內外相關文獻，可發現社會變遷造成社會結構改變以及家庭支持功能式微，更進一步造成家庭成員因角色負荷、角色壓力以及缺乏社會（家庭）之支持而造成個人在社會關係與情緒適應上的困擾，甚至於造成問題兒童及青少年的社會問題。

台灣地區家庭的核心化及單親家庭的普遍化是一種發展的趨勢，然而這種趨勢是否會減弱家庭成員之間的經濟互助功能？而隨著擴大家庭及大家庭的縮減，是否即意謂家庭成員之間缺乏相互依賴的關係呢？其實答案並非那麼悲觀。

根據研究（Wong, 1975; Lu, 1991），由於現代化及工業、經濟化之影響，台灣地區之家庭型態並非完全核心化，而是原先之大家庭的兄弟姊妹因獨立成家各自形成核心家庭，但是彼此之間通常仍然保持著相當密切的連繫，而形成聯合家庭；甚至於離婚家庭仍帶著子女回家與自己的親生父母住在一起，而形成一新的三代家庭；或利用宗族親戚之關係給予需要協助之家庭一些支持，而發揮中國特有宗親系統

關係（kin system relations）。

研究亦指出（內政部，1989；1993；Lu, 1991）均發現家庭成員之間彼此仍有經濟互助、照顧年邁老人以及婦女就業的網絡安排及介紹等功能存在。也因如此，當家庭問題尚未擴大成為一社會問題的同時也給家庭成員獨自解決了。

# 結論

綜合言之，台灣地區家庭結構和組成的改變，以及家庭功能的式微已和其他先進國家一樣，是不爭的事實。而社會中因家庭變遷造成家庭原有的功能產生變化，實有賴於相關社會及家庭福利的提供，以建構一個支持及補充性的環境，來協助家庭達成社會性、教育性、保護性和經濟性等各項功能。

家庭福利的提供除有賴政府既定政策及相關福利服務的提供，並結合其他各相關福利資源組成福利網絡以建立福利措施來回應當前社會結構及家庭功能的變遷之外，另一方面，鞏固現有家庭成員的連繫，相互扶助以建立家庭最珍貴的資源及第一線的社會支持，以因應各種家庭的不同需求，也是幫助紓解家庭壓力的最佳良方。

落實家庭成員之相互支持、扶助，使得家庭成員獲得適時的幫助並進而解決問題，個人得以健全發展、生長，家運自然順利昌吉。

# 參考書目

## 中文部分

內政部統計處編印（1993），中華民國八十二年內政統計提要。台北市：內政部統計處。

行政院主計處編印（1990），中華民國台灣地區社會指標統計。台北市：行政院主計處。

行政院主計處編印（1994），台灣地區老人狀況調查。台北市：行政院主計處。

謝高橋（1980），家戶組成、結構與生育。台北：政大民社系人口調查研究室。

黃俊傑（1990），台灣家庭型態的變遷——以新莊為例，《台大社會學刊》，（20），頁107～142。

羅紀瓊（1987），已婚婦女勞動參與的再思，《經濟論文叢刊》，（14），頁113～130。

張清富、薛承泰、周月清（1995），單親家庭現況及其因應對策之探討。行政院研究發展考核委員會專業研究。

彭淑華、張英陣（1995），單親家庭的正面功能。國科會專題研究。

## 英文部分

Wong Fai Ming (1975)......Industrialization and Family Structure in Hong Kong, *Journal of Marriage and the Family*, NOV.

Lu Yu Hsia (1991), Kin net works and woman's employment（一九九一
　　年現代生活適應與心理健康研討會論文，July 5, 6, 1991, 高雄醫
　　學院）

# 22. 養不教父母之過——

## 無缺的愛與無憾的人生

# 前言

　　兒童是國家未來的主人翁與棟樑，更是未來社會安定發展的希望所託，沒有健全的兒童與少年，就沒有健全的國家與社會。近年來，台灣社會創造了全球矚目的經濟成長奇蹟，平均年收入已高達一萬二千美元以上，國民生活水準大幅提昇，並也邁入政治民主的社會。但同時，社會變遷也帶來相對社會結構的急速改變，例如，大家庭減少，取而代之是核心家庭，昔日的農業社會轉變為分秒必爭的工商業社會，家庭人口驟減，家庭支持功能也不復在，此外，個人主義抬頭，兩性平等也促成婦女走出家庭，進入工作職場，更形成雙生涯的家庭。然而母親在一人身兼數職，在時間、精力有限之下，也容易造成角色負荷或角色衝突，更形成親職的壓力。

　　在如此快速發展的過程中，我國也面臨了如其他發展中的國家一樣，增加少年犯罪及偏差行為，這種現象更在近十餘年間特別顯著（參見表22-1）。青少年問題肇因於家庭，惡化於學校，更彰顯於社會。尤其近幾年來，民眾普遍感覺社會治安日趨惡化，白曉燕事件、竹東少女慘遭同夥凌虐致死等，重大刑案更是接踵而至，這些情形除了引起社會大眾高度關切與討論，更也值得我們省思到底我們社會出了什麼問題。

　　從中華兒童福利基金會1997年所公布十大兒童虐待新聞（見表22-2），吾人可發現：多則新聞的共同特徵是「令人觸目驚心」。每件新聞觸及兒童的傷害事件、綁架、姦淫、亂倫、毆打致死、火燒孩子的事實中，兒童的生存權，基本生活權和人身安全的保障被嚴重忽略（中華兒童福利基金會，1997）。更悲痛的是，在表22-2的十大兒童虐待新聞中，兒童遭受父母或近親的虐待的事件則占了六成，這也顯現國人仍對兒童的教養方式仍抱持「父母權威」、「不打不成器」、「棒下出孝子」、「管教子女是自家事」的觀念，這種兒童教養方式是否

| 觸犯刑法法令少年 | | | | | | | | | | | |
|---|---|---|---|---|---|---|---|---|---|---|---|
| 年 | 合計 | | | 刑事案件 | | | 管訓案件 | | | 觸犯少年 | |
| (西元) | 人數 | 指數 | % | 人數 | 指數 | % | 人數 | 指數 | % | 人數 | 指數 |
| 1987 | 17,837 | 100 | 100 | 1,570 | 100 | 8.80 | 16,267 | 100 | 91.20 | 1,124 | 100 |
| 1988 | 18,269 | 102 | 100 | 1,691 | 108 | 9.26 | 16,578 | 102 | 90.74 | 1,125 | 100 |
| 1989 | 20,104 | 113 | 100 | 2,171 | 138 | 10.80 | 17,933 | 110 | 89.20 | 1,083 | 96 |
| 1990 | 18,598 | 104 | 100 | 2,096 | 134 | 11.27 | 16,502 | 101 | 88.73 | 1,368 | 122 |
| 1991 | 24,778 | 139 | 100 | 1,549 | 99 | 6.25 | 23,229 | 143 | 93.75 | 508 | 45 |
| 1992 | 30,231 | 169 | 100 | 1,411 | 90 | 4.67 | 28,820 | 177 | 95.33 | 377 | 34 |
| 1993 | 30,151 | 169 | 100 | 1,406 | 90 | 4.66 | 28,745 | 177 | 95.34 | 643 | 57 |
| 1994 | 27,596 | 155 | 100 | 1,182 | 75 | 4.28 | 26,414 | 162 | 95.72 | 682 | 61 |
| 1995 | 29,397 | 165 | 100 | 1,595 | 102 | 5.43 | 27,802 | 171 | 94.57 | 681 | 61 |
| 1996 | 26,900 | 151 | 100 | 1,408 | 90 | 5.23 | 25,492 | 157 | 94.77 | 372 | 33 |

表 22-1 　近十年台灣地區少年兒童犯罪總人數暨觸犯人數

資料來源：台灣高等法院統計室。

說明：1.本表包括兒童觸犯刑罰法令事件者。

　　　2.本表係依據台灣地區各地方法院少年法庭裁判結果統計與「少年事件個案調查報告」之統計資料所列之總數略有不同。

適當，不但關係到兒童身心健康，且也影響到家庭之圓滿，社會之和諧。

　　而從相關國內外的學術研究也指出不良的家庭或親子互動易導致青少年偏差行為甚至犯罪。例如，Weiner（1989: 66）指出夫妻婚姻衝突會導致子女增加易怒、好動、攻擊等行為。Singer and Singer（1969）也指出父母管教失當，如使用帶有敵意的放縱方式來管理子女，孩子大部分傾向會缺乏自我控制，而且有攻擊暴力行為，而似乎會造成孩子觸及社會之偏差行為；如果父母帶有拒絕性的放縱方式來管教子女，則孩子會產生不服從、反社會行為及行為失常。Patterson, Debaryshe及Ramsey更指出父母如缺管教技能，換言之，不當使用賞與罰的策略，結果造成孩子不當模仿，更形成孩子缺乏社會技能而間

| 兒童保護政策十大新聞 | 兒童受虐十大新聞 |
|---|---|
| 1.性侵害犯罪防治法三讀通過 | 1.白曉燕慘遭撕票／國小學童，林秉宏遭綁架殺害 |
| 2.身心障礙兒童三歲開始義務教育 | 2.少女慘遭同夥凌虐致死 |
| 3.86年下學期開始，中小學上性侵害防治課 | 3.國二女生遭繼父強暴，廁所內產女嬰 |
| 4.內政部完成兒童組織局規劃 | 4.狼人家族，囚禁女童凌虐六年 |
| 5.教部找回四千餘名失學生 | 5.墜落杜鵑窩四歲女童遭凌辱 |
| 6.子女監護權官司將改為非訟事件 | 6.爸爸不想活，攜兒帶女一起走 |
| 7.性侵害防治委員會三月成立 | 7.拔睫毛毆命根，殘虐男童，母親情人重判九年十月 |
| 8.新版少事法不標籤少年 | 8.親娘毒手，上月摔死兒子，五年前悶死女兒 |
| 9.保護您專線啟用 | 9.屢施魔爪，亂倫惡狼求刑十五年 |
| 10.台北市要發兒童津貼 | 10.杏壇變色，老師誘辱兒童 |

表 22-2　兒童保護政策十大新聞暨兒童受虐十大新聞一覽表

資料來源：財團法人中華兒童福利基金會（1997）。

接增加其反社會行為。

　　目前，我國社會的青少年偏差行為有越來越多的趨勢（再參見表22-1）根據台灣高等法院統計室的資料（法務部，1997：16）顯示：在1987年，青少年觸犯刑法法令有17,837人，到了1996年，則有26,900人犯罪，亦即：每萬人中便有110位少年犯罪（法務部，1996）。國內除了青少年犯罪人數增加之外，青少年逃學行為也有增加之趨勢，成為慣常逃家（連續兩次以上），更占了八成（吳嫦娥，李祥媛，1959：59，姚淑芬，1995：52），而且中途輟學的學生也有越來越多的趨勢（翁慧圓，1995：68）。青少年若過早觸犯法令或產生偏差行為，又未能及時給予支持，輔導且改善其偏差行為，很容易一犯再犯，甚至成為未來的成人犯，走上不歸之路。此時受害不僅只是青少年個人及其父母，更是整個社會與國家本身（呂民璿，1990：2；藍采風，1987：20）。

# 影響青少年偏差行為的家庭因素及實例引證

## 家庭互動與青少年偏差行為

　　根據法務部（1997：99）研究收容少年的犯罪成因，由少年自陳的結果，其犯罪成因以不良之友為最多，其次為個人之心理、人格因素，再者為家庭因素……。其中有關家庭環境部分，以家中父母分居、父母再婚、家人離家出走、家人有人去世、家中有重大疾病或意外，皆與青少年偏差行為以及犯罪有很大關聯（法務部，1997：113）。這個事實也呼應了Heiland及Shelley（1991）所辨稱「現代化不常導致更多的滿足與和諧，相對地，伴隨現代化過程，社會分離，更多的生活抉擇及相對的剝奪也造成社會增加緊張、衝突及不和諧（Huang, 1997）。台灣社會在社會快速變遷之下造成社會生態的改變，而這種變遷也促使家庭的傳統觀念改變，以及家庭功能反彈，甚至造成家庭功能式微，更使得養兒育女需要社會、政府和原有的家庭共同承擔，例如，托兒所、安親班等托育措施，強迫入學教育、教會以及其他社會組織也提供社會化孩子的責任。但是我們的社會區位因素，如學校的輔導及支持，社會上不當少年出入場所林立，例如　，KTV、PUB、舞廳、賭場、茶室、酒家充斥，以及缺乏正當的休閒場所，以致造成少年有不當的休閒型態，如觀看暴力電視、色情漫畫、夜晚外出娛樂、飆風等。這情形在美國早期七十年代也有類似情形。Mussen、Conger及Kagan（1974）發現大部分青少年觸法者來自市郊的墮落鄰區，這地方緊鄰商業和重工業而被劃分為經濟貧困區，人口快速外流地區，在這地區，青少年很容易結交不良朋友，形成街頭小霸王，而且觸法行為是被傳統所支持，有很多機會可以從同輩中學習

反社會行為。在休閒方面，Kopp及Kralow（1982）也指出電視暴力時常影響並刺激侵略行為，並較容易產生攻擊模仿等行為。

　　儘管社會環境如何變遷，家庭仍繼續執行其應有的功能如生殖與社會化功能，經濟合作體，分派地位與社會角色，及親密關係（郭靜晃，1997：111～113）。所以，父母應是解決與預防青少年偏差行為的第一道防線，也是幫助子女社會化的重要機制，更是他們生命中的重要他人及認同的對象（周素憫，1995：34；徐孟愔，1998：2）。然而，家中有青少年更是也讓父母頭痛（Noller Callan, 1991, 28～38；徐孟愔，1998：2）也指出家庭中有青少年階段的父母，會產生許多親職壓力，茲分述如下：

1. 情緒依附降低：青少年追求獨立，而父母要控制青少年，因此，自然形成親職之間的衝突，子女嘗試尋求自主權，與父母關係降低甚至疏遠，以脫離依賴的兒童角色。

2. 控制能力減弱：青少年口中永遠是朋友最大，當與同儕相較之下，父母的影響力遞減，有些父母可能會覺得憂鬱，低自尊與不被重視之感受。

3. 轉變速度過快：青少年在追求獨立自主的同時，受到社會環境如同儕、媒體之影響，同時也會將這些衝擊及價值帶回家中，而之中如果缺乏良好的親子溝通管道很容易在彼此的堅持之下，而形成緊張關係或形成代溝，以致形成角色期待的落差，而使親子關係越趨惡劣。

4. 偏差行為出現：當青少年行為出現脫離常軌的狀況，父母更是會擔心，因此也形成壓力。

　　黃君瑜（1994：7）也認為親子在面臨重新適應之際，雙方也有許多緊張的壓力存在，雙方皆需要合宜的角色來調整彼此的互動與相處模式，以期自己能符合對方的要求。

綜合上述，一般青少年父母，在面臨子女由兒童發展至成人的青少年階段之時，也伴隨許多壓力；相對地，青少年由於身心快速成長加上社會化層次擴及到同儕與外部的社會環境，而且壓力來源也漸擴大至家庭、朋友、學校、社會及自己本身。

## 個案實例舉證

表22-3的個案主要是摘自法務部（1997）針對犯罪收容少年的訪談紀錄所加以引述其中有關少年犯罪行為及其家庭互動的關係。

綜合表22-3個案資料，少年正處於充滿生活轉變的發展過程，不論其生理、心理都在急遽變化中，青少年因成長改變，為了要尋求獨立、自主，相對地對父母的依賴程度會遞減，取代的是對同儕互動增加。但由於青少年在嘗試追求、獨立、自主的過程，因智力不成熟、經濟不足、做事不圓融而無法應付學校、社會環境，以及自我的要求，逐漸產生挫折感且對自己的能力缺乏信心，因而形成成長的壓力。此外，學校一昧要求，唯一只有唸書的成就標準，造成成績低落的青少年無法適應，社會環境又提供一些吸引青少年從事不當娛樂的場合，例如，KTV、PUB、泡沫紅茶店等，也是青少年不留在家中而往外發展的拉力，加上同儕之認同及順從，一旦把持不住，便容易淪為觸犯法令者。而家裡的環境因經濟因素，父母忙碌工作或因失親或因父母不當的管教，更顯現無法提供溫暖、身教及支持給青少年，無形上造成青少年往外發展的推力。

| 個案 | A | B | C | D | E | 備註 |
|---|---|---|---|---|---|---|
| 性別 | 男 | 男 | 男 | 女 | 男 | |
| 年齡 | 17歲 | 17歲 | 17歲 | 17歲 | 17歲 | |
| 犯罪紀錄 | ·竊盜（11歲、13歲、14歲）<br>·竊盜累犯 | ·竊盜（11歲、13歲、14歲）<br>·竊盜累犯 | ·吸安<br>·竊盜<br>·恐嚇取財 | ·吸安<br>·拒遵守保護管束規則而交付感化教育 | ·吸安<br>·竊盜<br>·累犯<br>·感化教育 | |
| 學校關係 | ·逃學逃家（國中） | ·逃學逃家（國中） | ·逃學逃家輟學（國中）<br>·師生關係惡劣 | ·輟學 | ·逃學逃家（父亡後）<br>·退學 | |
| 家庭結構 | ·父母同住<br>·手足3人（2妹1弟） | ·父母離異<br>·手足3人（2兄1姊）<br>·家人關係不良 | ·父母同住<br>·親子關係差<br>·父母婚姻關係差，時常爭吵 | ·父亡（8歲）<br>·母亡（11歲）<br>·與男友同居 | ·父亡 | |
| 父母管教 | ·父嚴厲<br>·父母關懷低 | ·母嚴厲，時毆打、咆哮案主 | ·父母管理放任 | ·母在世時管教嚴厲 | ·父嚴厲<br>·母溫和 | |
| 父母職業 | ·父工人<br>·母工人 | ·父工人 | ·父工人 | ·母清潔工 | ·父公職<br>·母家管 | |
| 同儕關係 | ·與朋友常涉足不良場所<br>·同儕大部分有犯罪前科 | ·與朋友常涉足不良場所（電玩）<br>·與同儕共同犯罪 | ·打工認識不良朋友涉足不良場所<br>·同儕皆有犯罪前科 | ·母歿後與同儕涉及不良場所，並吸安、同居 | ·父歿後與同儕涉不良場所 | |
| 案主認為預防少年犯罪之關鍵點為 | ·父母宜多關心<br>·不交壞朋友<br>·不涉足不良場所 | ·加強管理<br>·不交壞朋友<br>·刑罰加重 | ·增強父母管教知識<br>·不結交壞朋友 | ·家庭健全（未遭變故及非貧窮）為首重 | ·不交壞朋友<br>·親子良好溝通<br>·控制自身心理因素（例如衝動、好勝心強、不服輸） | |

表 22-3　個案資料描述

資料來源：a.法務部（1997）；b.摘自訪談資料。

# 結論

　　青少年──總難免讓人想到因生理急遽的變化，又產生脾氣古怪、易怒與情緒多變化，而且高唱朋友最大，父母唸他幾句，他便一付懶得理，心中唸唸有辭，父母是SPP、LKK的話（郭靜晃，1997）。然而面對追求獨立自主又缺乏良好認同對象，社會價值難以自我抉擇，又不免需要人協助解決他們的衝突。面對這些變化，青少年因缺乏因應技巧，結果我們看到是青少年逃學、逃家、自殺、飆車、吸食安非他命、打架、涉足不當場所，而造成行為偏差甚至觸犯法令。

　　在這段迷惘的時期，孩子更渴求旁人的情緒支持，尤其是父母，然而當今社會變遷快速，父母忙碌於生活打拼，又缺乏適當的管教技能，尤其常用過於控制或過於放任，而讓青少年覺得凡事受束縛而想脫離父母的約束，或讓青少年覺得父母一點也不關心他們。這也從台灣地區各地方法院「少年事件個案調查報告」中指出：青少年犯罪仍以家庭因素為主，其中又以不當管教及破碎家庭之比例最高（周震歐，1997）

　　養不教，父母之過！在青少年成長的過程中難免比任何時期更難教養，彼此價值觀念分歧，或缺乏良好的互動，皆可能產生一些衝突。總之，這些衝突是一種家庭危機，也是一種契機，端賴家庭成員如何因應這些壓力與衝突。孩子的成長過程中，家是孩子社會化最重要的環境，父母的育兒方式、觀念、教養孩子的態度，為人父母之角色資訊的瞭解，與孩子的溝通方式、疏導、觀察，及協調的技巧，是建立家庭親子和諧的最佳保障。此外青少年渴望獨立自主，父母宜放低身段，利用平行方式給予溫暖與愛，並多陪伴孩子與他交心，傳輸彼此的關心，這更是吸引孩子待在家中的唯一保證。更要謹記「身教重於言教」，並給予孩子支持，增加親子互動的品質，也無形可消弭彼此之間的衝突與緊張，也有助於預防青少年偏差行為及犯罪的發

生，同時也可給予青少年——無缺的愛與無憾的人生，更期待他們有燦爛可期的人生。

# 參考書目

## 中文部分

中華兒童福利基金會（1997），八十六年度兒童保護政策十大新聞暨兒童受虐十大新聞。台中：財團法人中華兒童福利基金會。

呂民璿（1990），《青少年社會參與與社會適應》。台北：巨流圖書公司。

吳嫦娥、李祥媛（1995），逃家少女、交友經驗之探討——以台北市為例。台北市少年輔導委員會。

法務部（1996），少年兒童犯罪概況及其分析。台北：法務部。

法務部（1997），少年兒童犯罪概況及其分析。台北：法務部。

法務部（1997），收容少年犯罪成因及其防治對策之調查研究。法務部：法務部犯罪研究中心。

周震歐（1997），台灣地區少年犯罪成因與有關政策。台灣青少年犯罪成因與對策學術研討會。

周素憫（1995），正式與非正式社會控制對青少年偏差行為的嚇阻效果，《犯罪期刊》，（1），頁31～50。

姚娚芬（1995），少年逃家資源運用之研究。東海大學：社會工作研究所碩士論文。

徐孟愔（1998），偏差行為青少年父母角色壓力與因應歷程之研究。東海大學：社會工作研究所碩士論文。

翁慧圓（1995），影響國中少年中途輟學因素之探討。東海大學：社會工作研究所碩士論文。

黃君渝（1994），青少年與父母間動力關係之探討。政大：心理學研究所碩士論文。

郭靜晃（1997），《青少年？青少年！》（第二版）。台北市：家庭教育服務中心出版。

郭靜晃（1997），婚姻與家庭，郭靜晃等人編著《社會問題與適應》。台北：揚智文化公司。

藍采風（1987），《健康的家庭生活》。南投：台灣社會福利工作人員研習中心。


## 英文部分

Huang F. Y. (1997). Juvenile delinquency in Taiwan. Paper Presented at The Development of Adolescent Physical and Mental Health in Taiwan, R. O. C. Pan Pacific South East Asia Women's Association, R. O. C.

Kopp. C. B. Kralow J. B. (eds.) (1982). *The child: Development in a social context*. Menlo Park, CA: Addition-Wesley.

Mussen, P. H. Conger, J. J. & Kagan, J, (1974). *Child development and personality*. New York: Harper & Row.

Noller, P. Callan, V. (1991). *The adolescent in the family*. New York: Routledge, Chapman and Hall, INC.

Patterson, G. R., Debaryshe, B. D. & Ramsey, E. (1989). *Development perspective on antisocial behavior*. American Psycholosist.

Singer, R. D., & Singer, A. (1969). *Psychological development in children*, West Washington Square, Philadelphia PA: W. B. Sauders.

Weiner, I. B. (1989). *The psychological world of adolescent: Public and private*. New York: John Wiley & Sons.

# 23. 傷在兒身，痛在娘心——

## 談家庭中的意外傷害

* 比瑞典高出十五倍的兒童意外傷害死亡率
* 家庭中幼兒常見的意外傷害
* 如何預防家庭中的意外傷害

寒冷的冬夜，圍爐吃火鍋是件很溫暖、很溫馨的事，六歲的平平和四歲的嘉嘉爲了今年冬天第一次的火鍋大餐而興奮著、追逐著，一個不小心，絆倒了火鍋的電線，嘉嘉跌倒了，桌上滾燙的一鍋湯臨頭澆下……。

傍晚，媽媽在廚房忙著晚餐，把剛學會走路的弟弟交給上小學一年級的姊姊看著，忽然客廳爆出驚人的哭聲，媽媽衝出去，正好看到姊姊把弟弟扶起來，「他自己跌倒的。」媽媽看弟弟似乎無大礙，哄哄他就回到手邊的工作去了，誰知兩個小時後，弟弟開始嘔吐、抽搐……。

# 比瑞典高出十五倍的兒童意外傷害死亡率

您知道嗎？台灣地區平均每天有3.8個兒童死於意外傷害！這個比率，比新加坡高出三倍，比瑞典高出十五倍！

兒童由於生理、心理、行爲上的發展尚未成熟，因此他們欠缺自我照顧和自我保護的能力是眾所周知的，他們的健康成長，當然就要仰賴成人、家庭和社會的保護。今天，台灣地區的兒童竟然有如此高的意外死亡率，我們的成人及社會實在是該檢討了！

其實，兒童意外傷害不能說是「純屬意外」，照顧者的疏忽及環境的不良是造成傷害的主因，而遺憾的是，許多的意外原本是可以避免的，卻由於未能事先防範，終導致悲劇的發生。

根據統計，兒童意外傷害致死的原因，以交通事故、溺水及燙傷爲最多。縱然有許多的意外是在家庭以外的地方發生，但卻有更多的意外是在家庭中發生的，原因是兒童在家的時間較多，而家對兒童來說，是一個熟悉的、自在的、放心的地方，他毫無顧忌的伸展肢體，自在的來來去去，絲毫沒有危機意識，倘若照顧他的成人對環境安全與否的敏感度不夠高，就很可能發生「沒想到……」的意外了。

根據最近的一項調查，台北市五歲以下幼兒因家庭意外傷害而就診的，以「跌倒墜落」最多，受傷地點以「客廳」最多，主要原因就是人為疏忽。

　　其實家中的廚房、浴室、陽台，甚至臥房，對幼兒來說都是容易發生意外的地方，只是大人對這些地方的安全警覺性較高，發生意外的情形因而較少，證實了意外的發生，的確是人力可以預防的。

# 家庭中幼兒常見的意外傷害

## 撞傷、摔傷

　　幼兒自蹣跚學步到小學的這段期間內，身體動作的發展雖然神速，但仍然是漸進的，自然少不了碰碰撞撞的時候，不過有些碰撞卻是可以事先避免的。

　　三歲的小凱和六歲的哥哥在嬉鬧著，小凱一腳踩到一輛火柴盒小汽車，人仰面倒下，後腦正巧撞上擺在牆邊的花盆。

　　媽媽跟將滿周歲的婷婷靠在沙發上講故事，媽媽起身想去換本圖畫書來，才一轉身，婷婷就從沙發上跌了下來，前額直直的撞上磨石子的地板……。

　　泡在浴缸裡洗澎澎的妹妹一時高興，在浴缸裡跳上跳下，腳底一滑，撞上了水龍頭，又吃了好幾口水，又痛又驚之下，哭得聲嘶力竭。

　　爸媽房間裡的大彈簧床是孩子最喜愛的跳床，孩子愈跳愈高，卻從床緣摔了下來。

　　撞傷，輕則腫起一個大包，甚至瘀血，重則骨折、腦震盪。

## 割傷、挫傷

　　剪刀、刀片、菜刀等銳利的東西都不是學前兒童可以不必受成人監督就能獨自操作的東西；另外，有尖銳邊緣或有角的書、玩具也不適合兒童把玩，家中兒童活動範圍內，只要有尖角或有割傷之虞的物品，都應移開或做適當的處理。

　　正在切柳丁給等在旁邊的兒子吃的媽媽，聽見電話鈴聲，放下水果刀就去接電話，不一會就聽見兒子大哭的聲音，衝回去一看，兒子的手指頭正血流如注……。

　　媽媽剛給愛塗鴉的弟弟買了一盒彩色筆，看弟弟畫得正入神，媽媽起身去淘米煮飯，等到弟弟大哭時，才發現他把小指頭伸進彩色筆附贈的削鉛筆器裡頭了。

　　其實父母對危險物品的警覺性都是很夠的，只是很多時候，可能在情急或突發狀況之下有了短暫的疏忽，然而，意外就發生在這個時候！

## 燙傷、燒傷

　　父母遞食物給孩子時，都會注意到溫度，「小心哦！燙燙。」因此，孩子會受到燙傷、燒傷，都是在「沒想到」的情形之下發生的。像孩子鑽到桌子底下，絆到原本藏在桌子底下的電線，翻倒了桌上一鍋火鍋湯；洗澡水的溫度尚未調好，寶寶一腳踩了進去；媽媽在廚房忙，小妹興沖沖的在旁邊訴說著幼兒園中的種種，小圓裙太靠近爐火而著火了起來……。

## 哽到、噎到、窒息

　　會造成孩子噎到、窒息的東西多得出乎大人的想像，好奇心會讓幼兒把任何東西往嘴裡放、鼻孔裡塞，往頭上、脖子上套，許多幼兒

也有吃東西總要塞得滿嘴的習慣，更增加意外發生的機會，就連幼兒興高采烈的玩枕頭戰，都有可能發生窒息的意外。而這類意外，可能只要短短的幾秒鐘就造成不可彌補的傷害，父母雖然知道這類意外的可怕，卻往往防不勝防。

## 中毒

幼兒常見的中毒傷害有食物中毒、瓦斯中毒等，而這類傷害卻是最容易避免的，如大人夠警覺，把有毒、有害的藥品或物品收置妥當，使用瓦斯時安全第一，就能防患爲未然了。因此這類意外的發生，照顧者難辭其咎。

# 如何預防家庭中的意外傷害

首先，成人要有對環境的危險意識：陽台、窗戶的高度夠不夠安全，地板、地毯滑不滑，危險物品是否收置妥當，瓦斯、電器有否漏氣或漏電，孩子行動範圍內有沒有易造成傷害的物品或擺飾，給孩子用的物品是否安全等。

其次，照顧者對自己的行爲也要有危險意識：隨手擱置的塑膠袋會不會被孩子拿去套在頭上？我把刀子放在這裡，就算只是一下下，孩子會不會拿去玩？剛煮好的一鍋湯擱的地方安全不安全？給孩子的食物是否軟硬大小適當？進門時有沒有隨手把門帶上，免得孩子跑到馬路上發生危險？給孩子放洗澡水時，是不是先放冷水？把孩子放在這裡是不是安全？他會不會摔下來？

最後，父母也要學習意外發生時的急救處理方法，例如，燙傷時宜先用冷水沖，在水中剪掉衣服，用冷水泡三十分鐘，再以乾淨的布或棉花覆蓋在傷處送醫；割傷時如何止血；噎到時如何急救；如何施

行人工呼吸；中毒時如何緊急解毒等。平時多充實這方面的知識，以免意外發生時，手足無措，平白錯過了挽救的良機。

# 24. 幼兒園生理症候群

* 醫院的柱子是我捐的！
* 何謂「幼兒園生理症候群」？
* 孩子的健康，大家一同來關心
* 參考書目

均均四歲，上幼兒園一年了，一年來，幾乎每個星期都要到小兒科醫師那兒報到，不是感冒、病毒感染，就是水痘、口足手症……，所有幼兒可能發生的病症，均均是一樣也沒錯過，更糟糕的是，每次病將好之際，另一病症又隨之來襲，沒完沒了的，無怪乎小兒科醫師要以「幼兒園生理症候群」稱之，因為這些病大都是從幼兒園裡帶回來的。而醫生的處方，除了藥水、藥粉外，總不忘加上一句「在家多多休息」。

# 醫院的柱子是我捐的！

在家休息？的確，幾乎每個週末都是這樣「休息」掉的，均均的爸爸媽媽都是上班族，週末假日原本期望能帶兒子郊外走走，放放風箏什麼的，這下子，每個禮拜都被迫在家休息了，假如不幸，週日晚上仍高燒不退，除了跑大醫院掛急診之外，夫婦倆又得發愁，開家庭會議，商量誰隔天可以請假在家陪生病的兒子，或者送到那個親戚家，或是疑惑著是不是可以讓他上學，請老師多照顧一下；夫妻倆常感歎：「要是有幼兒假，寶寶生病，媽媽（爸爸）可以休假陪孩子就好了！」當然，也不是沒考慮過媽媽乾脆辭職回家，把孩子身體照顧好，只是考慮到經濟因素也只得作罷了。

許多幼兒跟均均一樣有著同樣的問題，小兒科醫院因此在週末假日或週一時都門庭若市，碰上流行性感冒來襲，更是大排長龍，家長經常在醫院碰面，都熟稔了，有時互相打氣一番：小孩生病難免嘛！久了，自然有抵抗力；醫藥費繳多了，有時又互相調侃一番：這醫院的柱子是我某某人捐的，那些椅子是你某某人捐的。

# 何謂「幼兒園生理症候群」？

　　所謂「幼兒園生理症候群」乃幼兒上了幼稚園或托兒所後，由於身體的抵抗力尚差，跟外界的接觸面一下子擴大之下，容易在幼兒園的群體接觸中，彼此感染一些疾病，常見的有水痘、口足手症、扁桃腺發炎、支氣管炎、腮腺炎、眼結膜發炎、皮膚病及流行性感冒等。

　　小兒科醫師指出，幼兒園的小朋友，疾病的傳染途徑計有飛沫傳染（為數最多）、直接接觸傳染（例如，皮膚病、結膜炎）、病媒傳染（例如，登革熱）及共同媒介傳染（例如，食物中毒）等。目前並沒有有效的方法可以遏阻幼兒園中這種疾病的傳染現象，小兒科醫師僅能建議家長，平時多注意幼兒營養攝取的均衡，讓幼兒多運動，維持正常的生活起居，按時預防接種，更要培養幼兒良好的衛生習慣，千萬不要以為孩子踢被子、吹到風、長牙才會感冒、發燒。萬一不幸感染了疾病，最好讓他在家中休息，不要去幼兒園或其他公共場所，一方面避免將疾病傳染給其他的小朋友，另一方面也避免再感染到其他的疾病。

# 孩子的健康，大家一同來關心

　　但是，要幼兒「在家」休息，談何容易。社會變遷之下，小家庭的盛行及雙薪家庭的普遍，使得幼兒的在家休息常搞得大人雞飛狗跳，大有牽一髮動全身的架勢。因此有的家長乾脆不再讓幼兒上托兒所或幼兒園，寧可找個保母全天帶孩子，或忍痛把幼兒送到遠方託親人照顧，再定期去探視，也有家長見孩子三天兩頭的生病，顯然抵抗力太弱，心急的帶孩子去打血清蛋白或猛給幼兒吃補品，冀望增加孩

子的抵抗力，不再生病，唯效果不彰。

　　兒童是國家未來的主人翁，其發展的良窳關係到國家未來的國力，如果家庭、學校、社會不能克盡保護兒童的職責，任其在成長過程中因疾病的侵襲而影響身心的發展或潛能的發揮，則不僅是個人的損失，也是國家的損失。

　　而幼兒園及托兒所是因應社會變遷下的產物，為社會及家庭承擔起部分照顧及保護兒童的責任，有它不可抹殺的功能存在。但是幼兒提早進入團體生活，造成「幼兒園生理症候群」的出現卻也是不爭的事實。如何讓這類機構發揮它的功用，減低它負面的作用則是社會大眾該同心協力一起努力的。

　　家長方面，除了遵照醫師的建議，平常多關心幼兒的健康，養成幼兒良好的生活習慣之外，還要體認到養兒育女是父母的天職，孩子生病，大人跟著苦是在所難免，切不可因工作或其他理由讓孩子抱病上學，把孩子交給老師或保育員去照顧，不僅讓自己的孩子冒二度感染的危險，也讓其他的幼兒處在被感染的危險當中。

　　托兒所方面，應讓保健室的功能充分發揮，幼兒若有不適，應讓他在保健室休息，做適當的處置，並記錄病況的發展，提供給幼兒的父母做參考。目前托兒所設置辦法中雖有明文規定幼兒園中必須設立保健室及擁有專業護士，但大多數的托兒所都沒有確實執行。而幼稚園則更因沒有明文規定，以致使大多數都沒有設立保健室及專業護士，就幼兒的福祉來考量，實有加強的必要。另外，不論是幼兒園或托兒所，環境及飲食的衛生是務必要做好的，有關部門更應善盡督導及評估的責任。

　　當然，大環境的配合與支持相當重要，政府除了要早日制定完善的托兒政策以因應社會之需要，解決父母後顧之憂外，更可考慮在育嬰假之外制定孩子生病家長可以請假照顧兒童的福利措施，讓兒童在成長的過程中獲得更完善的照顧。此外，政府也可廣徵社會資源，成立精緻、鄰里、企業及家庭式的各種托兒設施，以解決孩子成長中可

能遭遇的各種問題以及滿足父母的不同需求，以發揮托兒服務的最佳
功能。

# 參考書目

邱世昌（1989），嬰幼兒該如何避免感染（上、下），《中華日報》，3
　　月22日及8月23日。

# 25. 當假期結束後——談孩子的假日症候群

＊爲什麼會產生「假日症候群」
＊假期前的心理準備
＊假期中實施「收心操」

均均是個剛滿五歲的小男孩，平日都按時上幼稚園，卻在一次長假結束的前夕，神情嚴肅的向父母重複問著：「我明天要上學嗎？」「明天是放假天嗎？」「明天是星期天對不對？」當父母堅定地回答：「明天該上學了。」他馬上淚如泉湧地哭訴著：「我不要上學，我會肚子痛，我要留在家裡玩玩具，我要爸媽在家陪我⋯⋯。」即使父母不斷安撫、勸慰，他仍睜大了眼，躺在床上，深怕一闔眼就到了該上學的時刻。望著孩子滿懷擔憂、淚痕猶在的模樣，父母好生不忍。

這種因放假而衍生的現象，泛稱為「假日症候群（Holiday Syndrome）」，相信這樣的例子普遍存在於許多家庭中，使得為人父母者對「放假」是又愛又怕。

# 為什麼會產生「假日症候群」

幼兒假日症候群的成因，不外乎以下三種：

## 假日生活型態改變，導致不適應

放假對大人或孩子而言，都意味著可以輕鬆一下，不必趕著上班、上學，可以全家團聚活動。平日忙於工作的父母，總不免刻意安排一些旅遊或特殊活動，利用假期多陪陪孩子，以彌補平日的疏忽；而假日中父母也較放縱孩子晚睡晚起等不規律的生活方式，諸如此類都會造成假期結束後的調適不良。

## 分離焦慮問題的重視

一般而言，孩子因入學而必須與父母短暫分離，在初期多會產生如恐懼、焦慮不安、哭鬧等程度不一的情緒反應，待孩子入學後，會

被學校中的玩具、友伴、老師等人事物所吸引，而逐漸淡化這種分離焦慮。但經過一段時日，學校中的事物已不再新鮮，又逢放假再次得到父母的日夜相伴，就導致分離焦慮問題重新出現。

## 恐懼上學的潛在因素

幼兒因能力有限，無法理解或掌握周遭環境，因而對未知的事物心生恐懼，例如，害怕新學校中的人事物，或是過去上學的經驗不佳，於是在每天上學前，假藉肚子痛、不舒服等理由，掩飾內在的恐懼，一旦父母答應讓他留在家中休息，他的焦慮、恐懼便不藥而癒。

基於以上的原因，與其說幼兒「假日症候群」是生理的症狀，不如說是心理的情緒困擾。建議父母在假期前、假期中預作如下調適：

# 假期前的心理準備

父母應以健康的心態迎接假期，不要因平時無暇陪伴孩子，就在假期裡力求補償，安排過量或過度歡樂的活動，如此反而容易導致幼兒產生「假日症候群」的現象。

父母可以帶著孩子在月曆上記下放假及收假恢復上學的日期，讓孩子確認放假及上學的時間。

# 假期中實施「收心操」

1.與孩子進行「悄悄話時間」，分享假期中的快樂情景及假期結

束的失落感，聆聽孩子內心世界的心情轉變，適時予以開導與鼓勵，並可共同預定下次假期的計畫。

2.選擇幾本有關學校生活或友伴故事的圖畫書，與孩子邊閱讀、邊回想學校生活中的趣事及友伴相處的樂趣，以喚起孩子對上學的嚮往。

3.鼓勵孩子打電話與好友聯絡，或邀請友伴們到家中玩，藉此增加孩子對友伴的需求，轉移對假期的依戀與不捨。

4.在假期將結束前逐漸恢復規律的生活作息，例如，早睡早起，並減少過度興奮的活動。

相信身為大人的我們，也常在假期之後厭倦回到工作崗位上，而孩子需要的就是父母真正的體諒、關懷與耐心包容，幫助他們儘早調適情緒，唯有如此才不致使「假日症候群」成為假期後的煩惱。

# 26. 保母難尋

猶記得1988年暑假，一家三口滿心歡喜的回國定居，在安頓新居，安排工作之餘，也不免為孩子的託付問題而傷透腦筋。在寧缺勿濫的原則下，四處託人打聽，千挑萬選的，終於在兩個月後方才找到合適的保母。依我個人的經驗及看法，在選擇保母時可從幾個方面來考慮：

　　首先，要觀察保母本身的健康、生活習慣及衛生習慣。因為，既然把孩子託付給保母，那麼孩子大部分的時間都得與保母生活在一起，保母對孩子的影響不可謂不大。帶孩子是件非常花體力的事情，所以基本上，保母必須身體健康，否則難以承擔整天帶孩子的重責。此外，保母的生活及衛生習慣也會直接影響孩子日後的習慣。例如，教孩子進食前洗手、自己餵食、自己穿衣、幫忙收拾玩具、餐具、主動將紙屑、垃圾丟在垃圾桶……等生活習慣，如能自小培養，養成習慣，對父母及孩子都有莫大的好處。或許有人會認為，如果什麼事情都讓孩子自己做，那不是太便宜保母了嗎？事實不然，孩子終究要學習獨立自主的，如果從小就事事仰賴大人，那麼以後就很難糾正了。

　　其次，要瞭解保母的個性。我會選擇外向、開朗、有耐性的保母。因為，幼小的孩子本性皆是好奇、好動、好玩、愛熱鬧的，他們對周遭的種種事物都充滿好奇、興趣，他們喜歡翻箱倒櫃、去觸摸、去探索任何沒有看過的東西，他們也喜歡大叫大鬧，四處走動、跑跑跳跳的，似乎是一刻也靜不下來。因此，唯有生性外向、開朗、有耐性的保母，才能忍受孩子的「調皮、搗蛋」，才有耐性陪著孩子玩、陪著孩子瘋，在不過度放任的情況下，給予孩子充分活動的自由與空間。此外，這類型的保母多半喜歡熱鬧、喜歡說話，即使孩子聽不懂，也願意逗著他，和他說話，這對孩子的語言發展有很大的幫助。

　　至於文靜、內向的保母，表面上看起來善良、討好，或許他們會調教出乖巧、文靜、規矩的小大人。但是，由於他們的個性沈靜，喜歡安靜，往往會限制孩子不准叫、不准鬧，反而抹煞孩子特有的天性。更由於他們比較不愛說話，孩子模仿說話或接受語言刺激的機會

減少了，當然就有礙語言的發展了。

　　再者，保母的居住環境也是不容忽視的，對於幼小的孩子而言，安全問題更是重要，例如，尖銳的桌角、玻璃、易碎物、體積過小易吞食的東西、電器用品、樓梯、浴室、廚房等危險的物品或場所，都應事先與保母溝通，並作好預防設施。此外，室內的空氣是否流通、光線是否充足、有沒有足夠的活動空間、容不容易清洗、整理等，都是選擇的必要條件。保母的家並不一定要一塵不染、鋪滿地毯，這樣反而會限制了孩子的行動，生怕他打翻東西、弄髒地毯。

　　值得一提的是在託付孩子之前，應該坦誠地把自己的要求、觀念與保母溝通清楚，不要因為一時的客氣，而造成日後的不滿。如果時間允許，不妨在託付托顧的初期，每天花一小段時間待在保母家，一方面讓孩子逐漸適應，一方面也可以示範正確的教養方式讓保母觀摩，或是藉此機會觀察托顧保母的教養態度，以及與孩子間的相處情形。

　　最重要的是，一旦決定把孩子交給保母後，就該完全地信任他、尊重他，讓他知道自己所負的重責，如此他自然會有責任心、榮譽感，而能盡全力照顧你的孩子。

# 27. 玩出智慧——從遊戲開發嬰幼兒智能

* 智能開發學說
* 遊戲的定義與特徵
* 親子共玩的技巧
* Sutton-Smiths推薦父母與嬰幼兒
  一起玩的遊戲

幼兒的智力潛能是否有充分發揮？父母要如何協助嬰幼兒開發智能？這是為人父母極欲想知道的事，也是今天我們要探究的主題，現在我們就從何謂智能，開始今天的話題。

智能，簡單的說明就是個人的潛在能力，它不只是單指智力、記憶力或創造力，而是這些能力的總稱，換言之智能指的是綜合的能力而非坊間所指的智力。

# 智能開發學說

智能開發的四個學說：

1. 大腦生理學：人的頭腦可分為舊皮質與新皮質二種，舊皮質即是所謂的潛意識部分，從出生即有，在三到六歲發育完成，而新皮質要在七、八歲才會發育完成，是所謂的意識、記憶。所以嬰兒在出生時都是潛意識，要經開發才會變成記憶。

2. Freud：人的智能，猶如冰山浮出水面的意識只是一小部分，而沈在下面未被開發的潛意識，則非常廣闊，唯有不斷刺激才會開發出來。

3. 細胞數目說：記憶是由樹突和軸突互相連接產生的，聯接愈多記憶愈多，而形成聽的功能與寫的功能。不過，若不再聯接，會慢慢被打散而遺忘，但是可經提醒又再恢復功能，這也是零歲教育的重點。

4. 發展（質與量的成長）：指人會隨時間的改變，而產生量與質的成長。量是指身體的發育，質指的是成熟度，每個人成長的速度，都有差異，父母在瞭解幼兒的發展過程後，要提供幼兒良好發展環境。不過要注意的是，父母絕對不可以揠苗助長。

# 遊戲的定義與特徵

孩子從出生成為嬰兒到嬰幼兒，乃至幼兒，其發展有些是可以有目共睹的，有些則是不易察覺。不過，我們仍多多少少會看見兒童身體、智力、社會行為之變化。但是，談到除了外形的生理成長，其餘的發展是如何達到的，就很少人明瞭。其實簡言之就是透過「遊戲」。什麼是遊戲，兒童如何透過遊戲來達成發展成熟，是以下要談的重點。

遊戲的界定，眾說紛云，我們可以從傳統和現代的理論，略窺定義：

## 傳統理論

起源及發展於十九世紀末葉及二十世紀初期，其未能將遊戲的定義解釋的很清楚，主要是解釋遊戲為何存在及具有那些目的。

1. 能量過剩量：Spencer倡導，他認為遊戲是為了要消耗過剩的精力。
2. 娛樂論：其由Lazarus倡導，他認為工作做太久需要用遊戲來調劑一下。
3. 演化論：由Hall倡導，他認為遊戲是承襲老祖宗的本能。
4. 練習論：由Groos倡導，他表示，遊戲是幫助兒童學習日後所需的技能。

## 現代遊戲理論

在1920年代後才發展，它不只在解釋為何要遊戲，而且嘗試定義遊戲在兒童發展的角色。

1. 心理分析論：由Sigmund Frued倡導，他認為遊戲可以撫平兒童的情緒，忘卻不愉快的事。
2. 認知論：由Jean Piaget提出，他表示，遊戲可以促進認知發展。
3. 行為、思考論：遊戲可以瞭解到實物的意義。
4. 溝通論：透過遊戲可以瞭解到實物的意義。

大家都很清楚遊戲是什麼，卻很難下定義，因而，有些學者認為遊戲太難下定義，因之不值得研究，幸好仍有人孜孜不倦地在研究，使我們瞭解到遊戲的特徵：

1. 遊戲是一種轉介行為，無固定模式，亦不能由外在行為或字義來區分。
2. 遊戲出自內在動機。
3. 遊戲是重過程、輕結果。
4. 遊戲是一種自由選擇。
5. 遊戲對人有好處。

知道遊戲的特徵，我們現在就來探討其與兒童的關係。

1. 情緒發展：父母可以藉遊戲來診斷兒童的情緒，並藉此解決他的困擾。
2. 熟能生巧：同一種遊戲不斷地重複，可以使兒童對某些技能熟練。

3. 保留概念：對某些物體的重量、體積，不會因外在改變而有不同的看法，亦是對物體有更深一層的瞭解。
4. 減輕自我中心：瞭解自己及其所扮演角色之意義。
5. 逆轉性：可從扮演之角色回到原來角色。
6. 問題解決的能力：在遊戲中兒童可學習到解決問題的能力，而具有適應社會的能力。

# 親子共玩的技巧

　　遊戲對幼兒有所幫助，但不是每種遊戲都會對幼兒有助益，只有高品質的遊戲才有益處，所以父母買玩具回來，千萬不可讓幼兒自己玩，而應和他一起玩，以提高遊戲品質。

　　成人參與兒童遊戲，除了可以提昇遊戲品質外，尚有下列優點：

1. 很支持他：表示這遊戲是有益的，所以父母支持他、鼓勵他去玩，而且願意與他一起玩。
2. 讓兒童知道，成人是親切的，不是遙不可及的。
3. 孩子會有持續力，可以玩得更久。
4. 認知與社會發展的提昇：能提高創造力、語文能力，且能學習以不同觀點看事情和分享、合作的技巧。

　　親子共玩雖是百利而無一害處，不過不懂怎麼跟他玩，反而會造成干擾他。因而，父母一定要有技巧的跟他玩，才能增進親子關係與幼兒智能。

## 父母如何參與幼兒遊戲？

下面四點是基本要領：

1. 平行遊戲：在孩子的旁邊玩跟小孩子同樣的遊戲，靜待幼兒邀你玩。
2. 跟他一起玩：共同遊戲時主賓要分好，父母一定要記住自己是客人，不能反客為主。
3. 遊戲指導：提供經驗而非指正孩子的遊戲方法。
4. 真實情境解說：告訴孩子事實真相是如何，要注意的是教完後一定要退回旁觀者的身分。

## 父母與子女一起玩的時候，如何提昇遊戲品質

1. 提供安全的遊玩空間，這空間不需要很大，只要孩子玩的自在安全就可以。
2. 提供玩的物品。
3. 提供遊玩的時間，每一項遊戲至少要十分鐘以上。
4. 提供經驗。
5. 在玩的時候要觀察孩子缺少什麼，而馬上提供給他。

遊戲雖能增進孩子的智能，但每個階段孩子所玩的遊戲都不同，不能強迫他一定要玩些什麼，而應依他的發展選擇適合他的遊戲，才能開發孩子的智能。在玩的過程中，大人要站在補助的角色，不要動不動就指正孩子，而且和小孩玩的時候要輪流輸贏，才能讓孩子玩得開心、盡興。

# Sutton-Smiths推薦父母與嬰幼兒一起玩的遊戲

## ·出生至三個月

    1.模仿嬰兒，發出嬰兒的聲音。

    2.和嬰兒做聲音交流（發出「咯咯」聲）。

    3.跟嬰兒說話（長母音與尖銳聲音）。

    4.扮鬼臉／擠眉弄眼。

    5.伸出你的舌頭。

    6.讓嬰兒拉你的小指。

## ·三至六個月

    1.逗寶寶笑（很常見的行為）。

    2.與寶寶一起做體操（在床上跳躍、豎蜻蜓／倒立）。

    3.搔癢。

    4.玩「假裝」走路、「假裝」站立。

    5.讓寶寶拉你的頭髮。

    6.玩「這隻小豬上街買菜」撥弄手指的遊戲（誘導期待）。

## ·六至十二個月

    1.大吵大鬧（在家中玩野一點）。

    2.抓與放（給與取）。

3.玩「躲貓貓」（找出物或人的下落）。

4.騎馬打戰（家長四肢著地，寶寶騎在家長背上）。

5.逗寶寶笑（聲音、觸摸、社會性與視覺性刺激）。

6.用毛巾或毯子蓋住寶寶或蓋住自己。

## ·一至二歲

1.追與被追的遊戲（一次一回）。

2.藏皮球（物體永久性）。

3.倒空、裝滿玩物的遊戲。

4.玩抓人遊戲。

5.玩「假裝」過生日遊戲。

6.拔河。

# 28. 從兒童發展觀點來看才藝教育

＊流行的時尚，或必要的趨勢？
＊配合孩子的發展施行才藝教育
＊應注意兒童的個別差異特質
＊如何面臨琳瑯滿目的才藝教育
＊讓才藝成為孩子生活中的一部分

# 流行的時尚，或必要的趨勢？

　　透過陪伴孩子成長的種種經驗，父母親有機會和孩子共同接觸了許多才藝班、安親班、課輔班，而所提供的服務項目更是琳瑯滿目，只要小朋友有意願參與或學習，在任何時段、任何地點，舉凡課業輔導、音樂、舞蹈、律動、體能、珠（心）算、書法、棋藝、陶藝、美語、跆拳、科學、繪畫、禮儀、戲劇、廣播、作文等等，都可以開設班級教授，甚至於提供接送服務，由學校放學後接小朋友到才藝教室上課，課程結束後，並送回家。現代的才藝教育，不僅如此提供整套的服務，更標榜著企業管理的精神，擴大服務面，遠渡重洋，跨海到美國有中國人聚集的城市中開設分校。如此看來，似乎只要是有中國人的地方，就會有幼兒等學習才藝的需求與市場。

　　至於國小低年級的學童，由於學校為配合社會上托兒的需求，也在上午正規課程結束後，為有托育問題的父母提供彈性的課後輔導班，間或設置才藝課程如律動、美勞、作文或棋藝等，以迎合家長既可以托兒又可以讓孩子學習的需求。此外，有些父母，更是帶著孩子在學校、才藝班之間奔波，因此，對於低年級的小朋友來說，平均一星期至少接觸三種以上的才藝課程。至於幼兒園的小朋友，平均每星期也有一、兩次之多，才藝教育對小朋友的生活，已成為一重要的部分。到底「才藝教育」是一種流行時尚？還是有助於幼兒的教育、學習或發展？為什麼家長會趨之若鶩，深怕子女輸在起跑點？或是成為成人相互比較子女教育資產的籌碼？還是家長因為工作忙碌，愧疚與補償心理所致，冀望透過讓子女參與才藝課程，而稍減無法給予妥善照顧教養等父母職責的罪惡感？也許，不同的服務有不同的需求，不同的需求有不同的原因，以下，筆者將針對目前現況，就兒童發展的觀點來分析才藝教育的適切性。

# 配合孩子的發展施行才藝教育

由兒童發展的觀點來看，這些孩子們正處於幼兒期和學齡兒童期的階段。在二至四歲的孩子，藉著遊戲、想像、操弄，以達到各種能力的精緻化，如語言、認知、社會性等，並達成自我控制的能力；四至六歲的孩子，發展著重於性別角色認同、紀律與道德發展、群體社會性遊戲和自尊的發展，對於學齡期的孩子而言，發展任務便轉向友誼、自我評價、具體運思能力、技能學習與團隊性的遊戲活動等的培養，孩子的年齡不同，發展任務與發展情況也是不同的，所以教育的目標與環境也應符合孩子的發展來規劃。

所以，從兒童發展的能力和任務來分析，並應用到才藝教育的範疇時，便應該加以評估才藝課程的適切性。二至四歲時期的幼兒，才藝教育的安排應強調大小肌肉的運用與練習，上課方式重視遊戲與語言互動，以利幼兒透過遊戲操弄來熟練技能，或是在具體操作中瞭解抽象概念。同時，也應加強幼兒忍受延遲「立即滿足」的能力；值得注意的是，要小心避免不當的挫折，以免形成學習的無助感而拒絕學習。

當幼兒進入四至六歲的幼兒園階段，除了瞭解自己的性別概念之外，更傾向於和同性別的朋友交往，這時期的性別角色發展是否良好，其重要性乃在於使幼兒符合成人及同伴的期望；此外，幼兒也應學習如何與人相處，並發展良好的社交技能和社會能力，同時學習、遵循習俗的規範以強化道德紀律。更重要的是這個時期的孩子會產生自我評價，不但會評量自己，也喜愛獲得別人的讚賞以增加正向的自我評價，所以，家長或老師應該重視團體學習的氣氛以吸引幼兒的學習興趣，並且以正向的增強方式（例如，鼓勵、稱讚等）來鼓舞激發幼兒的興趣。

# 應注意兒童的個別差異特質

在學齡兒童時期，一般來說，孩子的各種能力發展漸臻成熟，例如，語言、社會、運動等，在認知能力的發展上，則仍需藉助實際操作以增進其抽象概念的認識，同時對於其他能力與技巧會有良好的態度來學習。關於自然科學、歷史演變或是數學等具有分類及因果關係原則的課程，是孩子所能理解與學習的，此外，運動、電腦、舞蹈、戲劇、音樂、工藝等的技能也漸漸培養，這些都有利於日後應付成人生活所需。學齡兒童對於新經驗的獲得，都會覺得快樂，並從中產生正向的自我評價，進而內化為自我功效並達成自我尊重的人格特質，如果無法順利發展，往往形成無用與無能感，甚而內化變成自卑的性格。大體來說，這個時期的兒童，只要保有學習的興趣，都會持續地練習；因此，父母或師長應注意兒童的個別差異特質，不要以比較心態或是過度期許來取笑或責罵孩子的表現，以免孩子失去了學習的動機。

# 如何面臨琳瑯滿目的才藝教育

總括上面由兒童發展角度來看才藝教育的分析，可以發現，才藝教育已為現在社會中的趨勢，不但提供學習的機會也兼具教育與托育的功能。然而，家長們在面臨琳瑯滿目、包羅萬象的各式才藝教育時，又該如何評斷或選擇呢？或許下面幾項建議可以做為參考：

## ·破除名師、價高、流行便是好的心態

選擇之前，應先衡量自己的需求，切忌盲目追隨流行，重要的是孩子有興趣，並考慮孩子的精力、時間，從中一起挑選一兩樣，先讓

孩子培養成為興趣，進而鼓勵他嘗試各種不同的才藝教育或課程。

## ・瞭解不同年齡的孩子，及其發展任務和能力

　　一般來說，年齡愈小，授課或學習方式愈需要藉助遊戲的型態來進行。同時，一次上課的時間不宜太長，也不宜參加必須加以練習的才藝，因為有壓力的練習就不算是遊戲了，而成為一具有負擔的工作，如此一來，又怎能讓孩子去喜歡這項才藝呢？

## ・應以孩子的興趣、喜好為主

　　避免以自己兒時經驗或是補償心態來選擇，因為如此的心態，難免會對孩子的學習表現有過度的期望。

## ・孩子的學習是催促不得的

　　過早的學習易造成孩子的排拒或是對孩子的發展形成揠苗助長的負向作用，甚至反而造成孩子討厭此一才藝技能。

## ・才藝課程的學習同樣需要家長適度的關心

　　配合不同的情境來激發孩子的動機與持續興趣。

## ・以鼓勵、讚賞的方式

　　以鼓勵、讚賞的方式替代責罵、處罰，協助與激勵孩子接觸或練習。

## ・瞭解兒童發展特色與需求來提供適當的才藝課程

　　由於幼兒發展特色與需求會因年齡而異，因此以下分別說明選擇的適切性：

1. 六歲以前的幼兒，可以鼓勵他們接觸戲劇、偶戲等，以增進幻想能力的發展；或是提供音樂、樂器、美勞、工藝等以培養音感、韻律、語言及手指協調能力的發展及欣賞藝術的能力；此外，算術能力如珠（心）算、邏輯能力如圍棋等，都可以增進

運算、思考以及問題解決策略的精化。

2.六至八歲的兒童，應增強藝術能力以協助創造性的發展並促進創造性思考；社會性群體遊戲如足球、躲避球或棒球等，一方面有益於體能發展，另一方面有助於促進團體互動的品質。

3.八歲以上的小學中高年級兒童，可透過玩一些規則性強的遊戲，如賓果、棋類、橋牌等，以增進使用策略的能力和認知技能、問題解決能力的發展；此外，球類如撞球、乒乓球、保齡球、網球等可在室內或室外進行的活動，也可以在暖身後運動的先決條件下提供學齡兒童發展敏感性、準確性與平衡感的機會。而科學營如化學、物理、電、太陽能等相關實驗則有助於具體運思期的孩子發展抽象性的概念與思考能力；演講、辯論則有助於培養孩子的語言能力、謀略能力及反應能力。

# 讓才藝成為孩子生活中的一部分

　　總括來說，才藝教育的學習並不是父母付費、子女參與就可以的。家長的配合與瞭解孩子的興趣與能力最為重要，其次才是符合孩子的需求並予以積極溫暖的鼓勵與肯定，陪伴孩子的學習與成長，當孩子學會一些技能或是頗有心得時，在肯定中必會內化成為一學習的動機與習慣，如此便容易養成練習的習慣而化被動為主動，隨著成長所持續累積下來的自願學習與參與，終將成為生活中的一部分。而能力表現後的不斷肯定與鼓勵，除了帶來孩子的信心與樂趣，也會有所成就與收穫。

# 29. 兒童遊戲與發展

「遊戲學習化」、「學習遊戲化」一直是推廣學前教育常用的標語，也反映出遊戲與兒童發展的關係。根據心理學的研究，遊戲是兒童發展智慧的一種方法。換言之，遊戲是兒童學習的方法之一（李明宗，1993：3）。教育及社會的關心深深影響兒童遊戲受重視的程度；而遊戲與休閒對兒童發展之影響也是受人肯定且深信不疑的。一般而言，遊戲與兒童發展之關係可從情緒、認知、語言、社會與身體動作等方面來加以探討。

# 遊戲與情緒發展

在人的社會化過程，兒童追求自主性的發展。這恰與成人社會及其社會規範的約束及要求是相互衝突的。因此，在成長的過程，兒童承受相當大的壓力；而兒童的因應之道便是遊戲。如果兒童被剝奪這種遊戲經驗，那他就難以適應於社會。而如果兒童所成長的家庭與社會不允許，也不能提供足夠的空間、時間、玩物以及良好遊戲、休閒的媒介，那麼孩子將很難發展自我及與他人互動的健康關係。

就兒童生命周期（life cycle）來看，嬰兒需要從人與玩物的刺激來引發反應以獲得安全的依戀（secured attachment）。到了幼兒時期，遊戲成為表達情感的媒介，並在遊戲中學習適當的情緒控制。當兒童參與休閒活動或遊戲（games）可增加自我尊重及情緒的穩定性。因此，遊戲可提供兒童發展領導、與人合作、競爭、團隊合作、持續力、彈力、堅毅力及利他品質，而這些品質皆有助於兒童建立正向的自我概念。

# 遊戲與認知發展

1960年代，Piaget和Vygotsky的認知理論興起並刺激日後認知學派的蓬勃發展。探究其原因，主要是從認知發展理論中發現：遊戲除了幫助兒童情緒的調節，還能激發兒童各項智能技巧，例如，智力、保留概念、問題解決能力、創造力等的發展。

就兒童發展的階段來看，在嬰兒期，嬰兒天生即具有接近環境中新物體的能力，且對於某些物體有特別的喜好，例如，鮮明刺激、三度空間、能發出音響的物體，尤其是動態的物體。在幼兒期，由於幼兒語言及邏輯分類能力大增，更有助於幼兒類化能力（generalization）的發展，而這些能力的發展均有助於幼兒形成高層次的抽象思考能力，例如，假設推理、問題解決或創造力。

在兒童時期，尤其小學之後，兒童的遊戲活動漸減，取而代之的是邏輯及數學概念的演繹活動。這個時期就是Piaget認為的具體操作期——兒童透過具體操作而得到形式思考。這種思考較不受限於正式的物體操作，而可由最少的暗示來獲得較多的訊息，創造思考性的遊戲活動便是這時期兒童的最愛。

# 遊戲與語言發展

語言發展如同認知發展一樣，與遊戲是相輔相成的。遊戲本身就是一種語言表達的方式，例如，兒童玩假裝或扮演的遊戲。因此，遊戲有助於兒童語言的發展。

在嬰兒期，發音、發聲（babbling）是嬰兒最早的語言遊戲。嬰兒的發聲是一種重複、無目的及自發性的滿足。成人在此時對嬰兒有

所反應，或透過躲貓貓遊戲與之互動，不但可以增強嬰兒發聲，也可影響其日常生活使用聲音的選擇以及表徵聲音的能力。

　　一歲以後，孩子開始喜歡語言及音調，特別是他們所熟悉的物體或事件的本質。孩子在此時喜歡玩一些字詞順序或語言的遊戲，這些均可增加孩子語言結構的能力。

　　在幼兒期，孩子為了進行社會性遊戲，他們必須使用大量的語言來溝通。當兒童的語言能力不足夠時，他們常會用一些聲音或音調來與人溝通。尤其孩子上了幼兒園，與同儕和老師的互動下，其語言發展有快速的成長。這期間兒童仍是藉由遊戲獲得表達語意關係及聲韻的操練，來瞭解其周遭的物理與社會環境。

　　在兒童時期，孩子雖對語言發展已漸成熟，但是他們仍藉著不同的語言遊戲，例如，相聲、繞口令、脫口秀來瞭解各語文及文字的意義，也愈來愈有幽默感。

# 遊戲與社會發展

　　兒童最早的社會場所是家庭與學校，其次才是與同儕等非結構式的接觸。社會發展是延續一生而持續發展的，但在兒童期遊戲的角色才愈明顯。

　　在嬰兒期，最早的社會互動是微笑（smile）。父母對嬰兒高興的回應（微笑）更是喚起兒童微笑互動的有效行為。在幼兒期，各人玩各人的遊戲，或兩人、兩人以上玩各樣的活動，也就是說他們可以平行地玩遊戲。之後，他們可以一起玩一些扮演的社會戲劇活動或遊戲。幼兒的社會遊戲，很少由立即環境的特性所引發，大都是由同儕們共同計畫以勾勒出情節，再分派角色，極需要有分享、溝通的能力。在學齡兒童期，戲劇扮演遊戲漸減，而由幻想遊戲來取代。此外，這時期兒童最喜愛的團隊比賽或運動也提供了一些發展社會關係

的學習。

# 遊戲與動作發展

　　遊戲與兒童的動作發展有其絕對的關係。嬰兒在遊戲時其身體的活動更為頻繁,例如,手腳的移動。在幼兒期,幼兒遊戲時增加大量的大肌肉活動,例如,爬、跑、跳、快速移動及騎三輪車。此外,也有精細的小肌肉活動,例如,剪東西、操作玩具。到了學齡兒童期,他們的運動競賽更需要大量的肌肉及運動系統的練習。因此,遊戲幫助兒童精細了身體動作能力。以上之論述,可參考**表29-1**。

# 結論

　　遊戲是兒童全部的生活也是兒童的工作。因此,兒童的休閒育樂活動更是離不開「遊戲」。教育學家杜威說:「教育即生活」,克伯屈則認為:「教育即遊戲」。此外,蒙特梭利、皮亞傑等亦主張以自由開放的態度讓幼兒發展天性並重視遊戲的教育功能。由上列的論點就可以說:「教育即遊戲」。基於兒童天性對遊戲的需求,休閒活動成了國民教育中重要的一環(鍾騰,1989:11)。而兒童遊戲的教育功能,也可從兒童發展的歷程看出。

　　一歲以上的幼兒,就會在有人陪伴之下獨自地玩或與別人一起玩,在簡單的遊戲與娛樂中,利用器官的探索逐漸瞭解這個世界並加深其感官知覺。因此,在這段時期的兒童,不論是社會性或單獨的遊戲,都是他學習的主要方式。

　　進入兒童早期,由於幼兒動作技巧的熟練及經驗的擴增,遊戲漸

|  | 情緒發展 | 認知發展 | 社會發展 | 語言發展 | 動作發展 |
|---|---|---|---|---|---|
| 嬰兒期<br>（0−2歲） | 玩物的刺激：關心、照顧。 | 物體的刺激（例如照明刺激、三度空間）。 | 親子互動，手足互動。 | 發聲練習：親子共讀。 | 學習控制、運用身體，如：翻身、坐、爬、走、跑等。 |
| 幼兒期<br>（3−6歲） | 玩物、情境等透過遊戲表達情感；學習控制情緒。 | 分類能力之提昇：假裝戲劇遊戲。 | 同儕互動。 | 兒童圖畫書賞析。 | 大肌肉活動，如跳、跑及快速移動及感覺統合。 |
| 學齡<br>兒童期<br>（7−12歲） | 利用休閒活動滿足情緒；透過休閒或遊戲增加自我尊重之情緒穩定。 | 加重邏輯及數學之演繹性活動。 | 團隊比賽及運動。 | 語言遊戲活動，如相聲、脫口秀、繞口令；了解各種不同族群及文化的語言。 | 運動技巧、體能、知覺—動作發展。 |

表 29-1

趨複雜，這個時期兒童最主要的認知遊戲爲功能性（functional）及建構性（constructive）兩種；前者又稱操作性遊戲，利用固定玩物；後者意指有組織之目標導引遊戲（郭靜晃譯，1992）。

到了兒童晚期，同儕團體在生活領域中地位逐漸加重，兒童在團體中受歡迎的程度決定了他參加遊戲的形式，這段時間最常作的遊戲有建構性遊戲、收集東西、競賽等。在兒童遊戲中，兒童慢慢建立起自我概念、性別認識，並發展出社會化行爲（黃秀瑄，1981）。從此之後，當兒童步入青少年期，除了上課休息及習作功課之外，休閒活

動逐變成其生活的重心。

# 參考書目

李明宗（1993），《兒童遊戲》。兒童遊戲空間規劃與安全研討會，第二冊，頁1～5。

郭靜晃譯（1992），《兒童遊戲》（James E. Johnson et al., *Play and early childhood development*）。台北：揚智文化公司。

黃秀瑄（1981），從輔導觀點談休閒活動，《輔導月刊》，（17），頁11～12。

鍾騰（1989），兒童休閒活動面面觀，《師友月刊》，（266），頁11。

# 30. 「戲劇乎」？「遊戲乎」？
## ——社會戲劇與幼兒

* 構成社會戲劇遊戲之必要條件
* 老師或父母角色
* 結語
* 參考書目

社會戲劇遊戲依Smilansky（1968）及Smilansky與Shefatya（1992）的研究可以細分成六個構成要素：角色扮演、對玩物的轉換、對動作及情境的轉換、持續力、社會互動、語言溝通。茲分述如下：

## 角色扮演

角色扮演係指幼兒表現除自己以外的他人角色，例如，家庭的其他成員（爸爸、媽媽、祖父母、兄弟姊妹）、學校的老師、醫生、護士、救生員、警察等，且能設身處地以扮演者的觀點來看事物，包括角色應有的語言與適當的行為。著名的兒童心理學家皮亞傑認為角色扮演因需表現角色適當的行為、感受及語言，故可讓幼兒學習如何認同他人，逐漸發展「排除自我中心」（decentration）的概念，進而增長觀點取替能力，甚至於幫助幼兒培養問題解決能力。

## 對玩物的想像轉換

對玩物的想像轉換係指用替代的物品來表示遊戲的物體。幼兒從日常生活中的真實玩物（例如，用洋娃娃代替小嬰兒、玩具電話代替電話、火柴盒小汽車代表汽車）到利用相似的物體到不相似但功能相似的物體來做想像轉換，到了下一階段，即不受實物所限制，取而代之是語言或動作來代表玩物（例如，雙手平擺，佯裝坐飛機）。

## 對動作及情境的轉換

對動作、情境的轉換係指用替代的手勢或語言來表示動作或情境，例如，用雙手環成一圓圈並說：「這是我的杯子」，或用手指在空氣中撥了幾下，用語言假裝在與別人講電話。

蘇俄心理學家維加斯基（Vygotsky）認為幼兒在玩物、動作、情

境之認知能力的轉變可分爲幾個層次：首先先用眞實物品的小玩具當玩物（例如，扮家家酒的組合玩具），經過時間及經驗的累積且瞭解象徵化（symbolization）的意義後，對眞實玩物的依賴減少，轉而用替代性的玩具、動作來代替，最後用語言或動作來替代。透過這種想像轉換的過程中，幼兒學會了逐漸用語言來表達對物體及情境的想法。因此，社會戲劇遊戲對幼兒語言發展以及對創造力發展有所幫助。

## 持續力

　　持續力係指幼兒在社會戲劇遊戲中扮演一系列和遊戲主題有關的角色所經歷的時間。幼兒隨年齡的增長，其可維持社會戲劇的時間也相對提高，原因是幼兒對角色及經驗有深入的瞭解，因此增加扮演此角色的持續力。一般中、小班幼兒應可維持五分鐘，而大班幼兒至少可維持十分鐘。如果社會戲劇遊戲對兒童發展有所幫助，那持續力便支持社會戲劇遊戲對幼兒各方面發展有所助益的重要基礎。

## 社會互動

　　社會互動係指二個或二個以上之幼兒依著遊戲情節的角色或動作做直接的互動。社會戲劇遊戲顧名思義是二個以上的成員可以共同合作將情節的主題做直接的呈現與互動，如此一來，社會戲劇遊戲其社會互動層次高，同時亦可增加幼兒合作、分享、輪流等社會技巧。

## 語言溝通

　　語言溝通係指幼兒對有關遊戲主題的內容有語言上的交換。幼兒在社會戲劇遊戲的語言溝通，包括後設溝通及假裝溝通。前者在組織及維持遊戲內容的通暢，例如，幼兒在扮演某個角色有不適當的動作

或說明時，其他幼兒會指正他說的不對（例如，爸爸不穿裙子）；後者在增加角色扮演中的語言互動，例如，兩名兒童在扮演一場病人上醫院的遊戲，一名扮演病人的兒童也許說：「醫生，我肚子很痛，你能幫我醫好它嗎？」。假裝溝通在鼓勵幼兒對扮演情節的直接做溝通，以符合其所扮演的角色。

目前，有關兒童遊戲的研究發現社會戲劇遊戲對幼兒發展有重大影響。例如，社會戲劇遊戲中六個要素（為角色扮演、對玩物的想像轉換、對動作及情境的想像轉換、持續力、社會互動、語言溝通），和幼稚園兒童的認知、社會認知（乃社會技巧和概念）有相關存在。而幼兒的社會戲劇遊戲能力愈高，其與同儕合作程度愈高，也愈受同伴所歡迎！此外，其語言發展、智力的增長與別人的協調能力也愈好。而有關遊戲訓練的研究指出幼兒社會戲劇遊戲能增加幼兒社會及認知的能力，語言技巧，排除自我中心，問題解決能力，及正向的同儕互動與合作能力等。

社會戲劇遊戲不僅在學理上、研究上皆指出其有重要價值，且在實務上亦受到肯定，美國在幼教課程中已有納入社會戲劇。反觀國內，家長將「不要讓孩子輸在起跑點上」、「越早教育越好」的口號奉為圭臬，因此干預幼兒園並要老師及早教小學課程才教的注音符號、國字、算術，甚至雙語課程，下課後再四處送孩子學習才藝。在幼稚園，雖然教育部在1987年頒訂的「幼稚園課程標準」中，有將遊戲視為六大課程領域之一，但老師們多因要將課程的結構目標傳輸給幼兒，而將自由遊戲時間減至最低。即使幼兒在自由遊戲時，老師大都要忙著準備教具、休息，或因不知如何帶領幼兒從事更高層次的遊戲行為，這種現象與師大潘慧玲教授所做的研究發現：國內幼兒最常玩的遊戲是平行←→建構，次為單獨←→建構或單獨←→功能遊戲，此外，非遊戲行為，如無所事事的行為或旁觀的行為亦相當常見。

幼兒們去幼兒園的主要目的是在培養速成而且人造的天才，但缺乏玩性，不知如何去玩，此種現象也正如中國的傳統觀念「業精於勤

荒於嬉」，成人將遊戲視爲一種「不正經事」，因此對幼兒的「遊」、「玩」、「戲」，持有負面的評價，甚至對兒童的遊戲也是抱著一種不得不忍受的態度，就是想盡量排除或壓抑這種活動。所以，導致遊戲層次無法提昇，社會戲劇遊戲成爲幼兒生活的點綴，致使其正性功能無法彰顯。

# 構成社會戲劇遊戲之必要條件

美國學者Griffin認爲幼兒進行社會戲劇遊戲之前，成人應先預備妥下列四項必要條件：一、時間；二、空間；三、玩物；四、預先的經驗。這每一單項都會影響幼兒的遊戲品質，茲細述如下：

## 時間

社會戲劇遊戲需要幼兒們呼朋引伴、計畫主題、建構情節、選擇角色展現遊戲技巧，所以要有充分的時間讓幼兒玩社會戲劇遊戲，至少玩一充分的社會戲劇遊戲需要三十至四十分鐘。

幼兒在玩社會戲劇遊戲時，在時間安排上有三個階段：

1. 準備期：幼兒在此階段中需要熟悉玩物與情境，同時也需要與同伴相互熟悉。
2. 指導期：在此階段，包括分派角色、組織故事情節及道具的認定等。有時幼兒會因溝通不良或不認同被安排的角色、故事情節，而一直停留在此階段。
3. 執行期：這個階段，幼兒已找好同伴並確認主題，展開社會戲劇遊戲的扮演。

## 空間

空間的安排會影響幼兒玩遊戲的品質及進展，尤其是在室內玩社會戲劇遊戲時。幼兒在家中喜歡於客廳或廚房內玩社會戲劇遊戲，而在學校多限於娃娃角，故娃娃角的空間安排，娃娃角的界限、大小，對幼兒格外重要，如空間允許，可將社會戲劇遊戲移到戶外或與積木角合併，皆可幫助幼兒擴展情節。

## 玩物

幼兒遊戲受玩物變化的影響很大，與主題有關的設備，如吹風機、醫生用的聽診器、電話、廚房用具等，也可幫助幼兒進行有關此主題的社會戲劇遊戲。

皮亞傑指出幼兒隨年齡增長，將愈有「排除內容化」（decontextualization）的能力，也就是說幼兒不受具體的玩物特徵所影響，而可用非具體的玩物（例如，積木）、手勢或語言來象徵所替代的具體玩物，也就是社會戲劇遊戲中所強調的想像轉換的能力。

## 預先的經驗

社會戲劇遊戲中的角色扮演，需要幼兒對所扮演的角色特質、行為或語言有先前的經驗，否則遊戲將無法進行。幼兒常玩的社會戲劇遊戲主題常為其所熟悉的角色，例如，父母、祖父母、兄弟姊妹、警察、救火員、司機、醫生、護士等，至於某些分工較細的角色（如廚師、秘書、市長），因較無經驗或易於和其他角色混淆而無法扮演。故提供與角色有關之先前經驗，除了可讓幼兒對欲扮演的角色有深入認識外，更可透過與其他專業角色聯結而將主題擴大，使其社會戲劇遊戲豐富化。

幼兒需要透過上述四種條件才能扮演社會戲劇遊戲能力，且需確

定此四條件均充足時，才能眞正測出幼兒社會戲劇遊戲能力。此外，老師（或父母）的角色尤其重要，老師（或父母）要身兼遊戲的觀察者、輔助者的角色，利用關鍵時刻進行遊戲指導，或加深幼兒遊戲的品質、經驗及延長遊戲的時間（父母邀請幾位同齡的小朋友來家中一起嘗試，也不失爲一種遊戲的互動方式）。

# 老師或父母角色

諸多遊戲的研究指出：老師加入幼兒遊戲時，會增加幼兒遊戲內容的豐富化。有關社會戲劇遊戲，老師的介入可分爲外在干預及內在干預兩種。

## 外在干預

所謂外在干預係指老師不加入幼兒遊戲的扮演，而是以旁觀者的角色建議、鼓勵及引導幼兒社會戲劇遊戲，目的是提昇幼兒社會戲劇遊戲的能力，並能延伸遊戲內容及增加其豐富性，其常用有八種指導方式。

1. 建議：老師可用問問題或其他方式暗示及促成新主題及方向，例如，你聽見救火車的聲音嗎？或建議：某兒童可當醫生。
2. 確定行爲：主要是讓幼兒對遊戲的人物、主題的再確認。例如，你是個司機嗎？
3. 促使同伴建立關係：老師透過問問題的方式來使同伴在遊戲內容中的關係更密切。例如，問幼兒：「你的娃娃（洋娃娃）肚子餓了，是否要去商店買牛奶？」
4. 解釋或提供資訊：老師的角色在於傳輸合理且相關的事實或知

識，例如，對扮演救火員的兒童說：「你的救生設備在那裡？」

5.給予直接的指導：直接告訴幼兒如何做。例如，告訴扮演醫生的幼兒：「你可以給病人打針。」

6.增強：對幼兒的行為給予正向的回饋以強化行為。例如，對幼兒的行為表示讚許。

7.問問題：並非給幼兒直接建議、暗示，而是用疑問的方式來詢問兒童。例如，對扮演醫生的幼兒說：「你需要幫忙嗎？」

8.回答問題：簡短地回答幼兒所提的問題。例如，玩醫生病人遊戲時，當幼兒拿著體溫計詢問這是什麼，大人可回答：「這是溫度計，用來量體溫用。」

## 內在干預

內在干預係指老師實際參與幼兒社會戲劇遊戲，扮演情節中的某一角色，給予幼兒模型的機會，利用身教的影響，來幫助幼兒延伸遊戲內容。當老師發現幼兒可以自由獨立進行社會戲劇遊戲時，老師的角色可隨時抽身出遊戲情節，繼續扮演觀察者的角色；而當幼兒缺乏角色扮演或想像轉換能力時，再以此種方式進入幼兒的遊戲。

# 結語

喜愛遊戲是兒童的天性，對兒童來說，遊戲是一種學習、活動、適應、生活或工作。而由於遊戲是兒童基於內在動機的選擇，是兒童主動參與，沒有固定模式的外顯行為，因此，兒童在玩遊戲時，總是充滿了笑聲，歡欣溢於言表，百玩不厭。至於在兒童的眼中，遊戲到

底是一種學習，還是一種工作，他們是不在意的，他們只是自由的、無拘無束的徜徉在他們營造的世界裏，享受與人、玩物之間的互動，從中獲得玩性（playfulness）的最大滿足。

在學校，幼兒教師在設計課堂教學中，必須包括相當廣泛的主題和活動，而主題與活動的多樣性也必須強調幼兒的總體發展，甚至於更要強調幼兒年齡發展的適宜性。因此，適合幼兒年齡的學科、藝術、音樂、自由、遊戲、日常生活常規、營養、衛生的活動內容，也要加以強調。然而在強調各種課程內容時，應有仔細的規劃。

遊戲對學齡前幼兒而言是重要的學習來源，而社會戲劇遊戲又分別屬社會及認知性遊戲的較高層次，故其對幼兒的重要意義實不容忽視。因此，老師在計畫某一課堂教學單元課程時，也應將社會戲劇遊戲納入：在確定中心主題之後，可以用自由流動的腦力激盪法來構思並舉出與此一中心主題有關的各種不同活動，並建立一網狀組織或延伸其次主題來建構或延伸幼兒的學習經驗。為了擴展幼兒的學習經驗，老師或父母可利用參觀、旅遊、邀請專業人員到園所演講、看錄影帶、聽故事、看幻燈片、圖片或布偶戲等方式來延伸幼兒的經驗。

此外，成人也應利用環境來做情境布置，利用玩物來吸引孩子玩的動機，加上給予孩子充分的時間構思主題，思考玩物的用途，邀請同伴一起完成與主題有關的戲劇遊戲。而老師或父母在提供遊戲的設計之後，便在一旁觀察幼兒遊戲的進行，必要時或提供遊戲素材或利用關鍵時刻進行遊戲的指導與干預，那孩子在身處高品質遊戲層次的社會戲劇遊戲，自然充分發揮其玩性及習得遊戲技巧，進而養成其高品質的認知及社會能力。

# 參考書目

吳幸玲校閱，墨高君譯（1995），《幼兒文學》。台北：揚智文化公司。

# 31. 遊戲與教育

# 前言

　　我一直想探索遊戲的本質究竟是什麼？藉由遊戲與教育這主題，作者從人類學、教育學、心理學的觀點來切入。所以一開始會花比較多的時間來闡釋遊戲的定義爲何？因爲綜觀許多研究文獻，很難有什麼定論，遊戲的定義之所以難以被釐清，是因爲我們並不能只用廣泛的外顯行爲來界定遊戲，例如，身體的遊戲、建構的遊戲、社會遊戲等。若從人格內隱的部分來看，遊戲應有幽默感、歡笑、自發性。這樣看來，遊戲就不是被別人要的，而是內在的動機、內在的需求，它本身一定是歡笑的（joyful）。

　　因此「遊戲生活化」、「生活遊戲化」、「做中學」、「遊戲中學習」，從上列口號中，我們可看出許多熱心提倡遊戲的人士，將遊戲當作解決兒童問題的萬靈丹。但相反的，也有人（例如，皮亞傑）把遊戲看作是兒童過渡到成人式工作的過渡行爲。到底什麼是遊戲（play）也困惑了許多學者，甚至許多研究也很難對遊戲這名詞作定義及嘗試用實徵數據來驗證遊戲理論，因此，遊戲的定義仍是眾說紛云。不過兒童心理學家卻分辨，也分類一些遊戲行爲型態（例如，佯裝遊戲、建構遊戲或合作遊戲）是與兒童的發展（尤其是認知與社會發展）有密切關係。隨著孩子年齡的增加，遊戲的行爲型態及名稱會有巨大的改變，例如，嬰幼兒的行爲型態可以稱爲遊戲，而到成人社會就變成休閒或工作，例如，嬰兒玩棒球那是一種身體的遊戲，到了成人打棒球就變成休閒，而成爲職棒選手，打棒球則變成工作了。不過，任何的遊戲活動型態皆可以掌握到一些共同的特徵及目的。

　　今日台灣教育由於太注重成人權威及考試取向，強調升學及成就爲唯一的成就取向，教學內容僵化，一味注重塡鴨知識，缺乏吸引學生的興趣與好奇，甚至偏離生活化的題材，加上教學偏重記憶與背誦，忽略操作實驗與探索的重要性，也就是教育與遊戲的功能已有相

左，所以造成一些台灣的教育問題。

　　本章嘗試介紹遊戲的定義與功能，再澄清遊戲與教育之相異及相同處，接著探討台灣中小學教育現況，並嘗試為學校教育遊戲化提出一些個人的看法。

# 遊戲的定義

　　誠如以上所言，遊戲很難以外顯行為來定義，心理學者常想把遊戲變成一種結構式、可測量的行為。但從實證研究中卻往往吃足了苦頭，其中有位著名的遊戲學者：Gobby，她不能釐清何謂遊戲，有一天，她問她的兒子，何謂遊戲？她兒子回答：「媽媽，這個問題這麼簡單，你怎麼不知道？遊戲就是好玩的東西；遊戲就是我喜歡做的事情。」所以從遊戲的這個定義來看，遊戲是歡樂的、自由意志選擇的、不具強制性的、內發的。

　　有關遊戲的理論或研究，大多來自人類學和心理學的觀點（Rubin, Fein & Vandeberg, 1983; Schwartzman, 1976）。前者著重於人類的本質，由人類學的文獻顯示：遊戲是人類從兒童成長為大人的過程，是極自然的事。而文獻所討論的各國文化來看，他們的遊戲方式、遊戲器具等，均具備了「自然」的條件都是合乎他們的民族文化而來的，也反應了遊戲是兒童成長的自然傾向和需要。所以也可以從文化人類學的角度來看兒童的遊戲，其實就是人類文化傳遞的一種學習活動。這可由Fortes（1970）對Taleland（位於西非洲的部落民族）的遊戲觀察顯現。Taleland是一設有正式學校組織的傳統部落社會，兒童從大人日常中各種打獵、耕種、祭祀、婚姻和扮家家酒等自發性活動，很自然地將部落延續種族的能力、技巧、興趣、性別角色、生活的職責、社會生活與宗教儀式，透過遊戲而傳給下一代。

　　由此說來，傳統的人類學家將兒童遊戲視為大人生活的模仿和社

會情境適應的準備活動，從心理學的角度來看，就是社會學習。但是，Fortes（1970）所觀察的兒童遊戲，其認為遊戲並非一成不變的模仿或複製成人的行動，而是在遊戲中兒童再融入其個人的想法，然後透過想像與創造，再運用日常生活的自然物體與玩物，重新建構他們所觀察到大人生活的主題與功能，以符合遊戲的特定邏輯和情感。

從較特定的教育學習的觀點著眼，兒童遊戲具有學習的功能，柏拉圖及亞里士多德著重遊戲實用的意義，視兒童遊戲為學習（如算術、建構技巧）。柏拉圖認為兒童遊戲乃實現成人所期望的角色。

此外，早期的教育學者如柯美紐斯（John Amos Comenius, 1592~1670）、盧梭（Jeam-Jacques Rosseau, 1712~1778）、佩斯達洛齊（Johann, Pestalozzi, 1782~1827）、福祿貝爾（Friedrich, Frobel, 1782~1827）皆反對用嚴格的紀律訓練或背誦方法來教育兒童，反之，他們皆強調遊戲對兒童的重要性，並視遊戲為兒童的工作，是學習的樞紐。

詹棟樑（1979）參照人類學家Martinus Jan Langeveld的論述提出：兒童的世界就是學習的世界，兒童的學習具有三種涵義：一、開放的意義：公開的共同生活、工作；二、無拘無束的意義：兒童在遊戲，不受限制地嘗試其心中所嚮往的想法；三、創造的意義：兒童如同藝術家，透過遊戲來創造遊戲。因此，從此一觀點出發，幼兒的生活應延續人類成長的自然方式，讓孩子無拘無束地遊玩以獲得具體的學習經驗。其實兒童在遊戲中，是不在意的，自由的、無拘無束的徜徉在所營造的世界裡，享受與人、玩物之間的互動，並從中獲得玩性（playfulness）的最大滿足。

在亞里士多德及柏拉圖（Aristole & Plato）等教育及哲學學者嘗試對兒童遊戲加以定義之後，心理學也提出對遊戲理論的論述、遊戲行為的定義，及分辨遊戲的特徵、遊戲的發展階段，以及遊戲與兒童發展的關係。

遊戲並不像其他心理學的研究變項，例如，智力、自我概念、動

| 理論 | 倡導者 | 遊戲目的 |
|------|--------|----------|
| 能量過剩論 | Schiller／Spencer | 消耗過剩的精力 |
| 休養、鬆弛論 | Lazarus／Patrick | 回復在工作中消耗的精力 |
| 重演論 | Hall／Gulick | 原始本能 |
| 本能—演練論 | Groos／McDougall | 爲日後成人生活所需準備 |

表 31-1　遊戲的古典理論

機、壓力等是屬於抽象性的構念（abstract constructs），遊戲可以直接被觀察及測量，因此，許多人便直接由觀察兒童遊戲中導出對兒童遊戲的定義。也因如此，遊戲的定義眾說紛云。我們可以從傳統和現代的遊戲理論，略窺其定義。

有關理論來解釋兒童爲何要遊戲，基本上有兩大類：一、傳統兒童遊戲理論；二、現代遊戲理論。

# 傳統兒童遊戲理論

兒童遊戲的傳統理論，起源於二十世紀初期，約在第一次世界大戰以前，又可稱爲古典遊戲理論，一共有四種：能量過剩論；休養、鬆弛論；重演論；本能—演練論。此四種理論及倡導者及對遊戲的解釋如表31-1所示。

這四種傳統的遊戲理論，其實又可分爲兩派：

1.能量過剩與休養、鬆弛論：將遊戲視爲能量的調節。
2.進化重演和本能練習論：把遊戲視爲人類的本能。

這些傳統的理論，並未將遊戲的定義解釋清楚，而且主要在解釋遊戲爲何存在及具有哪些目的。此外，這些傳統理論比較注重哲學思想，較不注重實驗結果。然而，這些傳統理論是現代遊戲理論的基石，茲分析如下：

## ・能量過剩論

　　將遊戲視為一種能量的調節，尤其是能量過多時，例如，個體在工作之餘仍有過多的精力可資運用時，遊戲活動即產生。Spencer解釋個體的能量是消耗在目標所導引的活動（工作）與沒有目標所導引的活動（遊戲）中。這種理論的缺點是無法解釋為何兒童在精疲力竭時，仍然還想要玩遊戲。

## ・休養、鬆弛論

　　為Lazarus所倡導。相對於能量過剩論，Lazarus認為單調工作做太久之後，需要用遊戲來調劑。此外，Lazarus又解釋工作會消耗能量，使能量不足，因此可以用睡眠或遊戲來補充。遊戲與工作不同，它是一種儲存能量的理想方式。Patrick（1916）辯稱遊戲以幫助個體讓疲乏的心理得到鬆弛。Patrick解釋現代人工作需要注意力高度集中，具抽象思考能力及精細的動作能力，因此較會引起工作壓力及神經失調症。這種症狀在古老社會較少發生。相對地，古老工作環境需要大量的肌肉活動，例如，跳、跑、丟等，而這些動作卻被現代人用來做運動及休閒之用。

## ・重演論

　　源於個體胚胎學，認為個體的發展過程中，種族發展的演化情形線。遊戲是複製或重演人類的進化史，正如同由低等動物屬種演化成高等動物屬種的過程。此理論由G. S. Hall所倡導，他認為遊戲是承襲老祖宗的本能。兒童遊戲的階段性則遵循著人類歷史的演進，並且是在演化中沒被淘汰而保留下來的。這種想法源自達爾文（Charles Darwin）的物競天擇（the origin of the species）。例如，兒童玩水是如原始祖先在海邊的活動；爬樹如同老祖先的猿猴；同儕遊戲如同原始部落民族的生活。此派理論認為遊戲的目的即是消除不應呈現於現代生活的原始本能。但是，此派理論的缺失是：它並不能解釋現代兒

童玩太空船、坦克、雷射槍、超人、金剛等，這些玩物並沒有在古代人的生活中發現。

## ・本能—演練論

此派觀點認為遊戲是個體練習和準備未來成年生活所需的技能，例如，幼兒扮家家酒，就是在練習其未來為人父母的技巧。Groos在1898年所出版的《動物的遊戲》（*The Play of Animals*）及1901年所出版的《人類的遊戲》（*The Play of Man*）二書中，認為遊戲不單只是為了消除原始本能，而是幫助兒童加強日後所需的本能。McDougall（1923）認為遊戲是由本能需求所衍生的活動，兒童藉由一種安全的方法來製造練習的機會，使這些本能更臻完善，以利日後成人生活所使用。

## 現代遊戲理論

現代遊戲理論不只是在解釋為什麼人要遊戲，而且嘗試定義：遊戲在兒童發展中的角色。此外，現代遊戲理論也指出遊戲在某些狀況下的前因後果。這些理論主要包括有心理分析論、認知論及其他一些特定的理論，大約在1920年代之後才陸續被發展出來。表31-2即是這些理論以及其在兒童發展的角色。

## ・心理分析論

最早由Sigmund Freud所倡導，認為遊戲是兒童人格型態與內在慾望的展現；遊戲可以平撫兒童受創情緒，發洩個體心理的焦慮，滿足其情緒的需要，忘卻不愉快的事件；遊戲可以讓兒童拋開現實情境，並將孩子從一被動的，不好經驗的角色中轉移；兒童透過複述和處理不愉快的經驗，淨化其情緒，有其心理治療的功能。Freud也解釋兒童的遊戲主要是受唯樂原則所管制，在遊戲中兒童達成其意願。例

| 理論 | 遊戲在兒童發展的角色 |
|---|---|
| **心理分析論**<br>佛洛依德（Freud）<br>艾蕾克遜（Erikson） | 調節受挫經驗<br>接觸內在的自我，以發展自我能力 |
| **認知論**<br>皮亞傑（Piaget）<br>維加斯基（Vygotsky）<br>布魯納及桑頓‧史密斯<br>（Brunner／Sutton-Smith） | 熟練並鞏固所學的技巧<br>由區別意義與實物來提增想像思考<br>在思考及行為上產生變通能力 |
| **其他特定理論**<br>柏藍（Berlyne）的警覺理論<br>貝蒂生（Bateson）的系統理論 | 增加刺激使個體保持最佳警覺程度<br>提昇瞭解各層面意義的溝通能力 |

**表 31-2　現代遊戲理論**

資料來源：摘自郭靜晃譯（1993），《兒童遊戲》。台北：揚智文化公司，頁8。

如，兒童玩太空人、賽車選手、護士或母親乃是表示其需求，藉由真實的遊戲以獲得滿足。Frend延伸佛洛依德的心理分析論，認為遊戲是一種自我的功能，在遊戲情境中讓個體接觸內在的自我，並藉以發現自己的能力。艾雷克遜將兒童的遊戲階段分為三個：自我觀（autocosmic）、微視觀（microcosmic）及鉅視觀（macrocosmic）。

1. 自我觀：自我的遊戲從出生之後即開始，主要是嬰幼兒的身體遊戲，包括個體肢體感覺、知覺的重複探索、發出聲音等。之後，嬰幼兒對其他的屬性（如玩物）產生興趣。
2. 微視觀：主要在於藉玩物及玩具的精化以舒展個體的自我需求。假如兒童在此階段不能有這樣的能力，個體可能有咬手指頭、做白日夢或自慰等行為出現。
3. 鉅視觀：大約是幼兒上幼稚園，可以和其他同儕一起玩時。兒童經由參與社會遊戲與單獨遊戲中學習（Erikson, 1950: 194）。

## ·認知論

　　主要由瑞士心理學家Jean Piaget和蘇俄心理學家L. S. Vygotsky所倡導。此學派認爲遊戲可以促進兒童的認知發展。依Piaget的看法，遊戲是個體對環境刺激的同化（assimilation），使現實符合自己原有的認知基模（cognitive scheme）的方式；換言之，遊戲的發生乃是個體在環境中處在一不平衡的狀態，而且是同化作用大於調適作用（accommodation，是調整個體的內在認知基模，以順應外在的環境）。因爲遊戲無所謂適應（adaptation），所以，兒童在遊戲中不用刻意學習新的技巧，然而他們可以透過遊戲去練習並鞏固最新的技巧，進而達到熟練的程度。此外，Piaget認爲由小孩的遊戲型態可看出其認知發展的能力。例如，兩歲的幼兒只能玩熟練性的功能遊戲（重複身體的動作），他們較少呈現想像、假裝、虛構或戲劇性的遊戲。至於Piaget的認知發展階段與兒童的遊戲的呈現型態，我們可參考表31-3。

| 階段 | 大概發展的時間間距 | 遊戲型態 |
|---|---|---|
| 知覺動作期 | | 感覺動作／熟練性遊戲 |
| 1.練習與天俱來的知覺動作基模 | 0～1月 | |
| 2.初級循環反應 | 1～4月 | |
| 3.次級循環反應 | 4～8月 | |
| 4.次級循環反應基模的統整 | 8～12月 | |
| 5.三級循環反應 | 12～18月 | |
| 6.透過心理組合以創造新方法 | 18～24月 | |
| 具體操作期 | | |
| 1.前操作的次階段 | 2～7歲 | 想像性／裝扮遊戲 |
| 2.具體操作的次階段 | 7～11歲 | 有規則的遊戲 |
| 3.形式操作期 | 11～15歲 | 有規則的遊戲 |

表31-3　Piaget的認知發展階段

除了皮亞傑外，其他的認知論者也提出對遊戲的不同解釋，他們的論點分別爲：

　　Vygotsky認爲遊戲可以直接促進兒童的認知發展。Vygotsky（1976）強調，在遊戲中，幼兒能實現眞實生活中所不能實現的慾望，遊戲即代表想像發展的開始。他表示幼童沒有抽象的思想，對他們而言，意義和實體是不可分的，兒童沒有看到具體事物便不了解它的意義。例如，幼兒沒有看過老虎，就不知道老虎的意思。直到三至四歲開始進入想像遊戲期，他們開始利用物品（例如木棍）來代替某些東西（如馬）。此時，意義才開始與實體分離。此時的代替物（木棍）就像個樞軸能讓意義由實物中被分別出來。如此一來，兒童才能具有表徵想像的能力，以區別意義與實體。因此幼兒遊戲是發展未來抽象思考能力的必經過程，遊戲被視爲一種創造思想的行爲，是兒童未來創造力及變通能力的基石。

　　此外，Brunner根據認知的適應架構，認爲：遊戲是行爲變化的來源（Rubin, Fein & Vandenberg, 1983）。他甚至認爲遊戲的方法及過程比遊戲結果來得重要。在遊戲當中，孩子不用擔心目標是否達成，這使他們可用新奇的、不尋常的行爲來玩，例如，孩子一旦學會溜滑梯後，即會改變不同姿勢滑下來；如果爲了達到目標而有壓力，那他們便不要玩遊戲了。兒童從遊戲中嘗試很多新的行爲及玩的方法，以便日後應用到實際生活情境中，進而解決生活上的問題。換言之，遊戲增加兒童行爲的自由度及助長其變通能力。

　　Sutton-Smith認爲「假裝是……」（as if it were......），遊戲是一種象徵性的轉換，可幫助兒童打破傳統心理聯想而增加新想法，可利用新奇的、不尋常的方法來遊戲，可幫助其達到未來成長爲成人適應生活的目的。

## ・特定的理論

　　D. E. Berlyne從生物觀點來做解釋，根據行爲的學習理論，提出遊戲的警覺理論（arousal modulation theory），他把遊戲、好奇、創新

等行為以一個系統的觀點來探討：根據Berlyne的警覺理論，個體的中樞神經系統經常需要適當的刺激，如果刺激過多（例如，玩過多新奇事物），則必須要減少刺激的活動，以達到恆定（homeostasis）。遊戲即是一種尋求刺激的行為，當刺激不夠，警覺程度提高，遊戲開始，反之，個體增加了刺激，並降低警覺程度，遊戲則停止。

　　Bateson的遊戲理論則強調遊戲的溝通系統，兒童在遊戲的互動過程中，需維持著「這是遊戲」的溝通訊息，並且交替協調其角色、物體和活動在遊戲中的意義，及在真實生活中的意義。因此，遊戲是矛盾的，遊戲中所有的活動並不代表真實生活的活動，所以遊戲中孩子打架的行為與真實打架的行為是不相同。唯在遊戲之前，兒童瞭解遊戲的組織或脈絡關係（contexts），才能確信兒童在遊戲中時都知道會發生什麼情況，且知道這是假裝的而不是真實的。所以兒童在玩粗野嬉鬧（rough and tumble play）遊戲時，常常是在大笑或微笑的情形下進行。如果這種組織或脈絡關係沒有建立，那麼兒童會把遊戲行為（例如，嘲笑、打架）解成為真實生活中的攻擊行為。當孩子遊戲時，必須同時操作兩種層面：一、遊戲中的意義。兒童融入所扮演的角色並著重於假裝的活動和物體；二、真實生活中的意義。兒童同時要知道自己的角色、真實的身分，其他人的角色及身分，還有遊戲所使用的東西及活動物體在真實生活裡的意思。

　　Bateson的理論促使後繼研究者對兒童遊戲溝通訊息的注意，例如，加維（Garvey）即研究兒童所用來建立、維持及傳輸的訊息，並對兒童遊戲中所使用的對話加以研究，特別是兒童參與戲劇遊戲的主題（text/context）。此外，Fein及其同事調查兒童在虛構遊戲中所使用表徵的轉移情形。

　　以上現代遊戲理論可藉理論的解釋、可信度及實徵研究支持來幫助我們更瞭解遊戲。事實上，遊戲容易觀察及測量，我們也都清楚如何來玩遊戲，卻不易給予定義，因而，有些學者認為遊戲太難下定義，所以不值得研究。幸而，仍有人繼續不斷地研究，使我們除瞭解

| 特徵 | 表現 |
|------|------|
| 表現歡樂 | 笑聲、表現快樂和享受 |
| 幽默感 | 欣賞喜劇事件、對有趣情況、輕微的嘲弄有所察覺 |
| 身體自發性 | 充滿活力、全部或部份身體的協調 |
| 認知自發性 | 想像、創造及思考的彈性 |
| 社會自發性的能力 | 與別人相處和進出團體 |

表 31-4　Lieberman 的玩性五種構念

遊戲之外，還能加以分析遊戲的特徵。例如，Lieberman（1977）將遊戲視為內人格特質的向度之一，將遊戲定義為：玩性（playfulness），並視身體自發性、社會自發性、認知的自發性、喜怒的控制及幽默感等五種構念，是兒童藉以表現遊戲行為的人格層面，亦為遊戲的特徵。（如表31-4）

　　遊戲的定義隨著兒童發展與兒童教育的重視，在1970年代之後，有關兒童遊戲的研究急遽增加，綜合心理學的文獻中有關遊戲行為，可以定義為八項，茲分述如下：

1.遊戲是一種轉介行為，無固定模式，亦不能由外在行為或定義來區分。在兒童的遊戲架構中，內在的現實超越了外在的現實，例如，好像、假裝（as if）遊戲，可讓幼童脫離此時地的限制。例如，我手上的杯子，我在遊戲中把它當成太空船，它就是太空船。

2.遊戲出自內在動機：遊戲並不受外在驅力如飢餓所控制，也不受目標如權力及財富所激發。遊戲本質上是自動自發、自我產生的，並無外在的目的及行為。

3.遊戲是重過程、方式而輕目的和結果：遊戲的方式、情境和玩物可隨時改變，其目的並不是一成不變，而是常變通的。例如，小朋友玩溜滑梯的方式可以很多。

4. 遊戲是自由選擇的，而不是被分派或指定的。King（1979）發現幼稚園兒童認爲玩積木時，如果是自己所選擇的，那就是遊戲；如果是老師分派或指定的，那就變成工作。因爲可能父母或老師覺得好玩的，小朋友並不覺得好玩。

5. 遊戲具有正向的情感：遊戲通常被認爲就是歡笑、愉悅及快樂。即便並非如此，幼兒仍然認爲其極好而予以重視（Garvey, 1977）。有時候，遊戲會伴隨著憂慮、緊張、不安或是一些恐懼，例如，坐雲霄飛車，或從陡峻的滑梯溜下來，但孩子還是一遍又一遍地玩（Rubin, Fein & Vandenberg, 1983）。

6. 遊戲是主動的參與而且是動態的：被動的或消極的旁觀行爲、無所事事的行爲不算是遊戲。因此看電視或觀看運動比賽均不算是遊戲，唯有主動參與活動才算是遊戲（張欣戊，1989）。

7. 遊戲著重自我，旨在創造刺激，不同於探索行爲旨獲得訊息：兒童在遊戲中強調「我可以用這物體來做什麼」而探索則強調「這物體是做什麼用的」（Hutt, 1971: 246）。一般而言，探索行爲在前，先瞭解陌生的物品，當個體對物品熟悉之後，即開始遊戲。

8. 綜合上述心理學者對遊戲的定義，遊戲是強調內在動機、自發性、自由選擇、正性的情感、創造刺激及主動參與及內人格特質的向度。

# 遊戲的功能

至於遊戲的功能爲何？最好的解釋是回顧到相關遊戲的理論去找尋，不論是古典理論——精力及能量的調節，或是人類本能及本能的練習；或從現代理論——調節受挫經驗、個人內在特質、思考的變通

或是刺激個人之警覺狀態等。個人綜合歸納這些理論認為遊戲的功能有四個：實驗（研究或探索）、治療、生活技能的練習、休閒。茲分述如下：

## 實驗

兒童遊戲代表觀察、發現、探究、探索、研究等。當兒童專注於某個遊戲時，他是全身專注的。所以，兒童的遊戲是一種專精的遊戲，兒童必須要用遊戲的方式去瞭解其週遭的環境。所以說來，任何物品都可能是兒童用來探索、觀察、實驗及掌握的，因此，任何玩物最好皆能帶給兒童有正面的功能，尤其是具教育性。

## 治療

遊戲可痊癒孩子的痛苦、壓力及無聊。許多自發性的兒童遊戲皆有其功能。例如，狂野嬉鬧的遊戲（rough-and-tumble play）就是此類遊戲功能的最佳代表。我們可常看到有一些孩子（男孩居多），當他們無聊或有壓力時常會玩一些類似打架的遊戲，但他們不是真正打架（他們也知道是遊戲）。此時一些動作的展現或笑聲就是紓解壓力的最好樞紐。或者當孩子被大人罵了而有了挫折感，他們可透過玩家家酒的遊戲來紓解心中的情緒或壓力。

## 生活技能的演練

隨著孩子年齡的成長，其身體運動技能的成熟，也使孩子增加一些身體的自主性。但是孩子需要機會去練習這些能力，以便能「熟能生巧」，而遊戲便是提供這種練習的最佳機會，如果父母予以禁止，將影響孩子本身體能的發展性。遊戲可以使人掌控技能（mastery of skills），尤其是日常生活中必備的技巧，我們稱為能力

（competence）。例如，蒙特梭利的日常生活的工作就是給予孩子對其熟悉的環境所要求的技能能透過不斷練習而獲得掌控的能力。

## 休閒

這種功能最簡單不過了，就是好玩、高興。遊戲是自由、內在動機的、好玩的。但要依遊戲者的立場來考量，這也是我們成人要反省的。例如，某位媽媽排了好久的隊伍為其兒子報上才藝夏令營，營中準備好多才藝活動練習，這位兒子上了一星期之後，覺得還是看電視、打電玩最為快樂。於是拒絕再去上才藝夏令營，這位媽媽很生氣孩子不聽話，也抱怨為何這麼好玩的活動，為何孩子不參加呢？父母都是抱著很緊張的心態來看待孩子的學習，有的媽媽看到孩子不專心學習，會敲孩子的頭說：「你知道這一堂課多少錢嗎？為什麼不好好學呢？」試問這是以誰的立場來考量，孩子？還是媽媽？

一個好的自發性的遊戲，我們甚少看到孩子繃著臉或不高興。相反地，他們卻是情緒高亢、精神高昂而神情愉快的。

# 遊戲vs.教育

「業精於勤，荒於嬉」一直是我們傳統上教育兒童的觀念，此種觀念也與基督教教義中的工作倫理精神——人唯有在工作完成之後才能遊戲，遊戲更是我們因工作有所得之後，才允許有的。就這種觀點，自然而然對「遊」、「玩」、「戲」抱持負面的評價居多，所以一般人對兒童遊戲不是抱著一種不得不忍受的態度，就是想盡辦法排除或壓抑這種活動。

在歷史上，給予遊戲正面評價，大約始於十八世紀的盧梭（Rousseau）。浪漫傾向的盧梭把遊戲視為原始高貴情操的源頭與表

現。他更認為兒童皆盡情發揮這種天性。繼承了盧梭對遊戲的肯定，十九世紀末期的幼稚園教育創始人福祿貝爾（Frobel）及稍後的蒙特梭（Montessori）也皆大力提倡遊戲。不過他們對遊戲，在精神上到底不同於盧梭的浪漫主義。盧梭是鼓勵兒童發揮遊戲的天性，而福氏與蒙氏則有意藉遊戲達到教育的目的。

教育（education）古老的定義：「透過外在的操弄而產生對學習者的改變」（Thorndike, 1913: 1）。其實，教育可能使用到許多意義，其實它就是指改變（Change）。因為每一個人受到教育他必然產生不同或改變的事實；沒有一個人受過教育仍然和以前一樣。所以，在此我們所要瞭解教育是否和遊戲一樣有相同的功能。Dewey（1938: 25）在描述「教育──提供學生有用的知識」與「知識的獲得」之間的關係。杜威主張「所有真正的教育都是由經驗而來的」。但是他也提出警告：「並非所有的經驗皆真正的或同等的具有教育性。」（引自林清山，1990：8）

喜愛遊戲是兒童的天性，對兒童來說，遊戲是一種學習、活動、適應、生活或工作。而由於遊戲是兒童基於內在動機的選擇，是兒童主動參與、沒有固定模式的外顯行為，因此，孩子在玩遊戲時總是充滿了笑聲，歡欣溢於言表，更是百玩不厭。

我們常常看到兒童一玩起來就十分帶勁，玩再久也不會厭煩，不會喊累，難怪有人說「遊戲是兒童的第二生命」。至於在兒童的眼中，遊戲到底是一種學習，還是一種工作，他們是不在意的，他們只是自由的、無拘無束的徜徉在他們營造的世界、幻想的世界裡，享受與人、玩物之間的互動，從中獲得玩性（playfulness）的最大滿足。

從發展的觀點來看，個體會隨著年齡的增長而產生身心（例如，認知、人格、社會、情緒等）方面的成長與變化。將發展觀點應用到遊戲，兒童會因年齡的成長而逐漸成熟，其遊戲行為的結構也會有所改變。從這些改變歷程中，我們可以發現嬰幼兒從身體、動作及知覺的發展，到幼兒語言、邏輯及智能操作的提增，到學齡兒童的認知具

體操作、社會發展、問題解決能力及策略謀略能力到青少年的抽象思考／推理、獨立生活技巧及適應新科技的發明。所以，成人要幫助兒童從遊戲中獲得最佳益處，我們必須要加以思考兒童的特定年齡的發展概況及發展的下一個步驟為何。最重要的，我們必須瞭解遊戲發展的最重要轉機及幫助孩子去超越現有的限制，進而提昇遊戲的功能。此外，我們還需要面對整個環境有所瞭解，要敏感於不同遊戲行為的影響，才能為孩子提供最佳的環境以提昇孩子的遊戲行為，進而達到學習或教育的目標。

反觀國內的教育環境強調升學及學業表現為唯一的成就取向，成績評量又以規式化的考試為主，教學內容僵化、教材一元化而缺乏彈性、教師普遍較重視記憶和背誦、而常忽略操作與實驗的重要性。我曾被自己小孩的問題問倒，他問我：「冰箱幾度？」，我答不出來，他便告訴我正確答案是五度，因為老師說的、課本講的。其實他只要自己量量看就會知道，但現在的教育總是很快地告訴學生許多他不明白的知識，而忽略自己動手做實驗的重要性。加上整個教學方法不夠新穎，以致無法吸引學生對上課的興趣或對課程的好奇；另外，台灣目前的學校大多仍採大班制的教學方式，如此老師無法顧及到每個學生的個別發展與需求，而學生缺乏討論與發表意見的機會，大多是老師在講台上做單向式的知識傳輸，缺乏與學生的雙向溝通與互動，形成老師與學生的疏離，相對地減低學生的學習動機。雖然我們的教育強調五育並重，但是在升學的壓力下，教師多只注重學生的智育成績，對於德育、群育、體育、美育常是擱置一旁，學生只能一味地埋首於書本之中，而缺乏培養其他興趣與才藝的機會，無法開發其潛在的能力，造成其身心失衡、發展受阻。

在教育的單軌制度下，同學與同學之間常因升學的競爭壓力，而只著重於學業成績的追求，缺乏團隊合作的精神與互助分享的機會，使得學生多以自我為中心，自私冷漠、不關心別人、人際關係受到影響；而有些學生無法獲得以學業為標準的成就感，導致對學習沒有興

趣。以上種種負面影響，讓上課變成一種壓力與負擔，學生無法從中學習的樂趣，此誠是台灣教育的問題所在。

就上述的討論中，吾人可發現遊戲與教育的定義雖有不同，但其功能是相對的；相反地，他們也可以相輔相成。教育的本質為達到行為的改變，其主要是透過「外在操作」的媒介。教育學習的歷程可以是愉悅、互動的、探索的、甚至是減除無聊或壓力的，可以用遊戲的方式來達成；也可以是迎合權威的規範（通常是老師）以達到認同（identification）的目的。這種歷程前者稱為遊戲，後者稱為工作。所以教育是否能像遊戲那樣讓人神情愉快、為之嚮往，或讓人從中獲得最大玩性（其要素為表現歡樂、幽默感、身體自發性、認知自發性及社會自發性）的滿足，端看教育的歷程及目標。如果教育的目標是達到成人所認同的規範，而忽略孩子成長的能力及需求；知識獲得是透過大人權威採取記憶背誦的歷程，而不是以實驗、探索操作過程去獲得知識，甚至於成人的角色是知識提供者，孩子是知識的獲得者，而不是以孩子為學習的主宰，成人只是以輔助兒童學習的角色；那麼學習過程就產生壓力，甚至不會產生自發性的學習動機，因為此種行為一點也不好玩。

針對上述的問題困境，如何提增我們目前學校教育的功能以達到寓教於樂的學習過程，個人認為：

1. 教育理念與哲學應拋棄本質主義（essentialism）而採取實驗取向（experimental orientation），讓知識的獲得是透過主動的探索、觀察、互動過程去建構知識。

2. 掌握學習者的自我建構（self-constructivism），知識的獲得是靠兒童本身，而相關課程設計應配合孩子的發展能力（age-appropriateness），最好能超越孩子能力層次一點，讓孩子有些挑戰並從中獲得成功的經驗。課程設計不能超越孩子能力太多，孩子常受到挫折易造成學習的無助感（learned

helplessness）；相反的，如果過於簡單，孩子又很快失去興趣
與學習動機。

3. 成人的角色宜以輔助孩子學習爲圭臬，而不是以只會一味要求
及展現權威的角色，如此一來，孩子較會有自發性的學習行
爲。

4. 掌握學習中的玩性（playfulness），遊戲的內在本質是幽默、歡
樂及自發性，因此學習情境應該是免除壓力（free of stress）。

# 結語

今日欣逢又一中國人朱隸文博士獲得諾貝爾（物理）獎，中研院
院長（同時也是諾貝爾獲獎人）李遠哲博士除了恭賀與高興之外，也
很感慨指出朱博士是道地在美國出生、在美國接受教育、在美國工作
的中國人，如果他是同樣的情形，在台灣接受教育，那結果又會如
何？李院長也認爲台灣教育不是訓練科學家思考、好奇、操作、探
索、實驗（也就是遊戲的主要功能之一）的地方，只是一味地填鴨知
識，儘量讓兒童很快獲得知識。這種只重結果而忽略過程的教育方
法，也如同艾肯博士（David Elkind）所稱的揠苗助長的教育
（miseducation）：成人只注重知識的結果，而忽略建構知識的過程。

教育的功能及目標旨在造成行爲的改變，而行爲改變的歷程及方
式可以選擇有壓力的工作，也可以選擇免除壓力的遊戲。達成教育遊
戲化，遊戲教育化之目標，我們必先要瞭解遊戲的定義及功能及外在
環境（家庭、學校、社會）該做什麼配合？並迎合孩子的需求及發展
層次，掌握實驗主義的老師角色知識建構原則，那麼我們的教育可以
又達成正向改變行爲之意旨，及讓孩子從中獲得最大的玩性滿足。如
此一來，我們的教育才會好玩，同時讓孩子達到很好的學習效果。

# 參考書目

## 中文部分

吳美雲等（1978），《中國童玩再集》。台北：漢聲雜誌社。

林清山譯（1993），《教育心理學：認知取向》。台北：遠流出版社。

張欣戊等（1989），《發展心理學》。台北：空大出版。

郭靜晃譯（1993），《兒童遊戲》。台北：揚智文化公司。

詹棟樑（1979），從兒童人類的觀點看兒童教育，載於中國教育學會
　　主編：《兒童教育研究》，頁59～86。台北：幼獅書局。

## 英文部分

Boehm, B. (1989). *Toys and games to learn by psychology today,* pp. 62~64.

Erikson, E. (1950). *Childhood and society.* New York: Norton.

Fortes, M. (1970). Social and psychological aspects of education in Taleland, In J. Middleton (Ed.), *From child to adult:Studies in the anthropology of education,* pp. 14~74. Austin, Tx: University of Texas Press.

Hutt, C. (1971). Exploration and play in children. In R. E. Herron & B. Sutton-Smith (Eds.), *Child's play,* pp. 231~251. New York: Wiley.

King, N. R. (1979). Play: The kingergarteners' perspective. *Elementary School Journal, (*80), pp. 81~87.

Kuo, J. H. (1988). A mutidimensional analysis of quality of

communication and well-being in families with adolescents: A cross-sectional and longitudinal comparison. (doctoral dissertation, OSU). *Dissertation Abstracts International*, 49.

Lieberman, J. N. (1977). *Playfulness: Its relationship to imagiantion and creativety*. New York: Academic Press.

Mitchell, E. D. (1937). *The theory of play*. Boltimore: Peuguin Books.

Patrick, G. T. W. (1916). *The psychology of relations*. New York: Houghton-Mifflin.

Rubin, K. H., Fein, G. G., & Vandenberg, B. (1983). Play In P. H. Mussen (Ed.), *Handbook of child psychology: Socialization, personality and social development*. (Vol. 4), (4th ed., pp. 695~774). New York: Wiley.

Schwartzman, H. B. (1976). The anthropological study of children's play. *Annual Review of Anthropology*, 5, pp. 289~328.

Thorndike, E. L. (1913). *Educational psychology*. New York: Columbia University Press.

Vygotsky, L. S. (1976). Play and its role in the mental development of the child. In J.S. Bruner, A. Jolly, & K. Sylva (Eds.), *Play: Its role in development and evolution*, pp. 537~554.

# 32. 你是男生還是女生？

＊爸爸是男生，媽媽是女生
＊愛打人的女孩「兇得跟男生一樣」
＊先天還是後天
＊我有，你沒有

「我們班的男生好討厭，都喜歡掀女生的裙子」，一個幼稚園的小女生噘著嘴抱怨著，問她何不著褲裝上學，她說不要：女生都是要穿裙子的。

「我家小寶怎麼老喜歡玩自己的鳥鳥，有沒有問題啊？」一位家長看起來頗憂心的。

「我家阿弟老是吵著要跟媽媽一起洗澡，真是煩死了！」一位媽媽說。

# 爸爸是男生，媽媽是女生

在幼兒小小的腦袋中，「性」到底意味著什麼呢？

在發展上，自我概念的建立是幼兒期中一個最主要的任務。幼兒要慢慢的瞭解自己，並且透過人己互動來瞭解整個世界，換句話說，幼兒的主要任務就是要對自己的生理、心理建立起自我的形象，而生理的自我形象包括：性別、外表等，通常比心理的自我形象要早形成。因此，幼兒時期的性別認同就顯得格外重要。

所謂性別認同，是指幼兒對自己是男孩或女孩的瞭解與接受。一般幼兒在兩歲左右已有能力區別男孩或女孩，但要到三歲、三歲半時才能明瞭自己是男生還是女生。湯氏（Thompson）在1975年的研究曾以男生、女生的照片出示給兩歲、兩歲半、三歲等不同年齡的幼兒看，結果兩歲的孩子大都能指出何者是男生、何者是女生，但是三歲孩子才能說出自己是男生（女生），和照片上的男生（女生）是一樣的。柯爾保（Kohlberg）在1966年的研究也曾發現兩歲半或三歲的男孩才能瞭解自己是男生，不過這個階段的幼兒仍缺乏對性別恆常性的瞭解；也就是說，他們知道自己是男生，媽媽是女生，但是他們無法瞭解自己長大後為什麼不能當媽媽。一般來說，這種性別恆常性的瞭解能力要到幼兒六、七歲時才能具備，此時幼兒才能瞭解並接受自己

是男生，長大後不可能變成女生的事實。

　　至於幼兒是以什麼標準來區辨男生或女生的？研究顯示，幼兒先是以外表的髮型、衣著等來判斷！短髮、沒有穿裙子的是男生；著高跟鞋、蓄長髮的是女生。之後，隨著年齡的增長，幼兒會發現就算衣著、打扮皆相同，男女仍有生理上的差異：爸爸有鳥鳥，爸爸是男生；我也有鳥鳥，我也是男生；媽媽沒有，媽媽是女生。

# 愛打人的女孩「兇得跟男生一樣」

　　當幼兒學習到男女外表、生理上的差異之後，他們會認知到男女所做的事也不盡相同，警察都是「伯伯」，而護士都是「阿姨」。他們也同時發現即使兒童的玩具、遊戲亦是男女有別，而愛哭的男孩子會被說成「跟女生一樣」，愛打人的女孩子是「兇得跟男生一樣」。也就是說，幼兒開始學習到性別角色，這在幼兒自我概念的建立上亦是極為重要的一項。

　　所謂性別角色，就是社會依其文化、價值觀等所訂定或接受的男、女生應有的行為、態度規範。

　　達氏（Damon）在1977年曾分別問四到七歲的幼兒：「小明是男生，他喜歡玩洋娃娃、辦家家酒，你認為怎樣？」結果大部分六歲以前的小朋友都說小明的行為不對，他們是男生，不應該玩洋娃娃或那種遊戲，甚至還有小朋友認為小明應該為此而受到處罰。

　　學者專家發現兩歲幼兒已有了性別角色刻板化的行為，六歲以前的幼兒其刻板化程度隨年齡的增高而漸趨嚴格，在幼稚園階段達到高峰，六歲以後則反而較不堅持、較有彈性了。

　　每一個嬰兒，不論男嬰或女嬰，生下來時都是同樣的無知、無助與純白無瑕，為何長大後發展出差異如此大的性別角色呢？而同性之間的性別角色刻板化程度又為何有差異產生呢？

# 先天還是後天

　　有的學者主張是先天遺傳的生理因素所造成的，也有的認為是後天學習的結果，至今仍未有定論。不過心理學雖承認生理因素有可能造成行為上的差異，但卻更強調後天的環境因素。

　　主張先天遺傳因素為重的學者認為，嬰兒出生時即有不同的性情（temperament），男嬰比女嬰活動性高。有學者更進一步指出是雄性激素使公猴及男孩在遊戲中表現得較為粗野的。

　　但是有學者認為生長激素雖然會造成行為上的差異，但後天的教養態度及成長經驗才是造成男女不同行為的主因。學者莫尼（Money）及其同僚的研究最令人矚目，他們研究一對男性雙胞胎，其中的一個在嬰兒時期因手術的不當而遭去勢，其父母聽從專家的意見將男嬰當做女嬰來教養，迨其成長至青春期時施以變性手術，結果此原為男嬰、擁有男性基因的孩子卻成長為適應良好的女孩子，具有許多女性的刻板行為，而另一個同時出生的男嬰卻一路成長為典型的男孩子。

　　莫尼因此指出：父母從嬰兒時期將孩子認同為男孩或女孩，並教其男、女的適當行為，將有助於其子女性別認同的發展及性別角色的習得。換句話說，父母後天的教養態度在孩子的各項發展上占舉足輕重的角色。

　　莫尼更發現三歲以前是孩子發展性別認同的關鍵期。三歲以前，父母教導兒童所認同的性別，不論相同或相異於其生理基因上的性別，幼童都能對性別認同。倘若三歲時幼兒的性別認同尚未能發展完成，則以後無論在性別認同或性別角色的發展上都可能遭遇困難。

　　其實許多父母也都瞭解到性別角色的重要，在孩子出生時即以家具、衣服、玩具等來幫助嬰兒認同一種性別，例如，給男嬰穿藍色、女嬰穿粉紅色的衣物；給男孩買車、買槍，而給女孩買洋娃娃、烹飪玩具。這種分化隨著孩子年齡的增加愈趨明顯，且不僅在器物的購置

上有這種傾向，在行為的養成上亦是如此，鼓勵男孩子攀爬、冒險、宣洩、勇敢，卻要女孩子文靜、順服、含蓄。

# 我有，你沒有

因此幼兒期，也就是學齡前的階段，與「性」有關的發展十分重要。精神分析學派宗師佛洛依德（S. Freud）認為幼稚園兒童正處於性慾期，孩子的精力會環繞在與性有關的主題上，其「性力」（libidinal energy）開始集中於性器官的玩弄，他們可以透過注視、撫摸、玩弄自己的身體而體驗到快感、男童還常因「我有，你沒有」而頗自豪。

在發展上既然是如此，孩子又天生具有好奇心，因此掀女生裙子，玩弄自己的性器官等等的行為也就不足為怪了。父母不妨以平常心來看待子女那些如撫摸性器官、互掀衣裙、喜探究別人身體令成人覺得尷尬的行為，僅須不著痕跡的轉移孩童的注意力往其他事物上即可，切不可以斥責、羞辱、鞭打或恐嚇孩子，讓孩子種下對性的不正確看法。

父母、家人是幼兒學習性別角色、性別認同的首要對象，提供給幼兒學習的必須是一個好的模式，幼兒在身教、言教之下，成長為身心健全的個人方才指日可期。

現代社會變遷的快速是眾人有目共睹的，現今尚小的幼兒，要去適應的是未來的世界，因此在引導子女各方面的發展，包括性別角色的學習時，最好不要太宥於傳統，何妨多點彈性，以培養孩子的獨立思考、自主的能力為主，讓他們在未來的世界裡，也能如魚得水。

# 33. 如何與嬰兒分享玩具書

＊何謂圖畫書
＊圖畫書與兒童發展的關係
＊選擇圖畫書的原則
＊適合嬰幼兒的圖畫書
＊如何與嬰幼兒分享圖畫書

# 何謂圖畫書

所謂圖畫書，以最簡單的一句話來說，即以圖畫為主、文字為輔的書籍。由封面、內頁至封底，它的文字可能非常少，甚至於只有圖畫而沒有文字。

# 圖畫書與兒童發展的關係

圖畫書對兒童來說，具有其存在的價值及重要性。較之成人書籍強烈的認知、娛樂、教育性，兒童圖畫書則屬於多功能的書籍，其功能分述如下：

## ・語文的功能

兒童的圖畫書透過作者的筆鋒，呈現出來的文字完整且具有美感。孩子藉由這些書籍，可接觸另一種語言的呈現方式，進而學習字彙、文句與說話。

另外，經由大人的解說，可培養小孩傾聽的能力及專注力，有助於孩子將來更容易接受正式的學校教育。

## ・認知的功能

孩子的生活空間狹窄，所接觸的人事物極少。而書籍在此時便扮演了重要的角色，它可以擴展孩子的認知與學習層面。

圖畫書中的圖畫是抽象的，它可以帶領孩子，與實際的事物作聯絡，並作反覆的練習，使孩子的認知達另一境界。

## ・娛樂的價值

書籍是孩子快樂的泉源。其實,為孩子選擇書籍,教育性並非必備的條件,能為孩子帶來快樂才是最重要的。

## ・美感的教育

每個孩子在接觸藝術以前,腦中都是一片空白的。他們通常先認識圖,而後才認識語文。

但至目前為止,尚無任何一個理論基礎或研究架構來支持「什麼方式或圖畫的呈現較適合孩子」。因此,父母無需擅自為孩子擇取,僅需提供孩子多樣式的資訊即可。

以上乃一般圖畫書具備的功能,但並非每一本書皆具備上述功能。其中對年紀小的嬰幼兒來說,娛樂性的功能是最重要的,知識性的功能易使孩子感到枯燥,而多樣化的功能則是最適合孩子的。

在孩子未識事以前,通常必須透過圖畫與父母溝通,它可能成為孩子最好的伴侶與精神糧食。因此,圖畫書對孩子的生活尚有以下的功能:

## ・激發基本能力

孩子對所見事物的焦點與大人是不一定相同的,因此,多給予圖畫書,可協助孩子培養觀察力、增加想像力及創作能力,而書中的知識,則可增強孩子解決問題的能力。

## ・發展健全人格與培養生活習慣

有些教導孩子生活習慣的書籍,可讓孩子學習正確的生活習慣,培養獨立的能力。與心理成長相關的書籍,則可協助父母解決兒童經常發生的心理異常現象。

## ・親子互動的橋樑

有些父母不知該如何與孩子相處,而藉由圖畫書,父母可觀察孩子的表現及學習能力,孩子也可藉由書籍發洩情緒,在這些互動的過

程中，可增強親子間的關係。

# 選擇圖書書的原則

## ·經久耐用
　　為配合嬰幼兒發展及安全上的顧慮，玩具書的選擇應是耐摔、耐咬、耐撕、可以清洗、安全性高者。

## ·質地輕巧、大小適中
　　孩子的臂力及手腳協調能力有限，因此書籍重量不可太重，適當的體積則可方便孩子抓握。

## ·色彩鮮明但不複雜
　　在嬰幼兒視力未發展完全以前，色彩的選擇應單一而鮮艷，才能引起嬰幼兒的注意。

## ·畫面單一、線條簡單
　　圖畫書中的圖畫愈大愈好，單一、清晰可讓孩子看得更清楚。

## ·內容以生活周遭事物為主
　　如此可增加孩子的親切感，並提高趣味性與認知性。

# 適合嬰幼兒的圖畫書

　　「孩子什麼時候可以開始看書？」這是許多父母的共同疑問。其實，孩子在出生後就可以開始「接觸」書，特殊材質與功能的書籍及

父母的表達方式，皆可協助孩子接觸書中的內容。

　　所謂「玩具書」，它的定義即可以看、可以玩的書，適宜學齡前的嬰幼兒使用。至於選擇方式，父母應先瞭解孩子的發展階段，配合其發展程度來擇取，以下便介紹適合各年齡層的圖畫書，供父母參考。

## ・零至三個月

　　此時嬰兒無法坐或取握物品，僅能仰臥或俯臥，視覺發育也未完成。因此，具強烈對比的顏色、具五官的人或動物的畫面，較容易引起孩子的興趣。

　　能直立並放在床邊的塑膠書，可協助孩子脖子的挺立。鮮麗對比的色彩可刺激孩子視覺的發展。

## ・三至六個月

　　此時期的寶寶常以口來探索事物，父母選擇圖書應注意色彩對比、安全性高、可咬、可玩，塑膠書、布書皆宜，操作性書籍則可訓練孩子小肌肉的發展及手眼協調的能力。

## ・七至九個月

　　此時寶寶已具抓握能力、會爬、會翻書且具自主能力，父母應給予寶寶大小適中的書，宜寶寶自行翻閱，硬紙板書在這個時期是很適宜的。

## ・九至十二個月

　　寶寶在此時已會站、會走或扶著走，因此，可拖拉邊走邊看的學步書、刺激五官的感官操作書、音樂書，富趣味性、變化性的書都很適宜寶寶觀看。

## ・一至二歲

　　此時父母應配合孩子的發展，選擇符合孩子生活經驗的書籍，藉

以建立孩子的生活習慣，能加強其發展、促進心理成長的書，例如，生活類、幻想類、認知類、無字圖畫書皆很適宜。

# 如何與嬰幼兒分享圖畫書

## 共讀前應有的觀念

1. 因孩子的專注力差，父母應先接受孩子「玩書」的行為。
2. 孩子專注力差，父母為增加其注意力，應採「時間短、次數多」的原則，且應懂得掌握時機，如多利用睡前，以增強效果。
3. 因這個時期孩子的表達能力仍不夠，父母應允許孩子充分表達他的感受。

## 共讀時的策略與技巧

一至二歲的孩子，父母與寶寶共同看書時可遵循以下的步驟：

1. 引起孩子對書籍的注意力。
2. 對孩子提出開放性的問題。
3. 耐心等待孩子回答，若孩子未回答，父母可協助他。
4. 先認同孩子的回答，倘若孩子的答案錯誤，父母應舉出錯誤與正確答案兩者的特徵與差異，並重複告知正確答案。

父母與二歲以上的孩子共讀時應注意事項：

1. 勿將看書視為家庭作業，以減少孩子的壓力。

2.選擇的題材應考慮其年齡、興趣與發展。

3.選擇適當的時機。

父母與二歲以上孩子共讀時的原則：

1.依孩子的能力，用自己的話來說明書中的內容。

2.加入適當的手勢與表情。

3.聲音是最重要的，但非怪腔怪調，音調應適合並有高低。

4.一次看完一本書，勿分段，以免孩子忘記前情。

5.耐心為孩子重複閱讀。

6.勿給予孩子太多的壓力，最好以對談方式進行。

# 34. 童話的魅力

＊好的童話講究事理的邏輯性
＊「童話」能帶給孩子些什麼？童話
　可增加孩子的自我概念
＊孩子從童話中學習良好的道德規範
＊童話有助於孩子學習解決問題的能
　力
＊童話幫助孩子學習關愛別人
＊如何使用「童話」？選擇你最喜愛
　的故事講給孩子聽
＊讓孩子自由表達對故事的感覺
＊讓孩子享受扮演的樂趣
＊童話的魅力可啓迪孩子的思想

美國兒童讀物研究專家狄奧雷曾為「童話」下了一個定義：「童話所呈現的是一個既傳奇又完美的幻想世界。在這個世界裡，沒有明確的時空限制，因此童話故事的開端往往也就沒有確切的時間和地點。它可以是一個不合邏輯的世界，也可以把沒有生命的東西變成有思想、有情感的生命（即擬人化）來表達，或者用人的觀念意識表現各種活動及生命型態。」

# 好的童話講究事理的邏輯性

或許有人會認為，童話就是幻想，創作時大可以不受自然規律的限制，事實上這種想法是不正確的。因為童話固然是由虛構的幻想內容編成故事，但是好的童話讓人讀了覺得合情合理。雖然童話中的情節安排允許誇張、神奇、變化的手法，但它同時也講究事理的邏輯性，因為童話中出現的神奇事物，作者總會為它提供一定的條件或假設，然後根據這些條件與假設使事物按照生活規律發展，使人讀者讀者就不知不覺地進入夢幻的世界裡。

此外，童話中的角色雖是擬人化的，卻仍然保有它原有的特性，例如，太陽剛烈、月亮柔和、兔子弱小而機智、老虎凶暴而殘忍……等。這樣塑造出來的人物，它的所作所言必然合情合理，也能深深吸引孩子的心。因此，儘管童話的世界是不合理的，小貓和小狗會拍手，小花小草會說話，可是孩子們仍舊高高興興的接受，只因孩子知道那可笑、不合理的世界都是假的，他們不會把它當成真實的世界來看待，也不至於蓄意模仿。

# 「童話」能帶給孩子些什麼？童話可增加孩子的自我概念

　　當我們為孩子講述童話故事時，我們可能會應用個人的生活經驗將故事講得更符合人性或文化的意義。而孩子除了接收故事的訊息之外，也藉由故事來解決成長所遭遇的問題，例如，認識自己、如何解決問題、如何表現自我、如何與人分享自己的恐懼或害怕，進而增加自我概念並增進各種能力以嘗試新的行為。更重要的是童話有助於孩子想像力、創造力的增進。

## 孩子從童話中學習良好的道德規範

　　此外，孩子還能從童話中學習良好的道德規範。舉例來說：童話中常出現壞心的巫婆、巨人、後母、大野狼，他們總是做壞事、陷害別人，因而他們的下場也都是悲慘的。這種結局會讓孩子體會做好事有好報、做壞事會報遭應的因果關係。孩子也藉此學習為社會所接受的良好行為，例如，仁慈、不自私、寬恕別人等。對於四、五歲以下的孩子而言，光是在口頭上描述好、壞行為或道德規範，是很難讓孩子理解的，童話中的情節及結局有助孩子藉由故事來明辨是非善惡。

## 童話有助於孩子學習解決問題的能力

　　童話亦有助於孩子學習解決問題的能力，因為童話中常刻劃出人

生中無可避免的事情，例如，死亡、分離，或是孩子所懼怕的事實，例如，怕黑、怕陌生人、走丟了、怕被遺棄等。透過童話孩子有機會從故事中人物的經驗學習解決問題的方法。值得一提的是童話中無論情節如何，最後總會有符合孩子想法的好結局，無形中帶給孩子希望與信心。

# 童話幫助孩子學習關愛別人

除此之外，童話可幫助孩子學習關愛別人，與人分享自己的情感。例如，小紅帽探望生病的外婆、七個小矮人幫助白雪公主，皆隱含著關愛別人的至高人性。童話也是孩子心靈的寄託，它控制孩子的情緒，感化孩子的情感，因此當孩子沈浸於童話世界中，總會不時地發出讚美、驚奇的歎息，並展露滿足、安詳的微笑。

或許有人會擔心孩子長久沈浸在美好的童話世界中，會在日後面對現實社會的適應上產生危機。的確，在這世上有太多令人難過、遺憾、無能爲力的問題，既然孩子遲早都將面對，那麼何妨讓他們暫時擁有一個美好而圓滿的世界，也藉此培養足夠的信心、勇氣與希望去面臨未來的挑戰。

# 如何使用「童話」？選擇你最喜愛的故事講給孩子聽

相信每位成人都會有一套自己的方法選擇並講述童話故事給孩子聽，但最重要的一點是要選擇自己最熟悉、最喜愛的故事來講給孩子聽，而且從你孩提時代就聽過的童話開始。因爲只有在你充分瞭解一

個故事的時候，才能生動而且深刻的把故事轉述給孩子，並且把你對這個故事的喜好感染給孩子，和孩子一起享受閱讀的樂趣。

# 讓孩子自由表達對故事的感覺

在為孩子講述童話故事之前，最好先熟讀這個故事，尤其是瞭解故事中的情節，並想想家中或學校的空間是否可以布置成故事中的情境，或安排一些適合孩子的扮演道具。在第一次講述一個故事時，不妨讓孩子自由的表達對這個故事的感覺，以瞭解孩子對故事的接受及理解程度。

# 讓孩子享受扮演的樂趣

當孩子聽過故事並瞭解故事的情節順序之後，可以鼓勵孩子自己複述故事或將故事演出來。如果在學校中進行扮演故事的活動，老師應該特別留意讓每個孩子都有機會扮演他們最喜歡的角色。在進行的過程中，父母要留意不要中斷孩子的思緒或行動，以避免干預孩子的表現方式，例如，詢問孩子下一步是什麼，結局應該是怎樣。因為這樣一來整個故事的延伸活動就成了一個記憶測驗，容易讓孩子因緊張而無法享受扮演的樂趣。

# 童話的魅力可啓迪孩子的思想

　　聽童話故事是孩子們最喜愛的事，無論是故事中神奇的角色、幻想的情節或圓滿的結局，都在在吸引著孩子的心靈，童話的獨特魅力可說對孩子思想的啓迪有著不容忽視的力量。至於如何讓孩子沈浸在童話世界時，不僅樂在其中，而且能學習到生活的智慧，則有賴父母在伴讀時多花些巧思了。

# 35. 寫下孩子的感覺——
## 幫助孩子發展語文能力

＊幼稚園中的活動實例

＊家庭中活動實例

根據兒童發展理論，學前兒童（三至六歲）已經發展足夠的語文知識來迎合其社會性的需要，因此在孩子的活動過程中語言與文字遂成為孩子最主要的溝通工具了，事實上，孩子是結構其語文知識的主動個體（active agent），然而大人們往往忽略了他們這些訊息，因此，如何給予孩子重複使用語文的機會，鼓勵孩子主動學習語言、如何將語文運用於孩子社會性活動中，即是老師及為人父母的重要職責了，以下是安排於幼稚園及家庭中的活動實例。

# 幼稚園中的活動實例

1. 當孩子不快樂或受傷而想媽媽時，老師可幫助孩子寫下他的感覺，並留下來給媽媽看，將有助孩子情緒的宣洩。

2. 當孩子因故發生爭執或踢打時，或許經過老師處理之後，孩子仍然憤憤不平，此時老師可以告訴孩子：「我知道你還是很生氣，你願不願意說出你的感覺？」然後幫忙孩子寫下他的感覺，如此會有助於孩子情緒的紓解。

3. 當孩子行為不當時，例如，孩子在活動室中快跑，這時候，老師可以提醒孩子，讓孩子明白說出：「下次我不在室內跑步。」最好是幫他寫下所說的話，以幫助孩子記憶，文字是有助於孩子維持承諾的。

4. 當孩子因病或其他原因請假時，老師可以幫忙其他孩子寫下他們的想念之意，留給請假的孩子觀看，感受同伴的關愛。

5. 當老師因開會或其他理由不能來上課時，可預留一封信，由代理的老師唸給孩子聽，讓孩子知道老師不在時，仍是時時關心他們的。

6. 當孩子在等候一個輪缺，例如，幫老師澆花、分發物品……等等，沮喪地覺得「怎麼還沒輪到我」時，老師可答應孩子什麼

時候會輪到他，並用紙筆寫下「明天輪到×××做××」，然後張貼於活動室的固定角落中（例如，兒童作品欄或布告欄），給予承諾並提醒孩子，然而，在這個階段的孩子並不容易記得此一承諾，或許隔天孩子已忘記了老師的承諾，那時老師可帶孩子到張貼紙條的地方提醒孩子，幫助孩子認識文字，並讓孩子瞭解不是每件事情都可即時享有，以培養其與人分享之德性，藉以疏導孩子從本我（id）進入自我（ego）期。

7. 使用輪值表，分配孩子的工作，例如，飼養小動物、澆花……等，讓孩子體驗「分享」也是一種快樂。

8. 當孩子運用積木搭成一件作品，而想保留到明天時，幫助孩子寫下並張貼起來，讓其他孩子知道而不將他的作品收起來——得以滿足孩子的成就感，並學習尊重別人的作品。

9. 在活動室的角落張貼各種遊戲規則，以培養孩子遵守規則的能力，當然這些規則是由老師和孩子共同製訂的。

10. 如果孩子不斷地將水加入沙箱中，老師可提醒孩子：「把水加入沙箱中是可以的，但今天沙箱中的水已經太多了」，並寫下：「今天請不要再加水了。」，藉此提醒孩子遵守規則，並讓孩子瞭解爲何不可以×××。

11. 寫下活動室中的突發狀況，例如，馴養的兔子生病了，孩子希望大家都能小聲說話以免驚擾兔子，此時，老師可幫忙寫下：「噓！小兔子生病了，請小聲說話。」以提醒孩子注意；並培養孩子的愛心。

12. 假如活動室中添購了新寵物，請孩子共同討論並幫它命名，老師可將孩子提出的建議寫在紙上直到大家都同意之後，再將名字張貼在寵物的飼養箱上，讓每個孩子都知道。

13. 老師與孩子共同製作大日曆（通常利用全開壁報紙），以記錄近日內的活動，張貼於活動室的角落，每個孩子都能注意到，以培養孩子的耐性及對事物的期待。

14.利用布告欄，設計孩子的「故事牆」，提供孩子展示他們口述的語言、文字及圖書，老師可幫助寫下註解，培養孩子的想像及創造力。

15.在活動室中提供寫字的工具，老師可隨時幫忙寫下孩子的話語，同時亦可讓孩子自製圖畫書，讓孩子的構想，意念得以充分發揮。

# 家庭中活動實例

1.父母可以幫助孩子寫下照相簿或剪貼簿的標題及註解，有助孩子日後的記憶。

2.在孩子的圖畫作品上，記載其內容。

3.讓孩子保存他們自己的檔案，例如，和媽媽一起煮東西的食譜，與爸爸玩××的經驗。

4.父母在寫信或寄賀卡給親朋好友時，也準備一份給孩子，讓他寄給他的朋友，以表達孩子的關懷之意亦增進情誼。

5.當孩子承諾父母或父母承諾做什麼事時，父母不妨幫助孩子寫下他們的承諾，例如，「這個星期天全家去動物園玩」或是「我會自己收拾玩具箱」等，最重要的是寫下的承諾一定兌現哦！

6.在家中亦可自製大日曆，記錄發生過的特別事件或計畫、期待之事，以培養孩子的計畫能力。

7.重大節慶或家中宴客之前亦可列下一清單，例如，欲買的東西、應做的事情，如何布置家中……等。

在上列種種實例中，老師或父母是以「幫助者」的角色去協助孩子語文知識的發展，大人們寫下孩子的感覺，不僅可以讓別人知道他的感受，也讓孩子享有被尊重的感覺，記得—— 大人們幫助孩子記載他們所敘述的語文時，不要任意刪改孩子的用字與結構，讓孩子看所寫下的文字內容是否符合他們的意思，或幫助孩子再敘述一遍，每經過一段時間，可以拿出孩子以往的作品與現在的作品做一比較，你會發現孩子的語文知識已在無形之中增長了。當然最主要的是要讓孩子主動地經歷結構文字的角色，讓他們在歡樂興奮的氣氛中培養，其對文學的興趣並發展其閱讀能力，將有助於孩子日後的文學素養。

# 36. 親子攝影益處多

＊爲孩子解説相機
＊和孩子共同欣賞照片

在過去，玩相機似乎只是大人們的專利，孩子很少會有機會操作、把玩。而今日，由於相機的操作日趨簡便，價格大眾化，相機的使用也隨著普遍起來，於是，幼小的孩子才逐漸有機會學著操作相機。

讓我們從孩子發展的觀點來看，三至八歲的孩子特別喜歡自己動手操作，以從中獲得經驗及成就感。因此，讓這個階段的孩子學習操作相機，正可以滿足他們好奇、自動自發的天性及學習本能。

# 為孩子解說相機

對於初學的孩子而言，不妨先以操作簡易的全自動相機開始著手。由於孩子對相機完全陌生，因此父母應該先簡單地說明相機的基本構造及操作方式，例如，告訴孩子哪個是鏡頭、怎麼按快門、底片該裝在哪裡、怎麼裝……等。當孩子熟悉相機的操作方式之後，就可以開始進行取景的步驟了。

首先，帶引孩子仔細觀察生活周遭的事物，然後再依著孩子個人的喜好、興趣去選擇主題。在孩子的眼裏，一花一草、小貓小狗、家中人物、玩具、擺設等，都可能是很好的主題，父母不妨以開放的心胸及無比的耐性來接納孩子自己的選擇，如果父母能讓孩子自由地取景，將有助於孩子獨立思考及個人品味的培養。

此外，父母可以引導孩子由不同角度來看同一件事物，例如，在拍攝小動物時，可以照全身，也可以只侷限於臉部表情，甚至於眼睛、嘴巴等單一特徵，讓孩子充分發揮其敏銳的觀察能力，對此一事物作深一層的認識，通常孩子也會因而對此產生一份特殊的感情。

拍攝完成後，如果也讓孩子共同參與卸底片及送交沖印的過程，孩子將會對攝影的過程有較完整而深刻的印象。

# 和孩子共同欣賞照片

欣賞沖出來的照片，該是最令人期待與興奮的時刻了。在與孩子共同觀賞照片之餘，父母可以同時利用照片安排一些相關的趣味性活動。

1. 摘錄於照片的背面或小標籤上，例如，10月20日全家到野生動物園玩；這是小強最心愛的小花狗；這是薇薇的好朋友——小熊嘟嘟；5月3日彥均第一次練習照相……等。如此不僅可以與孩子再度回憶拍照時的情景，也可以作為日後欣賞回味之用。
2. 排出回憶，讓孩子依照片的主題、內容，分門別類，將相同事件的放一堆，然後依著照片發生的先後排出順序來，並整理成冊。
3. 看照片說故事，讓孩子挑選相同事件或同一系列之照片，試著看照片說故事，或依其主題自行想像、創作新的故事。
4. 哪張最得意，父母和孩子分別挑選自己覺得最得意、最鍾愛的照片，先說一說理由，然後再將這些照片裝框，布置在孩子的房間或客廳以供欣賞。也可以利用紙板、色筆等用具，自製簡單的卡片或畫冊以便收藏。

透過這些簡單易做的延伸活動，孩子不僅可以獲得自我成就感，也可以藉此培養語言表達能力、分類能力、序列推理能力、思考創作力、觀察力、個人品味及審美觀念。最重要的是，父母可以藉著這項活動瞭解孩子對事物的看法、想法，以增進親子間之瞭解及親密關係。而在每一個過程中，孩子最需要的就是父母不時的支持、鼓勵與讚美，僅僅是一個微笑、一個點頭、一句由衷的讚美，就足以讓孩子深刻感受而滿心歡喜了。

親子攝影可稱得上是一項既有意義且饒富趣味的家庭活動，你們不妨也試一試吧！

# 37. 忍者龜過台灣——英雄崇拜也有正面意義

* 幼兒也會趕流行
* 父母好氣、好笑又憂心
* 偶像崇拜的正面意義
* 給家長及老師的建議

忍者龜的旋風在美國排山倒海的颳了一陣子之後，終於也吹向台灣了，坊間米老鼠、無敵鐵金剛、蝙蝠俠的衣飾、貼紙、填充玩具等，已經為忍者龜所取代。那天在公車上看到一個大約三歲的小男孩，手上拿著一個忍者龜玩具，滔滔不絕的告訴身旁的老奶奶：「電視上的忍者龜沒有這一條金金的、電視上的忍者龜這裡不是這個顏色⋯⋯」，細嫩的聲音如數家珍，老奶奶只有唯唯應著。

# 幼兒也會趕流行

從心理學的觀點看，造成流行的主要方法是「重複曝光」，即將所欲推廣的商品，以密集、重複出現的方式刺激消費群的視視、聽覺，進而影響一個人的知覺。大眾傳播媒體的宣導及廣告是流行的主導者，此外友伴、父母、幼稚園老師、兄弟姊妹等也有推波助瀾之勢。

動態的東西或物體較能吸引人們的注意力，這是三至六歲幼兒特別喜愛卡通影片的原因。也因此他們的偶像常常是卡通影片上的人物。而商人就利用這一點不時的推出新的卡通人物、塑造新的英雄角色，聖戰士、忍者龜就這樣流行了起來。

此風一起，幼兒間就會互相炫耀、互相比較，於是每個幼兒都知道要在那個時段看那個卡通影片，並且要求父母購買印有偶像的種種東西，例如，鉛筆盒、貼紙、衣服、海報等等。其實這並不代表每個幼兒都對偶像如此崇拜，而是一種需求的滿足，以及與同儕間相互比較的虛榮心，父母若拒絕，可能使幼兒產生「爸媽不喜歡我」的念頭。

# 父母好氣、好笑又憂心

父母對幼兒的這種偶像崇拜行為，常是又好氣又好笑，又點有憂心，因為不論是聖戰士或忍者龜，故事中都有暴力的成分存在，而幼兒又經常模仿這些英雄角色的行徑，例如，從高樓飛躍而下、開超音速的快車、一拳擊昏好幾個敵人等等，父母總擔心這種崇拜行為會對孩子會有不良影響，因而對是否該滿足孩子的要求頗為猶豫。

有的父母純粹因疼愛孩子而不忍拒絕；有的父母則想藉孩子的偶像來達到教育、訓練孩子的目的，例如，「九點了，忍者龜要睡覺了，你要不要和牠一起去睡啊？」「忍者龜的力量好大，牠們最喜歡吃比薩（pizza）了，而且每次都吃好多哦！你也要吃好多才能和忍者龜一樣棒哦！」

此外尚有一種情況，父母購買忍者龜的物品，讓幼兒看忍者龜的卡通影片，跟幼兒討論忍者龜的優點，鼓勵幼兒以牠做榜樣，向牠學習。即父母藉忍者龜讓幼兒產生自我實現預期（self-fulfilling prophesy），在毫無壓力的狀況下，藉著對偶像的認同，讓幼兒學習到一些美德。

# 偶像崇拜的正面意義

因此，幼兒崇拜英雄角色的行為仍有正面的意義，幼兒與友伴一起玩英雄角色的扮演遊戲時，他們會渾然忘我，變成一個威猛無比、能控制一切、有自信心的人，而不再是大人世界中一個處處受限制的小孩。幼兒的情緒得到真正的紓解，更從中學得扮演技巧、促進語言及解決問題、與人合作的能力。此外，幼兒玩超級英雄及反英雄的遊

戲時，他們對所玩遊戲的角色可以分辨的很清楚，例如，好人是絕對地好，而壞人是不好的。而且在遊戲中，幼兒透過模仿學習所認同的角色也是全然的（不是好即是壞）。在這種遊戲中幼兒可以用新奇的方法實現其理想價值。換言之，幼兒在假裝及虛構的扮演遊戲中，增強其知覺動作技巧、擴散性思考和創造力。

根據艾里克遜（E. Erikson）的心理社會發展理論，三歲到六歲幼兒最主要的發展是學習獨立、培養自主的能力。偶像崇拜行為或超級英雄遊戲有助於這種發展的完成，父母不必過於擔心，況且隨著流行的日新月異，孩子的興趣、喜好也容易轉移，父母只需以平常心待之即可。

# 給家長及老師的建議

但在此仍有幾個建議提供給幼兒家長及老師參考：

1. 請陪著孩子一起看卡通影片，一來幼兒的理解力有限，恐有誤解；二來可以在幼兒專注於忍者龜的超能力時，提醒幼兒注意忍者龜的熱心助人、運用機智等好的品德。
2. 限制孩子玩超人遊戲的場所，看著他們玩，注意幼兒的安全，嚴格禁止真正的攻擊行為。
3. 孩子有好的行為或在遊戲中運用較高層次的動作技巧時，適時給予讚賞，這種能力有助於未來智力及社會能力的發展。
4. 和幼兒討論真實生活和卡通情境的不同，例如，卡通中的超級英雄可以由高樓一躍而下，但真實生活中如果那麼做，可能會發生什麼後果等，可能的話介紹真實歷史故事及生活中的英雄，例如，空軍英雄、棒球明星等，再將之與卡通中的英雄做比較。

5. 找出與超級英雄角色如烏龜、蝙蝠等有關的知識、故事等，讓幼兒由忍者龜、蝙蝠俠開始，瞭解龜或蝙蝠的習性，也有助於幼兒分辨眞實與幻想。

　　總之，對幼兒的超級英雄遊戲及偶像崇拜行爲，父母不必刻意去遏止或增強（除非有好的行爲），以平常心待之，與孩子一起討論觀察，協助幼兒從中獲致正面的幫助，而您或許也可從中拾回一些失落的童心童趣呢！

# **38.** 跟著他們一起跳躍──

## 幼兒的偶像崇拜行為

從心理學觀點而言，造成流行的主要方法是「重複曝光」（repeated explosure）——例如，「打歌」。透過友伴、家人、大傳媒體等不同的社會化管道，幼兒接收到大量的影視明星訊息，再加上有些歌星教育程度不錯，外型可愛，也頗得成人們好感，甚至更據理去增強孩子的偶像認同。但幼兒本身的認知能力尚不能分辨好壞，充其量只能以模仿歌星的肢體動作或歌曲，作到一種「直接轉移」（transductive），意即「特定——特定」的角色認同歷程。

　　當然，這種社會化的歷程或許促使孩子們學習到一些扮演技巧或從其同儕遊戲的共同計畫中，培養其正向的社會認知能力。但如果在這種扮演的過程中，父母們所支持的理由是「因為大哥哥、大姊姊又會唸書、又會唱歌」，這就與孩子們崇拜的理由有所出入。

　　我曾經統計過一些五、六歲小朋友喜愛小虎隊的理由，不外是因為：「小帥虎很帥」、「霹靂虎會翻斛斗」、「乖乖虎很乖」，所以他們喜歡他。

　　沒有消費能力的幼兒常常要求父母們購買他們偶像的卡帶、海報，這並不代表他們喜愛的程度，而是作為一種需求的滿足及同儕間互相比較的虛榮。父母若拒絕他們，可能直接影響孩子心中「父母不再愛我」的念頭。除了卡帶、海報，孩子們甚至也可能要求在服裝、髮型上與其偶像作同樣的打扮，原因是因為如此可引起大人們的注意及「你好可愛，好像某歌星」的誇獎；於是，無形之中，大人的讚美增強了他們的行為進而去塑造他們的行為。

　　根據艾里克遜的心理社會發展理論，三歲到六歲的幼兒最主要的發展任務，除了學習獨立之外，即是培養自主的能力，也正是從不同之「社會代理人」（例如，父母、師長、兄姊）的身教歷程去體驗並培養日後的行為目標。此時期的幼兒，尚未發展出對金錢、美醜的價值觀念，他們的模仿行為是基於好奇、好玩、想被誇讚，只要成人不刻意引導，並不會養成他們盲目的虛榮心，且隨著流行日新月異的轉換，孩子們的興趣、喜好，也很容易轉移。

針對以上現象，我想對父母、學校及電視台提出一些建議：

1. 父母對孩子的模仿行為應以平常心對待，因為這只是一種社會化的過渡行為。最重要的是，瞭解孩子接受訊息的來源，並過濾掉不當的訊息。例如，控制孩子看電視的節目選擇；陪孩子一起看適合孩子的節目等。

2. 幼稚園的師長應提供幼兒更多元化的角色扮演管道，使幼兒有更多的機會作不同的扮演；或者安排幼兒到電視台參觀，瞭解電視偶像較真實的一面，甚至邀請影歌星們為兒童作現場表演，增加生活面的接觸。

3. 電視台應考慮兒童為其主要觀眾之一，多安排適合兒童觀賞的節目，或製作節目表標示出是否適合兒童觀賞。

4. 青春型的影歌星，在選歌或動作表演時，應考慮幼兒模仿的適合程度，因為，幼兒也是廣大的觀眾群之一。

# 39. 未知死、焉知生——清明時節談幼兒對死亡的瞭解

* 兒童死亡概念的發展
* 對父母及老師的建議
* 在此建議父母及老師

# 兒童死亡概念的發展

　　瑪麗亞‧納吉（Maria Nagy）是最早研究兒童死亡概念的學者，她在1948年收集了378位匈牙利兒童的作文和圖畫，並以訪談的方式去瞭解兒童的死亡概念，結果發現兒童死亡概念的發展和年齡有很大的關係。之後，許多專家學者也根據臨床及實證上的研究而證實了兒童死亡概念是隨著年齡而發展的。

　　不過，因同一年齡層的孩子對死亡的瞭解仍有差異存在，因此有學者認為年齡雖是影響兒童死亡概念的一個非常重要的因素，卻不是唯一的因素。柯氏（Kastenbaum, 1977）就認為兒童的死亡概念除了依年齡而有發展層次之外，尚受到兒童人格適應的良窳、生活上的經驗、以及家人的溝通與支持所影響。汪氏（Walco, 1982）則認為兒童的認知發展層次、個人生活經驗和年齡因素一樣，都對兒童的死亡概念有決定性的影響。

　　但是大部分的研究仍著重於兒童的年齡與其死亡概念之間的關係，一般將之分成三個時期：三歲以前、三至五歲、五至九歲。

## 三歲以前

　　這時期的幼兒並沒有「死亡」的概念，只有「有、沒有」的概念，原本「有」的東西變「沒有」了就會引起幼兒的分離焦慮，家裡明明有爸爸、媽媽、小寶三個人，怎麼爸媽的結婚照裡沒有小寶呢？爸媽回答他那時他在媽媽的肚子裡（有），比回答他還「沒有」出生來得恰當。而這時期的幼兒若親近的人（尤其是媽媽）不幸死亡，他會長期處在分離焦慮中，倘若他被迫提早瞭解死亡的意義，那麼親人的死亡對他來說就不只是分離焦慮，而變成一種壓力了。

## 三歲至五歲

　　這時期的幼兒認為死亡是一種分離或睡著了，但只是短暫的，終究會醒來或回來的，因此焦慮較少，會常問死去的親人去了那裡，什麼時候回來、或現在在做什麼等等，他們相信死去的人仍能呼吸、有感覺、會說話，只是到了一個人家看不到的地方而已。因此，這時期的幼兒若被單獨留在黑暗的房間中，他看不到別人，別人也看不到他時，他可能因聯想到死亡而心生害怕。

　　一般說來，這時期的幼兒和三歲以前的幼兒最大的不同，就在對物體永久性的瞭解，三歲以前，物體看不見了就是沒有了，焦慮也隨之而生；而三歲至五歲時期的幼兒則認為看不見了不見得就是沒有了，因此會問它去了那裡。作者小孩均均兩歲時，曾因他的大便被水嘩啦一聲沖走而應聲大哭，現在他已三歲半，會問大便去了那裡，在簡單的跟他解釋下水道的污水處理後，他甚至放心的說大便到忍者龜的家裡去了。幼兒對故去的親人、對死亡的概念也是如此發展的。

　　不過，四、五歲的幼兒由於資訊的接收能力較強，從電視、電影等媒體中，他們開始瞭解死了就是不能動、不能說話、雙眼緊閉的一種狀態，等到眼睛一張開，爬起來開口說話就是又活過來了，這可由他們玩槍戰遊戲時，中彈的人必須做如此的表現而一窺端倪。

## 五歲至九歲

　　納吉發現這時期的兒童已漸漸能瞭解死亡的永久性了，這跟他們時間觀念的建立有關。他們也常將死亡擬人化，虎姑婆、天使、魔鬼、僵屍等等常成了死亡的代名詞，父母威嚇孩子的不當教養方式常造成死亡心生恐懼，認為死亡的法力無邊，隨時會藉虎姑婆等人之手來將孩子帶走，不過只要你夠乖、夠聰明、夠有力氣，你就不會死。因此六歲左右的孩子雖然有點擔心自己會死、父母會死，但除非有實

例發生在他們身上，基本上他們仍認爲只有老人才會死。七歲左右的孩子則對與死亡有關的儀式感到興趣，如忌日、祭典儀式、出殯等等。而八歲以後的孩子會同時對死亡的原因及死後種種感到有興趣，慢慢接受古人皆會死的這個事實。

由以上的分析可知，孩子的死亡概念乃隨其年齡的增長而有所改變。皮亞傑（1969）曾建議，除非能分辨生與死，孩子沒辦法瞭解眞實的人生。大多數的學者也建議父母要視兒童個人的人格適應情形、認知程度來讓幼兒接受死亡，並將之當做其個人的學習經驗。

# 對父母及老師的建議

過去，在科技不發達又盛行大家庭制度的時代裡，生、老、病、死都發生在家裡，被視爲人生的一種自然的過程，孩子生活在這種環境裡，自然的接受了死亡，建立了眞實的死亡概念，若有疑問，大人亦能以平實的態度來回答，反倒對孩子詢問生命的起源或娃娃是怎麼生出來的問題不知如何回答。

而現代科技的進步及小家庭的普遍，使生、死大都在醫院或家庭以外的特定場所發生，孩子對不能眼見的事總是充滿了好奇與想像。不過在正確性教育的大力提倡之下，現代父母已能很恰當的回答孩子有關生命的起源的問題，但是因爲沒有實際生活經驗，父母反倒不知該如何來從事孩子的死亡教育，回答孩子有關生命的終結的問題。

# 在此建議父母及老師

1.對兒童在生理、心理、認知上的發展情形要有充分的瞭解，因

為不僅在建立孩子正確的死亡概念上，在其他各方面的教育上，都必須要適年齡、適個性才能達到教育的效果。

2. 根據孩子的年齡來協助孩子瞭解有生命和沒有生命之間的區別，一顆石頭和一株小草的不同在那裡，教會孩子認識生命並熱愛生命。

3. 抓住生活中的每一個機會，給予孩子適合其年齡的機會教育，例如，孩子飼養的寵物不幸死亡、媽媽養的花枯死了、遠方的親人逝世了等等，都是協助孩子建立正確概念的時機，當然，對二歲幼兒和對六歲幼兒的解說不應是一樣的。

4. 父母或老師切忌以神秘、鬼怪、或懲罰等口氣來跟孩子談論到死亡的問題，要知道孩子的想像力豐富，不正確的說法或威脅的口吻可能從此造成孩子難以撫平的心理傷害，對死亡產生非常偏差的認知，不可不慎。

5. 父母或老師要經常跟孩子溝通，瞭解孩子對各種事件的看法，當然包括對死亡的看法在內，若發現有所偏差，應即時加以糾正，或尋求專家的協助。

6. 父母本身不要一味的對死亡抱持負面的看法而避諱去談它，要知道有積極、樂觀、務實的人生觀的父母，才能教出健康快樂的子女。

# 40. 淺談兒童賺取金錢對其
人格發展之影響

錢，在現代社會中是很迷人的東西，金錢的賺取是人人所渴望的，貧窮人家賺取金錢為的是養家活口，富有人家則常將金錢視為一種權力的象徵而汲汲為營。對兒童來說，金錢也可能是其壓力的來源之一，貧窮兒童因其父母成天為錢而奔波煩惱，有形或無形的會影響到兒童，使他在心理上產生壓力，而一旦他必須以小小年紀分擔家計時，他賺取金錢的動機固然可欽佩，但此行為對他的人格所可能造成的影響實不容忽視。再加上電視媒體的傳播。街角商店的誘惑，漸漸的變得崇尚物質享受，而父母的溺愛加上唯樂主義的高漲，這些兒童終會為達享樂的目的而進一步千方百計的獲取其享樂的工具——金錢，這種行為同樣的對兒童的人格發展有它深遠的影響。

　　就人格發展的理論來說，以佛洛依德為首的心理分析學派認為孩童時期的心理發展對其成人期的人格有決定性的影響，因此強調父母對孩子的教養方式對孩子人格發展的重要。

　　貧窮家庭的父母經常伴隨著教育程度、社會地位的低落，他們成天忙碌卻只換得三餐的溫飽。雖然如此，他們仍有可能自視甚高，傲骨嶙峋，雖窮卻窮得有志氣，絕不自怨自艾，萬一其子女不得不以工作賺取金錢來分擔家計時，他們亦會考慮子女的身心狀況，選擇讓子女從事適合的工作，不給子女施加壓力，隨時關懷子女，讓子女瞭解到他對家庭的貢獻，並共同將之視為子女的磨練。這種父母透過對子女的愛護與支持，讓子女以努力賺取金錢成為一正向事件，激勵子女的向上力，則其子女的人格發展必定是積極的、正向的。

　　反之，若貧窮父母本身自卑感甚重，成天怨歎老天對他的不公平，認為子女只會使他的負擔更重，他不可能有多餘的心力去照顧到子女身心各方面的發展，反過來他會要求子女替他分擔家計，逼使子女去賺取金錢，承受超過他們的能力的負擔。子女眼見父母對金錢的飢渴，在得不到父母的關愛與支持，卻又必須承擔過重的責任時，難免對金錢的價值判斷產生偏差，對金錢斤斤計較，甚至不擇手段，金錢對子女的壓力將不亞於父母，因此，和其父母相同，子女的人格易

出現焦慮、不信任、不誠實、攻擊性、不安全感等特質，對其成長後的人格特質會有不利的影響。

　　至於在富有的家庭中，父母若視金錢為權力的中心，自然將金錢視為控制子女最好的工具，以金錢的給予來替代父母愛的表達，則其子女也自然視金錢的取得為一切行為的目的，在其社會化的過程中，學到了以金錢的多少為其價值判斷的依據，並依此建立其行為模式。於是，跑腿、做家事、甚至讀書，都只為了獲取更多的金錢，忽略了這些行為背後真正的意義。父母若不能透視此項危機，反而讚賞兒童為獲得更多金錢而做的一切行為，則兒童提早學習到金錢的迷惑與力量，耽溺於物質的滿足，在慾望無止盡的情況下，更可能想盡一切方法去獲取更多的金錢，因而造成了行為上的偏差，為其個人、家庭、學校、社會帶來困擾，也有害兒童人格的健全發展。

　　人格發展理論除了心理分析學派之外，尚有一重要的社會學習理論，強調人類的行為都是學習來的，父母、老師、其他社會化代理人（例如，保母），經由給予兒童的正、負向的增強來建立其為社會所接受的行為模式。另外，兒童也能經由對其父母、教師等的觀察與模仿來建立自己的行為準則。換句話說，此一理論強調環境的影響，重視行為的獲得與持續。阿朗佛依德曾指出「幼兒的行為本質上是高度依賴於外在事件的經驗，而其外在事件的經驗往往會隨社會化代理人的出現或活動而有所轉移」。因此，兒童的人格發展除了個體的生物因素影響之外，外在環境如家庭、學校、社會文化等，對兒童人格發展的影響更為鉅大。

　　近年來台灣社會的變遷無比神速，傳統價值觀原已受到強烈衝擊，最近社會上對金錢遊戲的熱衷與瘋狂，終於讓台灣贏得「貪婪之島」的惡名。在這種社會大環境下，急功近利的風氣日盛，社會上不再講求腳踏實地，一分耕耘一分收穫。兒童眼見父母、師長對金錢的追求與不知足，以及金錢所帶給他們的快樂，影響所及，兒童會誤認金錢可以代表一切，能賺錢的人才是成功的人，當他們以小小年紀去

賺取金錢時，不論其背後的動機是否單純、可欽佩，都很容易變成不知足、貪婪、甚至不擇手段，金錢對他們而言，不只是誘惑，也是壓力，而長期承受這種壓力之結果，兒童的人格發展不受到影響也難。

　　因此，為人父母、師長者，不論兒童賺取金錢是出於生活需要或教育的功能，都有必要隨時照顧到兒童心理及人格發展，讓兒童由整個過程中學習付出與收穫之間的關係，瞭解金錢的意義，建立正確的人生觀，讓兒童賺取金錢這件事成為兒童人格健全發展的一大助力。

# 41. 台灣青少年對家庭生活認知與感受之分析

青少年時期是介於兒童與成年期之間承先啓後的一個過渡時期。青少年個體嘗試脫離成人的保護與約束，學習獨立自主，但一方面也仍需和父母保持情緒上的依附和經濟上的支持，這種微妙的趨避衝突也是這時期親子互動的主要特徵。從區位系統學觀點來看，家庭是位於個人與環境之間的小系統，並且是其他環境中之學校、社區、以至大眾傳媒、地方政府及大社會之信仰與價值觀等之中間系統、外系統、及大系統之間相互互動，因而對個體產生影響。家庭動力論亦認爲家庭成員之間的相互互動造成對子女之行爲的影響，因此，父母的特徵如管教風格、互動模式（爲行爲之成因）造成社會化之人格影響（爲行爲之結果），而形成親子互動的過程。從社會控制論觀點來看家庭的社會化，此理論認爲人性本惡，人天生就有犯罪的潛能與因子，人不犯罪乃是因爲外在環境的各種限制。換言之，人類之所以不犯罪或養成守法的行爲，乃是受到外在環境之教養、陶冶和控制的結果，也就是說，在此種社會化的過程中，人與社會建立強度大小不同的社會鍵，以防止個人犯罪。儘管區位系統論、家庭動力論及社會控制論之論述雖有不同，但此三種理論皆指出家庭對青少年社會化之教育占有一席重要的地位，尤其青少年的問題是：種因於家庭，顯現於社會，且惡化於社會。因此，在探討青少年之問題，實有必要瞭解青少年對家庭此系統之認知與感受，以藉此加強家庭系統之親子互動的連結，進而控制青少年犯罪行動及偏差行爲的可能產生。因此，本研究報告之主旨在探討：一、少年的家庭生活經驗和感受爲何；二、對父母管教方式與期待之認知；三、少年家庭衝突事件、家庭成員衝突處理經驗認知與心理反應；四、瞭解少年家庭生活經驗對其適應之關係。報告之資料是以台灣地區年滿十二歲未滿十八歲之青少年爲母群體，運用分層隨機抽樣抽取自1998年12月31日前年齡滿十二歲至十八歲之少年3,500名，經統計取得有效樣本計2,176名，有效比率爲62.17％。

# 前言

　　青少年時期（約在十至二十二歲之間）是介於兒童與成人期之間承先啓後的一個過渡時期（transient period）。個體在此階段由「兒童」逐漸步入「成人」的世界，並被視爲能獨立自主的個體。因此，青少年個體嘗試脫離成人的保護與約束，學習獨立自主，但一方面也仍需和父母保持情緒上的依附和經濟上的支持，這種微妙的趨避衝突也是這時期親子互動的主要特徵。

　　家庭是人類生活中最早亦是最直接的一個社會團體與機構，主要提供五種功能：生育、照顧兒童、提供社會化教會、規範合法性行爲及提供親情資源（Zastrow, 1994: 164~147）。從區位系統學觀點（ecological system approach）來看，家庭是位於個人與環境之間的小系統（microsystem），並與其他環境中之學校、社區、以致大眾傳媒、地方政府及大社會之信仰與價值觀等之中間系統（messosystem）、外系統（exosystem）及大系統（macrosystem）之間相互互動，因而對個體產生影響（Bronfenbrenner, 1979）。據此，社會化爲家庭主要功能之一，它培養子女因應生態環境、經濟型態及社會組織互動下所需要之心理與行爲（楊國樞，1985）。家庭動力論（theory of family dynamics）亦認爲家庭成員之間的相互互動造成對子女之行爲的影響，因此，父母的特徵如管教風格、互動模式（爲行爲之成因）造成社會化之人格影響（爲行爲之結果），而形成親子互動的過程。例如，青少年如果處於一病態的家庭（例如，父母管教過於專制與冷漠、氣氛不佳、家庭人際關係不和諧）進而引起親子關係不良、缺乏溝通與支持，因而導致不良之社會化，而終至促成少年偏差行爲（黃富源，1998；蔡佳芬，1999）。

　　從社會控制論（social control theory）觀點來看家庭的社會化，此理論認爲人性本惡，人天生就有犯罪的潛能與因子，人不犯罪乃是

因為外在環境的各種限制。換言之，人類之所以不犯罪或養成守法的行為，乃是受到外在環境之教養、陶冶和控制的結果，也就是說，在此種社會化的過程中，人與社會建立強度大小不同的社會鍵（social bonds），以防止個人犯罪（Gottfredson & Hirschi, 1990）。將此理論應用到家庭之親子社會化，當孩子與父母的從屬性及聯結（bonds）愈強，其愈不可能從事犯罪行為及產生偏差行為，因為孩子與父母親密的溝通與互動，孩子對父母的仿效與認同，孩子受父母有效的監督與管教，如此的互動使得親子之間產生堅強的聯結，直接及間接產生控制以導致孩子不致於從事犯罪行動及產生偏差行為。反之，如果家庭缺乏親密互動或產生仿效作用，青少年轉而向其同儕或社會產生認同，因而造成家庭缺乏吸力，並成為推向外在環境之推力，而同儕及外在環境卻形成青少年仿效的拉力，如果此種拉力缺乏良好的控制，青少年進而可能產生偏差行為。

綜合上述，儘管區位系統論、家庭動力論及社會控制論之論述雖有不同，但此三種理論皆指出家庭對青少年社會化之教育占有一席重要的地位，尤其青少年的問題是：種因於家庭，顯現於社會，且惡化於社會。因此，在探討青少年之問題，實有必要瞭解青少年對家庭此系統之認知與感受，以藉此加強家庭系統之親子互動的連結，進而控制青少年犯罪行動及偏差行為的可能產生。藉此，本研究報告之主旨在探討：一、少年的家庭生活經驗和感受為何；二、對父母管教方式與期待之認知；三、少年家庭衝突事件、家庭成員衝突處理經驗認知與心理反應；四、瞭解少年家庭生活經驗對其適應之關係。

本次報告之資料是根據1999年台閩地區之少年狀況之調查報告中所摘錄，樣本是以台灣地區年滿十二歲未滿十八歲之青少年為母群體，運用分層隨機抽樣抽取自1998年12月31日前年齡滿十二歲至十八歲之少年3,500名（民國八十八年台閩地區之少年身心狀況調查報告，內政部統計處，1999），為了配合青少年對家庭生活認知與感受之分析，問卷回收後，經統計取得有效樣本計2,176名，有效比率為62.17

％。

　　本次調查之樣本分布以區域分北部地區（台北縣市、桃園縣、新
竹縣市）1,034名，占47.5％；中部地區（苗栗縣、台中縣市、南投
縣、彰化縣、雲林縣）462名，占21.2％；南部地區（嘉義縣市、台南
縣市、高雄縣市、屏東縣）554名，占25.5％；東部地區（宜蘭縣、花
蓮縣、台東縣）101名，占4.6％；及其他地區（澎湖縣、金門縣）25
名，占1.1％（參見表41-1）。受訪少年中，男生1,030名，占47.3％；
女生1,146名，占52.7％。抽樣年齡分布在十二至十七足歲之間，各年
齡層樣本數約在12～20％之間；受訪者半數以上（58.4％）的教育程
度為國中；就讀高職、高中者各占25.4％、13.9％；目前正在日間

| 項目 | 次數 | 百分比 | 項目 | 次數 | 百分比 |
|---|---|---|---|---|---|
| 區域分布 | | | 教育程度 | | |
| 北部地區 | 1,034 | 47.5 | 小學以下 | 39 | 1.8 |
| 中部地區 | 462 | 21.2 | 國中 | 1,271 | 58.4 |
| 南部地區 | 554 | 25.5 | 高中 | 303 | 13.9 |
| 東部地區 | 101 | 4.6 | 高職 | 553 | 25.4 |
| 其他地區 | 25 | 1.1 | 大專以上 | 10 | 0.5 |
| 性別 | | | 就學／就業現況 | | |
| 男 | 1,030 | 47.3 | 日間部 | 1,788 | 82.2 |
| 女 | 1,146 | 52.7 | 夜間部、第二部或補校 | 142 | 6.5 |
| 出生年 | | | 就業 | 92 | 4.2 |
| 70 | 409 | 18.8 | 正自修補習準備升學 | 60 | 2.8 |
| 71 | 364 | 16.7 | 正在找工作（含準備就業） | 38 | 1.7 |
| 72 | 346 | 15.9 | 正接受職業訓練 | 15 | 0.7 |
| 73 | 446 | 20.5 | 健康不良 | 13 | 0.6 |
| 74 | 356 | 16.4 | 料理家務 | 10 | 0.5 |
| 75 | 255 | 11.7 | 其他 | 18 | 0.8 |

表 41-1　少年基本資料統計表　　　　　　　　　　　　　　　N＝2,176

部、夜間部、第二部或補校就讀的少年有1,930人，占88.7％，在就業之少年有92人（4.2％），有2.8％正在自修、補習、準備升學，有1.7％正在找工作或準備就業考試（參見表41-1）。

# 家庭生活認知與感受

　　青少年族群的家庭關係是許多人關注的焦點，因為它是影響青少年發展的一個重要因素。由本次調查得知受訪少年和家人共處時最常做的事是看電視，占82.3％，聊天或吃東西各占52.0％、45.6％，而會一起去郊遊的占14.5％，其餘看電影、看MTV、唱KTV、運動、閱讀、跳舞、欣賞展覽等活動的比例皆在10％以下；在思想行為的學習對象方面，受訪者表示最常向同儕或朋友學習思想行為，占62.1％，其次為向父母學習，占45.5％，再其次為向師長學習（26.2％）及向影歌星偶像學習（22.4％），其餘學習對象皆在二成以下。少年的父母及家人對少年未來最大的期許是繼續升學（51.0％），其次為依少年自己的意願發展（18.4％）、及習得一技之長（17.0％）；少年覺得最瞭解自己的是自己（38.0％）和同儕、朋友（34.1％），其次為父母（15.8％），覺得手足、師長、親戚長輩、專業輔導人員瞭解自己的皆在一成以下（參見表41-2）。

　　受訪者覺得家人能彼此相互扶持、能彼此相處融洽的各占33.7％、30.6％，覺得家人很容易發脾氣的有23.3％，覺得家人能一起從事家庭活動的有22.7％，覺得家人能充分表達自己意見和看法的有22.6％；覺得家人很難自在地說出心中的感受的有32.1％，覺得家人很難彼此說出個人的困難或問題的有21.0％，覺得家人很難充分表達自己的意見和看法的有20.4％，覺得家人很難解決家庭問題的方法感到滿意的有16.2％，覺得家人很難彼此相處融洽的有15.5％，覺得家人很難一起從事家庭活動的有15.5％（參見表41-2）。

| 項目 | 次數 | 百分比 | 項目 | 次數 | 百分比 |
|---|---|---|---|---|---|
| ◎和家人一起作什麼 | | | ◎最常向誰學習思想行為 | | |
| 聊天 | 1,132 | 52.0 | 父母 | 987 | 45.5 |
| 看電視 | 1,790 | 82.3 | 師長 | 568 | 26.2 |
| 看電影 | 187 | 8.6 | 影歌星偶像 | 486 | 22.4 |
| 看MTV、唱KTV | 82 | 3.8 | 運動偶像 | 260 | 12.0 |
| 運動 | 201 | 9.2 | 政治偶像 | 96 | 4.4 |
| 吃東西 | 992 | 45.6 | 同儕、朋友 | 1,347 | 62.1 |
| 郊遊 | 315 | 14.5 | 專業輔導人員 | 89 | 4.1 |
| 閱讀 | 76 | 3.5 | 手足 | 358 | 16.5 |
| 跳舞 | 49 | 2.3 | 親戚、長輩 | 236 | 10.9 |
| 欣賞展覽 | 88 | 4.0 | 其他 | 115 | 5.3 |
| 其他 | 83 | 3.8 | | | |
| ◎父母及家人的期許 | | | ◎誰瞭解你的心事 | | |
| 繼續升學 | 1,109 | 51.0 | 父母 | 343 | 15.8 |
| 依自己意願 | 401 | 18.4 | 手足 | 184 | 8.5 |
| 習得一技之長 | 371 | 17.0 | 同儕、朋友 | 742 | 34.1 |
| 不清楚 | 92 | 4.2 | 師長 | 13 | 0.6 |
| 工作賺錢 | 89 | 4.1 | 親戚、長輩 | 24 | 1.1 |
| 自力更生 | 71 | 3.3 | 專業輔導人員 | 5 | 0.2 |
| 做大官 | 15 | .7 | 自己 | 826 | 38.0 |
| 其他 | 15 | .7 | 其他 | 39 | 1.8 |
| 繼承家業 | 13 | .6 | | | |
| ◎家人很容易 | | | ◎家人很難 | | |
| 彼此相互扶持 | 733 | 33.7 | 彼此相互扶持 | 167 | 7.7 |
| 同心協力 | 410 | 18.9 | 同心協力 | 232 | 10.7 |
| 彼此相處融洽 | 664 | 30.6 | 彼此相處融洽 | 337 | 15.5 |
| 滿意解決家庭問題的方法 | 236 | 10.9 | 滿意解決家庭問題的方法 | 351 | 16.2 |
| 一起從事家庭活動 | 493 | 22.7 | 一起從事家庭活動 | 336 | 15.5 |
| 自在地將心中感受說出來 | 288 | 13.3 | 自在地將心中感受說出來 | 696 | 32.1 |
| 充分表達自己意見和看法 | 492 | 22.6 | 充分表達自己意見和看法 | 442 | 20.4 |

表 41-2　受訪少年之家庭生活經驗與感受次數分配表　　　　　　N＝2,176

| 項目 | 次數 | 百分比 | 項目 | 次數 | 百分比 |
|---|---|---|---|---|---|
| 彼此說出個人困難或問題 | 226 | 10.4 | 彼此說出個人困難或問題 | 455 | 21.0 |
| 發脾氣 | 506 | 23.3 | 發脾氣 | 274 | 12.6 |
| 討論家庭的問題 | 202 | 9.3 | 討論家庭的問題 | 240 | 11.1 |
| 似乎儘量避免與家人接觸 | 134 | 6.2 | 似乎儘量避免與家人接觸 | 220 | 10.1 |
| ◎最常毆打人的是 | | | ◎最常罵人的是 | | |
| 父親 | 358 | 16.7 | 父親 | 641 | 30.0 |
| 母親 | 228 | 10.6 | 母親 | 683 | 31.9 |
| 兄 | 164 | 7.7 | 兄 | 212 | 9.9 |
| 姐 | 117 | 5.5 | 姐 | 186 | 8.7 |
| 弟 | 157 | 7.3 | 弟 | 181 | 8.5 |
| 妹 | 124 | 5.8 | 妹 | 150 | 7.0 |
| 爺爺 | 34 | 1.6 | 爺爺 | 68 | 3.2 |
| 奶奶 | 26 | 1.2 | 奶奶 | 77 | 3.6 |
| 外公 | 12 | 0.6 | 外公 | 19 | 0.9 |
| 外婆 | 33 | 1.5 | 外婆 | 44 | 2.1 |
| 我 | 215 | 10.0 | 我 | 310 | 14.5 |
| 其他（沒有） | 1,019 | 47.6 | 其他（沒有） | 361 | 16.9 |
| ◎最常打人是因為 | | | ◎最常罵人是因為 | | |
| 從小有樣學樣 | 168 | 9.0 | 從小有樣學樣 | 182 | 8.8 |
| 從小就被打大的 | 130 | 7.0 | 從小就被打大的 | 83 | 4.0 |
| 大男人主義 | 312 | 16.7 | 大男人主義 | 319 | 15.5 |
| 大女人主義 | 102 | 5.5 | 大女人主義 | 160 | 7.8 |
| 生性多疑 | 101 | 5.4 | 生性多疑 | 171 | 8.3 |
| 工作不穩定 | 82 | 4.4 | 工作不穩定 | 114 | 5.5 |
| 酗酒或毒癮 | 87 | 4.7 | 酗酒或毒癮 | 89 | 4.3 |
| 在家沒有比他兇的人 | 239 | 12.8 | 在家沒有比他兇的人 | 345 | 16.7 |
| 覺得被人看不起 | 128 | 6.8 | 覺得被人看不起 | 136 | 6.6 |
| 不敢在外面發脾氣 | 98 | 5.2 | 不敢在外面發脾氣 | 115 | 5.6 |
| 健康不好 | 61 | 3.3 | 健康不好 | 72 | 3.5 |
| 被寵壞 | 203 | 10.9 | 被寵壞 | 202 | 9.8 |
| 覺得對方不講理 | 342 | 18.3 | 覺得對方不講理 | 544 | 26.4 |
| 其他 | 690 | 36.9 | 其他 | 482 | 23.4 |

續表 41-2　受訪少年之家庭生活經驗與感受次數分配表　　　　　　　　　N＝2,176

◎表複選題，百分比累計不等於100%。

受訪少年覺得家中最常打人的是父親（16.7％），其次爲母親（10.6％）、或自己（10.0％），再其次爲兄弟姐妹，各占5～7％，而47.6％的少年家中並沒有人常毆打人；受訪者覺得家人最常毆打人的原因依序爲覺得對方不講理（18.3％）、大男人主義（16.7％）、在家沒有別人比他兇的人（12.8％）、被寵壞（10.9％）、從小有樣學樣（9.0％）、從小就被打大的（7.0％）、覺得被人看不起（6.8％）等。少年覺得在家裡最常罵人的是母親（31.9％）、父親（30.0％），其次爲自己（14.5％），兄弟姐妹常罵人的比例各在7～10％；而最常罵人的原因依序爲覺得對方不講理（26.4％）、在家沒有比他兇的人（16.7％）、大男人主義（15.5％）、被寵壞（9.8％）、從小有樣學樣（8.8％）、及生性多疑（8.3％）等（參見表41-2）。

　　少年認爲父親的管教方式大多以尊重少年的民主方式爲主，放任式之管教次之，如「會和我討論後再作決定」（46.8％）、「會以我的意見爲主」（25.6％），較權威的管教方式較少，如「總是強迫我去做他們想作的事」占13.1％；而母親的管教方式大致和父親相同，「會和我討論後再作決定」占54.5％、「會以我的意見爲主」占27.4％、「總是強迫我去做他們想作的事」占10.8％。會和父親與母親發生意見不一致的事件大多爲「課業與升學問題」（30.3％，25.4％）、「生活習慣」（25.9％，29.0％）、和「交友人際問題」（15.7％，17.5％），由資料可看出父親較易在課業上與子女發生衝突，其次爲生活習慣及交友人際問題；而母親較易與子女因生活習慣起衝突爲最多，其次爲課業及升學問題和交友及人際問題而起衝突。對於意見不一時所採取應對父母的態度大多爲「互相討論直到雙方同意爲止」（41.0％，46.2％）、「接受父親或母親的意見」（20.2％，18.0％）、「堅持己見」（16.0％，17.0％）及「避免提出自己的意見」（15.5％，13.5％），一般來說，處理分歧意見的方法以民主的討論爲主（參見表41-3）。

　　本次調查同時發現會引起家人爭吵的事件主要包括子女功課（24.9％）、工作（22.8％）、家務分工（18.9％）、干涉對方行動（17.5

| | 項目 | 父親 | | 母親 | |
|---|---|---|---|---|---|
| | | 次數 | 百分比 | 次數 | 百分比 |
| 父母管教方式 | 無父親／母親 | 100 | 4.6 | 42 | 1.9 |
| | 總是強迫我去做他們想做的事 | 286 | 13.1 | 235 | 10.8 |
| | 會和我討論後再作決定 | 1,018 | 46.8 | 1,187 | 54.5 |
| | 根本不在乎我做什麼事情 | 169 | 7.8 | 71 | 3.3 |
| | 會以我的意見爲主 | 558 | 25.6 | 597 | 27.4 |
| | 其他 | 45 | 2.1 | 44 | 2.0 |
| 與父母意見不一致之事件 | 課業與升學問題 | 659 | 30.3 | 553 | 25.4 |
| | 工作適應問題 | 89 | 4.1 | 80 | 3.7 |
| | 交友人際問題 | 341 | 15.7 | 381 | 17.5 |
| | 個人儀容 | 85 | 3.9 | 92 | 4.2 |
| | 生活習慣 | 563 | 25.9 | 630 | 29.0 |
| | 購買物品 | 170 | 7.8 | 257 | 11.8 |
| | 其他 | 169 | 7.7 | 141 | 6.5 |
| 意見不一時之態度 | 接受父親意見 | 439 | 20.2 | 391 | 18.0 |
| | 避免提出自己意見 | 337 | 15.5 | 294 | 13.5 |
| | 討論到雙方同意 | 872 | 40.1 | 1,005 | 46.2 |
| | 堅持己見 | 348 | 16.0 | 369 | 17.0 |
| | 其他 | 80 | 3.7 | 75 | 3.4 |

表 41-3　對父母管教方式與期待之認知之次數分配表　　　　　　N＝2,176

％）、薪水（16.5％）、限制對方行動（14.8％）及子女交友（14.1％）等；當家人衝突時，60.3％的少年表示會煩惱或擔心一些事，會覺得多疑的有11.2％，會對人大吼大叫、會故意破壞東西、嘲笑或捉弄別人、會弄傷自己、會和人吵架、會說謊或欺騙、或離家出走等反應的比例皆在10％以下；當父母或家人意見不合發生衝突時，57.8％的受訪少年表示家人會生氣彼此不說話，29.7％的少年表示家人常會辱罵對方，21.3％的少年的家人會用力關上房門，14.4％受訪少年的家人

會說或做一些事讓對方沒面子，可見許多家庭在發生衝突時，常會表現出非理性的情緒，這對少年將有不良的示範作用。少年對於家人衝突事件的感覺是容易沮喪（占37.2％）、感覺孤單（占34.7％）、感覺沒有人在乎自己（占20.9％）、想對別人發脾氣（占18.2％）、及覺得自己一無是處（占13.1％）（參見表41-4）。

當遇到父母或家人發生衝突時，少年因應的方式以不求援較多，占31.5％，而會尋求協助的對象依序為向家人求助（29.4％）、向親戚長輩求助（25.2％）、或向同學求助（16.2％），向其他外在資源求援（如師長、警察、社工人員）的比例則較低。而少年覺得能立刻阻止衝突的方法以講道理（45.2％）和離開衝突現場（35.7％）為主，其次為找親友協助（23.5％）（參見表41-4）。

在是否視父母為學習對象與經常與家人一起從事的活動之交叉分析中，結果顯示：受試者表示在「聊天」（$\chi^2=161.72$，p＜.001）、「看MTV、唱KTV」（$\chi^2=10.30$，p＜.01）、「郊遊」（$\chi^2=8.71$，p＜.01）及「閱讀」（$\chi^2=10.07$，p＜.01）等項目與是否視父母為學習對象有顯著性的差異。其中以父母為學習對象者，較傾向於與父母在一起「聊天」、其餘在「看MTV、唱KTV」、「郊遊」與「閱讀」等方面，受試者較傾向於不與父母從事此類活動；相對地，不以父母為學習對象者則在「聊天」、「看MTV、唱KTV」、「郊遊」及「閱讀」等項目皆明顯的選擇不與父母從事此類活動（參見表41-5）。

在是否視父母為學習對象與家人正向覺知方面之交叉分析中，結果顯示：受試者覺得家人很容易在「彼此相互扶持」（$\chi^2=56.53$，p＜.001）、「同心協力」（$\chi^2=32.83$，p＜.001）、「彼此相處融洽」（$\chi^2=15.29$，p＜.001）、「滿意我們解決家庭的問題的方法」（$\chi^2=9.24$，p＜.01）、「一起從事家庭活動」（$\chi^2=9.14$，p＜.01）、「自在地將心中的感受說出來」（$\chi^2=8.82$，p＜.01）、「彼此說出個人的困難或問題」（$\chi^2=10.99$，p＜.01）、「發脾氣」（$\chi^2=15.41$，p＜.001）及「似乎盡量避免與其他家人接觸」（$\chi^2=32.41$，p＜.001）等項目與

| 項目 | 次數 | 百分比 | 項目 | 次數 | 百分比 |
|---|---|---|---|---|---|
| ◎引起家人爭吵的事 | | | ◎當家人衝突時，總會 | | |
| 薪水 | 357 | 16.5 | 對人大聲尖叫 | 173 | 8.0 |
| 子女功課 | 539 | 24.9 | 故意破壞東西 | 145 | 6.7 |
| 外遇 | 111 | 5.1 | 多疑 | 242 | 11.2 |
| 奉養長輩 | 143 | 6.6 | 嘲笑或捉弄別人 | 55 | 2.5 |
| 一方漠視對方 | 163 | 7.5 | 弄傷自己 | 97 | 4.5 |
| 子女交友 | 306 | 14.1 | 和人吵架 | 187 | 8.6 |
| 家務分工 | 410 | 18.9 | 離家出走 | 78 | 3.6 |
| 工作 | 494 | 22.8 | 說謊或欺騙 | 131 | 6.0 |
| 探視親友 | 56 | 2.6 | 煩惱或擔心一些事 | 1,307 | 60.3 |
| 限制對方行動 | 320 | 14.8 | 其他 | 428 | 19.7 |
| 干涉對方行動 | 379 | 17.5 | | | |
| 其他 | 262 | 12.1 | | | |
| ◎當家人不合時，最常 | | | ◎當家人衝突時，覺得 | | |
| 說或做一些事讓對方沒面子 | 312 | 14.4 | 感覺孤單 | 748 | 34.7 |
| 辱罵對方 | 643 | 29.7 | 會想要傷害自己 | 139 | 6.4 |
| 威脅要毆打或用東西打對方 | 127 | 5.9 | 沒有人在乎我 | 450 | 20.9 |
| 推、擠、抓或撞對方 | 111 | 5.1 | 想對別人發脾氣 | 393 | 18.2 |
| 生氣彼此不說話 | 1,251 | 57.8 | 自己一無是處 | 283 | 13.1 |
| 砰一聲，用力關上房門 | 460 | 21.3 | 容易沮喪 | 802 | 37.2 |
| 打耳光 | 79 | 3.7 | 沒有人愛我 | 213 | 9.9 |
| 其他 | 271 | 12.5 | 其他 | 350 | 16.2 |
| ◎家人衝突會找誰求助 | | | ◎阻止衝突的方法 | | |
| 家人 | 631 | 29.4 | 大聲尖叫 | 128 | 5.9 |
| 鄰居 | 220 | 10.3 | 換成自己被打被罵 | 106 | 4.9 |
| 親戚、長輩 | 540 | 25.2 | 報警 | 105 | 4.8 |
| 師長 | 108 | 5.0 | 離開衝突現場 | 775 | 35.7 |
| 同學 | 348 | 16.2 | 講道理 | 981 | 45.2 |
| 警察 | 38 | 1.8 | 大聲咒罵父母（家人） | 159 | 7.3 |
| 社工人員 | 37 | 1.7 | 毆打父母（家人） | 40 | 1.8 |
| 其他 | 128 | 6.0 | 砸或摔東西 | 72 | 3.3 |
| 不求援 | 677 | 31.5 | 找親友 | 509 | 23.5 |
| | | | 其他 | 250 | 11.5 |

表 41-4　少年對家庭衝突事件之認知與因應之次數分配表　　　N＝2,176

◎表複選題，百分比累計不等於100%。

是否視父母為學習對象有顯著性的差異。其中以父母或非父母為學習對象之受試者皆表示：在「彼此相互扶持」、「同心協力」、「彼此相處融洽」、「滿意我們解決家庭的問題的方法」、「一起從事家庭活動」、「自在地將心中的感受說出來」、「彼此說出個人的困難或問題」、「發脾氣」及「似乎儘量避免與其他家人接觸」等項目較少對家人有正向的覺知（參見**表41-5**）。

另一方面，在「彼此相互扶持」、「同心協力」、「彼此相處融洽」、「滿意我們解決家庭的問題的方法」、「一起從事家庭活動」、「自在地將心中的感受說出來」與「彼此說出個人的困難或問題」方面，以父母為學習對象者明顯地比非以父母為學習對象者有正向的覺知，而在「發脾氣」與「似乎儘量避免與其他家人接觸」方面，則反之。

在是否視父母為學習對象與家人負向覺知方面之交叉分析中，結果顯示：受試者覺得家人很難在「彼此相互扶持」（$\chi^2 = 11.27$，p＜.01）、「彼此相處融洽」（$\chi^2 = 11.80$，p＜.01）、「自在地將心中的感受說出來」（$\chi^2 = 4.39$，p＜.05）、「發脾氣」（$\chi^2 = 13.89$，p＜.001）及「似乎儘量避免與其他家人接觸」（$\chi^2 = 14.02$，p＜.001）等項目有顯著性的差異。其中以父母或非父母為學習對象之受試者皆表示：在「彼此相互扶持」、「彼此相處融洽」、「自在地將心中的感受說出來」、「發脾氣」及「似乎儘量避免與其他家人接觸」等項目較少對家人有負向的覺知（參見**表41-5**）。

另一方面，在「彼此相互扶持」、「彼此相處融洽」與「自在地將心中的感受說出來」方面，以非父母為學習對象者明顯比以父母為學習對象者有負向的覺知，而在「發脾氣」與「似乎儘量避免與其他家人接觸」方面，則反之。

在是否視父母為最瞭解心事之對象與對家人覺知之交叉分析中，結果顯示：受試者表示在「聊天」（$\chi^2 = 32.42$，p＜.001）、「運動」（$\chi^2 = 16.24$，p＜.001）、「吃東西」（$\chi^2 = 27.56$，p＜.01）、「郊遊」

| 項目 | | 學習對象 | | |
|---|---|---|---|---|
| | | 父母（%） | 非父母（%） | $\chi^2$ |
| 經常與家人一起 | 聊天 | 661（30.4）<br>326（15.0） | 471（21.6）<br>718（33.0） | 161.72<br>*** |
| | 看電視 | 822（37.8）<br>165（7.6） | 968（44.5）<br>221（10.2） | 1.29 |
| | 看電影 | 93（4.3）<br>894（41.1） | 94（4.3）<br>1095（50.3） | 1.58 |
| | 看MTV、唱KTV | 23（1.1）<br>964（44.3） | 59（2.7）<br>1130（51.9） | 10.30<br>** |
| | 運動 | 86（4.0）<br>901（41.4） | 115（5.3）<br>1074（49.4） | 0.59 |
| | 吃東西 | 459（21.1）<br>528（24.3） | 533（24.5）<br>656（30.1） | 0.61 |
| | 郊遊 | 167（7.7）<br>820（37.7） | 148（6.8）<br>1041（47.8） | 8.71<br>** |
| | 閱讀 | 48（2.2）<br>939（43.2） | 28（1.3）<br>1161（53.4） | 10.07<br>** |
| | 跳舞 | 18（0.8）<br>969（44.5） | 31（1.4）<br>1158（53.2） | 1.50 |
| | 欣賞展覽 | 45（2.1）<br>942（43.3） | 43（2.0）<br>1146（52.7） | 1.24 |
| 覺得家人很容易 | 彼此相互扶持 | 415（19.1）<br>527（26.3） | 318（14.6）<br>871（40.0） | 56.53<br>*** |
| | 同心協力 | 238（10.9）<br>749（34.4） | 172（7.9）<br>1017（46.7） | 32.83<br>*** |
| | 彼此相處融洽 | 343（15.8）<br>644（29.6） | 321（14.8）<br>868（39.9） | 15.29<br>*** |
| | 滿意我們解決家庭的問題的方法 | 129（5.9）<br>858（39.4） | 107（4.7）<br>1082（49.7） | 9.24<br>** |
| | 一起從事家庭活動 | 253（11.6）<br>734（33.7） | 240（11.0）<br>949（43.6） | 9.14<br>** |
| | 自在地將心中的感受說出來 | 154（7.1）<br>833（38.3） | 134（6.2）<br>1055（48.5） | 8.82<br>** |
| | 充分地表達自己的意見和看法 | 239（11.0）<br>748（34.4） | 253（11.6）<br>936（43.0） | 2.66 |
| | 彼此說出個人的困難或問題 | 126（5.8）<br>861（39.6） | 100（4.6）<br>1089（50.5） | 10.99<br>** |
| | 發脾氣 | 191（8.8）<br>796（36.6） | 315（14.5）<br>874（40.2） | 15.41<br>*** |
| | 討論家庭的問題 | 87（4.0）<br>900（41.4） | 115（5.3）<br>1074（49.4） | 0.47 |

表41-5　少年是否視父母為學習對象與家人覺知之差異考驗摘要表

| 項目 | | 學習對象 | | |
|---|---|---|---|---|
| | | 父母（%） | 非父母（%） | $\chi^2$ |
| 覺得家人很難 | 似乎儘量避免與其他家人接觸 | 29（1.3）<br>958（44.0） | 105（4.8）<br>1084（49.8） | 32.41<br>*** |
| | 彼此相互扶持 | 55（2.5）<br>932（42.8） | 112（5.1）<br>1077（49.5） | 11.27<br>** |
| | 同心協力 | 94（4.3）<br>893（41.0） | 138（6.3）<br>1051（48.3） | 2.46 |
| | 彼此相處融洽 | 124（5.7）<br>863（39.7） | 213（9.8）<br>976（44.9） | 11.80<br>** |
| | 滿意我們解決家庭的問題的方法 | 163（7.5）<br>824（37.9） | 188（8.6）<br>1081（46.0） | 0.20 |
| | 一起從事家庭活動 | 142（6.5）<br>845（38.8） | 194（8.9）<br>995（45.7） | 1.54 |
| | 自在地將心中的感受說出來 | 293（13.5）<br>694（31.9） | 403（18.5）<br>786（36.1） | 4.39<br>* |
| | 充分地表達自己的意見和看法 | 203（9.3）<br>784（36.0） | 239（11.0）<br>950（43.7） | 0.07 |
| | 彼此說出個人的困難或問題 | 200（9.2）<br>787（36.2） | 255（11.7）<br>934（42.9） | 0.46 |
| | 發脾氣 | 153（7.0）<br>834（38.3） | 121（5.6）<br>1068（49.1） | 13.89<br>*** |
| | 討論家庭的問題 | 107（4.9）<br>880（40.4） | 133（6.1）<br>1056（48.5） | 0.07 |
| | 似乎儘量避免與其他家人接觸 | 126（5.8）<br>861（39.6） | 94（4.3）<br>1095（50.3） | 14.02 |

續表 41-5　少年是否視父母為學習對象與家人覺知之差異考驗摘要表

註：*P＜.05　　**P＜.01　　***P＜.001

（$\chi^2 = 9.53$，p＜.01）、「閱讀」（$\chi^2 = 20.46$，p＜.001）、「跳舞」（$\chi^2 = 46.11$，p＜.001）及「欣賞展覽」（$\chi^2 = 6.06$，p＜.05）等項目與是否視父母為最瞭解心事之對象有顯著性的差異。其中在認為父母最瞭解我的項目中，受試者表示會常與父母一起「聊天」，但是在「運動」、「郊遊」、「閱讀」、「跳舞」與「欣賞展覽」等項目，受試者則選擇不與父母一同參與；在選擇非父母為最瞭解他們的人的受試者表示，在「聊天」、「運動」、「吃東西」、「郊遊」、「閱讀」、

「跳舞」及「欣賞展覽」等項目受試者皆選擇不與父母參與這些活動（參見表41-6）。

　　在是否視父母為最瞭解心事之對象與家人正向覺知方面之交叉分析中，結果顯示：受試者覺得家人很容易「彼此相互扶持」（$\chi^2=$ 29.70，p＜.001）、「同心協力」（$\chi^2=9.99$，p＜.01）、「一起從事家庭活動」（$\chi^2=15.19$，p＜.001）、「發脾氣」（$\chi^2=33.07$，p＜.001）及「似乎儘量避免與其他家人接觸」（$\chi^2=23.83$，p＜.001）等項目與是否視父母為最瞭解心事的對象有顯著性的差異。其中不論在父母最瞭解我或選擇非父母最瞭解我的受訪樣本中皆表示，在「彼此相互扶持」、「同心協力」、「一起從事家庭活動」、「發脾氣」及「似乎儘量避免與其他家人接觸」等項目，受試者都覺得家人較不容易有正向互動的感受（參見表41-6）。

　　然而，在是否視父母為最瞭解心事之對象與家人負向覺知方面之交叉分析中，結果顯示：受試者覺得家人很難「彼此相處融洽」（$\chi^2=9.79$，p＜.01）、「自在地將心中的感受說出來」（$\chi^2=17.12$，p＜.001）及「發脾氣」（$\chi^2=14.96$，p＜.001）等項目與是否視父母為最瞭解心事的對象有顯著性的差異。其中不論在父母最瞭解我或選擇非父母最瞭解我的受試樣本中皆表示，在「彼此相處融洽」、「自在地將心中的感受說出來」及「發脾氣」等項目，受試者都覺得家人較不會有難以互動的感受。換言之，即他們覺得與家人較容易相處融洽，也較容易自在地將心中的感受說出來且也較容易發脾氣；這種傾向尤其是視父母為最瞭解心事的少年高於視非父母為最瞭解他們心事的少年（參見表41-6）。

| 項目 | 學習對象 | | |
|---|---|---|---|
| | 父母（%） | 非父母（%） | $\chi^2$ |
| 經常與家人一起 聊天 | 331（15.2）<br>196（9.0） | 801（36.8）<br>848（39.0） | 32.42<br>*** |
| 看電視 | 420（19.3）<br>107（4.9） | 1370（63.0）<br>279（12.8） | 3.14 |
| 看電影 | 49（2.3）<br>478（22.0） | 138（6.3）<br>1511（69.4） | 0.44 |
| 看MTV、唱KTV | 25（1.1）<br>520（23.1） | 57（2.6）<br>1592（73.2） | 1.83 |
| 運動 | 72（3.3）<br>455（20.9） | 129（5.9）<br>1520（69.9） | 16.24<br>*** |
| 吃東西 | 188（8.6）<br>339（15.6） | 804（36.9）<br>845（38.8） | 27.56<br>*** |
| 郊遊 | 98（4.5）<br>429（19.7） | 217（10.0）<br>1432（65.8） | 9.53<br>** |
| 閱讀 | 35（1.6）<br>492（22.6） | 41（1.9）<br>1608（73.9） | 20.46<br>*** |
| 跳舞 | 32（1.5）<br>495（22.7） | 17（0.8）<br>1632（75.0） | 46.11<br>*** |
| 欣賞展覽 | 31（1.4）<br>496（22.8） | 57（2.6）<br>1592（73.2） | 6.06<br>* |
| 覺得家人很容易 彼此相互扶持 | 229（10.5）<br>298（13.7） | 504（23.2）<br>1145（52.6） | 29.70<br>*** |
| 同心協力 | 124（5.7）<br>403（18.5） | 286（13.1）<br>1363（62.6） | 9.99<br>** |
| 彼此相處融洽 | 174（8.0）<br>353（16.2） | 490（22.5）<br>1159（53.3） | 2.05 |
| 滿意我們解決家庭的問題的方法 | 67（3.1）<br>460（21.1） | 169（7.8）<br>1480（68.0） | 2.51 |
| 一起從事家庭活動 | 152（7.0）<br>375（17.2） | 341（15.7）<br>1308（60.1） | 15.19<br>*** |
| 自在地將心中的感受說出來 | 83（3.8）<br>444（20.4） | 205（9.4）<br>1444（66.4） | 3.83<br>* |
| 充分地表達自己的意見和看法 | 128（5.9）<br>399（18.3） | 364（16.7）<br>1285（59.1） | 1.12 |
| 彼此說出個人的困難或問題 | 63（2.9）<br>464（21.3） | 163（7.5）<br>1486（68.3） | 1.84 |
| 發脾氣 | 74（3.4）<br>453（20.8） | 432（19.9）<br>1217（55.9） | 33.07<br>*** |
| 討論家庭的問題 | 46（2.1）<br>481（22.1） | 156（7.2）<br>1493（68.6） | 0.25 |

表41-6　少年視父母是否為最瞭解心事之對象與對家人覺知之差異考驗摘要表

| 項目 | | 學習對象 | | |
|---|---|---|---|---|
| | | 父母（%） | 非父母（%） | $\chi^2$ |
| 覺得家人很難 | 似乎儘量避免與其他家人接觸 | 9（0.4）<br>518（23.8） | 125（5.7）<br>1524（70.0） | 23.83<br>*** |
| | 彼此相互扶持 | 31（1.4）<br>496（22.8） | 136（6.3）<br>1513（69.5） | 3.15 |
| | 同心協力 | 65（3.0）<br>462（21.2） | 167（7.7）<br>1482（68.1） | 2.04 |
| | 彼此相處融洽 | 59（2.7）<br>468（21.5） | 278（12.8）<br>1371（63.0） | 9.79<br>** |
| | 滿意我們解決家庭的問題的方法 | 87（4.0）<br>440（20.2） | 264（12.1）<br>1385（63.6） | 0.07 |
| | 一起從事家庭活動 | 68（3.1）<br>459（21.1） | 268（12.3）<br>1381（63.5） | 3.43 |
| | 自在地將心中的感受說出來 | 130（6.0）<br>397（18.2） | 566（26.0）<br>1083（49.8） | 17.12<br>*** |
| | 充分地表達自己的意見和看法 | 95（4.4）<br>432（19.9） | 347（15.9）<br>1302（59.8） | 2.25 |
| | 彼此說出個人的困難或問題 | 100（4.6）<br>427（19.6） | 355（16.3）<br>1294（59.5） | 1.57 |
| | 發脾氣 | 92（4.2）<br>435（20.0） | 182（8.4）<br>1467（67.4） | 14.96<br>*** |
| | 討論家庭的問題 | 63（2.9）<br>464（21.3） | 177（8.1）<br>1472（67.6） | 0.61 |
| | 似乎儘量避免與其他家人接觸 | 62（2.8）<br>465（21.4） | 158（7.3）<br>1491（68.5） | 2.09 |

表 41-6　少年視父母是否為最瞭解心事之對象與對家人覺知之差異考驗摘要表

註：*P＜.05　　**P＜.01　　***P＜.001

# 綜合討論

## 結論摘要簡述

### · 少年對家庭生活經驗和感受

少年最常向同儕或朋友學習思想行為，並作為認同之主要對象占六成二，其次為向父母學習占四成五，而師長僅占二成六，至於向影歌星之偶像學習僅占二成二。

有超過一成以上的受訪少年表示父親在家中最常打人，母親次之；而有超過三成以上的受訪少年表示母親在家中最常罵人，父親次之。

### · 少年對父母管教方式與期待

受訪少年皆認為其父母親對其管教方式大多以尊重少年的民主方式為主，其次為放任式之管教方式，例如，「會和我討論後再作決定」及「會以我的意見為主」，父親約占七成二及母親約占八成二左右。

受訪少年表示父親較容易在課業上、生活習慣和家庭人際問題與他們起衝突；而母親則在生活習慣、課業及升學問題和人際關係上與子女起衝突。然而，當親子之間有意見不一致時，大都還是以民主式的討論為解決方式。

### · 少年家庭衝突事件及家庭成員衝突處理經驗認知與心理反應

受訪少年覺得最會引起家人爭吵的事件分別為子女功課、工作、家務分工、干涉對方行動、薪水、限制對方行動及子女交友約各占一成五左右及以上；當家人相互衝突時，六成以上少年會煩惱與擔心。

而家人起衝突時，家人常出現非理性的情緒表達，例如，彼此生氣不說話、辱罵對方、用力關上房門、故意讓對方沒面子等。少年則表示他們對家人衝突事件感到沮喪、孤單、沒有人在乎他、想對別人出氣等感受。

當遇到家人發生衝突時，少年常因缺乏外在資源而採取不求援或僅能向親戚長輩尋求幫助。少年也表示最能立刻阻止衝突的方法是與對方溝通講道理或採取逃避的方式離開現場為主。

## ·少年視父母為學習對象與家庭生活經驗

受訪少年如以父母為學習對象，較傾向與父母在一起「聊天」，而「看MTV、唱KTV」、「郊遊」與「閱讀」則傾向不和父母在一起行動；相對地，不以父母為學習對象者，則選擇不與父母一起「聊天」、「看MTV、唱KTV」、「郊遊」及「閱讀」等活動。

受訪少年不論他們是否視父母為學習對象皆表示他們傾向覺得家人不是很容易「彼此相互扶持」、「同心協力」、「彼此相處融洽」、「滿意解決家庭問題的方法」、「一起從事家庭活動」、「自在地將心中的感受說出來」、「彼此說出個人的困難和問題」、「發脾氣」和「似乎盡量避免與其他家人接觸」。但是以父母為學習對象者明顯地比非以父母為學習對象者對家人有較正向的覺知。

相對地，在負向覺知之表達，受訪少年不論他們是否視父母為學習對象，皆表示他們在「彼此相互扶持」、「彼此相處融洽」、「自在地將心中的感受說出來」、「發脾氣」和「似乎盡量避免與其他家人接觸」等項目較少對家人有負向之覺知，而且又以非父母為學習對象者比以父母為學習對象者有較負向之覺知。

綜合上述發現，受訪少年不論是否視父母為學習對象者，皆表示他們在「彼此相互扶持」、「彼此相處融洽」、「自在地將心中的感受說出來」、「發脾氣」和「似乎盡量避免與其他家人接觸」等五項較持中立（即不容易也不難）的覺知；但在「同心協力」、「滿意解決家庭問題的方法」、「一起從事家庭活動」、「彼此說出個人的困難和

問題」則較持不是正向的覺知。

### ・少年視父母爲最瞭解心事之對象與家庭生活經驗

　　受訪少年不論他們是否視父母爲最瞭解他們心事之對象皆表示他們在與父母一起「聊天」、「運動」、「郊遊」、「閱讀」、「跳舞」及「欣賞展覽」之項目中，都較傾向選擇不與父母一起參與。

　　受訪少年的受試樣本中，在正向覺知中，皆表示他們覺得家人較不容易「彼此相互扶持」，也較不容易「相處融洽」及「一起從事家庭活動」，且也較不容易「發脾氣」及「似乎儘量避免與其他家人接觸」，這種現象尤其在視非父母爲最瞭解心事的少年高於視父母爲最瞭解心事之受訪對象。

　　受訪少年的負向知覺中，也皆表示他們覺得家人較容易「相處融洽」，也較容易「自在地將心中的感受說出來」，且也較容易「發脾氣」，這種現象尤其在視父母爲最瞭解心事的少年高於視非父母爲最瞭解心事之受訪對象。

　　綜合上述發現，受訪少年不論是否視父母爲最瞭解心事之對象者，皆表示在「相處融洽」及「發脾氣」等兩項較持中立（較不容易也不難）的覺知；但是在「彼此相互扶持」、「一起從事家庭活動」及「似乎儘量避免與其他家人接觸」此三項持較不是正項的覺知，而在「自在地將心中的感受說出來」則持較不是負向的覺知。

## 討論與建議

### ・討論

1. 本調查研究發現少年最常向同儕及朋友學習思想行爲，而不是以父母爲認同之最主要對象。少年在社會化過程中需要學習有效參與社會所需的知識、技能和態度，以表現出社會所期許的

個體，尤其少年階段更是延續兒童時期所發展出的利社會行為、性別角色、人際互動。隨著生理快速成長與改變，父母、師長與社會的期許也都在改變，所以個體在尋求獨立、自主的同時更需要同儕的情緒支持，因此，對朋友的依賴及相互學習對青少年的身心發展愈來愈重要，也促使青少年社會化過程產生催化作用。

2. 受訪少年覺知父親是家中最愛打人，而母親是最愛罵人之負向感受。親子之間的衝突發展表現在少年課業上、生活習慣和交友人際問題上。青少年對其父母的態度是受相當多的因素所影響，例如，父母的婚姻適應、家庭凝聚力及合作關係和家庭的氣氛（Burman, John & Margolin, 1987）。同時，少年本身的適應情形也會影響其對父母的態度（Offer, et al., 1981; 1988）。而少年的態度也會隨著他的成長及對生活之適應情形而有所改觀。然而，本研究雖然發現台灣少年在親子之間意見不一致時，大多還是以採民主式的討論來尋求解決，但是當家人起衝突時，家人常出現以非理性之情緒表達，而且少年更表示對這些衝突事件感到沮喪、孤單等負向情感。此結果也與美國Steinberg（1993）的研究所證實相同：親子不和的情形在青春期逐漸增加。一直要到了十八歲以後才會逐漸減少。根據王淑俐（1990）對台北縣市國中生的調查研究顯示：90％左右的少年在日常生活中常有煩惱和快樂的情緒，有40％的學生常有焦慮、鬱悶和悲傷等情緒。該研究也指出：當少年感受到某種情緒時，最常見的反應多半是立即、外顯、有強烈表情動作的直接情緒表達，其次為壓抑或逃避的方式，而引發此情緒的主要原因依序為學校因素、個人及友伴因素和家庭因素。青少年的社會化是個體與環境複雜交互作用的歷程，青少年在此時期受到父母、師長、同儕和社會環境的壓力與約束，逐漸學到如社會期望的方式來表現行為（黃德祥，1994）。青少年想要追求

自主，即使想與父母分開，但父母的影響力並未解除，仍需獲得父母之情緒支持與讚許（approval），以獲得個人之心理社會幸福感（psychosocial well-being）（Kuo, 1988）。

然而在追求獨立、觀念想法改變的同時，更會與父母產生衝突，所以父母必須改變對待青少年子女的教養方式，以更尊重的態度接納他們行為的改變，以避免雙方不愉快的發生（李惠加，1987）。不但如此，父母如能以開放及支持來回應少年，將有助少年澄清自我價值以幫助他們成為成人（Newman & Newman, 1997）。

3. 絕大多數的父母對子女之養育方式是採取民主式及放任式的教養風格，例如，常與子女討論後再做決定或會以少年的意見為主。此情形與Kelly及Goodwin（1983）針對美國高中一百位學生所做的調查相同，幾乎近四分之三之受訪者父母是採取是採取較主權式（authoritative parenting）或放任式（permissive indulgent parenting）。此種民主式的養育方式會使少年傾向對父母較有正確態度及順從父母的規範，如此一來也可增進彼此之親子互動關係及日後的同儕關係（Hill, 1980），反之，如果父母較傾向用高壓控制的管教方式及家庭衝突，那少年較會因察覺到父母的拒絕而影響日後容易產生低自尊、憂鬱及自殺行為（Roberston & Simons, 1989; Rosenberg, et al., 1989; Stivers, 1988）。家庭中的親子關係是雙方向的（bidirectional dimensions），所以相對地，父母親的管教方式會影響到青少年的行為和發展，不過，青少年的反應和行為方式，也會左右父母親的管教方式和態度（劉安彥、陳英豪，1994，Kuo, 1988）。本研究發現受訪少年對父母之教養方式感受較為正向，認為父母採取尊重民主式及放任的管教方式，但同時受訪少年也表示家庭成員較少彼此表達內心心理感受，而且家庭衝突處理也較為消極逃避。青春期的少年與父母之間的衝突增

加，主要是由於雙方經驗不同、觀念差異，青少年較富理想，父母則重實際。父母的管教與期望未配合青少年發展而調整，自然會發生衝突。不過爭吵與衝突還是以課業、家務、花錢、交友、約會以及個人外觀等小事，而不是因為政治理念或是宗教信仰（Montemayor, 1983; Steinberg, 1990）。所幸的是，過了青春期，特別是來自民主式之管教方式的家庭，由於彼此之良性互動使家庭成員學習到如何解決衝突，直到青少年後期則有彼此衝突下降的趨勢（Atwater, 1990）。但是，如果不當使用賞罰的管教方式，例如，權威式的管教方式，反而造成子女不當的模仿，更形成缺乏社會技能，而間接增加孩子反社會之行為（曾華源、郭靜晃，1994：244）。除此之外，陳玉書（1998）研究也發現親子關係不良對少年負向情緒與偏差行為有正相關存在。這是因為子女對父母的依附關係愈強愈會顧及父母的意見與情感，接受父母之價值觀，進而控制青少年偏差行為的產生。同時本研究受訪少年表示他們最常與父母看電視、聊天、吃東西，由此看來，相處時間多，並不代表親子溝通互動品質就必然是正向的。

4. 研究結果顯示：受訪少年如以父母為行為學習對象，則較常與父母一起聊天，對家人有較正向及有較少負向之覺知，而且也發展較高的幸福感（McMillan Hilton Smith, 1982）。此結果印證青少年對父母之依戀愈強，對父母之覺知感受程度愈正向。雖然如此，Newman 及 Newman（1997）也指出：少年與父母之間常有開放式的溝通，可以帶給雙方正向的關係，但是也並不能代表此互動經常是正向的。此外，在本研究中，在視父母是否為最瞭解其心事之對象，少年則表示他們較少與父母一起活動，而選擇同儕朋友較多。此結果證實少年已開始對朋友講求忠誠、義氣、自我表白，發展類似之價值觀，所以和朋友活動相處時間增加，而且也認為朋友是最瞭解他們心態之對象，遠

超於對父母的覺知。然而，本研究也表示，除了比朋友少相處之外，少年仍覺知家人還是容易相處融洽，也可自在地將心中感受說出來，而且也較容易對其發脾氣。

## ·建議

1. 父母應能有所反省，雖然與孩子之間有一些程度的親子衝突，但需瞭解這些狀況是暫時的、表面的且正常的，因而刺激父母反省管教方式而做調整，以幫助少年的獨立及自主。父母應儘可能放棄權威的管教方式，消除少年對父母之負向感受，多與子女溝通與互動，宜對少年多一些關懷，給予溫暖感受及深層的心理互動，代替只是在一起的較淺的生理互動層次。

2. 要給予民主之管教，充分的溝通，並隨時保持溝通管道的暢通。多給予關愛與回應，真誠的傾聽，共同制定規則，並提供一致性的行為準則，適時給予子女支持、鼓勵與讚美，最重要確實執行賞罰分明之管教風格，一方面為子女確立身教，另一方面減少親子之間的衝突。

3. 青春期的情緒發展輔導與教育很重要，父母應接納他們正、負向之情緒，以耐心與關懷的態度代替冷漠與責罵，並幫助少年瞭解自己的情感、心情，學會管理情緒，調整心情及適當的表達，加強少年EQ管理，讓負向情緒得以適當紓解。

4. 加強親子互動之量與質，提供一些親職教育管道及親職技巧之資訊，以增加父母對自己管教子女之能力、知識和信心。並藉此提增親子之間的社會聯結（social bonds）。

5. 增進良好家庭互動，以增加父母之婚姻品質，降低少年因父母不良婚姻關係而影響其身心理發展，也預防因父母離婚或分居而對少年所導致之負面影響。同時，提供適當的支持與協助，降低父母之生活壓力，充實家庭功能之發揮並幫助少年在家庭

之健全發展。

6.關心少年在家庭系統外之生活情形，尤其是其交友情形。友誼可讓少年獲得情緒需求上的滿足，建立自信心及積極的自我概念，但不當的朋友交往，缺乏團體的規範、依附，也可能因而造成其偏差行為產生。

7.政府應加強家庭支援系統之建立，適時給予家庭各種支持，以避免家庭失去家庭聯結，進而造成少年偏差行為的產生。

# 參考書目

## 中文部分

王淑俐（1990），國中階段青少年情緒發展與問題及指導，國立台灣師範大學教育研究所博士論文。

李惠加（1987），《青少年發展》。台北：心理出版社。

陳玉書（1998），青少年偏差行為與心理不良適應之探討——以台灣地區為例，《中央警察大學學報》，（33），頁213～236。

曾華源、郭靜晃（1999），《少年福利》。台北：亞太圖書出版社。

黃富源（1998），單親家庭對少年非行影響之研究——台北市之實徵研究。台北市政府社會局委託研究。

黃德祥（1994），《青少年發展與輔導》。台北：五南圖書公司。

楊國樞（1985），家庭因素與子女行為——台灣研究評析，香港中文大學：「現代化中國文化」國際研討會論文發展。

劉安彥、陳英豪（1994），《青年心理學》。台北：三民書局。

蔡佳芬（1999），影響繼親家庭青少年偏差行為家庭因素之相關分析

研究，中國文化大學兒童福利研究所碩士論文。

王淑俐（1990），國中階段青少年情緒發展與問題及指導，國立台灣
　　師範大學教育研究所博士論文。

李惠加（1987），《青少年發展》。台北：心理出版社。

陳玉書（1998），青少年偏差行為與心理不良適應之探討——以台灣地
　　區為例，《中央警察大學學報》，（33），頁213～236。

曾華源、郭靜晃（1999），《少年福利》。台北：亞太圖書出版社。

黃富源（1998），單親家庭對少年非行影響之研究——台北市之實徵研
　　究。台北市政府社會局委託研究。

黃德祥（1994），《青少年發展與輔導》。台北：五南圖書公司。

楊國樞（1985），家庭因素與子女行為——台灣研究評析。香港中文大
　　學：「現代化中國文化」國際研討會論文發展。

劉安彥、陳英豪（1994），《青年心理學》。台北：三民書局。

蔡佳芬（1999），影響繼親家庭青少年偏差行為家庭因素之相關分析
　　研究，中國文化大學兒童福利研究所碩士論文。

# 英文部分

Atwater, E. (1992). *Adolescence* (3rd ed). Englewood, NJ: Prentice Hall.

Bronfenbrenner, U. (1979). *The ecology of human development: Experiment by nature and design.* Cambridge, MA: Harvard University Press.

Burman, B., John, R. S. & Margolin, G. (1987). Effects of marital and parent-child relations on children's adjustment. *Journal of Family Psychology,* 1, 91~108.

Gottferdson, M. R. & Hirschi, T. (1990). *A general theory of crime.* CA: Stanford University Press.

Hill, J. (1980). The family. In M. Johnson, (ed.,) *Toward adolescence:*

*The middle school years* (Seventy-ninth yearbook of the society for the study of Education). Chicago: University of Chicago Press.

Kelly, C. & Goodwin, G. C. (1983). Adolescents' perception of three styles of parental control. *Adolescence,* Fall, 567~571.

Kuo, J. H. (1988). *A multidimensional analysis of quality of communication and well-being in families with adolescents: A cross-sectional and longitudinal comparison.* Dissertation of the Ohio State University.

McMillan, D. W. & Hilton Smith, R. W. (1982). Adolescents at home: An exploratory study of the relationship between perception of family social climate, general well-being and actual behavior in the home setting, *Journal of Youth and Adolescent,* 11, 301~315.

Montemayor, R. (1983). Parents and adolescents in conflict: All families some of the time and some families most of the time. *Journal of Early Adolescence,* 3, 83~103.

Newman, P. R., & Newman, B. M. (1997). *Childhood and adolescence.* New York: Brooks/Cole Publishing Company.

Offer, D., Ostrov, E., & Howard, K. I. (1981). *The adolescent.* New York: Basic Books.

Offer, D., Ostrov, E., & Howard, K. I., & Atkinson, R. (1988). *The teenage world: Adolescents' self-image in ten countries.* New York: Plenum Medical Book Company.

Robertson, J. F. & Simons, R. L. (1989). Family factors, self-esteem, and adolescent depression. *Journal of Marriage and the Family,* 125~138.

Rosenberg, M., Schooler, C. & Schoenbach, C. (1989). Self-esteem and adolescent problems: Modeling reciprocal effects. *American Sociological Review,* 54, 1004~1018.

Steinberg, L. D. (1990). Autonomy, conflict, and harmony in the family relationship. In S. S. Feldman & G. R. Elliott (Eds.), *At the threshold: The developing adolescent*. Cambridge, Mass: Harvard University Press, 255~277.

Steinberg, L. (1993). *Adolescence*. New York: McGraw-Hill, INC.

Stivers, C. (1988). Parent-adolescent communication and its relationship to adolescent depression and suicide proneness. *Adolescence,* 291~295.

Zastrow, C. (1994). *Introduction to social welfare institutions: Social problems, services and current issues* (3rd). 台北：雙葉書廊。

# 42. 電動玩具之教育功能

* 電動玩具所引發的學習過程
* 電動玩具之教育功能
* 結論與建議

近三十年來，由於社會文明及科技的進步，電子傳播媒體帶動人們由單純穩定的生活及學習環境（例如，正規的家庭及學校教育）邁向高科技化與多元化的時代（例如，電子傳播媒體在生活上的廣泛運用）。電子傳播媒體一方面提供了人們整合知識與心智的教育功能，另一方面也帶來了休閒娛樂的附加價值。

　　有關電子傳播媒體對於孩子在學習與發展上的幫助，早已獲得父母與專家們的肯定——不論是在正式或非正式的情況下，其常被應用於教育層面上，似乎提昇孩子的社會化，它不但改變、提昇傳統式教育的口授形式，更給予孩子們對於教材的互動參與機會，相對地，也因而強化了孩子們「由做中學」（learning by doing）的遊戲價值與功能。

　　此外，電腦的發明，雖僅半個世紀，然而影響人們生活型態甚鉅，不論是個人生活或各行各業，儼然已是不可欠缺；特別是在人們汲汲於工作之外，所迫切需求的休閒娛樂上，更加顯出其魅力與影響力（鄭英敏、陳巧雲、吳文中，1993）。電動玩具其實就是一專為遊戲而設計的電腦，藉由螢幕影像的呈現，加上利用手指的操作與靈活控制，來達到遊戲的目的與效果，這種電視與電腦結合的科技產物，操作便捷簡單，不需太多學習，又可帶來歡笑，於是，不僅太人愛不釋手，孩子們更是樂此不疲。

　　在台灣，有關兒童對電動玩具之喜愛的調查、研究，例如，楊孝濚（1982），趙文藝、張欣茂（1983），陳麗欣（1989），郭美菊（1991），鄭英敏、陳巧雲、吳文中（1993）等，皆指出電動玩具深受孩子的喜愛，更是孩子們所喜愛的玩具排行榜項目之一，亦是青少年當今熱門的休閒娛樂方式。目前，坊間的電動玩具約可分為益智性、冒險性、競賽性、賭博性、色情性、暴力性等性質（郭靜晃，1991），另就其遊戲內容的特性，又可分為：一、生理性的人體結構型：三國志、快打旋風；二、探險型：瑪利兄弟尋寶、音速小子；三、幾何型：魔術方塊；四、機械型：鳥人戰隊、戰車、蝙蝠俠；

五、競賽型：球賽、賽車競賽；六、賭博型：麻將等。另就電動玩具的硬體來看，除了擺設在遊藝場所中體積較大的機具，如柏青哥之外，亦有適用於家庭的電視遊樂器，例如，任天堂、超級任天堂、Game Boy、Sega、PC、電視遊樂器加上個人電腦（例如，CD-ROM的光碟機）及掌上型遊樂器等。

　　電動玩具的價值，除了其值得肯定的正面功能，亦有其負面的影響，例如，長期專注於螢幕，對視力、骨骼發育、坐姿的傷害，而具賭博性、色情性以及暴力性的電動玩具，更會影響兒童身心健康的發展。Silvern和其同事發現，使用如「太空爭霸戰」的遊戲軟體來玩電動玩具，長期下來會導致三歲幼兒暴力、攻擊行為的增加，社會期望的行為減少（Silvern, Williamson & Countermine, 1983）。他們認為，當孩子暴露於過多的暴力性遊戲情境中，會使孩子對暴力行為敏感度減低，使孩子對暴力情境習以為常，而產生與觀看暴力性電視節目相同之結果。陳麗欣（1989）在研究台北市國民中學校園犯罪概況時，將「打電動玩具娛樂」及「打電動玩具賭博」並列為國中生諸多偏差行為中的兩個項目。在未經因果關係探討之實驗研究驗證之下，許多學者以青少年若耗費過多之時間與金錢於電動玩具的遊樂上，因而導致學業成績低落、參與適當休閒活動的機會減少等負面影響來評斷「電動玩具」之作用時，難免會對其貼上刻板化的負面「標籤」。然而，根據楊孝濚（1981）的研究發現：青少年玩電動玩具的頻率，與其課業成績、家人關係、學校表現及人際關係等均無顯著不良的關聯性。此外，Egli & Meyers（1984）的研究（N＝151）亦發現：雖然約有10%的受試者在玩電動玩具時，有些衝動行為發生，但對於金錢與時間的花費、學業的表現以及社會人際關係等各層面，卻無不良的影響。

# 電動玩具所引發的學習過程

　　益智性的電動玩具，顧名思義就是著重教育目標及功能的電腦軟體，透過情境中所提供的娛樂氣氛，讓青少年能從中習得一些技巧以達到學習的功能。記憶實為學習過程之根本，由記憶而理解，經理解而應用、分析、統整、創造而至批評論斷，各層面因逐一精化而提昇，相對地，學習者的能力所面對的挑戰亦更趨艱難。

　　事實上，就訊息處理過程（Information Processing）而言，玩電動玩具原就是一種學習的歷程：首先，須將外在刺激（螢光幕上的）轉換成感官記憶，再將感官記憶的注意轉為運作（短期）記憶，在此階段，若未經反覆練習，則可能產生遺忘，反之，若在短期記憶中，不斷地加以複習，則形成程序性（長期）記憶。

　　就學習理論與社會學習論的觀點，青少年玩電動玩具的過程，其實具有增強學習的作用。青少年藉由遊戲中獲得高分、過關斬將而得到自我學習增強，進而達到成就感之滿足。此外，由於玩電動玩具已普及於青少年的大部分同儕團體，因此，有的基於為了得到同儕認同而接近並練習電動玩具，或者是基於喜愛玩電動玩具，特別是得到高分後所獲得的團體認同與讚許，凡此種種，皆在無形中增強了青少年繼續玩的動機，而強化了整個學習過程，並使青少年的技巧與能力，在反覆學習與演練中更顯靈活。

# 電動玩具之教育功能

　　大部分的益智性電動玩具，本身對青少年是無害的，甚至是具有些助益的，換言之，若能針對玩電動玩具時的情境以及遊戲環境加以

控制與輔導，並重視遊戲軟體的完善規劃與設計，則更能肯定與提昇電動玩具在教育上的價值與功能。

## 有助於與玩物的互動效果

青少年透過操作機器，例如，發射子彈、控制方向等，而與電視或其他螢幕間產生互動的結果，這乃是青少年在從事其他休閒活動，例如，閱讀、看電影、電視或聽收音機等無法達到的效果。青少年藉由此種互動，更能在遊戲中滿足自主權、控制權及隱私權，甚至於獲得玩性（playfulness）。換言之，不僅可以消弭孩子們對新科技所產生的陌生恐懼感以及不自在的感受，更能使遊戲者除了自得其樂外，也能獲得成就感、自信心等需求的滿足。Gibb、Bailey、Lambirth及Wilson（1983）的研究指出，青少年玩電動玩具的經驗愈多，其成就動機愈強。而Selnow（1984）調查研究亦指出，十至十四歲青少年認為玩電動玩具可以使他們遠離生活上的問題，與他們作伴，並帶來互動與歡樂。鄭英敏等（1993）的問卷調查研究中亦發現，國小高年級的學童認為益智性的電腦遊戲很好玩，且其父母也相當肯定電腦遊戲的價值。

## 增加手眼協調的能力

藉由電動玩具的操弄，可提昇手指的靈活度與小肌肉的操作技巧以及強化手指協調的反應能力。鄭英敏等（1993）的研究指出，國小高年級學童認為電腦遊戲的益處之一是增加手眼協調的能力（尤其是對視動能力的提昇）。此外，亦有研究指出，兒童玩電腦或電動玩具的經驗，可增加更複雜的空間知覺概念（Kipper, 1989）及打字技巧（1983）。

## 增加思考策略的能力

　　由於電動玩具的設計愈來愈趨於多元化，非僅限於發射子彈等之視動效果，大部分的電動玩具也需花費腦力來操弄，例如，謀略、角色扮演等能力。因此，青少年在玩電動玩具時，必須運用智慧、謀略，針對各種假想的情境做迅速的反應及臆測，經由重複操作、模擬演練或嘗試錯誤等，以學習如何達成目標的技巧與方法，而促使思考謀略能力之精化（Mastery）。

## 培養抽象思考／推理能力

　　利用電腦遊戲軟體鼓勵青少年思考各種反應之間的關係，進而衍生自己的假設、推理，例如，化學實驗、電與太陽能的實驗、或雨水收集的實驗等來培養並增進自我認知的能力。鄭英敏等（1993）利用電動玩具之軟體，例如，百戰小旅鼠、神奇口袋、沙丘魔堡、外星異形Ⅱ、3D德軍總部及破壞神等，以實驗設計的方法進行研究，結果發現實驗組在圖形補充測驗、連環圖系測驗、符號替代測驗B型、迷津測驗等皆有顯著性差異。此研究驗證電腦益智遊戲對國小學童的學習潛能，尤其是邏輯推理能力是有所提昇的。此外，國外研究如：Evan及Rouse（1985）發現青少年使用數學之電腦軟體可提昇數學成就測驗分數。另外Firestein（1984）的研究亦指出使用電動玩具遊戲可提昇國小學童及國中學生有關數學問題之推理能力。

## 滿足獨立的需求及增進團體認同感

　　楊孝濚（1981）及Selnow（1984）的研究發現，青少年能從電動玩具中得到自得其樂的樂趣，以滿足其獨立自主的需求。同時，玩電動玩具不僅蔚為時尚，更可視為青少年普遍的休閒活動（鄭英敏等，1993；Creasey & Myers, 1986; Egli & Meyer, 1984），因此，青少年得

以在此電動玩具的共同話題中，增加對團體的認同感（group identity）（Creasey & Myers, 1986）。

## 教育的功能與效果

透過良好設計的益智性電腦軟體，以寓教於樂的型態，使遊戲者瞭解其所需要的概念。例如，透過電腦遊戲軟體讓幼兒瞭解如何過馬路、防範陌生人、瞭解一般生活常識等，亦可藉此提供青少年迫切需要的性教育及正確的避孕方法等。國外研究有：David & Ball（1986）利用價值導向的電腦軟體，如用The Healer的電腦軟體來教導孩童學習生活價值。此外，Buckalew（1983）利用允許玩電動玩具為條件，來做為增強物，針對資賦優異兒童的情緒衝突做行為修正的管理，亦有其效果；另Casey（1992）發現，玩電動玩具對於輔導行為偏差之青少年亦有其效果。

## 紓解身心壓力

電動玩具的聲光效果，易使遊戲者渾然忘我，對於身處課業及工作壓力的青少年或成人而言，能發揮休閒娛樂及紓解壓力的作用。Bolig（1984）指出，美國兒童醫院使用電動玩具，以其休閒功能來做為紓解兒童因住院所引起的恐懼與焦慮。

## 增加親子共處的品質

現代人生活忙碌，父母與孩子共處時間日趨減少，並且容易缺乏共同的話題。親子共玩電動玩具正可做為親子互動中的橋樑之一，並可在遊戲中提昇互動品質。國外研究有：Mitchell（1984）發現親子一起玩電動玩具，不僅可提高親子間相處的融洽和樂效果，亦可促進孩子的學業表現。

綜言之，電動玩具具有其不容抹滅的正向功能，若能針對有益的電動玩具軟體妥善規劃、設計及適當使用，除了能由其中獲取休閒效果，亦能發揮其教育性的意義與功能。

附註：上述針對青少年教育功能之研究大多是調查性及相關性的研究，很少有實驗性研究來支持上述的結果。此外，由於樣本來源較特定，人數較少，在進一步概化（generalization）研究結果及驗證變項間的因果關係時更須小心。另外，這些結果並不是泛指所有的電腦軟體，而是針對某些特定性的益智性電腦軟體。

# 結論與建議

電動玩具之於青少年或兒童，恰如水能載舟亦能覆舟般，其利弊得失，端賴成人對其所抱持的態度以及能否妥善運用而定。青少年熱衷於電動玩具並深深喜愛，更是其主要休閒娛樂的方式之一，這是不容否認的事實，同時，由於玩電動玩具除了其聲光效果與互動模式的吸引力之外，更具其他正向的附加效果，例如，同情認同、壓力紓解等，所以遊戲的對象已不分年齡性別，父母或師長應避免一味的禁止，實應藉力使力，因勢利導，積極地開發設計良善富正向意義的遊戲軟體，使之成為一種正向意義的教育工具，並輔以恰當的遊戲場所管理，強化業者的自律行為，以淨化目前玩電動玩具所致的不良環境影響，進一步地才能幫助孩子們在玩電動玩具的遊戲過程中，達到其教育性的功能。

# 43. 青少年身心發展與電動玩具之運用

* 電動玩具面面觀
* 青少年身心發展與電動玩具之運用
* 結論與建議
* 參考書目

拜科技文明之賜，電動玩具甫發明即席捲了全世界，並且歷久而彌盛，從牙牙學語的娃兒到老者，很少有不被螢光幕上聲光效果俱全而又緊張刺激的遊戲所吸引，青少年更是徹夜排隊守候，只爲了能搶購到新推出的遊戲軟體或卡帶，電動玩具的魔力可見一斑。

在台灣，電動玩具也贏得許許多多人的心，從老年到少年，從販夫走卒到醫生、教授。有的人靠電動玩具來紓解身心，也有人藉電動玩具找到了自己歸屬的團體，找到了認同。打電動玩具已經是許多人休閒活動中的一項。

趙文藝、張欣茂在七十二年度對台北市國民小學兒童休閒活動做調查研究時發現：就連國小兒童，不論是一年級或六年級，不論是男生或女生，電動玩具都名列十大最喜好玩具的排行榜內，對高年級學童來說，更是高居排行榜的第一、二位。

至於青少年方面，周震歐、趙文藝及張欣茂在七十一年度所從事的「電動玩具的震撼——青少年使用電動玩具狀況及其對學業操行影響研究」中發現：當時已有86%的國中男生有玩電動玩具的經驗。楊孝濚（1978）研究青少年個人的基本資料、情境因素、人際關係型態對青少年在電動玩具的接觸程度及評價上是否有影響力時，發現國中階段的青少年有80.61%有玩電動玩具的經驗。陳麗欣（1989）的研究則發現：台北市國中學生曾從事的偏差行爲中，以「電動玩具娛樂」最爲普遍，占其樣本數的65.8%，而「打電動玩具賭博」亦高居第四位（29.2%）。此外，許多的調查研究亦發現當今青少年的休閒育樂方式中，打電動玩具是必然出現的一項（郭美菊，1991）。

可見單就兒童及青少年來說，打電動玩具已是一極爲普遍、流行的休閒活動。

不過，台灣社會對電動玩具所抱持的看法是負面多於正面的，媒體上也經常報導在諸多不法行爲的背後都有嗜打電玩的因素存在，如現役飛行軍官的先偷竊後殺人、某名人的被綁架勒贖案等等，似乎治安的敗壞、犯罪年齡的逐漸下降，都跟電動玩具的泛濫脫不了關係。

但楊孝濴（1981，則認為除了少數賭博性的電動玩具外，均非電動玩具本身的錯，通常是由於社會或電動玩具的使用者給予電動玩具負面「標籤」，而形成電動玩具對於社會或使用的青少年產生消極的影響。也就是說，社會給予「打電動玩具」的不良標籤，認為電動玩具遊戲場所乃是非之地，是青少年問題滋生的溫床，因而一方面彰顯了電動玩具的負面功能，另一方面也使電動玩具遊戲場所產生一種選擇對象的傾向，如此惡性循環，使得社會對於電動玩具產生負面的看法。

事實上，電動玩具大多是益智性或是訓練青少年反應能力的玩具，而且青少年普遍熱衷於電動玩具已是不爭的事實。因此，身為家長、教育工作者，甚至決策者所要面對的，不是要如何去禁止青少年接觸電動玩具，而是要盡力去瞭解電動玩具的正、負面功能，然後藉力使力，藉著青少年對電動玩具的熱愛，以電動玩具為利器來達到教育、輔導青少年的目的，協助青少年的身心健全發展。

# 電動玩具面面觀

目前坊間的電動玩具有益智性的、冒險性的、競賽性的、賭博性的、色情性的、暴力性的……等等，不同性質的電動玩具自有不同的功能，並非全然有害。再就電動玩具的硬體來分，除了擺設在遊戲場所中較大的機具以及柏青哥外，還有家庭用的電視遊樂器，例如，任天堂、Sega、個人電腦，以及電視遊樂器加上個人電腦（例如，CD-ROM）等。

當然，色情性的、賭博性的，以及暴力性的電動玩具會影響青少年的身心健康。有研究顯示暴力型的電動玩具會使玩的人對暴力行為的敏感度減低，對暴力處之泰然（Silvern, Williams & Countermine, 1983）。

除此之外，電動玩具的負面功能可能是受「標籤」理論之影響，

而不是電動玩具本身所形成的問題。例如，陳麗欣（1989）在研究台北市國民中學校園犯罪概況時，即將「打電動玩具娛樂」及「打電動玩具賭博」並列為國中生諸多偏差行為中的兩個項目。而且在未經因果關係探討之實證研究驗證之下，許多學者專家以國中男生使用電動玩具後學業及操行成績之相關性，即已認定玩電動玩具會使成績低落，甚至造成人際關係型態的變化，致使家長談電動玩具即色變。相反地，楊孝濚（1978）的研究發現：青少年玩電動玩具的頻率與課業成績、與家人關係、學校表現、人際關係均無顯著不良的關聯性。

　　但是經過標籤之後，電動玩具及其場所吸引的是某些行為上已有反社會傾向的人，他們在尋求刺激、認同與歸屬時，需要具有反社會行為傾向的工具及場所來滿足他們與家庭、學校、社會的疏離感，致使電動玩具及其場所淪為這些人喜好從事並因而聚集的場所。這種惡性循環之下，電動玩具及其場所更是為人所詬病，除非可以消除打電動玩具違反社會規範的「標籤」效應，不然電動玩具給大眾之負性影響要翻身也難。

　　然而，大多數電動玩具本身對青少年不但無害，甚至是有幫助的。

　　首先，青少年在操作機器，和電視螢幕間有互動的效果，這是青少年在從事其他休閒活動，例如，看電影、電視、聽收音機所不能達到的。這種互動，讓遊戲者擁有控制權，一方面可消弭某些人對新科技如：電腦的恐懼心理，另一方面可使遊戲者獲得成就感，建立自信心。而操弄機器，更可增進青少年手眼協調的能力，訓練其反應的能力。

　　再者，電動玩具的內容千變萬化，五花八門，青少年在玩電動玩具時，必須運用他的智慧，對各種假想的情況做出立即而有效的回應，電動玩具因而提供青少年抽象思考的機會，培養及增進青少年後設認知的能力（meta-cognitive abilities）。此外，某些特別設計的遊戲內容則兼具教育的效果，例如，設計良好的性教育電腦軟體，可以讓

青少年在個人電腦上接受他迫切需要的性教育，免除了課堂上當面傳授性教育的尷尬，不失為性教育的一個良好的實施管道。

另外，楊孝濚（1978）的研究亦發現有半數青少年認為能從電動玩具中得到自得其樂的樂趣，滿足青少年對獨立的渴求。而另一方面，因打電動玩具已成為青少年普遍的一種休閒活動，青少年間因電動玩具而有了共同話題，可以增進青少年的團體認同感（group identity）。

最後，電動玩具具有聲光的效果，容易使遊戲者振奮，對處在課業和工作壓力下的人能發揮休閒、娛樂，以及平衡身心的作用。

電動玩具雖有這些正面的功能，但是不當的使用或設置場所的問題亦能使遊戲者受害。

首先，賭博性、色情性、暴力性的電動玩具對身心的危害已是眾所公認的了。

其次，由於電動玩具是如此的吸引人，自制能力較弱者可能長時間沈迷其中，致使眼睛過於疲勞而損傷其視力；或因缺乏金錢，進而挺身冒險，想辦法弄錢以維持打電動玩具的花費。

再者，電動玩具場所也是該慎重加以考量的。遊樂場所中陳列的大型機具所共同發出的聲音，會讓置身其中的人聽力受損。而許多場所為了吸引顧客，有免費香菸及廉價啤酒供應，使場所內不僅聲音震耳欲聾，且空氣污濁，在酗酒之後更易滋生事端。近日更有不肖商人以各種方法讓顧客染上安非他命的毒癮，達到控制顧客的目的。電動玩具場所儼然成為犯罪的溫床。

父母、師長在徹底瞭解電動玩具的正、負面功能後，在運用電動玩具時，亦須針對青少年的身心發展來強化其正面功能。

# 青少年身心發展與電動玩具之運用

　　青少年期指的約是十二歲到十八歲，爲兒童期和成人期之間一個承先啓後的時期。由於在此時期個人生理、心理、心智的發展均呈現了巨幅的變化，導致發生許多困擾與疑惑而破壞了原有的均衡生活（馮燕，1988），因而青少年期有「狂飆期」之稱（Hall, 1904）。Caplan則稱此時期的人是處於「發展性的危機」當中。（摘自馮燕，1988：51）

　　青少年期是人生第二個快速生長的時期，出現第二性徵至性成熟。這種生理上的急劇變化經常伴隨著心理上的特殊需求，需要成人特別的關照與協助。

　　青少年普遍的特徵包括：顯得情緒較不穩定、較緊張、衝動、不安，因此，特別需要正當的休閒活動來調節他的身心，宣洩他高昂的情緒。但是台灣地區的青少年大多都處在課業的壓力之下，家庭及社會又沒能提供足夠的休閒活動與場所讓青少年去選擇，使青少年普遍缺乏足夠的休閒活動，情緒得不到調節。家長除了指導及協助，甚至陪伴青少年一起從事休閒的活動之外，亦可以爲孩子購買電動玩具，和孩子一起挑選有益的軟體，讓孩子在需要的時候可以在家藉電動玩具宣洩其情緒，而不受到時間、場所的限制，平衡青少年的身心。

　　而電動玩具可以一個人玩，也可以二個人以上玩的特性特別適合青少年時而渴求獨立、選擇獨處，時而需要同伴、成人陪伴的特質。當青少年不喜歡被打擾時，他可以關起房門自己打電動玩具休閒，從遊戲中不僅調節了身心，也滿足了他獨立的需求；而當他需要人陪伴時，父母和友人也可以陪著他一起玩，讓他體會到旁人的陪伴與分享，在情感上獲得滿足，甚至電動玩具也可以成爲親子溝通的話題。

　　另外，電動玩具的遊戲軟體不斷推陳出新，頗能滿足青少年好玩、好奇、尋求新鮮與刺激的需要。而各種遊戲都是要以假想的情況

做判斷，解決呈現在眼前一個又一個的問題，無形中培養了青少年抽象思考、解決問題的能力，也增進青少年後設認知的能力。Boehm（1989）認為電動玩具亦能提供抽象思考的訓練，讓青少年在假設上推理，增進其解決問題、做決策的能力。皮亞傑（Piaget）認為青少年是屬於抽象智慧期（形式操作期），他們需要在假設上推理，而不只是在實際的事物上推理（俞筱鈞，1977）。也就是青少年在此階段能夠有興趣於抽象思考，亦能夠揉合了青少年在認知上的發展，因此，將電動玩具視之為特別適合青少年的玩具也不為過。

此外，兒童隨著年齡的增長，家庭、父母對他的影響力漸弱，迨至青少年時，同儕的影響已大於父母對他的影響，青少年會期望在同儕中尋找他的團體認同（group identity）。艾力克遜（Erickson）稱青少年面臨的是角色認同對混淆（identity vs. role confusion）的危機。電動玩具既已成為青少年普遍的一種休閒活動，提供電動玩具給青少年，也是為他在同儕中找到了共同話題，有助於他的團體認同。反之，不管是主動或被動的拒絕電動玩具，青少年容易在同儕中或多或少感覺到自己的孤立，或承受到同儕壓力，對其身心發展會有不良的影響。

還有，兒童大至是自我中心的，但社會上的成人則被要求同時扮演許多角色，處在其間的青少年就有學習跳出自我中心、學習以不同的角色持不同觀點的任務。在使用電動玩具時，必須依據各種不同的角色做不同的判斷與決定，此種電動玩具的特色又符合了青少年發展的任務，實不可不注重。

綜合言之，若能對有益的電動玩具加以適當的運用，電動玩具則對青少年身心發展有很大的助益。

# 結論與建議

　　電動玩具可以有益於青少年，也可以加害青少年，端看成人對之所持的態度以及是否做了適當的運用而定。青少年既已熱衷於電動玩具，而且電動玩具實有其迷人之處，父母切不可一味的禁止，因為那不只剝奪了青少年的樂趣，也剝奪了青少年學習的機會，更成了親子、師生間衝突的焦點。父母最好因勢利導，協助青少年對電動玩具做良好的運用，讓電動玩具不僅成為親子間的橋樑，也成為幫助青少年健全成長的利器。相信這也是要讓益智性電動玩具進入校園的初衷。

　　當然，社會環境應做相當性的配合，不良的電動玩具及場所要嚴加取締，才能給予青少年一個清淨的成長空間。

# 參考書目

## 中文部分

李瑞金（1988），社會休閒活動與青少年精神生活，《青少年兒童福利學刊》，（11），頁55〜58。

周震歐、趙文藝、張欣茂（1982），電動玩具的震撼——青少年使用電動玩具狀況及其對學業操行影響之調查研究（以台北市國中男生為例），《青少年兒童福利學刊》。

俞筱鈞（1977），《皮亞傑具體運作期認知發展診斷實驗》。台北：中國文化大學青少年兒童福利學系印行。

胡海國（1989），《青少年心理學》（12版）。台北：桂冠出版社。

郭美菊（1991），青少年常出入休閒場所行為觀察報告，台北市少年
　　犯罪防治及輔導工作研討會。台北：台大法學院國際會議廳。

陳麗欣（1989），台北市國民中學校園犯罪概況初步調查研究，「防
　　治青少年犯罪方案」第十八次協調會議暨青少年犯罪問題研討
　　會。教育部、法務部。

楊孝濚（1981），從電動玩具之全面取締談青少年休閒活動之有效規
　　劃，《青少年兒童福利學刊》，（5），頁3～12。

馮燕（1988），家庭與青少年精神生活（一），《青少年兒童福利學
　　刊》，（11），頁49～51。

趙文藝、張欣茂（1983），台北市國民小學兒童休閒活動調查研究，
　　《青少年兒童福利學刊》，（7），頁1～27。

## 英文部分

Boehm, H. (1989). Toys and Games to Learn by *Psychology Today* (Sep),
　　62-64.

# 44. 青少年休閒需求探討

# 前言

少年是受保護與依賴的人口群，少年處於身心發展快速階段，如果他們在成長中的各種需求未能得到充分滿足，或發展經驗有所偏差時，不僅未來進入獨立生產人口階層中，必然不易有高素質的生產力，以及扮演好對社會經濟發展有貢獻的角色之外，社會偏差行為恐怕會讓社會付出不少代價。

健全的青少年是明日社會的動力，為青少年營造一個健全安全的成長環境是政府與社會大眾無可推諉的責任。給青少年一個支持的環境，讓其擁有美好的未來是我們全民的責任與希望。而適度的休閒引導更可以結合青少年的興趣及滿足其需求，以創造出一個優質的生活水準。而本章針對台灣地區年滿十二歲未滿十八歲之青少年之休閒狀態與態度進行探討，以探究青少年的休閒生活有何可能潛在之需求。

而本章報告之資料是根據1999年台閩地區少年狀況之調查報告中所摘錄，樣本是以台灣地區年滿十二歲未滿十八歲之青少年為母群體，運用隨機抽樣抽取自1998年12月31日前年齡滿十二歲至十八歲之少年3,500名（民國八十八年台閩地區之少年身心狀況調查報告，內政部統計處，1999），為了配合少年媒體使用狀況之分析，問卷回收後，經統計取得有效樣本計2,176名，有效比率為62.17％。

本次調查之樣本分布以區域分北部地區（台北縣市、桃園縣、新竹縣市）1,034名，占47.5％；中部地區（苗栗縣、台中縣市、南投縣、彰化縣、雲林縣）462名，占21.2％；南部地區（嘉義縣市、台南縣市、高雄縣市、屏東縣）554名，占25.5％；東部地區（宜蘭縣、花蓮縣、台東縣）101名，占4.6％；及其他地區（澎湖縣、金門縣）25名，占1.1％（參見**表44-1**）。

受訪少年中，男生1,030名，占47.3％；女生1,146名，占52.7％。抽樣年齡分布在十二至十七足歲之間，各年齡層樣本數約在12～20％

| 項目 | 次數 | 百分比 | 項目 | 次數 | 百分比 |
|---|---|---|---|---|---|
| **區域分布** | | | **教育程度** | | |
| 北部地區 | 1034 | 47.5 | 小學以下 | 39 | 1.8 |
| 中部地區 | 462 | 21.2 | 國中 | 1271 | 58.4 |
| 南部地區 | 554 | 25.5 | 高中 | 303 | 13.9 |
| 東部地區 | 101 | 4.6 | 高職 | 553 | 25.4 |
| 其他地區 | 25 | 1.1 | 大專以上 | 10 | 0.5 |
| **性別** | | | **現況** | | |
| 男 | 1030 | 47.3 | 日間部 | 1788 | 82.2 |
| 女 | 1146 | 52.7 | 夜間部、第二部或補校 | 142 | 6.5 |
| **出生年** | | | 就業 | 92 | 4.2 |
| 70 | 409 | 18.8 | 正自修補習準備升學 | 60 | 2.8 |
| 71 | 364 | 16.7 | 正在找工作含準備就業 | 38 | 1.7 |
| 72 | 346 | 15.9 | 正接受職業訓練 | 15 | 0.7 |
| 73 | 446 | 20.5 | 健康不良 | 13 | 0.6 |
| 74 | 356 | 16.4 | 料理家務 | 10 | 0.5 |
| 75 | 255 | 11.7 | 其他 | 18 | 0.8 |

表 44-1　少年基本資料統計表　　　　　　　　　　　　　　　　N＝2,176

之間；受訪者半數以上（58.4％）的教育程度為國中，就讀高職、高中者各占25.4％、13.9％；目前正在日間部、夜間部、第二部或補校就讀的少年有1,930人，占88.7％，在就業之少年有92人（4.2％），有2.8％正在自修、補習、準備升學，有1.7％正在找工作或準備就業考試（參見**表44-1**）。

　　本調查研究之少年表示他們和家人共處的時間也不少，最常與家人一起做的事分別為看電視（占82.3％），聊天或吃東西（各占52.0％、45.6％），偶爾會一同出遊（占14.5％），其餘為看電影、上MTV、一起去KTV、運動、閱讀或欣賞展覽之比例皆在10％以下。相對的，與知心朋友相處則以聊天（占80.3％）、逛街（占47.9％）、通

電話（占43.7％）、運動（占38.7％），其次則爲看電視、吃東西、看電影等，顯然的少年與父母及朋友之互動系統在一起所做的事是相當不同，但是，相同的是，少年與父母與同儕之社會互動中皆有強烈的休閒需求（參見**表44-2**）。

| 項目 | 次數 | 百分比 | 項目 | 次數 | 百分比 |
|---|---|---|---|---|---|
| ◎和家人一起做什麼 | | | ◎知心同學和朋友做什麼 | | |
| 聊天 | 1,132 | 52.0 | 聊天 | 1,748 | 80.3 |
| 看電視 | 1,790 | 82.3 | 逛街 | 1,043 | 47.9 |
| 看電影 | 187 | 8.6 | 通電話 | 951 | 43.7 |
| 看MTV、唱KTV | 82 | 3.8 | 運動 | 842 | 38.7 |
| 運動 | 201 | 9.2 | 看電視 | 363 | 16.7 |
| 吃東西 | 992 | 45.6 | 吃東西 | 339 | 15.6 |
| 郊遊 | 315 | 14.5 | 看書 | 234 | 10.8 |
| 閱讀 | 76 | 3.5 | 看電影 | 154 | 7.1 |
| 跳舞 | 49 | 2.3 | 郊遊 | 90 | 4.1 |
| 欣賞展覽 | 88 | 4.0 | 跳舞 | 52 | 2.4 |
| 其他 | 83 | 3.8 | 欣賞藝文活動 | 48 | 2.2 |
| | | | 其他 | 103 | 4.7 |

表 44-2　少年與家人及同儕之互動經驗次數分布表　　　　N＝2,176

◎表複選題，總加百分比不等於100。

# 青少年對休閒活動的需求與休閒設施使用滿意度分析

## 青少年休閒時間分配

　　根據高雄師大所調查「青少年的休閒活動狀況」之研究中顯示，青少年從事休閒活動每星期以二至五小時為最多占33.3％，其次為十小時以上占32.8％，五至八小時為15.4％。而有60.1％認為時間剛好，不夠者占34.3％（參見表44-3）。

| 項目 | 人數% | 項目 | 人數% |
|---|---|---|---|
| 通常每星期花多少時間從事休閒活動 | | 這樣的時間您覺得 | |
| 2小時以下 | 11.2 | 不夠 | 34.3 |
| 2～5小時 | 33.3 | 剛好 | 60.1 |
| 5～8小時 | 15.4 | 太多 | 5.5 |
| 8～10小時 | 7.4 | | |
| 10小時以上 | 32.8 | | |

表 44-3　青少年休閒的時間分配

資料來源：青少年文化與心理指標，「青少年之休閒活動狀況」調查報告，《學生輔導》，（51），頁123。

## 青少年對政府所提供青少年福利中心之需求與使用率

　　根據1999年台閩地區少年狀況之調查報告，知道政府設置有青少年福利服務中心的少年有85.4％，雖然知道但卻不曾去過者占78.2

％，而曾去過或經常去的僅有7.2％，對於青少年福利中心的使用率相當低（參見**表44-4**）。

對於青少年福利中心的服務內容，受訪青少年較期待能提供休閒活動（60.3％）、戶外活動（42.3％）和健身運動器材（33.0％），其次包括：圖書視聽室（29.8％）、益智遊戲器材（21.1％）、諮詢諮商（17.6％）、書報雜誌（16.4％）及少年保護（15.5％）等（參見**表44-4**）。

| 項目 | 次數 | 百分比 | 項目 | 次數 | 百分比 |
|---|---|---|---|---|---|
| **第一優先** | | | 知道政府設有青少年福利服務中心 | | |
| 增設休閒場所 | 768 | 35.3 | 知道且經常去 | 35 | 1.6 |
| 提供心輔服務 | 243 | 11.2 | 知道但辦活動才去 | 122 | 5.6 |
| 多辦營隊 | 232 | 10.7 | 知道但從未去過 | 1,702 | 78.2 |
| 課業升學輔導 | 213 | 9.8 | 不知道 | 317 | 14.6 |
| 助學貸款 | 158 | 7.3 | | | |
| **第二優先** | | | ◎期待青少年福利服務中心服務內容 | | |
| 增設休閒場所 | 336 | 15.4 | 休閒活動 | 1,313 | 60.3 |
| 多辦營隊 | 327 | 15.0 | 戶外活動 | 921 | 42.3 |
| 課業升學輔導 | 308 | 14.2 | 健身運動器材 | 718 | 33.0 |
| 提供心輔服務 | 234 | 10.8 | 圖書視聽室 | 649 | 29.8 |
| 增設圖書館 | 234 | 10.8 | 益智遊戲器材 | 460 | 21.1 |
| **第三優先** | | | 諮詢諮商 | 383 | 17.6 |
| 增設休閒場所 | 310 | 14.2 | 書報雜誌 | 357 | 16.4 |
| 建少福中心 | 247 | 11.4 | 少年保護 | 337 | 15.5 |
| 多辦營隊 | 243 | 11.2 | 志願服務 | 267 | 12.3 |
| 增設圖書館 | 228 | 10.5 | 研習活動 | 218 | 10.0 |
| 課業升學輔導 | 212 | 9.7 | 演講座談 | 177 | 8.1 |
| 助學貸款 | 199 | 9.1 | 其他 | 30 | 1.4 |

表 44-4　少年對政府設有青少年福利服務中心之瞭解及期待中心服務內容之次數分布表

N＝2,176

註：◎表複選題，總加百分比不等於100％。

對於政府或民間團體提供青少年福利措施的優先順序方面，受訪少年最希望能優先增設休閒活動場所（35.3％），其次依序為提供心理諮商輔導服務（11.2％）、多辦營隊（10.7％）、協助課業或升學輔導（9.8％）及提供助學貸款（7.3％）等（參見表44-4）。

## 青少年對國內幾個主要的青少年心理衛生機構或諮商機構之瞭解程度

國內幾個主要的青少年心理衛生機構或諮商機構包括：救國團、張老師、青少年福利服務中心、少年輔導委員會等，受訪少年知道這些機構有提供心理諮商的比例高低依序為救國團（46.1％）、張老師（45.7％）、青少年福利服務中心（34.2％）、少年輔導委員會（29.7％）；完全不知道的比例依序為少年輔導委員會（27.0％）、青少年福利服務中心（23.1％）、張老師（22.9％）、救國團（16.6％）。受訪少年對於此類心理衛生與諮商機構的認識並不多，對於少年輔導委員會最不熟悉，而對於救國團的認識最多（參見表44-5）。

## 青少年社會學習活動

在零用錢方面，有7.5％的人沒有零用錢，有48.2％的受訪少年每個月的零用錢平均在一千元以下，27.4％的少年每月平均有一千到

| 提供心理諮商 | 知道 | | 知道一點 | | 完全不知道 | |
|---|---|---|---|---|---|---|
| | 次數 | ％ | 次數 | ％ | 次數 | ％ |
| 救國團 | 1,003 | 46.1 | 812 | 37.3 | 361 | 16.6 |
| 張老師 | 995 | 45.7 | 683 | 31.4 | 498 | 22.9 |
| 少年福利服務中心 | 745 | 34.2 | 928 | 42.6 | 503 | 23.1 |
| 少年輔導委員會 | 647 | 29.7 | 941 | 43.2 | 588 | 27.0 |

表 44-5　青少年對國內幾個主要的青少年心理衛生機構或諮商機構之瞭解

二、三千元的零用錢，其餘的人三千元以上；零用錢的來源主要是父母給的，占67.90％，其次是靠自己打工或積蓄而來，占27.8％。

在社會活動方面，有50.0％的少年從未參加社會活動，曾參與者較常參加的是廟會活動（11.4％）、慢跑活動（9.4％）、義賣會（9.4％）及親子活動（8.0％）。志工服務方面，有73.7％的少年從沒參加過志工服務，而曾經參加者，參與最多的是愛心服務，占11.1％，參與環境保護服務的占8.4％，其餘各項志工服務，少年曾經參與的比率皆在5％以下；在研習活動方面，有50.1％的受訪少年表示從沒參加過，在曾參與之少年中，以參與社團研習者較多，占23.0％，其次曾參與專業研習（例如，電腦、音樂）者占14.3％，參與運動技能研習者占11.6％，其餘研習活動之參與比例皆在5％以下；在思想行為的學習對象方面，受訪者表示最常向同儕或朋友學習思想行為，占62.1％，其次為向父母學習，占45.5％，再其次為向師長學習（26.2％）及向影歌星偶像學習（22.4％），其餘學習對象皆在二成以下。

## 青少年參與休閒類型傾向

根據高雄師大所調查「青少年的休閒活動狀況」之研究中顯示，一般青少年最喜歡的休閒活動依序為球類、看電影、聽錄音帶或CD。男生以球類、電動遊樂器、撞球為最喜歡；女生以聽錄音帶或CD、看電影、逛街、逛夜市最為喜歡。

根據行政院主計處，台灣地區青少年狀況調查報告，一般青少年的休閒以聊天、逛街、上網、玩電腦、通電話、運動、看電視為最常進行的休閒活動。

針對暑假生活實質從事的活動依序為娛樂類活動、睡覺、在學校參加課業輔導、體能類活動、學術類活動。

而青少年在暑假最希望從事的活動依序為娛樂類活動、出國旅遊、全家的旅遊活動、睡覺、體能類活動。

# 討論與結論

少年進入十二歲之後，最常見的休閒活動是那些能反映自我意識的需求，為發展異性社會化關係和親密的溝通活動。而媒體的使用，例如，看電視、閱讀、上網等，或者看電影、看MTV、上KTV、聚會和跳舞等活動提供他們相當機會獲得資訊，打發閒暇時間，或者提供與一些同伴相處的題材及活動機會，更令少年著迷及樂此不疲。少年之社會化除了家庭、學校、鄰里環境之三種主要環境影響之外，他們所出現商店、餐廳、公共運輸工具及聚集的場所，也是影響少年之第四類環境（the fourth environment），但是此類環境也常是被忽略的（Vliet, 1983）。雖然如此，第四類環境相關的訊息對少年是相當具吸引力，所以，媒體對於少年第四類環境的傳播與報導也深受少年的喜好，甚至也會廣為流行。

受訪青少年對於社會一般的福利措施需求之優先順序為：增設休閒場所、提供心理諮商輔導服務、多辦營隊活動、協助課業或失學輔導及提供助學貸款。

有近八成五青少年知道有青少年福利服務中心存在，卻有近八成少年未去使用青少年福利服務中心，可能原因是推廣不夠，或所舉辦的活動常以靜態演講為主，較少能滿足少年之動態期望——提供休閒活動、戶外活動、和健身活動場所及器材，再者青少年需要有休閒場所，例如，圖書視聽室、益智（電動）遊樂器材、諮詢諮商等服務。顯然政府公部門與民間團體所提供的休閒場所及休閒活動，在宣導及吸引青少年的部分普遍不足。

# 建議

就上述調查研究顯示我國社會對當前青少年休閒需求及其休閒服務之提供，還是停留在升學主義之結構框架中。甚至社會所提供的服務措施，青少年雖然知道但是普遍接受及使用頻率不高。因此本文提出以下幾點建議。

1.要隨時掌握青少年需求與時俱變的特性，提供一些幫助以及支持青少年身心健全的社會環境，以幫助他們紓解身心發展及因應社會變遷的壓力，而且青少年休閒福利政策之制定更要迎合青少年對福利服務的需求。

2.青少年休閒活動的提供應更具創意且擴大青少年積極參與多元化的社會活動，一方面增加青少年生活經驗，另一方面重視青少年之生活適應能力，解決問題能力及價值判斷教育的培養，以強化青少年除了升學主義之智能培養外的自我功效發展。

3.擴大提供積極性多元化的社會活動機會，以增加少年的正面社會生活經驗，並協助少年認知與道德判斷能力之成長。

4.加強整合行政部門之橫向聯繫，整體規劃青少年休閒活動，並配合相關福利政策法令，保障青少年之人身安全，建構身心健全的社會環境。

5.妥善輔導及協助民間團體強化其經營組織能力及青少年休閒人才的培育，以增進青少年更多元化且高品質的休閒活動的規劃及落實執行。

# 參考書目

## 中文部分

中國時報（1998），行政院教育改革行動方案（1998.7～2003.6）。

行政院主計處（1997），中華民國台灣地區青少年狀況調查報告。台北：行政院主計處。

內政部（1995），台灣地區人口調查報告。台北：內政部。

台灣省政府社會處（1990），台灣青少年生活狀況調查報告。南投：台灣省政府社會處。

行政院主計處（1995），中華民國台灣省青少年生活狀況調查報告。台北：行政院主計處。

余嬪（1996），青少年之休閒活動狀況調查報告，《學生輔導》，（50），頁122～125。

郭靜晃（2000），台灣青少年對家庭生活認知與感受之分析。

郭靜晃（1997），海峽兩岸青少年福利服務工作現況之初探與評析，《華岡社會科學學報》，（12），頁209～224。

曾華源、郭靜晃（1999），《少年福利》。台北：亞太圖書出版社。

范麗娟等（1995），少年福利服務現況分析──以高雄市為例，《社區發展季刊》，（72），頁78～86。

## 英文部分

Vilet, W. V. (1983). Exploring the fourth environment- An examination of the home range of city and suburban teenagers. *Environment and Behavior,* 15 (5), 567～588.

# 45. 青少年休閒之新趨向

青少年可在這多元提供的休閒環境中，確切掌握休閒品質，而不流於盲從、逸樂、追求時髦；並應對自己的休閒活動有所選擇，具備自己的格調及追求健康的品質。

　　「幼獅少年」為慶祝二十週年的刊慶，特舉辦「青少年心目中二十最愛」的票選活動。此次票選活動主要是瞭解現代新新人類（1981年之後出生的新族群）的休閒生活與焦點話題。

　　這次調查對象的樣本共計3,181位，男女比例為一比三，國中生與高中生的比例也約為三比一。**表45-1**、**表45-2**為此次調查中有關青少年喜好的整理。

　　由這次的選票活動可得知青少年所選擇的休閒生活反應了現今新新人類休閒生活的流行化、時髦化、空洞化以及高消費化。這趨勢顯示青少年次文化已經彙集，並且在媒體的影響下，形成偶像崇拜、圖像思考、逸樂取向、語言膚淺、缺乏智性與感性的薰陶、注重品牌消費的特色；更讓人擔憂的是看不到社會、政治扮演積極的角色，無法在青少年心目中占有一席之地。

　　次調查結果中，可將青少年的休閒生活歸為下列五類：

1.偶像崇拜：青少年族群，有其特別之偶像，例如，帥哥、酷哥、美女，這情形也反映在職業籃賽的球迷上。
2.功利主義：追求名牌消費，偏向於吃、喝、玩、樂的消費型態。
3.流行取向：追求新鮮、時髦。
4.圖像思考：喜好漫畫、速成的知識汲取者、不喜歡看書和參與藝文活動。
5.Mark族：青少年不愁零用錢（或來自家中，或來自打工），口袋總是Mark、Mark的。更有人以打工為正職，讀書為副業的本末倒置做法。

| 休閒項目 | 選項 |
|---|---|
| 1.休閒活動 | ① 打球　② 打電動（電腦）　③ 登山郊遊 |
| 2.運動 | ① 羽球　② 排球　③ 游泳 |
| 3.學科 | ① 英文　② 國文　③ 數學 |
| 4.作家 | ① 林良　② 苦苓　③ 侯文詠 |
| 5.歌手 | ① 郭富城　② 孫耀威　③ 張學友 |
| 6.演員 | ① 成龍　② 李連杰　③ 基諾李維 |
| 7.漫畫家 | ① 井上雄彥　② 臼井儀人　③ 林政德 |
| 8.電視節目主持人 | ① 胡瓜　② 庾澄慶　③ 張菲 |
| 9.廣播節目主持人 | ① 光禹　② 亞雅　③ 張小燕 |
| 10.運動明星 | ① 周俊三　② 麥可喬登　③ 張德培 |
| 11.寵物 | ① 狗　② 兔子　③ 魚 |
| 12.電玩遊戲 | ① 角色扮演類　② 格鬥動作類　③ 益智類 |
| 13.漫畫 | ① 七龍珠　② 小叮噹　③ 家有賤狗 |
| 14.飲料 | ① 牛奶　② 可樂　③ 果汁 |
| 15.飾品 | ① 手錶　② 手鍊　③ 項鍊 |
| 16.牛仔褲 | ① Lee　② Levis　③ Hang Ten |
| 17.運動球鞋 | ① Nike　② Reebok |
| 18.洗髮精 | ① 沙宣　② Lux　③ Pert |
| 19.課後活動 | ① 學校操場　② 家　③ 書局 |
| 20.國內旅遊地點 | ① 墾丁　② 台北市　③ 九族文化村 |

表 45-1　青少年最喜歡休閒生活的選擇

　　無論是男生或是女生，一般需求或是特殊需求的青少年，「休閒」乃是指他們在閒暇時進行，並且可以依自由意願而選擇的活動，既可從中獲取愉悅感及滿足感的經驗，亦可進而達到調劑生活的樂趣。而青少年正面臨在生理上急遽發展，在心理方面，又要面臨自我意識的提昇、認同，性意識及需求的增強，認知與智力的發展，情緒起伏劇烈，社會化的需求與滿足等之蛻變與發展的過程。因此，青少年在成長之中，由於對身體化之專注性和敏感度高，但又受限於個人知識、

| 性別 | 男（n＝522） | $\overline{X}$＝1,167 |
|------|------|------|
| | 女（n＝1,562） | $\overline{X}$＝1,195 |
| 教育程度 | 國小（n＝36） | $\overline{X}$＝756 |
| | 國中（n＝1,657） | $\overline{X}$＝920 |
| | 高中（職）（n＝241） | $\overline{X}$＝1,908 |
| | 五專（n＝91） | $\overline{X}$＝2,183 |
| | 大學以上（n＝36） | $\overline{X}$＝4,348 |
| 總人數 | n＝2,084 | $\overline{X}$＝1,188 |
| 消費項目 | 1.文具日用品<br>2.飲食 | |
| 零用錢的認知是否足夠？ | 30.3%　不夠<br>69.7%　足夠 | |

**表 45-2　青少年平均零用錢及其消費項目**

認知及社會化經驗之不夠成熟與圓融，而造成其個人在成長上之衝擊，所以，青少年在成長過程中需要有被照顧和保護的需要，更要有適當的教養和休閒育樂的需要。

即然是生長，當然就不是一日達成或忽然達成的，而是漸漸的，有一定發展順序的。在發展過程中，休閒育樂可幫助青少年調劑身心，擴大生活領域範圍，發展各種才能與社會生活能力，以增進心理健康和社會適應，故休閒生活對青少年之重要是毋庸置疑的。青少年是國家未來的中堅份子，然而在這次的研究調查中，國家及社會所能夠扮演的積極、正向認同角色，在青少年休閒娛樂的提供與影響方面（例如，主導、陪襯或是無所作為）並未呈現出來，其所能發揮帶領青少年仿效的功能也付之闕如，殊為可惜。

休閒生活已成現代人生活品質的主要內涵，尤其對正在蛻變、成長的青少年更為重要。在瞭解青少年之最愛及最佳選擇之下，不禁對其所選擇之產品與人物道聲恭賀，可以受到青少年的青睞，但相對

地，也對你們的中選有著更多的期許——帶給青少年健康、正向的認同及仿效的模範。此外，也要對青少年做一呼籲：休閒生活首重品質，切莫沈溺於流行浪潮中。

另外，此次青少年認為課後活動最常去的場所是學校操場及自己家中，這顯示了體育性活動一直是青少年的最愛，但現代青少年休閒時數過少，提供青少年運動的場所不足，導致青少年無處宣洩過多的精力。而過多之精力無法宣洩，則可能轉往尋求不當的休閒活動，如去KTV、舞廳或飆車等。而家中也是青少年最常待的休閒場所，不禁令我們思索，在現今社會中，父母因生活之需求，奔波於工作和家庭之間，而當青少年子女在家時，試問父母有否積極參與他們的休閒，或瞭解青少年子女休閒的需要及活動內容？家庭是子女發展良好的行為模式及培育健全人格的基本場所，因此應善用此層關係來增加親子間的感情及家庭的凝聚力。另外，父母也可藉由提供青少年子女與其同儕休閒活動空間，來藉機教育子女慎選朋友，幫助子女人際關係之提昇。

# 46. 我國青少年休閒活動現況之分析

＊研究源起與目的

＊文獻檢視

＊研究方法

＊結果分析

＊結論與建議

＊參考書目

本研究之主旨在針對當前台灣地區的青少年進行現況調查，期望藉由實際調查與焦點團體訪談來深入瞭解青少年對休閒活動的態度、參與的類型及其在從事休閒活動時的可能阻礙與滿意度等，以建構出目前青少年在課業活動之餘，可利用剩餘時間的圖貌。本研究於2000年11月中旬至2000年12月31日針對十二至二十歲之青少年進行研究，在問卷調查方面，以立意抽樣方式抽取台北縣市、花蓮縣、高雄市、台南市及台中縣市共計718名青少年，包括：男生309名（占43.0％）及女生409名（占57.0％）；而焦點座談方面，則分別針對台北市、花蓮縣之國中及高中（職），包含在校生及中輟生（含失學）舉行四場焦點團體座談，藉以具體凝聚對青少年休閒狀況及態度的參考。最後再針對研究發現提出結論與建議，以供未來政府實行週休二日政策時，輔導我國青少年善用休閒時間及規劃優質休閒生活政策之參考。
（關鍵字：青少年、休閒活動、社會覺知、不幸經驗）

# 研究源起與目的

　　近年來，我國隨著經濟成長及政治民主化的過程，國民對社會福利的關注與需求急速增加。在社會的持續變遷下，青少年的成長伴隨著無數不可知的境遇，面對這樣的改變，政府對少年福利也由消極的規定父母之基本保育責任，轉而積極的介入維護青少年身心健康及促進其正常發展。

　　不可諱言，由於現代化的腳步增快，傳統社會結構的解組，人民生活型態的改變，社會問題的惡質化已是有目共睹，而青少年問題更是社會問題中的主流之一，工業化國家為此一問題，無不卯盡全力尋求解決之道。青少年問題舉凡犯罪、飆車、未婚生子、自殺及升學和課業問題等，可能來自家庭、學校和社會結構的功能失調或個人角色失能所肇使。這些號稱現代新新人類的青少年（大約為1975年後出

生），他們的價值觀及生活的風格較其他族群，如新人類（1965年後出生者）及舊人類（1955年前出生者）有很大的不同。而青少年的發展受到生理、心理及社會環境的影響，產生自我危機、身心困擾或對環境資源的需求，故研究青少年，宜從其次文化著手，深入研究青少年次文化之形成及其價值觀，藉此同理其思維模式及處事原則。

隨著社會變遷快速，政治經濟結構的改變與提昇，人民生活的富足及對生活品質的要求與重視，促使國人生活方式和型態上有了顯著變化，最明顯的莫過於工作時數的減少、工作態度的改變及週休二日的制度實施，估計2000年會有100.5天的假期，逐漸影響國人對休閒生活的重視。對青少年而言，休閒更是生活中的可預期的經驗，根據Larson and Kleiber（1991）之實證研究顯示，休閒占少年日常生活中很大的比例，美國少年每週約有40%的時間運用在休閒方面；而國內根據行政院主計處（1995）的「台灣地區時間運用調查」報告指出，我國少年（十五至十九歲組）平均每日可自由運用的時間（free time）約為六小時十二分，相對於十小時十七分的必要時間（含睡覺、盥洗、用膳）及七小時三十一分的約束時間（通勤、上學），我國少年的自由時間約占日常生活中26%的比例。這樣高的比例，顯示休閒是少年生活中的重要事件，其影響的深遠是不容忽視的。而近年來日益嚴重的少年心理、社會問題，如逃學逃家、瘋狂飆車砍人、藥物濫用、沉溺於賭博性電玩等偏差行為，更顯現出我們雖然身處於休閒時代，卻忽略了休閒環境、休閒風氣、休閒資源、休閒機會等對少年生活品質與發展的重要性，因此，如果能由占去少年生活三分之一時間之休閒經驗，來瞭解少年的生活品質更有其意義與重要性。故本研究之目的有二，茲分述如下：

1. 透過本次調查期望瞭解e世代青少年的休閒狀況、需求和態度之休閒文化，以及在實際進行休閒活動遭遇的阻礙和滿意度，藉以重新檢視青少年在從事休閒活動時所呈現的問題與困境，以

爲日後進行休閒相關活動規劃時之參考立據。

2.因應2001年全面週休二日的政策，特結合公私立部門、民間團體共同提供休閒資訊及結合學習手冊規劃內容，加強宣導及教育大眾與青少年正確的休閒觀念，並期望藉以建立高品質的休閒文化。

# 文獻檢視

談到「休閒」，張春興（1989）對「休閒」的解釋爲：一、是休閒而不是工作；二、是閒暇並可自由支配的時間；三、是應付生活的幽雅心境。而社會科學國際百科全書（1989）將「休閒」定義爲：一、付於義務、自由選擇的結果；二、沒有任何實用的、高等的或外在酬賞的動機；三、爲了尋找變化的一種內在滿足的狀態。另外，世界休閒協會（World Leisure and Recreation Association）對「休閒」的解釋最爲扼要：「休閒是工作或生計活動之外的自由時間」。所以說來，休閒活動與個人身心的充實有關，凡諸個人的活動與行爲可以迎合個人需求、滿足個人目標的達成者皆屬之（Blocher&Siegal, 1984）。由於休閒所涵蓋的層面很廣，綜觀而言，可將「休閒」分爲主觀及客觀的定義。前者強調休閒的特性是知覺的自由和自我決定。主要是探討「人爲何要休閒」；後者則從「人在休閒時做什麼事」爲評定標準。Krous（1990）延續自亞里士多德的想法，認爲「休閒」是一種心靈的狀態，活動是爲了自身而非外在目的，休閒是一種理想的自由狀態、心靈和智慧哲學的結合。Kelly（1978）更將「休閒」依自由程度及社會之意義兩個向度分爲四類。

1.目的性的休閒（unconditioned leisure）：個人爲追求內在滿足

而選擇的活動和成就、成長、健康有關。

2. 準備和補償的休閒（preparation and complementary leisure）：
是沒有壓力和其他角色義務的活動，由工作和例常活動中消除
身心疲勞。

3. 關係的休閒（relational leisure）：個人藉著休閒的參與而獲得
社交關係的滿足，建立親密關係、維繫人際情誼。

4. 角色義務性的休閒（role-determined leisure）：是一種家庭的
休閒活動與義務及社會性的活動，受到角色期待的限制，但它
往往更具人際休閒的目的。

綜合上述，可清楚的看出，工作與休閒在個人生活體驗上是有區
別的。工作是外在酬賞與滿足、理性計算、行為、分派的責任、生產
酬勞及有權威性；相對於工作，休閒是內在酬賞與滿足、直覺功能、
蛻變、自我動機、自我酬勞及自主性。過去休閒常會被視為是人們工
作後為提振精神所從事的消遣活動，或是將它視為空閒時間的填充。
但隨著人們生活價值觀念的改變，愈來愈多人開始重視休閒生活，企
求從休閒活動歷程中得到生理及心理的滿足及成就感。

檢視近年來相關青少年的研究，吾人可歸納出休閒在青少年發展
歷程中具有重要且正向的功能（Berryman, 1997; Driver, Brown＆
Peterson, 1991; Feldman, 1990; Iso-Ahola, 1980; Kleiber, Larson＆
Csikzentmihalyi, 1986；林東泰等，1997；張玉鈴，1998、1999；張
火木，1999；郭靜晃，1999）：

1. 提昇體適能：透過休閒活動的參與提昇生理上的健康，增加抵
抗力與減少疾病的發生率。

2. 情緒的放鬆與調適：透過休閒有助於心理適應能力，達到壓力
釋放、鬆弛緊張、情緒宣洩之目的及增加正向的情緒經驗，對
於青少年身心健康具有調適的功能。

3. 人際關係的維持與發展社會技巧：透過休閒參與達到社會互動的目的，由於青少年同儕團體在休閒參與中扮演重要的角色，藉由同儕團體的互動，青少年在休閒中建構更佳的人際關係網絡，更重要是透過休閒參與，青少年可以學習人際關係之處理經驗，進而學習社會參與的溝通技巧。

4. 達到自我認同與自我實現的機會：透過休閒、青少年得以自我摸索、認清自我、拓展自我，達到自我實現的目的。

5. 社會化經驗的學習：此階段的青少年正面臨由依賴至獨立，自我認同與自我肯定的壓力下，透過休閒參與，也同時進行著自我認識與自我拓展的歷程，進而從參與、投入、體驗的過程中達到最佳的社會化經驗，以及自我概念、自我統合之功能。

6. 尋求團體的認同：青少年為了要求自我及同儕間的歸屬感，常透過休閒參與來滿足與尋求同儕團體間的認同，並形成青少年的一種次文化。青少年可藉由同儕間共同的休閒，發展共同的興趣來成就其歸屬感（郭靜晃等，2000），且也是快速達到團體認同及接納的管道之一（蔡詩萍，2000）。

7. 凝聚家庭成員與氣氛：休閒可以增加親子間相處的時間及情感的凝聚力，皆有助於家庭的穩固（the family that plays together stays together）（Shaw, 1992）。但根據家庭生命週期不同的階段，也會面臨到家庭休閒的限制與阻礙，處於青春期的青少年，為了追求獨立自主，轉而尋求同儕的慰藉，常面臨到家庭休閒需求與個人休閒需求之間的衝突，而增加親子間的衝突緊張。

由上可知，經由休閒功能層面來看待休閒，是肯定休閒對青少年積極正向的功能。但是「水能載舟，亦能覆舟」，青少年的偏差行為與休閒常有密切的關係，如王淑女（1995）的研究中指出，不正當的休閒參與是導致犯罪行為的主要原因，但是我們知道休閒本身並無好

壞之分，完全在於休閒環境的不適當或是社會的不支持，導致青少年因參與休閒活動而引發偏差行爲的產生，例如，青少年因喜愛打電動玩具，家中又無法提供設備，而讓他留連忘返於電動遊樂場或網咖中，在這樣一個環境中，可能又因結交到不良朋友，而導致易有偏差或犯罪行爲的發生（郭靜晃等，2000）。

　　根據內政部統計處（1999）針對十二至十八歲少年所做之「台閩地區少年身心狀況調查」中發現：少年最期待政府單位提供的福利服務項目，依序爲休閒活動的辦理（62.9％）及戶外活動（42.5％）。而許義雄等於1992年的相關研究中亦發現：青少年在從事休閒活動時常會遭遇到許多的阻礙及限制，其主要原因在於：一、工作或課業繁重；二、時間缺乏或餘暇不一致；三、缺乏充分的經費；四、缺乏足夠的休閒場地設施；五、輔導、指導師資的缺乏等。由福利服務輸送的角度看待青少年休閒的現況，在在顯示出青少年在休閒活動方面有著高度的需求，但是因爲個人、周遭環境或本身缺乏技能等的影響，而導致其渴望從事休閒活動的心意難以獲得實現，故學校、政府及社會福利單位實有協助及輔導青少年從事及學習正確休閒活動之必要。

　　另外，在青少年最常從事的休閒活動項目中，根據林東泰等（1995）在「都會地區成人及青少年休閒認知和態度」的研究中發現：台北都會地區的青少年在寒暑假時最常從事的室內休閒活動依序爲：看電視（45.4％）、閱讀書報雜誌（30.6％）、看錄影帶（30.1％）、聽廣播或音樂（30.0％）、打電動玩具（27.9％）、看電影（23.1％）、從事室內球類運動（16.4％），及與朋友聊天（13.7％）等。而在寒暑假最主要的室外休閒活動則依序爲：戶外球類運動（44.6％）、逛街購物（40.8％）、郊遊野餐（37.3％）、游泳（26.7％）、露營（20.1％）、登山健行（17.6％），及駕車兜風（16.4％）等。其他的一些相關研究（陸光等，1987；許義雄等，1992；林東泰等，1997；郭靜晃，2000）中也指出：青少年最常從事的休閒活動，主要以看電視、看錄影帶、聽音樂、閱讀書報雜誌、訪友聊天及上網等爲主，還

是傾向於從事靜態性、娛樂性及鬆弛性的活動爲多數。

　　在青少年媒體使用部分：有關電視節目觀看情形方面，蠻高比例（69.4％）的少年表示他們每天都收看電視，而從來不看電視的只有1.5％；平均看電視的時間是三十分至二小時，占53.6％，花二至四小時看電視的占25.4％；所收看的電視節目內容以劇集（連續劇、單元劇等）（42.0％）、卡通（41.5％）和歌唱綜藝節目（40.2％）爲主，其次爲體育節目（33.3％）、MTV頻道（31.6％），和時事評論與新聞氣象（24.7％），其他類型節目皆在一成以下。受訪青少年看電視之主要目的爲娛樂（77.8％），其他爲獲取新資訊（56.1％）、打發時間（46.9％），和增加與同儕談話之題材（41.1％）。在網際網路使用方面，半數以上的受訪青少年表示他們從不上網，占57.2％，每週上網一、二次的有28.7％；每次平均上網的時間在二小時之內（三十分至一小時占18.7％，一至二小時占10.8％），而使用的網站類型以搜尋引擎爲主，占76.2％，其次爲電玩網站（32.0％）和媒體網站（29.9％），再其次爲電腦資訊介紹網站（17.5％）和圖書資料查詢網站（11.1％），而不適合未成年者觀看的成人網站，有7.8％的受訪青少年會進入。青少年上網的主要目的爲獲取新資訊（58.0％）、娛樂（48.3％），再者爲增加與同儕談話的題材（28.8％）和打發時間（28.5％）。在廣播節目的收聽部分，有24.4％的受訪青少年表示他們從不聽廣播，每天聽的有21.2％，而每週聽一至二次的有32.5％；平均每次廣播的時間約一至三小時，占33.3％；所收聽的節目以綜藝歌唱節目爲主，占70.4％，其次是談話性／call in節目（29.6％）與輕音樂節目（29.0％）（郭靜晃，2000）。

　　在青少年參與家庭休閒與同儕休閒部分：受訪少年和家人共處時最常做的事是看電視，占82.3％，聊天或吃東西各占52.0％、45.6％，而會一起去郊遊的占14.5％，其餘看電影、看MTV、唱KTV、運動、閱讀、跳舞、欣賞展覽等活動的比例皆在10％以下；相對地，與知心朋友相處則以聊天（80.3％）占大多數，其次爲逛街（47.9％）、通電

話（43.7％）及運動（38.7％）等（郭靜晃，2000）。由此可看出青少年在與父母及朋友從事休閒活動時，其內容是十分不同的。

# 研究方法

## 資料來源

　　本研究之資料乃採自行政院青年輔導委員會委託調查之「青少年休閒狀況與態度研究」，該調查之對象為十二至二十歲之青少年。調查研究時間由2000年11月中旬至2000年12月31日。研究策略乃採問卷調查及焦點座談進行青少年休閒狀況意見之收集。在問卷調查方面：透過學校協助，對台北縣市、花蓮縣、高雄市、台南市及台中縣之國中及高中（職）進行書面問卷調查；而在焦點座談方面：分別針對台北市、花蓮縣之國中及高中（職），包含在校生及中輟生（含失學）舉行四場焦點團體座談，藉此具體凝聚現今青少年之休閒狀況及其因應態度之圖貌。

## 樣本特性

　　本研究乃採立意抽樣方式抽取台北縣市、花蓮縣、高雄市、台南市及台中縣市共718名之十二至二十歲青少年。受訪青少年中，共有男生309名（占43.0％）；女生409名（占57.0％）。抽樣年齡分布在十二至二十足歲之間，各年齡層樣本數之就學狀況約在7.8～26.2％之間；受訪者半數以上（54.8％）的教育程度為國中；目前正在日間部、夜間部、第二部或補校就讀的青少年有711人，占99％，就業中之青少年有3人（0.4％），另有4人（0.6％）未就學未就業；在年齡層

的分布上面，十二至十五歲的國中生有339名（占47.2％），十六至十九歲的高中生有358名（占49.9％），二十歲以上的則有21名（占2.9％）。

在受訪青少年父母部分，其父親目前有工作者有643人，占89.5％，以從事工礦業和商業者較多（31.8％、27.0％），無工作者27人，占3.8％；母親目前有工作者512人，占71.3％，其中以從事服務業和商業者較多（20.1％、18.7％），無工作者170人，占23.7％。父親教育程度以高中職最多，占31.1％，專科大學以上者占25.6％，高中職者占21.0％；母親教育程度同樣以高中職最多，占34.3％，高中職者占22.8％，國小以下者占18.4％，專科大學以上者占17.3％。父母婚姻狀況爲夫妻同住者占81.9％，已離婚者約占5.6％，已分居者約占2.7％。

# 結果分析

## 在「青少年休閒狀況調查」部分

### ・青少年生活狀況

1.青少年的情緒調適：受訪青少年認爲父母會樂意爲我解決生活上的難題且當我有困難時，相信父母會幫助我，也希望能學會父母待人處世的方法，但是受訪青少年也表示會因不舒服而變的脾氣暴躁、情緒起伏而不知如何是好，在人際關係上面覺得人與人之間互相關懷是很重要的，幫助有困難的人會使他們覺得很快樂，而當朋友遇到挫折時，會願意給他鼓勵及支持等正向的態度。

而在其他的態度上，受訪青少年覺得不論我做什麼，父母會支

持我；或是父母不給我機會吐露心事；和父母能否像朋友一樣
地互相瞭解；或是父母能從我的言談舉止中看出我的心事；當
我受到委屈時會向父母傾訴，父母會關心我的情緒變化；或是
常擔心無法控制自己的情緒；很容易無緣無故地發脾氣等是趨
向於中間選項的無意見（詳見表46-1）。

| | 非常不同意 | | 不同意 | | 無意見 | | 同意 | | 非常同意 | | K-S | 平均 | 趨向 |
|---|---|---|---|---|---|---|---|---|---|---|---|---|---|
| | 次數 | % | 次數 | % | 次數 | % | 次數 | % | 次數 | % | Z值 | 數 | |
| 不論我做什麼，…… | 57 | 7.9 | 183 | 25.5 | 235 | 32.7 | 189 | 26.3 | 54 | 7.5 | *** | 3.0 | 無意見 |
| 父母不給我機會…… | 134 | 18.7 | 223 | 31.1 | 215 | 29.9 | 110 | 15.3 | 36 | 5.0 | *** | 2.6 | 無意見 |
| 我和父母像朋友…… | 71 | 9.9 | 124 | 17.3 | 243 | 33.8 | 186 | 25.9 | 94 | 13.1 | *** | 3.2 | 無意見 |
| 父母能從我的言…… | 50 | 7.0 | 124 | 17.3 | 225 | 31.3 | 227 | 31.6 | 92 | 12.8 | *** | 3.3 | 無意見 |
| 當我受到委屈時…… | 82 | 11.4 | 138 | 19.2 | 214 | 29.8 | 191 | 26.6 | 93 | 13.0 | *** | 3.1 | 無意見 |
| 父母會關心我的…… | 49 | 6.8 | 88 | 12.3 | 207 | 28.8 | 265 | 36.9 | 109 | 15.2 | *** | 3.4 | 無意見 |
| 父母樂意為我解…… | 47 | 6.5 | 61 | 8.5 | 207 | 28.8 | 284 | 39.6 | 119 | 16.6 | *** | 3.5 | 同意 |
| 當我遇到挫折時…… | 46 | 6.4 | 84 | 11.7 | 211 | 29.4 | 259 | 36.1 | 118 | 16.4 | *** | 3.4 | 無意見 |
| 如果我有困難時…… | 46 | 6.4 | 55 | 7.7 | 197 | 27.4 | 271 | 37.7 | 149 | 20.8 | *** | 3.6 | 同意 |
| 我覺得父母不瞭…… | 94 | 13.1 | 163 | 22.7 | 264 | 36.8 | 132 | 18.4 | 65 | 9.1 | *** | 2.9 | 無意見 |
| 我覺得父母是愛…… | 20 | 2.8 | 54 | 7.5 | 208 | 29.0 | 245 | 34.1 | 191 | 26.6 | *** | 3.7 | 同意 |
| 我覺得我瞭解我…… | 29 | 4.0 | 77 | 10.7 | 285 | 39.7 | 219 | 30.5 | 108 | 15.0 | *** | 3.4 | 無意見 |
| 我希望學會父母…… | 36 | 5.0 | 69 | 9.6 | 275 | 38.3 | 213 | 29.7 | 125 | 17.4 | *** | 3.5 | 同意 |
| 有時我會因身體…… | 22 | 3.1 | 65 | 9.1 | 162 | 22.6 | 299 | 41.6 | 170 | 23.7 | *** | 3.7 | 同意 |
| 我常因情緒起…… | 29 | 4.0 | 85 | 11.8 | 245 | 34.1 | 252 | 35.1 | 107 | 14.9 | *** | 3.5 | 同意 |
| 我常擔心無法控…… | 65 | 9.1 | 124 | 17.3 | 216 | 30.1 | 212 | 29.5 | 101 | 14.1 | *** | 3.2 | 無意見 |
| 我很容易無緣無…… | 91 | 12.7 | 168 | 23.4 | 237 | 33.0 | 151 | 21.0 | 71 | 9.9 | *** | 2.9 | 無意見 |
| 人與人之間互相…… | 11 | 1.5 | 21 | 2.9 | 130 | 18.1 | 246 | 34.3 | 310 | 43.2 | *** | 4.2 | 同意 |
| 幫助有困難的人…… | 16 | 2.2 | 26 | 3.6 | 175 | 24.4 | 274 | 38.2 | 227 | 31.6 | *** | 3.9 | 同意 |
| 當朋友遇到挫折…… | 10 | 1.4 | 23 | 3.2 | 121 | 16.9 | 270 | 37.6 | 294 | 40.9 | *** | 4.1 | 同意 |

表 46-1　青少年情緒調適之分布狀況　　　　　　　　　　　　　　　　N=718

註：*** p<.001

2.青少年對家庭內溝通的看法：在有關家庭內溝通方面，受訪青少年表示在家庭內的溝通有自己的意見，而且也較會自主、主動與父母溝通，也可顯現一般青少年在家庭溝通之趨向較民主與正向。而在我們不應該與長輩發生爭吵、人生有許多事情是沒有所謂的對與錯的、有許多事情是不可以談論的、避免麻煩的最佳辦法就是與他人理論，以免別人生氣、我們應該避免與他人理論，以免別人生氣等選項是趨向於不知道的情形。而在我們不應該質疑大人的決定選項上是趨向於不同意（詳見**表46-2**）。

3.青少年不幸經驗與偏差行為：以對於受訪青少年有不幸遭遇的身心狀況分析，曾被脅迫、敲詐、勒索的為最多，顯見校園暴力存在情形需加以改善，其次為曾遭家人疏忽、虐待的，以及因故中途輟學者，家庭關係以及親子教育有待加強；而在偏差行為中以觀看色情刊物光碟、網站約為一成七為最多，其次依序為吸食菸酒或檳榔的一成二、逃學一成二（詳見**表46-3**）。

4.青少年對社會的看法：受訪青少年普遍認為，社會立足要靠人際關係、社會治安敗壞、社會沒有人情味、社會冷漠充滿危機、社會充滿血腥暴力等負向看法；然而少年普遍認為警察值得尊敬，其餘項目，如司法是否公正、社會是否有人情味、兩性是否平等及社會是否歧視弱勢等趨向中性看法（詳見**表46-4**）。

| | 非常不同意 | | 不同意 | | 無意見 | | 同意 | | 非常同意 | | K-S | 平均 | 趨向 |
|---|---|---|---|---|---|---|---|---|---|---|---|---|---|
| | 次數 | % | 次數 | % | 次數 | % | 次數 | % | 次數 | % | Z值 | 數 | |
| 當我們長大後對…… | 14 | 1.9 | 21 | 2.9 | 40 | 5.6 | 451 | 62.8 | 192 | 26.7 | 9.3*** | 4.1 | 同意 |
| 我們不應該質疑…… | 107 | 14.9 | 345 | 48.1 | 148 | 20.6 | 100 | 13.9 | 18 | 2.5 | 7.8*** | 2.4 | 不同意 |
| 我們不應該與長…… | 40 | 5.6 | 175 | 24.4 | 135 | 18.8 | 269 | 37.5 | 99 | 13.8 | 6.5*** | 3.3 | 不知道 |
| 人生有許多事情…… | 89 | 12.4 | 119 | 16.6 | 104 | 14.5 | 263 | 36.6 | 143 | 19.9 | 6.9*** | 3.4 | 不知道 |
| 有許多事情是不…… | 90 | 12.5 | 256 | 35.7 | 142 | 19.8 | 190 | 26.5 | 40 | 5.6 | 6.2*** | 2.8 | 不知道 |
| 避免麻煩的最佳…… | 82 | 11.4 | 224 | 31.2 | 114 | 15.9 | 239 | 33.3 | 59 | 8.2 | 6.0*** | 3.0 | 不知道 |
| 我們應該避免與…… | 119 | 16.6 | 300 | 41.8 | 100 | 13.9 | 157 | 21.9 | 42 | 5.8 | 7.4*** | 2.6 | 不知道 |
| 當我的家人討論…… | 21 | 2.9 | 52 | 7.2 | 222 | 30.9 | 336 | 46.8 | 87 | 12.1 | 7.2*** | 3.6 | 同意 |
| 我的家庭每一個…… | 10 | 1.4 | 27 | 3.8 | 55 | 7.7 | 294 | 40.9 | 332 | 46.2 | 7.1*** | 4.3 | 同意 |
| 當家人討論事情…… | 20 | 2.8 | 102 | 14.2 | 129 | 18.0 | 309 | 43.0 | 158 | 22.0 | 7.3*** | 3.7 | 同意 |
| 小孩在某些事情…… | 17 | 2.4 | 49 | 6.8 | 172 | 24.0 | 342 | 47.6 | 138 | 19.2 | 7.4*** | 3.8 | 同意 |
| 我的父母鼓勵我…… | 47 | 6.5 | 125 | 17.4 | 275 | 38.3 | 208 | 29.0 | 63 | 8.8 | 5.3*** | 3.2 | 不知道 |
| 雖然別人不一定…… | 4 | 0.6 | 40 | 5.6 | 96 | 13.4 | 385 | 53.6 | 193 | 26.9 | 8.1*** | 4.0 | 同意 |
| 對任何的事物我…… | 6 | 0.8 | 12 | 1.7 | 41 | 5.7 | 307 | 42.8 | 352 | 49.0 | 7.8*** | 4.4 | 同意 |

表 46-2　家庭內溝通之 K-S 分析表　　　　　　　　　　　　　　　　　　N=718

註：*** p<.001

| | 曾有之經驗或行為 | 次數 | 百分比 |
|---|---|---|---|
| 甲、不幸遭遇 | 1.被脅迫、敲詐、勒索 | 62 | 8.7 |
| | 2.被拐騙、綁架 | 11 | 1.5 |
| | 3.遭家人疏忽、虐待 | 32 | 4.5 |
| | 4.遭受性侵害 | 19 | 2.7 |
| | 5.因故中途輟學 | 23 | 3.2 |
| | 6.其他 | 3 | 0.4 |
| | 7.沒有以上經驗 | 614 | 85.9 |
| 乙、偏差行為 | 1.逃學 | 86 | 12.0 |
| | 2.參加幫派 | 35 | 4.9 |
| | 3.偷竊行為 | 60 | 8.4 |
| | 4.吸食毒品 | 9 | 1.3 |
| | 5.自殺未遂 | 16 | 2.2 |
| | 6.離家出走 | 53 | 7.4 |
| | 7.賭博性電玩 | 54 | 7.6 |
| | 8.性經驗 | 31 | 4.3 |
| | 9.吸食菸酒或檳榔 | 89 | 12.4 |
| | 10.性侵犯或性騷擾 | 14 | 2.0 |
| | 11.觀看色情刊物光碟、網站 | 124 | 17.3 |
| | 12.縱火 | 12 | 1.7 |
| | 13.強盜殺人 | 8 | 1.1 |
| | 14.其他 | 7 | 1.0 |
| | 15.沒有以上經驗 | 496 | 69.4 |

表 46-3 青少年特殊生活經驗之分布狀況

註：為複選題，百分比總和超過100%。

| | 十分的<br>F（%） | 相當的 | 稍微 | 尚可 | 有些不 | 相當不 | 十分不 | 平均數<br>Mean | K-S<br>Z值 | 趨向 |
|---|---|---|---|---|---|---|---|---|---|---|
| 司法是不公正的 | 105<br>（14.6） | 56<br>（7.8） | 138<br>（19.2） | 202<br>（28.1） | 65<br>（9.1） | 48<br>（6.7） | 104<br>（14.5） | 3.9 | *** | 尚可 |
| 警察不值得尊敬 | 60<br>（8.4） | 41<br>（5.7） | 55<br>（7.7） | 165<br>（23.0） | 118<br>（16.4） | 106<br>（14.8） | 173<br>（24.1） | 4.7 | *** | 有些不 |
| 在社會立足要靠人際關係 | 72<br>（10.0） | 45<br>（6.3） | 59<br>（8.2） | 195<br>（27.2） | 92<br>（12.8） | 95<br>（13.2） | 160<br>（22.3） | 4.6 | *** | 有些不 |
| 社會治安敗壞 | 226<br>（31.5） | 113<br>（15.7） | 118<br>（16.4） | 149<br>（20.8） | 47<br>（6.5） | 17<br>（2.4） | 48<br>（6.7） | 2.9 | *** | 稍微 |
| 社會沒有人情味 | 107<br>（14.9） | 75<br>（10.4） | 135<br>（18.8） | 207<br>（28.8） | 89<br>（12.4） | 36<br>（5.0） | 69<br>（9.6） | 3.7 | *** | 尚可 |
| 社會冷漠充滿危機 | 133<br>（18.5） | 113<br>（15.7） | 138<br>（19.2） | 205<br>（28.6） | 44<br>（6.1） | 30<br>（4.2） | 55<br>（7.7） | 3.3 | *** | 稍微 |
| 兩性不平等 | 83<br>（11.6） | 58<br>（8.1） | 106<br>（14.8） | 210<br>（29.2） | 73<br>（10.2） | 54<br>（7.5） | 134<br>（18.7） | 4.2 | *** | 尚可 |
| 社會歧視弱勢 | 108<br>（15.0） | 71<br>（9.9） | 112<br>（15.6） | 197<br>（27.4） | 83<br>（11.6） | 55<br>（7.7） | 92<br>（12.8） | 3.9 | *** | 尚可 |
| 社會充滿血腥暴力 | 136<br>（18.9） | 92<br>（12.8） | 134<br>（18.7） | 194<br>（27.0） | 75<br>（10.4） | 25<br>（3.5） | 62<br>（8.6） | 3.4 | *** | 稍微 |

**表 46-4　青少年社會認知之 K-S 分析表**　　　　　　　　　　　　　　　N=718

註：*** p<.001

## ·青少年對休閒之覺知

1. 青少年對休閒參與的看法：少年每週可自由支配的時間，有五
   成是在二十一小時以上，也就是每天平均有三小時的自由時
   間，而每週花在休閒的時間上，有四成八的是在十小時以內，
   所以扣除了假日的休閒時間較長，大多數青少年每天最多只有
   約一小時的休閒時間。而在青少年的零用錢方面，有六成的青
   少年每月在二千元以內，零用錢的主要來源超過九成是由父母
   供給的，而主要的用途是以購買衣服零食以及儲蓄為最多，約
   占了五成。至於在媒體使用上，每天收看三小時以內的占了五

成六，每週收看以二十一小時以內為主，約占了五成七，顯見電視對少年有相當的吸引力，但是仍有接近三成的少年並未收看電視（詳見**表46-5**）。受訪青少年也認為，休閒的主要功能為，打發時間、人際與生活變化的需求、人際關係與社會技巧能力的培養以及情緒的穩定（詳見**表46-6**）。

| 項目 | 次數 | 百分比 | 項目 | 次數 | 百分比 |
|---|---|---|---|---|---|
| ◎逛街時大部分會買（N=369） | | | 零用金主要用途（N=718） | | |
| 衣服 | 268 | 72.6 | 購買雜誌漫畫 | 49 | 6.8 |
| 電動遊樂器及卡匣 | 33 | 8.9 | 儲蓄 | 164 | 22.8 |
| 鞋子 | 173 | 46.9 | 購買衣服零食 | 204 | 28.4 |
| 手機飾品 | 91 | 24.7 | 郊遊及戶外活動 | 35 | 4.9 |
| 背包 | 111 | 30.1 | 去MTV、KTV、PUB | 13 | 1.8 |
| 裝飾配備 | 189 | 51.2 | 買唱片錄音帶 | 126 | 17.5 |
| 化妝品 | 36 | 9.8 | 演唱會及週邊產品 | 2 | 0.3 |
| 保養品 | 43 | 11.7 | 汽機車組裝 | 4 | 0.6 |
| 唱片錄音帶 | 227 | 61.5 | 打電動買電玩卡帶 | 59 | 8.2 |
| VCD | 34 | 9.2 | 其他 | 55 | 7.7 |
| 電腦配件 | 41 | 11.1 | 不適用 | 7 | 1.0 |
| 光碟 | 69 | 18.7 | | | |
| 文具用品 | 223 | 60.4 | | | |
| 其他 | 38 | 10.3 | | | |
| 每週可自由支配時間（N=718） | | | 每週休閒時間（N=718） | | |
| 0-5小時 | 73 | 10.2 | 0-5小時 | 156 | 21.7 |
| 6-10小時 | 107 | 14.9 | 6-10小時 | 188 | 26.2 |
| 11-15小時 | 91 | 12.7 | 11-15小時 | 110 | 15.3 |
| 16-20小時 | 74 | 10.3 | 16-20小時 | 78 | 10.9 |
| 21-30小時 | 141 | 19.6 | 21-30小時 | 95 | 13.2 |
| 31-40小時 | 107 | 14.9 | 31-40小時 | 52 | 7.2 |
| 41小時以上 | 125 | 17.4 | 41小時以上 | 39 | 5.4 |

表 46-5　**青少年休閒參與分布狀況表**

| 項目 | 次數 | 百分比 | 項目 | 次數 | 百分比 |
|---|---|---|---|---|---|
| 可支配的零用金（N=718） | | | ◎零用錢來源（N=718） | | |
| 無 | 45 | 6.3 | 父母 | 660 | 92.2 |
| 1,000元以下 | 281 | 39.1 | 自己（打工所得儲蓄） | 204 | 28.5 |
| 1,001-2,000元 | 158 | 22.0 | 親戚 | 103 | 14.4 |
| 2,001-4,000元 | 66 | 9.2 | 朋友 | 25 | 3.5 |
| 4,001-6,000元 | 17 | 2.4 | 兄弟姊妹 | 38 | 5.3 |
| 6,001-8,000元 | 13 | 1.8 | 其他 | 16 | 2.2 |
| 8,001元以上 | 6 | 0.8 | | | |
| 不一定 | 132 | 18.4 | | | |
| 每天看電視的時數（N=708） | | | 每週看電視的時數（N=700） | | |
| 都不看 | 216 | 30.5 | 都不看 | 200 | 28.6 |
| 1小時以內 | 180 | 25.4 | 7小時以內 | 166 | 23.7 |
| 1-3小時 | 221 | 31.2 | 7-14小時 | 150 | 21.4 |
| 3-6小時 | 65 | 9.2 | 14-21小時 | 85 | 12.1 |
| 6小時以上 | 26 | 3.7 | 21-28小時 | 33 | 4.7 |
| | | | 35-42小時 | 30 | 4.3 |
| | | | 42小時以上 | 36 | 5.1 |

續表 46-5　青少年休閒參與分布狀況表

註：◎爲複選題，百分比總和超過100%。

2.青少年對休閒阻礙的看法：對於休閒阻礙的看法中，受訪少年
　表示都趨向不符合，顯示青少年對於所敘述的阻礙項目，認爲
　並沒有造成他們從事休閒時候的阻礙，受訪少年認爲，他們不
　會因爲「害羞」、「課業壓力」、「沒有足夠的技能」、「缺乏興
　趣」、「身體狀況」、「玩伴的狀況」、「時間」、「休閒設施的
　便利性」等因素而造成他們從事休閒時的阻礙；但是會因爲
　「宗教因素」受到趨向中間的態度，而選擇較符合道德規範的活
　動（詳見表46-7）。

| 休閒具有的功能 | 次數 | 百分比 |
|---|---|---|
| 智識方面能力的肯定 | 267 | 37.2 |
| 人際關係與社會技巧能力的培養 | 356 | 49.6 |
| 滿足自我參與感 | 225 | 31.3 |
| 人際與生活變化的需求 | 372 | 51.8 |
| 運動方面技能的肯定 | 263 | 36.6 |
| 爭取認同感 | 124 | 17.3 |
| 情緒的穩定 | 332 | 46.2 |
| 獨立完成的自主性肯定 | 231 | 32.2 |
| 作決定能力的培養 | 231 | 32.2 |
| 感受到被愛被瞭解 | 79 | 11.0 |
| 瞭解人和社會互賴的重要性 | 202 | 28.1 |
| 情緒控制能力的培養 | 246 | 34.3 |
| 刺激冒險感的尋求 | 205 | 28.6 |
| 打發時間 | 487 | 67.8 |
| 其他 | 14 | 1.9 |

表46-6　青少年休閒功能分布狀況表　　　　　　　　　　N=718

註：為複選題，百分比總和超過100%。

3.青少年參與活動的阻礙原因：由受訪青少年的調查顯示，青少年在從事共十五類的休閒活動時，主要的阻礙為時間因素（100%）、興趣因素（100%）、金錢因素（46.7%）、技能因素（26.7%），而最少有阻礙是空間與缺乏玩伴（各占13.4%）（詳見表46-8）。

4.青少年對休閒態度的看法：受訪青少年在休閒態度上趨向正向的看法，普遍認為休閒有助於個人身體健康，且可以培養社會的能力與技能，可以和別人建立友誼與得到歸屬感、增加個人快樂、充沛個人精力、增廣見聞，所以休閒是可以讓自我得到肯定與增加自我的人際關係的擴展，以及充實生活及社會互動的技巧。所以受訪少年也表示樂於花時間在休閒活動上，並且

| | 完全不符合 | | 相當不符合 | | 普通 | | 相當符合 | | 完全符合 | | K-S | 平均 | 趨向 |
|---|---|---|---|---|---|---|---|---|---|---|---|---|---|
| | 次數 | % | 次數 | % | 次數 | % | 次數 | % | 次數 | % | Z值 | 數 | |
| 我因爲害羞而沒辦法…… | 243 | 33.8 | 183 | 25.5 | 254 | 35.4 | 29 | 4.0 | 9 | 1.3 | 5.9*** | 2.1 | 相當不符合 |
| 我比較會去做能夠符…… | 171 | 23.8 | 152 | 21.2 | 271 | 37.7 | 82 | 11.4 | 42 | 5.8 | 5.5*** | 2.5 | 普通 |
| 我因爲沒有足夠的技…… | 216 | 30.1 | 262 | 36.5 | 203 | 28.3 | 28 | 3.9 | 9 | 1.3 | 5.6*** | 2.1 | 相當不符合 |
| 我因爲課業壓力大而…… | 201 | 28.0 | 219 | 30.5 | 209 | 29.1 | 63 | 8.8 | 26 | 3.6 | 5.2*** | 2.3 | 相當不符合 |
| 我認爲目前的休閒過…… | 231 | 32.2 | 208 | 29.0 | 200 | 27.9 | 57 | 7.9 | 22 | 3.1 | 5.1*** | 2.2 | 相當不符合 |
| 我因爲身體狀況的因…… | 332 | 46.2 | 206 | 28.7 | 140 | 19.5 | 32 | 4.5 | 8 | 1.1 | 7.4*** | 1.9 | 相當不符合 |
| 我認爲休閒活動都很…… | 339 | 47.2 | 184 | 25.6 | 152 | 21.2 | 31 | 4.3 | 12 | 1.7 | 7.6*** | 1.9 | 相當不符合 |
| 我所認識的人住得離…… | 217 | 30.2 | 182 | 25.3 | 198 | 27.6 | 87 | 12.1 | 34 | 4.7 | 4.8*** | 2.4 | 相當不符合 |
| 我所認識的人沒有時…… | 195 | 27.2 | 198 | 27.6 | 224 | 31.2 | 73 | 10.2 | 28 | 3.9 | 4.7*** | 2.4 | 相當不符合 |
| 我所認識的人有很多…… | 227 | 31.6 | 237 | 33.0 | 196 | 27.3 | 45 | 6.3 | 13 | 1.8 | 5.4*** | 2.1 | 相當不符合 |
| 我所認識的人都有一…… | 259 | 36.1 | 220 | 30.6 | 183 | 25.5 | 45 | 6.3 | 11 | 1.5 | 5.8*** | 2.1 | 相當不符合 |
| 我所認識的人沒有足…… | 256 | 35.7 | 249 | 34.7 | 164 | 22.8 | 41 | 5.7 | 8 | 1.1 | 5.7*** | 2.0 | 相當不符合 |
| 我所認識的人常因爲…… | 203 | 28.3 | 219 | 30.5 | 244 | 34.0 | 31 | 4.3 | 21 | 2.9 | 5.1*** | 2.2 | 相當不符合 |
| 我常因爲同伴的緣故…… | 193 | 26.9 | 224 | 31.2 | 227 | 31.6 | 46 | 6.4 | 28 | 3.9 | 5.1*** | 2.3 | 相當不符合 |
| 我贊成「業精於勤，…… | 101 | 14.1 | 153 | 21.3 | 304 | 42.3 | 99 | 13.8 | 61 | 8.5 | 5.7*** | 2.8 | 相當不符合 |
| 因有升學的壓力，以…… | 178 | 24.8 | 207 | 28.8 | 217 | 30.2 | 89 | 12.4 | 27 | 3.8 | 4.9*** | 2.4 | 相當不符合 |
| 我因爲需要打工賺錢…… | 348 | 48.5 | 204 | 28.4 | 124 | 17.3 | 30 | 4.2 | 12 | 1.7 | 7.7*** | 1.8 | 相當不符合 |
| 我由於缺乏休閒活動…… | 272 | 37.9 | 210 | 29.2 | 189 | 26.3 | 30 | 4.2 | 17 | 2.4 | 6.1*** | 2.0 | 相當不符合 |
| 所需的休閒設施取得…… | 228 | 31.8 | 227 | 31.6 | 196 | 27.3 | 50 | 7.0 | 17 | 2.4 | 5.3*** | 2.2 | 相當不符合 |
| 因爲我沒有時間所以…… | 196 | 27.3 | 179 | 24.9 | 234 | 32.6 | 78 | 10.9 | 31 | 4.3 | 4.9*** | 2.4 | 相當不符合 |
| 因爲我沒有足夠的錢…… | 178 | 24.8 | 197 | 27.4 | 252 | 35.1 | 64 | 8.9 | 27 | 3.8 | 5.2*** | 2.4 | 相當不符合 |
| 當我要去參與休閒活…… | 197 | 27.4 | 190 | 26.5 | 211 | 29.4 | 67 | 9.3 | 53 | 7.4 | 4.8*** | 2.4 | 相當不符合 |

表46-7　青少年休閒阻礙之 K-S 分析表　　　　　　　　　　　　　　　　N=718

註：*** p<.001

|  | 技能 | | 空間 | | 時間 | | 金錢 | | 興趣 | | 玩伴 | | 交通 | | 其他 | |
|---|---|---|---|---|---|---|---|---|---|---|---|---|---|---|---|---|
|  | 次數 | % | 次數 | % | 次數 | % | 次數 | % | 次數 | % | 次數 | % | 次數 | % | 次數 | % |
| 益智性n=713 | 107 | 15.0 | 89 | 12.5 | 363 | 50.9 | 174 | 24.4 | 193 | 27.1 | 130 | 18.2 | 61 | 8.6 | 19 | 2.7 |
| 技藝性n=707 | 203 | 28.7 | 91 | 12.9 | 254 | 35.9 | 113 | 16.0 | 278 | 39.3 | 62 | 8.8 | 39 | 5.5 | 20 | 2.8 |
| 民俗性n=713 | 204 | 28.6 | 92 | 12.9 | 221 | 31.0 | 88 | 12.3 | 340 | 47.7 | 62 | 8.7 | 54 | 7.6 | 12 | 1.7 |
| 社會性n=713 | 63 | 8.8 | 83 | 11.6 | 317 | 44.5 | 74 | 10.4 | 306 | 42.9 | 65 | 9.1 | 54 | 7.6 | 14 | 2.0 |
| 舞蹈性n=713 | 160 | 22.4 | 99 | 13.9 | 237 | 33.2 | 97 | 13.6 | 323 | 45.3 | 88 | 12.3 | 35 | 4.9 | 18 | 2.5 |
| 音樂性n=710 | 65 | 9.2 | 86 | 12.1 | 293 | 41.3 | 254 | 35.8 | 210 | 29.6 | 78 | 11.0 | 74 | 10.4 | 22 | 3.1 |
| 戲劇性n=712 | 105 | 14.7 | 92 | 12.9 | 230 | 32.3 | 141 | 19.8 | 349 | 49.0 | 60 | 8.4 | 56 | 7.9 | 16 | 2.2 |
| 戶外性n=707 | 50 | 7.1 | 122 | 17.3 | 341 | 48.2 | 71 | 10.0 | 198 | 28.0 | 112 | 15.8 | 94 | 13.3 | 22 | 3.1 |
| 體育性n=704 | 130 | 18.5 | 130 | 18.5 | 305 | 43.3 | 78 | 11.1 | 16 | 22.7 | 147 | 20.9 | 41 | 5.8 | 25 | 3.6 |
| 技能性n=706 | 230 | 32.6 | 144 | 20.4 | 263 | 37.3 | 110 | 15.6 | 173 | 24.5 | 109 | 15.4 | 49 | 6.9 | 14 | 2.0 |
| 旅遊性n=712 | 26 | 3.7 | 79 | 11.1 | 368 | 51.7 | 356 | 50.0 | 116 | 16.3 | 94 | 13.2 | 117 | 16.4 | 14 | 2.0 |
| 嗜好性n=713 | 92 | 12.9 | 104 | 14.6 | 297 | 41.7 | 140 | 19.6 | 269 | 37.7 | 91 | 12.8 | 43 | 6.0 | 13 | 1.8 |
| 娛樂性n=703 | 34 | 4.8 | 78 | 11.1 | 364 | 51.8 | 312 | 44.4 | 118 | 16.8 | 103 | 14.7 | 56 | 8.0 | 16 | 2.3 |
| 閒逸性n=699 | 20 | 2.9 | 95 | 13.6 | 376 | 53.8 | 118 | 16.9 | 122 | 17.5 | 161 | 23.0 | 37 | 5.3 | 19 | 2.7 |
| 逸樂性n=698 | 44 | 6.3 | 95 | 13.6 | 304 | 43.6 | 291 | 41.7 | 185 | 26.5 | 139 | 19.9 | 76 | 10.9 | 31 | 4.4 |

表 46-8 　青少年休閒阻礙原因之分布狀況

註：爲複選題，百分比總和超過100％；*** p<.001 。

會尋求一些管道來讓自己能夠參加更多的休閒活動，以從中獲取更多的學習成就（詳見**表46-9**）。

5. 青少年對休閒的滿意度分析：青少年於從事益智性、音樂性、戶外性、體育性、技能性、旅遊性、嗜好性、娛樂性及閒逸性等活動時，是呈現趨向於滿意的。而在技藝性、民俗性、社會性、舞蹈性、戲劇性及逸樂性等活動時，是趨向於中間值的不清楚。而對於政府或是民間機構所提供的休閒場所或設備的滿意度上面，主要是以不清楚以及滿意爲主（詳見**表46-10**）。

6. 青少年對休閒場所的期待：受訪青少年對於政府或民間機構所提供的休閒場所或設備的期待以價格低廉、增設休閒活動場

| | 完全不符合 | | 相當不符合 | | 普通 | | 相當符合 | | 完全符合 | | K-S | 平均 | 趨向 |
|---|---|---|---|---|---|---|---|---|---|---|---|---|---|
| | 次數 | % | 次數 | % | 次數 | % | 次數 | % | 次數 | % | Z值 | 數 | |
| 1.活動有助於…… | 15 | 2.1 | 14 | 1.9 | 142 | 19.8 | 243 | 33.8 | 304 | 42.3 | 6.7 *** | 4.1 | 相當符合 |
| 2.休閒活動可…… | 14 | 1.9 | 24 | 3.3 | 209 | 29.1 | 245 | 34.1 | 226 | 31.5 | 5.3 *** | 3.9 | 相當符合 |
| 3.參與休閒活…… | 12 | 1.7 | 29 | 4.0 | 254 | 35.4 | 236 | 32.9 | 187 | 26.0 | 5.6 *** | 3.8 | 相當符合 |
| 4.休閒活動不…… | 26 | 3.6 | 29 | 4.0 | 124 | 17.3 | 260 | 36.2 | 279 | 38.9 | 6.4 *** | 4.0 | 相當符合 |
| ※5.休閒活動可…… | 228 | 31.8 | 221 | 30.8 | 142 | 19.8 | 55 | 7.7 | 72 | 10.0 | 6.1 *** | 2.3 | 相當不符合 |
| 6.休閒活動是…… | 14 | 1.9 | 25 | 3.5 | 223 | 31.1 | 256 | 35.7 | 200 | 27.9 | 5.4 *** | 3.8 | 相當符合 |
| 7.休閒活動有…… | 11 | 1.5 | 23 | 3.2 | 191 | 26.6 | 280 | 39.0 | 213 | 29.7 | 5.9 *** | 3.9 | 相當符合 |
| 8.休閒活動有…… | 7 | 1.0 | 17 | 2.4 | 181 | 25.2 | 292 | 40.7 | 221 | 30.8 | 6.0 *** | 4.0 | 相當符合 |
| 9.參與休閒活…… | 53 | 7.4 | 89 | 12.4 | 278 | 38.7 | 181 | 25.2 | 117 | 16.3 | 5.2 *** | 3.3 | 普通符合 |
| 10.休閒活動可…… | 21 | 3.3 | 43 | 6.0 | 286 | 39.8 | 227 | 31.6 | 138 | 19.2 | 5.7 *** | 3.6 | 相當符合 |
| 11.休閒活動中…… | 16 | 2.2 | 45 | 6.3 | 284 | 39.6 | 223 | 31.1 | 150 | 20.9 | 6.0 .*** | 3.6 | 相當符合 |
| 12.參與休閒可…… | 13 | 1.8 | 29 | 4.0 | 194 | 27.0 | 263 | 36.6 | 219 | 30.5 | 5.7 *** | 3.9 | 相當符合 |
| 13.我覺得從事…… | 14 | 1.9 | 25 | 3.5 | 212 | 29.5 | 236 | 32.9 | 231 | 32.2 | 5.3 *** | 3.9 | 相當符合 |
| 14.我的休閒活…… | 10 | 1.4 | 22 | 3.1 | 166 | 23.1 | 260 | 36.2 | 260 | 36.2 | 5.8 *** | 4.0 | 相當符合 |
| 15.我覺得休閒…… | 23 | 3.2 | 31 | 4.3 | 200 | 27.9 | 253 | 35.2 | 211 | 29.4 | 5.7 *** | 3.8 | 相當符合 |
| ※16.我不喜歡我…… | 263 | 36.6 | 284 | 25.6 | 162 | 22.6 | 58 | 8.1 | 51 | 7.1 | 5.6 *** | 2.2 | 相當不符合 |
| 17.我覺得花在…… | 15 | 2.1 | 40 | 5.6 | 234 | 32.6 | 218 | 30.4 | 211 | 29.4 | 5.1 *** | 3.8 | 相當符合 |
| 18.我珍惜我的…… | 8 | 1.1 | 25 | 3.5 | 202 | 28.1 | 253 | 35.2 | 230 | 32.0 | 5.4 *** | 3.9 | 相當符合 |

表 46-9　青少年休閒態度之 K-S 分析表　　　　　　　　　　　　　　　　N=718

註：*** p<.001；※爲反向題

| | 完全不符合 | | 相當不符合 | | 普通 | | 相當符合 | | 完全符合 | | K-S | 平均 | 趨向 |
|---|---|---|---|---|---|---|---|---|---|---|---|---|---|
| | 次數 | % | 次數 | % | 次數 | % | 次數 | % | 次數 | % | Z值 | 數 | |
| 19.我會專注於…… | 13 | 1.8 | 47 | 6.5 | 269 | 37.5 | 210 | 29.2 | 179 | 24.9 | 5.8 *** | 3.7 | 相當 符合 |
| 20.我會參加一…… | 65 | 9.1 | 112 | 15.6 | 321 | 44.7 | 114 | 15.9 | 106 | 14.8 | 6.3 *** | 3.1 | 普通 |
| 21.我會多利用…… | 22 | 3.1 | 42 | 5.8 | 254 | 35.4 | 247 | 34.4 | 153 | 21.3 | 5.3 *** | 3.7 | 相當 符合 |
| 22.即使我很忙…… | 27 | 3.8 | 109 | 15.2 | 291 | 40.5 | 171 | 23.8 | 120 | 16.7 | 6.0 *** | 3.4 | 普通 |
| 23.我不會花時…… | 90 | 12.5 | 136 | 18.9 | 326 | 45.4 | 108 | 15.0 | 58 | 8.1 | 6.2 *** | 2.9 | 普通 |
| 24.在各種活動…… | 32 | 4.5 | 62 | 8.6 | 326 | 45.4 | 170 | 23.7 | 128 | 17.8 | 6.5 *** | 3.4 | 普通 |
| 25.我總會積極…… | 32 | 4.5 | 46 | 6.4 | 373 | 51.9 | 155 | 21.6 | 112 | 15.6 | 7.5 *** | 3.4 | 普通 |

續表 46-9　青少年休閒態度之 K-S 分析表　　　　　　　　　　　　　　N=718

註：*** p<.001；※為反向題

| | 非常不滿意 | | 不滿意 | | 不清楚 | | 滿意 | | 非常滿意 | | K-S | 平均 | 趨向 |
|---|---|---|---|---|---|---|---|---|---|---|---|---|---|
| | 次數 | % | 次數 | % | 次數 | % | 次數 | % | 次數 | % | Z值 | 數 | |
| 益智性活動 | 12 | 1.7 | 36 | 5.0 | 170 | 23.7 | 348 | 48.5 | 152 | 21.2 | 7.4 *** | 3.8 | 滿意 |
| 技藝性活動 | 18 | 2.5 | 103 | 14.3 | 268 | 37.3 | 252 | 35.1 | 77 | 10.7 | 5.5 *** | 3.4 | 不清楚 |
| 民俗性活動 | 42 | 5.8 | 114 | 15.9 | 313 | 43.6 | 192 | 26.7 | 57 | 7.9 | 5.9 *** | 3.2 | 不清楚 |
| 社會性活動 | 35 | 4.9 | 87 | 12.1 | 293 | 40.8 | 228 | 31.8 | 75 | 10.4 | 5.5 *** | 3.3 | 不清楚 |
| 舞蹈性活動 | 38 | 5.3 | 100 | 13.9 | 283 | 39.4 | 204 | 28.4 | 93 | 13.0 | 5.4 *** | 3.3 | 不清楚 |
| 音樂性活動 | 12 | 1.7 | 61 | 8.5 | 137 | 19.1 | 328 | 45.7 | 180 | 25.1 | 7.4 *** | 3.8 | 滿意 |
| 戲劇性活動 | 51 | 7.1 | 103 | 14.3 | 316 | 44.0 | 197 | 27.4 | 51 | 7.1 | 6.2 *** | 3.1 | 不清楚 |

表 46-10　青少年休閒滿意度之 K-S 分析表　　　　　　　　　　　　　　N=718

註：*** p<.001

| | 非常不滿意 | | 不滿意 | | 不清楚 | | 滿意 | | 非常滿意 | | K-S | 平均 | 趨向 |
|---|---|---|---|---|---|---|---|---|---|---|---|---|---|
| | 次數 | % | 次數 | % | 次數 | % | 次數 | % | 次數 | % | Z值 | 數 | |
| 戶外性活動 | 17 | 2.4 | 55 | 7.7 | 151 | 21.0 | 334 | 46.5 | 161 | 22.4 | 7.4 *** | 3.8 | 滿意 |
| 體育性活動 | 22 | 3.1 | 50 | 7.0 | 113 | 15.7 | 296 | 41.2 | 237 | 33.0 | 7.1 *** | 3.9 | 滿意 |
| 技能性活動 | 23 | 3.2 | 67 | 9.3 | 179 | 24.9 | 272 | 37.9 | 177 | 24.7 | 6.3 *** | 3.7 | 滿意 |
| 旅遊性活動 | 18 | 2.5 | 59 | 8.2 | 185 | 25.8 | 261 | 36.4 | 195 | 27.2 | 6.0 *** | 3.8 | 滿意 |
| 嗜好性活動 | 18 | 2.5 | 61 | 8.5 | 227 | 31.6 | 260 | 36.2 | 152 | 21.2 | 5.7 *** | 3.7 | 滿意 |
| 娛樂性活動 | 11 | 1.5 | 40 | 5.6 | 70 | 9.7 | 280 | 39.0 | 317 | 44.2 | 6.8 *** | 4.2 | 滿意 |
| 閒意性活動 | 16 | 2.2 | 30 | 4.2 | 77 | 10.7 | 311 | 43.3 | 284 | 39.6 | 7.2 *** | 4.1 | 滿意 |
| 逸樂性活動 | 99 | 13.8 | 92 | 12.8 | 162 | 22.6 | 182 | 25.3 | 193 | 25.5 | 5.1 *** | 3.4 | 不清楚 |
| 整體滿意度 | 65 | 9.1 | 119 | 16.6 | 409 | 57.0 | 107 | 14.9 | 18 | 2.5 | | | |

**續表 46-10　青少年休閒滿意度之 K-S 分析表**　　　　　　　　　　　　N=718

註：*** p<.001

所、合乎時代潮流、免費提供休閒活動場所、提倡休閒文化、交通方便、有機會認識朋友、活動選擇多樣化、彈性的開放空間爲主要的期待內容，所以可以看出青少年對休閒場所的期待還是主要以取得管道的便利性，以及活動的多樣性、切合青少年的趨勢爲主（詳見表46-11）。

## ·青少年生活狀況與休閒狀況之關聯

1.性別、年齡與溝通行爲、休閒狀況及對社會的看法之差異性考驗：本研究進一步想要瞭解性別及年級的溝通行爲、休閒狀況及對社會的看法是否有差異，針對這些變項進行t檢定，結果發

| 項目 | 次數 | 百分比 | 項目 | 次數 | 百分比 |
|---|---|---|---|---|---|
| 第一優先 | | | 第二優先 | | |
| 價格低廉 | 120 | 17.2 | 合乎時代潮流 | 85 | 12.3 |
| 增設休閒活動場所 | 104 | 14.9 | 價格低廉 | 83 | 12.0 |
| 合乎時代潮流 | 90 | 12.9 | 增設休閒活動場所 | 75 | 10.9 |
| 免費提供休閒活動場所 | 83 | 11.9 | 免費提供休閒活動場所 | 75 | 10.9 |
| 提倡休閒文化 | 79 | 11.3 | 交通方便 | 75 | 10.9 |
| 第三優先 | | | 有機會認識朋友 | 103 | 15.1 |
| 活動選擇多樣化 | 88 | 12.9 | 免費提供休閒活動場所 | 69 | 10.1 |
| 合乎時代潮流 | 68 | 10.0 | 彈性的開放空間 | 63 | 9.2 |

表 46-11　青少年對政府或民間機構所提供的休閒場所或設備的期待之分布狀況

註：◎為複選題，百分比總和超過100%。

現在休閒態度達到邊緣性差異，其中男生的態度比女生趨向正面看法；在情緒調適上也達顯著差異，其中女生的情緒調適狀況較男生為佳，而在根據年齡所做的t檢定方面顯示，在溝通方面有呈現顯著性的差異，其中十二至十五歲的家庭內溝通狀況比起十六至十九歲的年齡層融洽，在休閒滿意方面也呈現顯著性的差異，其中十二至十五歲對休閒的滿意狀況及滿意度比十六至十九歲的年齡層好，在社會看法上有呈現顯著性的差異，其中十二至十五歲比十六至十九歲的年齡層趨向正向（詳見表46-12）。

2.溝通行為、休閒狀況及對社會的看法之相關性考驗：當溝通的情形越好，休閒態度的表現越趨向正向，當溝通的情形越佳，休閒滿意度越高，當溝通的情形越佳，社會看法越正面，當溝通的情形越好，情緒調適的狀態越安定，當休閒阻礙越高，則休閒態度會越負面，而當休閒態度越趨向正向，休閒滿意度越高，當休閒態度越趨向正向，社會看法越正向，休閒態度越趨向正向，情緒調適越好，而當休閒滿意度越趨向滿意，則社會

| | 性別 | | | | 年齡 | | | |
|---|---|---|---|---|---|---|---|---|
| | 男生<br>（N=309） | | 女生<br>（N=409） | | t值 | 12-15歲<br>（N=339） | | 16-19歲<br>（N=358） | | t值 |
| | 平均數 | 標準差 | 平均數 | 標準差 | | 平均數 | 標準差 | 平均數 | 標準差 | |
| 家庭溝通 | 48.16 | 6.04 | 48.36 | 5.12 | -.48 | 48.80 | 5.63 | 47.83 | 5.42 | 2.33* |
| 休閒阻礙 | 48.47 | 14.31 | 49.31 | 12.40 | -.83 | 47.97 | 13.58 | 49.72 | 12.75 | -1.75 |
| 休閒態度 | 90.57 | 14.66 | 88.67 | 12.70 | -1.81 | 90.40 | 14.07 | 88.90 | 13.14 | 1.45 |
| 休閒滿意 | 53.95 | 8.83 | 54.87 | 7.31 | -1.48 | 56.52 | 7.82 | 52.65 | 7.86 | 6.52*** |
| 社會看法 | 34.64 | 11.52 | 34.33 | 10.80 | .38 | 36.36 | 11.39 | 32.79 | 10.46 | 4.31*** |
| 情緒調適 | 67.13 | 11.21 | 68.79 | 10.12 | -2.05* | 68.67 | 10.84 | 67.55 | 10.50 | 1.38 |

表 46-12　青少年之性別與年齡對家庭溝通、休閒阻礙、休閒態度、休閒滿意、社會看法及情緒調適之檢定

註：*p<.05；** p<.01；*** p<0.001

| | 家庭溝通 | 休閒阻礙 | 休閒態度 | 休閒滿意 | 社會看法 | 情緒調適 |
|---|---|---|---|---|---|---|
| 家庭溝通 | 1.00 | -.04 | .15** | .16** | .17** | .37** |
| 休閒阻礙 | | 1.00 | -.25** | -.04 | -.01 | -.02 |
| 休閒態度 | | | 1.00 | .30** | .09* | .24** |
| 休閒滿意 | | | | 1.00 | .24** | .15** |
| 社會看法 | | | | | 1.00 | .16** |
| 情緒調適 | | | | | | 1.00 |

表 46-13　家庭溝通、休閒阻礙、休閒態度、休閒滿意、社會看法及情緒調適之相關矩陣分析表

註：* p<.05；** p<.01；*** p<0.001

看法越正向，當休閒滿意度越好，情緒調適的狀態越好，當社會看法越趨向善良社會時，情緒的調適也就越高（詳見表46-13）。

## 在「焦點團體」部分

青少年正處於人格成長與社會適應的重要關鍵期，此時期青少年的生理、心理、情緒、價值觀及社會發展在質與量上都有極大的改變，所以適當而正確的休閒活動，將有助於青少年未來的良好發展。但是許多成人對青少年所從事的休閒活動總抱持著一種刻板印象，錯誤地以為那些都是小孩子的玩意，或認為那些都是浪費時間的活動，常未加以注意並從旁輔導，而青少年也多因性格發展尚未成熟，缺乏規劃能力，或因成人的反對，往往只能被動地安排或侷限在成人或社會認知上所認同的休閒活動中。

有鑑於週休二日政策的施行，將使青少年的休閒時間及空間更加的寬廣，因此，本研究欲針對台北及花蓮地區的青少年目前的休閒現況進行瞭解，並進而與青少年之休閒需求及相關問題加以整合，以發展出適切之休閒策略，提供青少年瞭解休閒的實質內涵，懂得選擇合宜的休閒活動，進而能夠自我規劃有創意的休閒活動，幫助青少年擴大其學習領域、生活經驗及人際關係。

因此，本研究除了以問卷調查的方式來瞭解青少年休閒現況及其態度之外，還希望透過四場青少年之焦點團體座談將不同領域及不同對象間的意見進行整合及歸納，以建立需求與服務一致的休閒輔導策略。而檢討現行青少年休閒現況是建構休閒輔導策略的一個重要步驟。因此，在本研究的焦點團體的討論中，我們企圖從國中及高中在學生的角度去瞭解青少年對休閒活動的看法，及當週休二日施行後可能對他們在休閒活動的選擇及時間調配上的改變，進而詢問其對政府、學校或民間機構提供休閒活動的期望，以利相關當局政策規劃或

活動執行之參考。

## ・青少年經常從事休閒活動之種類

在針對台北及花蓮地區青少年經常從事的休閒活動類型中可發現，在靜態的休閒活動方面，上網已經成為青少年的一個重要休閒項目。顯見現今資訊流動的快速變遷，已經讓網際網路成為人們日常生活愈來愈不可缺乏的一環，青少年的活動模式，可能因為上網行為的自主性，而逐漸以虛擬世界取代了過去呼朋引伴的群眾行為；而在動態的休閒活動方面，打球依然是青少年現存的主要休閒項目，尤其是戶外性的休閒活動以及體育性的休閒活動更是青少年較常共同參與的，主要原因由於青少年仍處求學階段，在實際生活中，還是以與同儕一起參與活動為主，也就是會有團體的集體行動，所以同儕對青少年的休閒，具有相當的影響力；而部分受訪少年也表示的一些被禁止的活動，例如，去撞球、去pub玩，這顯現出青少年仍處在叛逆的時期，對於一些被禁止的場所也容易感到好奇，再加上主觀認為這些場所並非不好，只是被大人設定為不好的而禁止他們從事這些類型的活動。

所以在青少年經常參與的休閒活動當中，主要是以動態的體育性和戶外性活動為主，包括從事球類運動、登山、逛街；靜態的活動則以上網（打電動）、看書、與同學聊天（講電話）、看電影、電視為主。

睡覺。因為沒錢，也沒事做（學4、學8、學10、生8、生14）。

在家打電腦（遊戲），因為沒事做（學1、學2、學3、學9、生4、生19）。

上網聊天、抓音樂、收發信件、玩網路遊戲（學6、學10、學14、學12、學9、生15）（以女性化名字等待男生來找他聊天）。

打電動（學12、學15、學16、生11）。

彈鋼琴、聽音樂（學5、學14、學9）。

看球賽（學14）。

打球，例如，羽球、排球、籃球、桌球、乒乓球、打保齡球、打撞球（學1、學2、學4、學5、學8、學16、學13、學14、學15、生4、生10）。

夜遊、露營、公墓探險（學5、學14、學4）。

游泳（學5、生11）。

和同學玩紙牌算命（學11）。

補習（學1、學9）。

看電視（學2、學8、學11、學16、學10、生17）。

跟朋友出去玩、逛街。逛街時會去照大頭貼或去書局、唱片行、百貨公司（學2、學12、學14）。

跟同學聊天、講電話（學15、學12、生17）。

跟家人出門、逛百貨公司或書局（學4、學2、學8）。

看漫畫、看小說、租漫畫回家看（學1-8、生1）。

去泡沫紅茶店，純聊天（學4）。

下課後跟同學一起去買東西吃（學3）。

去教會做禮拜（學6）。

跟家人去爬山（學7、生3）。

去看MTV、唱歌（學2、生3、生7、生9）。

下雨的話會跟別人去打撞球，沒下雨的話就打籃球（生19）。

放學以後有時候去同學家玩，聊天以後六點多再去補習，回家大概10點多，

然後就寫功課、洗澡、吃飯，有時候還會邊寫功課邊打電動，然後就睡覺嘹（學5）。

會跟家人去看電影（學3、學8、生15）。


· 同儕或朋友所從事被成人禁止休閒活動之種類

除了上述一般青少年所從事的休閒活動之外，對於青少年口語所描述中同儕會從事的休閒活動（就是會被學校或父母禁止或是社會大眾普遍認為不適合青少年從事的休閒活動）的種類為飆車、去網咖上網（打電動）、撞球；青少年喜歡把騎車或是賽車亦或是更嚴重的飆車，當作是一個種類的休閒活動，而在這些活動當中，也是青少年能夠獲得其他人的認同或是可以成為眾人注目的焦點，或是宣洩情緒，這也是青少年達成負向的自我肯定、自我挑戰的方式；至於近來社會上頻傳的網路交友性侵害的案件，使得父母開始關心子女在這類場所的安全性及所從事的活動類型，在受訪青少年當中，仍有沉迷在網路的情形，因此對於青少年藉由此種的管道來認識朋友，或是玩網路遊戲，應該是更需注意的新休閒課題。

　　到網路咖啡店去打電腦遊戲。分為兩種，一種是暗暗的店，會免費送你飲料，比較貴；另一種是亮亮的店，沒有送飲料，比較便宜。我比較喜歡亮亮的店，因為覺得比較沒有不良少年，比較不恐怖（學1、學2）。
　　飆車（學3）。
　　他都看軍事雜誌（生19）。
　　就是開車出去（未成年無照駕駛）……洗溫泉，或是比較郊外……（生9）。
　　撞球店（學4）。
　　到KTV唱歌（學4）。
　　他平常都是玩賽車（生6）。
　　去pub（生9）。


## ‧青少年不喜歡從事的休閒活動及其原因

　　青少年對於所從事的休閒活動，主要是具有同儕的參與，還有學

校內的活動為主，對於社區內的活動並沒有相當的興趣，因為社區內的活動是趨向以社區居民為主，所以青少年會期望能跟同學出去逛街、去打球、去pub跳舞、去KTV唱歌，對於跟長輩或是LKK的人從事一些他們認為SPP的事情是感到乏味無趣的。

跳舞、跳健康操，因為很ㄙㄨㄥˊ（學2、學3）。
社區辦的歌唱比賽，因為大家都唱得很難聽（學2）。

## ·青少年平日零用錢數及其用途

在接受訪談的青少年的零用錢分布上，與此次問卷調查的數據相當接近，大約每月是二千元以內的為大多數，而零用錢主要的用途是用來購買餐點、逛街的花費、購買書籍或是儲蓄，也有部分受訪少年表示，當需要外出從事其他的活動的時候，還會另外向父母拿零用錢，逛街購物成為青少年主要的消費性支出項目，而青少年對於流行的追求以及名牌物品的購買，而這些物質的消費較高，將使青少年形成物化的休閒價值觀。

每天一百元，用來逛街、買東西吃（學2）。
每天三十元，用來買早餐吃（學4）。
沒有，壓歲錢就是零用錢（學5）。
一天二百元。如果要出去就另外給（生16）。
很少。一個月五百（生18）。
自己存錢（學8）。
我比較會花錢在吃東西上面……偶爾會逛逛買一些小東西……（生12）。
小飾品（生4）。
每天三十元……三十元是下課時用來買點心的（生19）。
一個月大概有三、四千塊吧……就是要買什麼都是要用那個

（生12）。

買書之類的，買雜誌（生6）。

早餐就自己買，一天五十元吧（學1）。

每天三十五元，買早餐，多的存起來買卡片、禮物（學3）。

零用錢是媽媽存錢在銀行的利息（學6）。

每週約三百元，假如沒花掉就都存起來（學7）。

喝酒（生3）。

名牌的東西（生9）。


## ・師長或父母眼中贊成的休閒活動

在這方面的看法上，父母或是老師的著眼點是在於：青少年在從事休閒的時候，是否能讓父母知悉他們的活動內容以及時間，是否涉及了不正當的場所的休閒，也期望能對青少年產生正面的意義與覺知，以及能從中學習自我的獨立與自我的肯定與認知。


打工，當零用錢（學8）。

跟同學出去玩，但是要留下同學的電話及地址（學8）。

看書（教科書）（學1）。

看電視，會跟我們一起看（學5）。


## ・師長或父母所不贊成的休閒活動

師長或是家長會擔心的狀況，多半是因為社會上層出不窮的社會案件，所以希望青少年能儘量的避免接觸這些場所，或是涉足到這些場所，避免青少年因此結交到不好的朋友或是學習到不良的習慣，主要的考量是根據青少年的身體狀況、課業狀況為主，基本上青少年還是在求學的階段，所以父母及師長都希望青少年能扮演好學生的角色。因此，師長或父母最不希望看到青少年因為看電視、上網等行

爲，而影響其課業；也擔心青少年因打球、騎摩托車或單獨外出而發生意外。

> 看電視，會被罵（學8）。
>
> 砍人，因爲會被抓去關（學4）。
>
> 上網，因爲怕我被網友拐走，但是我都到表姐家偷偷上網（學2）。
>
> 上網，因爲怕影響功課（學15）。
>
> 打球，因爲我身體比較弱，又會流鼻血，又會肚子痛，身體不是很好，怕我出意外（學1）。
>
> 學校不准我們去，因爲他們覺得去那個地方的都是壞學生（生13）。
>
> 打籃球，因爲我手受傷（學16）。
>
> 媽媽不准我去同學家（學15）。
>
> 單獨一個人去看電影，因爲會比較危險（學15）。
>
> 跟同學去逛街（學13）。
>
> Pub，未滿十八（生1）。
>
> ……比較不喜歡我們過夜生活（生9）。
>
> 比如騎摩托車呀（生1）。

## ·從事休閒活動中之阻力

在休閒阻礙方面，受訪青少年表示主要的因素來自於課業上的壓力（補習）、時間的限制（活動太晚）、資源不足（場地沒開放）；對於活動資訊的不足，青少年根本就不知道有這些活動，或者是知道活動但是卻又不容易獲得參加的資格（索票），以及因爲青少年大多都未成年，所以很多活動都是在晚上舉辦，父母會擔心就不讓他們去參加了。

活動的時間太晚，父母不讓我們去參加。例如演唱會，大概在
七至十二點（學2）。

活動的免費贈票或索票名額太少，也不知道要到哪裡拿票（學
2）。

考試那麼多……給我們時間那麼少，又要叫我們做那麼多事…
…（生12）。

難得假日還用來補習（生16）。

學校沒有提供電腦教室供上網使用（學6）。

媽媽不准我出門（學8）。

越管我們，就越叛逆（生10）。

會被罵被限制（生1）。

……限制我回來的時間（生11）。

### ‧對政府所提供的休閒資源的瞭解

　　對於政府所提供的休閒資源，青少年偏向於演唱會以及跨年晚
會，或者是一些大型的活動，對於一些常設在社區附近的活動場地或
是一些藝文性的活動、民俗性的活動、社會性的活動，青少年都較少
參與，青少年容易把休閒活動界定為影視娛樂而已。

不知道政府或機構會辦活動給青少年參加，沒有人說過。老師
也不會提供這些資訊給我們（學1-8）。

透過電視、新聞或廣播、娛樂新聞等會知道演唱會的消息（學
2、學8、生16）。

### ‧對政府、學校或民間機構在提供休閒活動時的期望

　　在提供建議的部分，青少年偏向於影視娛樂的休閒活動，以及體
育性或是技能性的休閒活動，也就是青少年的休閒活動場所趨向於戶
外，追求流行與影視歌唱藝人，這與青少年在電視媒體的使用上有很

多的關聯，相對的一些強調心靈上的交流，亦或是藝文性的活動都容易被青少年忽略，而便利性、可近性也是青少年覺得可以改善的方面，其中也有青少年提到要砸花瓶、丟娃娃等情緒宣洩的活動，因為壓力太大，對於壓力及情緒調適的情形必須注意。

政府還會想到我們年輕人嗎？（生12）。

沒有（學2）。

跨年晚會（生10）。

溜冰場（生4）。

玩具展覽（生12）。

演唱會（生15）。

體育館（生8）。

希望學校辦園遊會、運動會（學4、學3）。

看免費電影，憑學生證就可以入場（學2）。

離學校近一點（學2）。

舉辦免費砸花瓶、丟娃娃的活動，因為壓力太大了（學4）。

開放電腦教室上網，但是學校電腦太舊，應該先更新（學1）。

飆車比賽（生7）。

那個原住民舞蹈比賽（生6）。

藉由焦點團體法來看對於青少年休閒活動的看法，可以更加的瞭解青少年的想法，當我們把焦點座談的內容與問卷的量化分析作一個比較，可以互相得到一些驗證。青少年是受保護與依賴的人口群，青少年處於身心發展快速階段，如果他們在成長中的各種需求未能得到充分滿足，或發展經驗有所偏差時，不僅未來進入獨立生產人口階層中，必然不易有高素質的生產力，以及扮演好對社會經濟發展有貢獻的角色之外，社會偏差行為恐怕會讓社會付出不少代價。健全的青少年是明日社會的動力，為青少年營造一個健全安全的成長環境是政府

與社會大眾無可推諉的責任。給青少年一個支持的環境，讓其擁有美好的未來是我們全民的責任與希望。而適度的休閒引導更可以結合青少年的興趣及滿足其需求，以創造出一個優質的生活水準。

少年進入十二歲之後，最常見的休閒活動是那些能反映自我意識的需求，爲發展異性社會化關係和親密的溝通活動。而媒體的使用，例如，看電視、閱讀、上網等，或者看電影、看MTV、上KTV、聚會和跳舞等活動提供他們相當多機會以獲得資訊，打發閒暇時間，或者提供與一些同伴相處的題材及活動機會，更令青少年著迷及樂此不疲。青少年之社會化除了家庭、學校、鄰里環境之三種主要環境影響之外，他們所出現商店、餐廳、公共運輸工具及聚集的場所（例如，網咖及KTV店等），都是影響青少年之第四類環境（the fourth environment），因此，如何在青少年有興趣的活動及場所中帶入正確且健康的休閒生活觀念，才是我們未來應努力的方向，而不是以成人的主觀判斷來決定青少年的生活方式。

# 結論與建議

在前文中，我們已針對實際訪談調查結果及焦點團體的部分歸納分析出初步的結果。在此，我們將做一個統整性研究結果的呈現，以作爲本研究之結論及建議。

## 結論

「休閒」是源自拉丁文licere，意即「被允許」（to be permitted），有擺脫工作後獲得自由的意思。個人對於休閒活動功能的觀點，是決定休閒態度及參與的重要因素，就一般而言，對於休閒功能持著高度肯定者，其參與度愈高，反之則低。要瞭解休閒的全貌，勢必先對休

閒的功能加以探討不可。休閒活動對於個人及社會均有著重大的功能，也就是休閒活動的有效運用，就人格發展、工作效率、人生目標、社會文明的提昇，均有密切的關係與影響。就個人而言，不僅可促進身心健康、調劑身心、擴大生活視野與改善人際關係、豐富精神生活等。對社會而言，可促進經濟進步、改善社會風氣，創造出和諧的社會。從社會心理學的觀點，休閒被當作促進集體行為發展的歷程，從休閒中可以尋求樂趣而遵行團體行為規範，並確認及扮演個人的社會角色和團體成員的互動關係，進而模塑社會統合行為。從心理學的觀點，休閒的主要功能在於發洩、疏通以及調和情緒，補償角色期待所受的精神壓力和自我能力匱乏之心理感受，使壓抑沉悶或憤恨不滿的具有破壞性衝動力量，以藝術化和昇華的方式表現，防止可能產生的病態心理或偏差行為。此外，並可增進個人的行為發展功能——身體機能和智力之增強，內在情緒力量的平衡和社會關係的調和，對自己和現實的態度、行為準則和價值觀的組合作用。

　　休閒生活於今日社會日益受到重視，因為其提供了人們必要的功能，我們將之歸納為：一、紓解生活壓力；二、豐富生活體驗；三、調劑精神情緒；四、維持健康體適能；五、啓發心思智慧；六、增進家庭親子關係；七、促進社會交友關係；八、關懷生活環境品質；九、欣賞創造眞善美；十、肯定自我能力；十一、實踐自我理想。

　　綜觀本次調查發現：

1. 我國青少年在休閒態度上是趨向正向的看法，普遍認為休閒有助於個人身體健康，且可以培養社會的能力與技能，可以和別人建立友誼與得到歸屬感、增加個人快樂、充沛個人精力、增廣見聞，所以休閒是可以讓自我得到肯定與增加自我的人際關係的擴展，以及充實生活及社會互動的技巧。

2. 受訪青少年表示樂於花時間在休閒活動上，並且會尋求一些管道來讓自己能夠參加更多的休閒活動，以從中獲取更多的學習

成就。

3. 我國青少年雖然每週可以自由分配的時間有五成在二十一小時以上，亦即每天平均有三小時左右的自由活動時間，但是實際上會花在休閒娛樂的時間，每天卻只有約一個小時的時間。而在媒體的使用情形上也發現，有五成六的青少年每天收看三小時以內的電視，每週則收看了二十一小時內的電視，這些數據都在在顯示出，我國青少年在非假日的主要休閒活動還是以看電視等靜態活動為主。

4. 除此之外，青少年較常從事的休閒活動，在動態的活動方面以體育性和戶外性活動為主，包括從事球類運動、登山、逛街；靜態的活動則以上網（打電動）、看書、與同學聊天（講電話）、看電影、看電視為主，至於社區內所辦的活動，青少年則持保留的態度。

5. 在休閒阻礙方面，青少年表示主要的因素來自於課業上的壓力（補習）、時間的限制（活動太晚）、資源不足（場地沒開放）；對於活動資訊的不足，青少年根本就不知道有這些活動，或者是知道活動但是卻又不容易獲得參加的資格（索票），以及因為青少年大多都未成年，所以很多活動都是在晚上舉辦，父母會擔心就不讓他們去參加。

6. 此外，青少年對於政府或民間機構所提供的休閒場所或設備的期待以價格低廉、增設休閒活動場所、合乎時代潮流、免費提供休閒活動場所、提倡休閒文化、交通方便、有機會認識朋友、活動選擇多樣化、彈性的開放空間為主要的期待內容，可以看出青少年對休閒場所的期待還是主要以取得管道的便利性、以及活動的多樣性、切合青少年的趨勢為主。

青少年正處於求學階段，必然的受到課業的壓力，壓縮到他們的休閒時間與空間，青少年當自我想要尋求壓力的紓解時，如果政府、

民間或是學校有提供一些好的休閒活動，不必讓青少年盲目的尋找與追求。社會大眾對於未成年的青少年，基本上是偏向於希望他們能夠先扮演好學生的角色，行有餘力再去從事正當的休閒活動，避免涉及到一些危險性或者是不正當的活動。而從事休閒活動對青少年來說，也是可以達到人際關係的的建立、社會技巧的培養、結交朋友的管道以及體能體魄的鍛鍊，更可以促進身心的健全發展。隨著週休二日政策的施行，父母與子女有更多的休閒時間跟空間，未來兩天一夜的休閒活動會漸漸地取代長途旅遊，而選擇的多樣性更可以讓家庭的功能在休閒活動的參與下更健全，政府配合學校的課程，培養學生的興趣與嗜好，讓青少年的休閒功能更正向，讓青少年的價值觀釐清，而規劃適宜青少年的休閒活動。

## 建議

　　現代社會對於「休閒」的需求愈強烈的趨勢，從一些新興的如雨後春筍般出現可見一斑，但是現代人對於休閒的定義仍侷限於工作之外的餘暇時間，尚不能將工作與休閒視為一體之兩面。不受勞動時間的約束的自由時間的增加，實是人類長期以來的願望，也是人類運用其智慧及理性，一方面提昇生產力，一方面取自由和自求解放而不斷努力的一大成果，自由意味著從事創造性活動機會增加，更多的自由時間使人類得以充實自己，豐富生活內容，增進生命的意義，以實現人生目標及美好生活。人是社會的動物，個人的美好人生通常與對社會的貢獻有密切的關係，因此自由時間的增加，不僅意味著美好人生實現的可能性增加，同時也意味著美好和諧社會實現的可能性愈大。特別是在以機械文明為基礎的現代社會，社會關係、朋友關係……等容易感到空虛和枯燥，所以休閒生活在現代人的生活中有就愈發顯得重要及必要了。由於科技文明的發展而增多的休閒時間，或將有助於

克服疏離，促進文明的進步與生活品質，使得休閒成為我們必須深思及關切的主題。

　　而由本研究卻顯示我國社會對當前青少年休閒需求及其休閒服務之提供，還是停留在升學主義之結構框架中。甚至社會所提供的服務措施，青少年雖然知道但是普遍接受及使用頻率不高。因此本研究提出以下幾點建議：

1.要隨時掌握青少年需求與時俱變的特性，提供一些幫助以及支持青少年身心健全的社會環境，以幫助他們紓解身心發展及因應社會變遷的壓力，而且青少年休閒福利政策之制定更要迎合青少年對福利服務的需求。

2.青少年休閒活動的提供應更具創意且擴大青少年積極參與多元化的社會活動，一方面增加青少年生活經驗，另一方面重視青少年之生活適應能力，解決問題能力及價值判斷教育的培養，以強化青少年除瞭升學主義之智能培養外的自我功效發展。

3.擴大提供積極性多元化的社會活動機會，以增加青少年的正面社會生活經驗，並協助青少年認知與道德判斷能力之成長。

4.加強整合行政部門之橫向聯繫，整體規劃青少年休閒活動，並配合相關福利政策法令，保障青少年之人身安全，建構身心健全的社會環境。

5.妥善輔導及協助民間團體強化其經營組織能力及青少年休閒人才的培育，以增進青少年更多元化且高品質的休閒活動的規劃及落實執行。

　　隨著週休二日政策的施行，青少年的自由時間勢必相對增加的情況下，對青少年休閒活動的動向，確實要詳細計畫，符合時代潮流及滿足青少年的需求，建議學校及相關單在其規劃青少年休閒活動時，應掌握下列重點：

## ‧多樣化

　　為滿足不同動機偏好的利用者，休閒活動種類應增加並呈現多樣化的發展。亦即，依身心發展、年齡、就業、就學、性別等的不同，再依據各地區的特性，不同時段而計畫各項適合人們的多樣休閒活動。台灣各地區因地理環境、文化水準、經濟條件、人口特性等不同，休閒活動應依各地區的主觀客觀特性而做不同的適當規劃。

## ‧主動性

　　活動類型應以利用者主動參與的活動為發展趨勢，如露營、球賽等積極性活動，一方面配合青少年的興趣，另一方面也具有消耗青少年體力及注意力的功能。

## ‧戶外性

　　都市的過度發展使得市民住在擁擠且閉塞的狹小空間中，為了脫離這種壓抑的環境，返回大自然原野，戶外活動就成了未來都市居民所追求的方向。在休閒時我們投身於自然的懷抱，在群山綠水中，行走於扶疏的花木草叢裡，可使人重新體會人與自然之間的感受，進而可尋回自己內在自發的本性。本文建議青少年休閒活動應從室內靜態和過分依賴傳播媒體的休閒方式，轉變到戶外、動態和更具創造力的休閒活動。此外，青少年之休閒也應與個人健康品質及生活方式的建立與培養有著積極的作用。

## ‧精緻化

　　由於個人所得提高，支配費用增加，使得從休閒活動的消費提高，休閒品質亦相對的提高。易言之，我們所從事的休閒活動，應使自己的休閒層次提昇，也就是所謂高品質的休閒，是不可從事迷亂式或疏離式的休閒，或有害身心健康的活動，也不可破壞環境及浪費資源等。簡單說應對人們具有建設性的活動意義及提昇自我的功能，使我們不再只是強調休閒活動的次數或頻率，休閒品質滿意度才是我們

眞正追求的目的。同時也希望倡導小型化及地區化，針對不同需求的青少年能分階段、分區域、分性質的舉辦適合即時發展及紓發情緒、放鬆心情的活動。

## ·教育性及整體化

　　由於都市的發展、交通的便利、休閒時間的增多、遊憩時間的增長，遊憩設施的型態也就趨於大型化。由於由點、線，而擴大爲全面有系統的連結發展。計畫性就是透過各項有正當性、建設性、計畫性，並可達到教育意義與目標之休閒活動，不僅要達到教育的意義，也需符合教育的精神。這種計畫性的休閒活動，必須要滿足人們的各項需求，在活動中使青年發洩、疏導與調和情緒等，進而引導人們培養正確的休閒觀念與行爲。

## ·冒險性與刺激性

　　冒險性活動不僅要有冒險性或充滿刺激性、壓力等特性的活動，還必須要具有教育意義的功能。所謂冒險性活動就是利用自然環境從事各種對人的「精神面、身體面與體能面」等所產生刺激、緊張、壓力等等的各項活動，而以這種活動經驗爲基礎來達到教育意義的活動。冒險性活動不但可習得如何在危難中解除自身生命危險的技能，而且可使人們在生活中獲得新的觀念與態度，並在緊急情況時能冷靜沉著發揮本身的潛能。現在歐、美、日等先進國家的許多教育機構均採用此一教育理念，其目的在提高野外活動的各項技術與增進各種知識，亦可提昇自我概念。

## ·服務性與文化性

　　從休閒活動的需求得知，除了心理、生理、感官等需求外，還有一種奉獻需求，就是服務性公益奉獻活動。如許多學校機關、民間公益團體組織等，到各需要接受服務之場所，如孤兒院、醫院等當義工。爲社會做服務與奉獻，這種熱心服務奉獻的人生觀，最能充實心

靈及提昇靈性。而培養國民健全而合理的生活方式與生活態度，就要講究生活品質及提昇國民的文化素養，文化係蘊涵於國民的日常生活中，文化水準則從生活實踐中表現，文化因素正是提昇生活品質重要的一環，所以文化建設應該著重於國民生活方式的提昇。休閒活動是人類生活的一環，提昇生活品質也是人類追求幸福快樂的基本要件。

## ‧國際性

　　現階段台灣地區的設施、場所已經不能滿足國人的需求，且台灣許多休憩場所一到假日時期，皆已達飽和狀況。如果有機會能透過國際間的交流及遊覽，除了可以滿足青少年的感官需求外，同時也可以滿足青少年對新奇事物的喜好，更能夠直接提昇青少年的視野。同時，由於青少年正值道德價值觀重整及偶像崇拜的團體性同儕認同期，再加上傳播媒體對青少年有著不可磨滅的影響力，所以如果在活動中多加入積極性及正向的偶像宣傳，除了能增強青少年的國際觀外，還能樹立起青少年學習積極向上的精神。

# 參考書目

## 中文部分

內政部統計處（1999），中華民國八十八年臺閩地區少年身心狀況調查報告。台北：內政部統計處。

王淑女（1995），農村青少年的休閒觀與偏差犯罪行為。行政院國家科學委員會專題研究計畫與成果報告。

行政院主計處（1995），中華民國八十三年台灣地區時間運用調查報告。台北：行政院主計處。

林東泰等（1995），都會地區成人與青少年休閒認知和態度之研究，《民意季刊》，（188），頁70~73。

林東泰等（1997），青少年休閒價值觀之研究。行政院青年輔導委員會委託專案。

張火木（1999），青少年休閒觀與休閒功能之探討。實踐大學：1999家庭教育與社區青少年休閒文化學術研討會論文。

張玉鈴（1998），大學生休閒內在動機、休閒阻礙與其休閒無聊感及自我統合之關係研究。高雄師範大學輔導研究所碩士論文。

張玉鈴（1999），無聊呀！談休閒無聊感對青少年自我統合發展之影響，《學生輔導通訊》，（60），頁68～79。

張春興（1989），《現代心理學辭典》。台北：東華書局。

許義雄等（1992），青年休閒活動現況及其休閒阻礙原因之研究。行政院青年輔導委員會。

郭靜晃（1999），婦女參與家庭休閒之限制及因應策略，《社會福利》，（142）。頁4～17。

郭靜晃（2000），少年身心與生活狀況──台灣地區調查分析。台北：洪葉文化。

郭靜晃、湯允一（2000），台灣少年媒體使用之現況分析，《社區發展季刊》，（90），頁286～291。

郭靜晃（2000），休閒與家庭，郭靜晃等著之《社會問題與適應》（頁159～188）。台北：揚智文化公司。

陸光等（1987），我國青少年休閒活動與其輔導之研究。行政院青年輔導委員會委託專案。

蔡詩萍（2000），青少年與動感文化。社會變遷與新世紀文化研討會。

# 英文部分

Berryman, D. L. (1997). Leisure conunseling and guidance for college student. 86學年度南區大專院校休閒輔導研習會，教育部訓育委員會。

Blocher, D. H. & Siegan, R. (1984). Toward a cognitive development theory of leisure and work. In E. T. Dowd (ed.). *Leisure counseling: Concepts and application*. IL: Charles C. Thomas Publisher.

Driver, B. L., Brown, P. J. & Peterson, G. L. (1991). *Benefits of leisure*. State College, PA.: venture.

Farley, F. (1986). World of the type T personality. *Psychology Today, 20*, 46-52.

Iso-Ahola, S. E. & Weissinger, E. (1990). Perception of boredom in leisure: Conceptualization, reliability and validity of the leisure boredom scale. *Journal of Leisure Research, (22)*, pp. 1~17.

Kelly, J. R. (1978). A revised paradigm of leisure choices. *Leisure Science*, 1 (4), pp. 345~363.

Kleiber, D., Larson, R. W. & Csikzentmihalyi, M. (1986). The experience of leisure in adolescence. *Journal of Leisure Research, (18)*, pp. 169~176.

Krous, R. (1990). *Recreation and leisure in modern society* (4th ed.). Englewood Cliffs, NJ: Prentice-Hall.

Larson. R. & Kleiber. D. A. (1991). Free time activities as factors on adolescent adjustment. In P. Tolan & B. Cohler (eds.). *Handbook of Clinical Research and Practice with Adolescents*. New York: Wiley.

Shaw, S. M. (1992). Dereifying family leisure: An exmination of women's and men's everyday experiences and perceptions of family time. *Leisure Sciences, (14)*, pp. 271~286.

# 47. 我國少年對少年福利措施的需求與使用之現況分析

# 前言

　　少年是受保護與依賴的人口群，少年處於身心發展快速階段，如果他們在成長中的各種需求未能得到充分滿足，或發展經驗有所偏差時，不僅未來進入獨立生產人口階層中，必然不易有高素質的生產力，以及扮演好對社會經濟發展有貢獻的角色之外，社會偏差行為恐怕會讓社會付出不少代價。

　　健全的少年是明日社會的動力，少年福利的健全發展可以增進人類的幸福，減少社會變遷所產生的困擾，為少年營造一個健全安全的成長環境是政府與社會大眾無可推諉的責任。給予我們的少年有個支持的環境，使其擁有美好的未來是我們全民的責任與希望。因為少年是未來社會的中堅，更是未來我國高素質的生產人口，規劃整體的少年福利政策有其必要。在多元主義下，公共政府對資源的分配過程，少年如同兒童係為明顯的弱勢團體，如何使少年獲得迫切而合理的資源與對待，支持其在變遷社會的需求與迎合生長所衛生之生理、心理的滿足，更是少年福利政策所要努力的標竿。少年仍是處於蛻變發展的過程中，其生理、心理狀況仍屬於不成熟之狀況，但不像兒童處處受到成人的保護與限制中，較易受到外界環境之影響。是故，瞭解少年對其成長環境之支持的福利措施及對現行福利措施之使用與滿意度實有必要，以作日後規劃少年福利政策之參考。

　　本章之資料是根據1999年台閩地區少年狀況之調查報告中所摘錄，樣本是以台灣地區年滿十二歲未滿十八歲之少年為母群體，運用隨機抽樣抽取自1998年12月31日前年齡滿十二歲至十八歲之少年3,500名（台閩地區之少年身心狀況調查報告，內政部統計處，1999），為了配合少年媒體使用狀況之分析，問卷回收後，經統計取得有效樣本計2,176名，有效比率為62.17%。

　　本次調查之樣本分布以區域分北部地區（台北縣市、桃園縣、新

| 項目 | 次數 | 百分比 | 項目 | 次數 | 百分比 |
|---|---|---|---|---|---|
| **區域分布** | | | **教育程度** | | |
| 北部地區 | 1,034 | 47.5 | 小學以下 | 39 | 1.8 |
| 中部地區 | 462 | 21.2 | 國中 | 1,271 | 58.4 |
| 南部地區 | 554 | 25.5 | 高中 | 303 | 13.9 |
| 東部地區 | 101 | 4.6 | 高職 | 553 | 25.4 |
| 其他地區 | 25 | 1.1 | 大專以上 | 10 | 0.5 |
| **性別** | | | **現況** | | |
| 男 | 1,030 | 47.3 | 日間部 | 1,788 | 82.2 |
| 女 | 1,146 | 52.7 | 夜間部、第二部或補校 | 142 | 6.5 |
| **出生年** | | | 就業 | 92 | 4.2 |
| 70 | 409 | 18.8 | 正自修補習準備升學 | 60 | 2.8 |
| 71 | 364 | 16.7 | 正在找工作含準備就業 | 38 | 1.7 |
| 72 | 346 | 15.9 | 正接受職業訓練 | 15 | 0.7 |
| 73 | 446 | 20.5 | 健康不良 | 13 | 0.6 |
| 74 | 356 | 16.4 | 料理家務 | 10 | 0.5 |
| 75 | 255 | 11.7 | 其他 | 18 | 0.8 |

表 47-1　少年基本資料統計表　　　　　　　　　　　　　N＝2,176

竹縣市）1,034名，占47.5％；中部地區（苗栗縣、台中縣市、南投縣、彰化縣、雲林縣）462名，占21.2％；南部地區（嘉義縣市、台南縣市、高雄縣市、屏東縣）554名，占25.5％；東部地區（宜蘭縣、花蓮縣、台東縣）101名，占4.6％；及其他地區（澎湖縣、金門縣）25名，占1.1％（參見表47-1）。

　　受訪少年中，男生1,030名，占47.3％；女生1,146名，占52.7％。抽樣年齡分布在十二至十七足歲之間，各年齡層樣本數約在12～20％之間；受訪者半數以上（58.4％）的教育程度為國中，就讀高職、高中者各占25.4％、13.9％；目前正在日間部、夜間部、第二部或補校就讀的少年有1,930人，占88.7％，在就業之少年有92人（4.2％），有

2.8％正在自修、補習、準備升學，有1.7％正在找工作或準備就業考試（參見表47-1）。

　　本調查研究之少年表示他們和家人共處的時間也不少，最常與家人一起做的事分別為看電視（占82.3％），聊天或吃東西（各占52.0％、45.6％），偶爾會一同出遊（占14.5％），其餘為看電影、上MTV、一起去KTV、運動、閱讀或欣賞展覽之比例皆在10％以下。相對的，與知心朋友相處則以聊天（占80.3％）、逛街（占47.9％）、通電話（占43.7％）、運動（占38.7％），其次則為看電視、吃東西、看電影等，顯然的少年與父母及朋友之互動系統在一起所做的事是相當不同，但是，相同的是，少年與父母與同儕之社會互動中皆有強烈的休閒需求（參見表47-2）。

| 項目 | 次數 | 百分比 | 項目 | 次數 | 百分比 |
|---|---|---|---|---|---|
| ◎和家人一起作什麼 | | | ◎知心同學和朋友做什麼 | | |
| 聊天 | 1,132 | 52.0 | 聊天 | 1,748 | 80.3 |
| 看電視 | 1,790 | 82.3 | 逛街 | 1,043 | 47.9 |
| 看電影 | 187 | 8.6 | 通電話 | 951 | 43.7 |
| 看MTV、KTV | 82 | 3.8 | 運動 | 842 | 38.7 |
| 運動 | 201 | 9.2 | 看電視 | 363 | 16.7 |
| 吃東西 | 992 | 45.6 | 吃東西 | 339 | 15.6 |
| 郊遊 | 315 | 14.5 | 看書 | 234 | 10.8 |
| 閱讀 | 76 | 3.5 | 看電影 | 154 | 7.1 |
| 跳舞 | 49 | 2.3 | 郊遊 | 90 | 4.1 |
| 欣賞展覽 | 88 | 4.0 | 跳舞 | 52 | 2.4 |
| 其他 | 83 | 3.8 | 欣賞藝文活動 | 48 | 2.2 |
| | | | 其他 | 103 | 4.7 |

表 47-2　少年與家人及同儕之互動經驗次數分布表　　　　　　　　N＝2,176

◎表複選題，總加百分比不等於100。

# 少年對少年福利措施的需求與使用滿意度之分析

　　本研究調查受訪少年對少年福利措施之需求與使用狀況發現：對於學校所提供的健康檢查，有64.8％的受訪少年感到滿意（非常滿意9.1％，滿意55.7％），28.1％的少年感到不滿意（非常不滿意5.4％，不滿意22.7％）；對學校所提供的餐飲，53.0％的少年感到滿意（非常滿意5.9％，滿意47.1％），42.2％的少年感到不滿意（非常不滿意10.2％，不滿意32.0％）；對學校提供之輕微症狀檢查，有55.5％的受訪少年感到滿意（非常滿意4.8％，滿意50.7％），有29.0％的少年不滿意（非常不滿意6.0％，不滿意23.0％），有15.5％的人表示不清楚；在衛生保健課程的教學方面，感到滿意的有60.2％（非常滿意7.9％，滿意52.3％），有28.3％的少年覺得不滿意（非常不滿意6.9％，不滿意21.4％），有11.6％表示不清楚。整體來說，受訪少年對於學校所提供的幾項措施之滿意度約在五成到六成左右，普遍對於學校所提供之措施還算滿意（參見表47-3及圖47-1）。

　　對於國內政府與民間團體提供有關受虐、逃家、未升學未就業、中途輟學或失蹤少年的急難救助感到滿意的占55.5％（非常滿意8.5％，滿意47.0％），不滿意的有28.0％（非常不滿意4.4％，不滿意23.6％），不清楚的占16.5％；對於安置輔導感到滿意的占59.3％（非常滿意9.2％，滿意50.1％），不滿意的有25.2％（非常不滿意4.7％，不滿意20.5％），不清楚的有15.5％；有52.3％的受訪少年對緊急庇護服務感到滿意（非常滿意8.0％，滿意44.3％），而28.5％感到不滿意（非常不滿意5.2％，不滿意23.3％），有19.2％的人表示不清楚；在協尋方面，有52.8％的受訪少年覺得滿意（非常滿意9.0％，滿意43.8％），有31.7％覺得不滿意（非常不滿意6.8％，不滿意24.9％），不清楚的占

| | 非常滿意 | | 滿意 | | 不滿意 | | 非常不滿意 | | 不清楚 | | K-S Z值 | 適合度 | 平均數 | 趨向 |
|---|---|---|---|---|---|---|---|---|---|---|---|---|---|---|
| | 次數 | % | 次數 | % | 次數 | % | 次數 | % | 次數 | % | | | | |
| **學校提供** | | | | | | | | | | | | | | |
| 健康檢查 | 198 | 9.1 | 1,212 | 55.7 | 493 | 22.7 | 118 | 5.4 | 155 | 7.1 | 15.26*** | 1935.09*** | 2.54 | 滿意 |
| 餐飲 | 129 | 5.9 | 1,025 | 47.1 | 69.7 | 32.0 | 222 | 10.2 | 103 | 4.7 | 12.86*** | 1530.27*** | 2.39 | 滿意 |
| 輕微症狀檢查 | 104 | 4.8 | 1,104 | 50.7 | 501 | 23.0 | 13.0 | 6.0 | 337 | 15.5 | 14.11*** | 1525.98*** | 2.23 | 滿意 |
| 衛生保健課程 | 171 | 7.9 | 1,137 | 52.3 | 466 | 21.4 | 150 | 6.9 | 252 | 11.6 | 14.63*** | 1558.31*** | 2.38 | 滿意 |
| **社會提供** | | | | | | | | | | | | | | |
| 危難救助 | 186 | 8.5 | 1,023 | 47.0 | 513 | 23.6 | 95 | 4.4 | 359 | 16.5 | 13.27*** | 1229.79*** | 2.27 | 滿意 |
| 輔導安置 | 200 | 9.2 | 1,091 | 50.1 | 446 | 20.5 | 102 | 4.7 | 337 | 15.5 | 14.28*** | 1392.86*** | 2.33 | 滿意 |
| 緊急庇護 | 173 | 8.0 | 964 | 44.3 | 508 | 23.3 | 113 | 5.2 | 418 | 19.2 | 12.63*** | 1051.90*** | 2.17 | 滿意 |
| 協尋 | 195 | 9.0 | 952 | 43.8 | 541 | 24.9 | 148 | 6.8 | 340 | 15.6 | 12.37*** | 982.35*** | 2.24 | 滿意 |

表 47-3　少年對學校與社會所提供之措施滿意度次數分布及趨向　　　　N＝2,176　　　***P＜.001

15.6％。整體來說，對於特殊少年的相關少年福利措施的滿意程度調查，呈現五成強的受訪少年感到滿意或非常滿意，而約三成的受訪者覺得不滿意，同時對相關服務不清楚的少年亦在一成五左右（參見表47-3及圖47-2）。

　　至於知道政府設置有青少年福利服務中心的少年有85.4％，雖然知道但卻不曾去過者占78.2％，而曾去過或經常去的僅有7.2％，對於青少年福利服務中心的使用率相當低。對於青少年福利服務中心的服務內容，受訪少年較期待能提供休閒活動（60.3％）、戶外活動（42.3

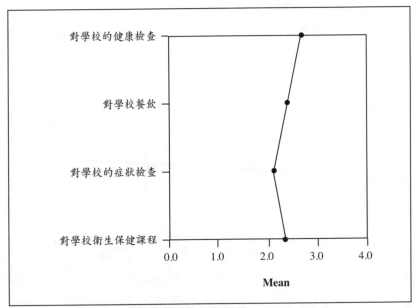

圖47-1　少年對學校提供之課程滿意度趨向圖

％）和健身運動器材（33.0％），其次包括圖書視聽室（29.8％）、益
智遊戲器材（21.1％）、諮詢諮商（17.6％）、書報雜誌（16.4％）及少
年保護（15.5％）等（參見表47-4）。

　　對於政府或民間團體提供少年福利措施的優先順序方面，受訪少
年最期望能優先增設休閒活動場所（35.3％），其次依序為提供心理諮
商輔導服務（11.2％）、多辦營隊（10.7％）、協助課業或升學輔導
（9.8％）、及提供助學貸款（7.3％）等（參見表47-4）。

　　國內幾個主要的青少年心理衛生機構或諮商機構包括救國團、張
老師、青少年福利服務中心、少年輔導委員會等，受訪少年知道這些
機構有提供心理諮商的比例高低依序為救國團（46.1％）、張老師
（45.7％）、青少年福利服務中心（34.2％）、少年輔導委員會（29.7
％）；完全不知道的比例依序為少年輔導委員會（27.0％）、青少年福

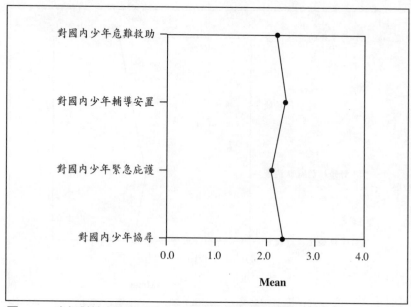

圖47-2　少年對社會提供不幸少年服務之滿意度趨向圖

利服務中心（23.1％）、張老師（22.9％）、救國團（16.6％）。受訪少
年對於此類心理衛生與諮商機構的認識並不多，對於少年輔導委員會
最不熟悉，而對於救國團的認識最多（參見**表47-5**及**圖47-3**）。

　　在與少年自身相關法規的瞭解程度方面，受訪少年對於法規「知
道且熟悉」的比例在二成左右（少年福利法26.2％、兒童及少年性交
易防制條例22.2％、家庭暴力防治法22.4％、性侵害犯罪防治法22.7
％），其中對於「少年事件處理法」、「菸害防制法」的熟悉程度較
高，分別占30.3％、40.4％；對於這些法規知道但不熟悉的比例多在
六成以上（少年福利法68.0％、兒童及少年性交易防制條例67.6％、
少年事件處理法62.5％、菸害防制法54.4％、家庭暴力防治法65.7％、
性侵害犯罪防治法67.2％），而完全不知道的比例則在一成左右。國內
青少年對於與自身相關法規不瞭解甚或完全不知道是存在已久的現
象，但即使都有加強宣導之呼籲，但從受訪者的反應來看，對於法規

| 項目 | 次數 | 百分比 | 項目 | 次數 | 百分比 |
|------|------|--------|------|------|--------|
| **第一優先** | | | 知道政府設有青少年福利服務中心 | | |
| 增設休閒場所 | 768 | 35.3 | 知道且經常去 | 35 | 1.6 |
| 提供心輔服務 | 243 | 11.2 | 知道但辦活動才去 | 122 | 5.6 |
| 多辦營隊 | 232 | 10.7 | 知道但從未去過 | 1,702 | 78.2 |
| 課業升學輔導 | 213 | 9.8 | 不知道 | 317 | 14.6 |
| 助學貸款 | 158 | 7.3 | | | |
| **第二優先** | | | ◎期待青少年福利服務中心服務內容 | | |
| 增設休閒場所 | 336 | 15.4 | 休閒活動 | 1,313 | 60.3 |
| 多辦營隊 | 327 | 15.0 | 戶外活動 | 921 | 42.3 |
| 課業升學輔導 | 308 | 14.2 | 健身運動器材 | 718 | 33.0 |
| 提供心輔服務 | 234 | 10.8 | 圖書視聽室 | 649 | 29.8 |
| 增設圖書館 | 234 | 10.8 | 益智遊戲器材 | 460 | 21.1 |
| **第三優先** | | | 諮詢諮商 | 383 | 17.6 |
| 增設休閒場所 | 310 | 14.2 | 書報雜誌 | 357 | 16.4 |
| 建少福中心 | 247 | 11.4 | 少年保護 | 337 | 15.5 |
| 多辦營隊 | 243 | 11.2 | 志願服務 | 267 | 12.3 |
| 增設圖書館 | 228 | 10.5 | 研習活動 | 218 | 10.0 |
| 課業升學輔導 | 212 | 9.7 | 演講座談 | 177 | 8.1 |
| 助學貸款 | 199 | 9.1 | 其他 | 30 | 1.4 |

表 47-4 少年對政府設有青少年福利服務中心之瞭解及期待中心服務內容之
次數分布表 　　　　　　　　　　　　　　　　　　　N＝2,176

註：◎為複選題，百分比總和超過100％。

瞭解的受訪少年仍只有二成左右（參見表45-5及圖45-4）。

當問及對於學校與社會提供的各種教育的看法，受訪少年認為打工安全教育足夠的占36.1％（非常足夠3.0％，足夠33.1％），認為不夠的有54.4％（非常不足9.5％，不足44.9％）；覺得兩性教育足夠的占49.1％（非常足夠6.3％，足夠42.8％），覺得不足夠的占44.8％（非常不足10.2％，不足34.6％）；認為就業輔導足夠的有46.6％（非常

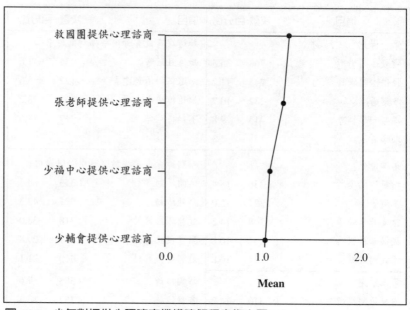

圖 47-3　少年對提供心理諮商機構瞭解程度趨向圖

足夠6.6％，足夠40.0％），認爲不夠的有44.6％（非常不足夠9.0％，
不足35.6％）；對於防止藥物濫用的教育感到足夠的有40.6％（非常
足夠6.5％，足夠34.1％），有48.6％少年覺得不夠（非常不足夠11.1
％，不足37.5％），有10.8％的受訪少年並不清楚；而對於學校提供的
法律教育，有55.2％受訪者覺得足夠（非常足夠11.1％，足夠44.1
％），有39.1％的少年覺得不足夠（非常不足夠7.6％，不足31.5％）。
由此看來，受訪少年除了認爲社會及學校所提供之法律教育爲足夠
外，其餘項目，受訪少年普遍認爲學校與社會提供的打工安全教育、
防止藥物濫用教育不太足夠，而其他在兩性教育、就業輔導教育，少
年認爲足夠者與認爲不足者之間的差距比例並不大（參見表47-5及圖
47-5）。

| 提供心理諮商 | 知道 次數 | % | 知道一點 次數 | % | 完全不知道 次數 | % | K-S Z值 | 適合度 | 平均數 | 趨向 |
|---|---|---|---|---|---|---|---|---|---|---|
| 救國團 | 1,003 | 46.1 | 812 | 37.3 | 361 | 16.6 | 13.63*** | 299.65*** | 1.30 | 知道 |
| 張老師 | 995 | 45.7 | 683 | 31.4 | 498 | 22.9 | 13.53*** | 173.98*** | 1.23 | 知道 |
| 青少年福利服務中心 | 745 | 34.2 | 928 | 42.6 | 503 | 23.1 | 10.48*** | 125.31*** | 1.11 | 知道一點 |
| 少年輔導委員會 | 647 | 29.7 | 941 | 43.2 | 588 | 27.0 | 10.12*** | 98.59*** | 1.03 | 知道一點 |

| 對相關法規瞭解 | 知道且熟悉 次數 | % | 知道但不熟悉 次數 | % | 不知道 次數 | % | K-S Z值 | 適合度 | 平均數 | 趨向 |
|---|---|---|---|---|---|---|---|---|---|---|
| 少年福利法 | 570 | 26.2 | 1,479 | 68.0 | 127 | 5.8 | 18.10*** | 1309.9*** | 1.20 | 知道但不熟悉 |
| 兒童及少年性交易防制條例 | 482 | 22.2 | 1,472 | 67.6 | 222 | 10.2 | 16.96*** | 1199.5*** | 1.12 | 知道但不熟悉 |
| 少年事件處理法 | 659 | 30.3 | 1,360 | 62.5 | 157 | 7.2 | 16.56*** | 1006.7*** | 1.23 | 知道但不熟悉 |
| 菸害防制法 | 879 | 40.4 | 1,183 | 54.4 | 114 | 5.2 | 15.16*** | 836.58*** | 1.35 | 知道但不熟悉 |
| 家庭暴力防治法 | 488 | 22.4 | 1,429 | 65.7 | 259 | 11.9 | 16.24*** | 1060.1*** | 1.11 | 知道但不熟悉 |
| 性侵害犯罪防治法 | 495 | 22.7 | 1,462 | 67.2 | 219 | 10.1 | 16.90*** | 1174.7*** | 1.13 | 知道但不熟悉 |

| 學校社會的 | 非常足夠 次數 | % | 足夠 次數 | % | 不足 次數 | % | 非常不足 次數 | % | 不清楚 次數 | % | K-S Z值 | 適合度 | 平均數 | 趨向 |
|---|---|---|---|---|---|---|---|---|---|---|---|---|---|---|
| 打工安全教育 | 65 | 3.0 | 720 | 33.1 | 977 | 44.9 | 207 | 9.5 | 207 | 9.5 | 12.41*** | 1415.11*** | 2.11 | 不足 |
| 兩性教育 | 138 | 6.3 | 931 | 42.8 | 753 | 34.6 | 222 | 10.2 | 132 | 6.1 | 11.61*** | 1315.55*** | 2.33 | 足夠 |
| 就業輔導 | 143 | 6.6 | 871 | 40.0 | 774 | 35.6 | 195 | 9.0 | 193 | 8.9 | 10.76*** | 1163.71*** | 2.26 | 足夠和不足之間 |
| 藥物濫用 | 141 | 6.5 | 743 | 34.1 | 816 | 37.5 | 242 | 11.1 | 234 | 10.8 | 10.58*** | 928.56*** | 2.14 | 足夠和不足之間 |
| 法律教育 | 242 | 11.1 | 960 | 44.1 | 685 | 31.5 | 166 | 7.6 | 123 | 5.7 | 11.95*** | 1252.48*** | 2.47 | 足夠 |

表 47-5　少年對政府所提供心理諮商、相關法規瞭解及對學校社會所提供之教育次數分布表及趨向　　　　　　　　　　N＝2,176　　　　***P＜.001

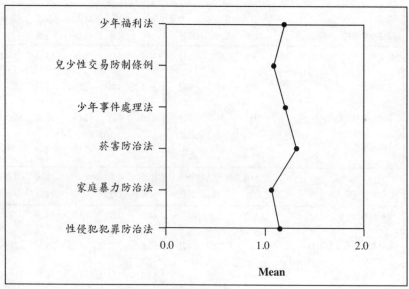

圖 47-4　少年對相關法規瞭解程度趨向圖

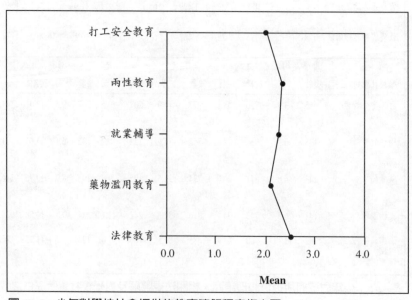

圖 47-5　少年對學校社會提供的教育瞭解程度趨向圖

# 討論與結論

　　受訪少年對於學校及社會所提供之措施大抵還是滿意比不滿意來的多（滿意占五、六成，不滿意占三成左右）。至於在這些少年表達其滿意程度的同時，到底有多少比例的少年會去使用這些措施，以及使用頻率多寡？甚至於使用之後少年是否有滿足個人之需求？皆是本研究未加以探究之處，也值得日後研究可從此層面來加以探究。學理上少年之需求可分就學需求方面（例如，輔導就業、課業輔導），就業需求方面（例如，職業訓練、在職進修），就醫需求方面（例如，醫療補助），生活知能需求方面（例如，行為輔導、諮商服務），危機處遇需求方面（例如，急難求助、短期安置與寄養、司法服務），以及休閒需求方面（例如，文康休閒活動、技藝研習、場地設備使用）等等不同範疇（王順民，1998；郭靜晃，1997；曾華源、許翠紋，1995；許臨高、王淑女，1990），但是我國社會對少年普遍在規範上之需求，大多提供諸如學校之措施，例如，健康檢查、餐飲、生理輕微症狀檢查之保健服務、衛生保健課程和社會行政單位所提供之危難救助、輔導安置、緊急庇護及協尋等服務措施。本研究受訪少年的感受也反映我國行政部門對於少年所提供之各項法定福利，主要還是偏重像失學、失依、受虐、雛妓等特別需求的少年，而較忽略社會上大多數正常青少年之一般福利需求。

　　至於一般少年對於社會之一般福利措施需求為何？本研究受訪少年表示其需求之優先順序為：增設休閒場所、提供心理諮商輔導服務、多辦營隊活動、協助課業或失學輔導及提供助學貸款。相較於過去研究，例如，台灣省青少年生活狀況調查報告（1990），台灣地區青少年生活狀況調查（1995），高雄市青少年福利需求（1995）等研究，本研究受訪少年表示其需求與過去研究有雷同之項目如增設休閒場所、課業與失學輔導、提供心理諮商輔導；較不同之項目是籌辦青

少年文康活動、提供職前和在職進修以及增設圖書館或延長圖書館使用時間（參見表47-6）。綜合最近幾篇有關少年之需求研究，少年對於休閒娛樂的需求，如推廣各項之休閒文康體育活動以及增設青少年活動場所，及相關在求學階段有關生理及心理生活之就學輔導等需求較殷切，其餘有關少年的就業需求以及就醫需求等較少。相對地，政府與民間團體對此類福利服務之提供也較缺乏。

相對地，從上一屆各縣市長之前的競選福利政見以及當選後施政之福利服務之提供還是偏重在於滿足少年在教育就學方面的需求，如推動完全中學、普設高中職、補助國中營養午餐、加強電腦資訊教學、補助學雜費以及安全保護制度等（王順民，1998：194）。中央及一些縣市政府常以普設青少年福利服務中心為政見訴求及施政目標，而本研究之受訪少年表示近八成五少年知道有青少年福利服務中心存在，只是近八成少年卻未去使用青少年福利服務中心，可能原因是推廣不夠，或青少年福利服務中心舉辦活動常以靜態演講為主，較少能滿足少年之動態期盼——提供休閒活動、戶外活動和健身活動場所及器材，再者少年需要有休閒場所，例如，圖書視聽室、益智（電動）遊樂器材、諮詢諮商等服務為居多。目前整體來看，除了都會地區之外，青少年福利服務中心之提供仍嫌不足。此外，青少年福利服務中心雖被青少年所認同與肯定（陳宇嘉，1994），但是在角色扮演之定位有待更進一步釐清及提供之服務內容也應對一般少年及特殊需求和非行少年也要有所區別（王順民，1998：194）。

少年是介於兒童期與成年期之間的銜接時期，本身在此蛻變階段，其生理、智力、情緒、和社會與人格會因生長而產生變化與衝擊，同時也承受社會變遷的互動牽引中造成行為及思想的改變，因此，少年本身具有變異性、複雜性和多樣性，這也是少年一直傳達他們在成長歷程中極需各種資訊、生理、就學、就業之相關輔導與心理諮詢。本研究受訪少年表示他們比較知道救國團、張老師有提供心理輔導與諮商，而青少年福利服務中心及少年輔導委員會較少知道，這

|  | 調查年齡 | 福利需先優先順序排序 |
|---|---|---|
| 台灣省青少年生活狀況<br>調查表(A) | 12～18歲 | 1.提供就業機會<br>2.舉辦技職訓練<br>3.改善社會風氣<br>4.加強思考教育<br>5.改善教育制度<br>6.增設娛樂場所<br>7.提供心理衛生服務 |
| 台灣地區1995年青少年<br>生活狀況報告(B) | 12～24歲 | 1.增設休閒活動場所<br>2.提供就業輔導服務<br>3.協助課業升學輔導<br>4.多辦營隊服務<br>5.增設圖書館<br>6.提供職前在職訓練<br>7.提供諮商心理輔導<br>8.提供創業貸款<br>9.提供急難救助住宿服務或保護中心 |
| 高雄市青少年福利<br>需求(C) | 12～18歲 | 1.市立圖書館<br>2.青少年福利服務中心<br>3.就業輔導<br>4.張老師諮詢服務<br>5.職前與在職訓練<br>6.困苦無依少年補助<br>7.中途之家<br>8.低收入戶少年收容 |
| 本研究(D) | 12～18歲 | 1.增設休閒活動場所<br>2.提供心理諮商輔導服務<br>3.多辦營隊<br>4.協助課業及升學輔導<br>5.提供助學貸款 |

表 47-6　青少年福利需求一覽表

資料來源：A.台灣省政府社會處，1990；B.行政院主計處，1995；C.范麗娟等，
　　　　　1995；D.本研究，1999。

是否意謂從公部門的行政觀點來看，政府對於青少年族群所提供之各項法定福利還是較偏重特殊需求之青少年（例如，失學、失依、受虐、藥物濫用、雛妓、未婚媽媽以及其他的非行少年），並提供具有支持性與保護性功能的福利服務，而較忽略一般社會大多數一般青少年之福利需求，連帶地造成青少年福利服務之預防及倡導相對地也被忽略、漠視（王順民，1998：187）。再者，在民間團體中，救國團與張老師長久以來一直提供一般青少年之諮詢服務，所以兩者之間對於服務群體之整合及服務內容重新規劃及服務走向之定位有其必要性。

現行台灣地區的青少年政策目標雖然是多元，並且也有相關的法令相互配合（曾華源、許翠紋，1995），這些法令包括：青少年福利法、少年事件處理法、少年不良行為與虞犯預防辦法、兒童及少年性交易防制條例、性侵害犯罪防治法、菸害防治法、家庭暴力防治法等，除了未能有效整合而出現適法性的問題，加上新的特別法又一再出現，造成執法單位之本位主義及產生無法整合及銜接之問題，也造成社會大眾及少年無所適從，更遑論瞭解相關法規之內涵。本研究受訪少年除了對菸害防治法（瞭解四成左右）、少年事件處理法（瞭解三成左右），其餘相關法令如少年福利法、兒童及少年性交易防制條例、家庭暴力防治法、性侵害犯罪防治法也僅有二成左右瞭解相關法律。而近五至六成受訪少年表示他們略聽過相關法律名稱，至於其中內容卻不熟悉。顯然地，國內相關青少年政策與法令除了要整體性規劃之外，對於使用者或社會大眾也要加以宣導。

少年對社會情況的負向認知會影響政權的維持和社會發展之影響，對維護秩序之公權力的不信任和認為社會缺乏正義，將也會深深影響道德認知發展，也會影響其個人之人格成熟和心理健康，進而造成少年價值觀扭曲及鼓勵偏差行為之產生（曾華源、郭靜晃，2000）。少年之行為處事判斷不以社會法律為依據，而是以是否違反自己的良知為判斷標準，在少年思想及行為蛻變之青少年期，是否擁有成熟的社會經驗和道德判斷能力以作為良好行為的抉擇標準，而這

些行為之準則與規範有待於學校與社會所提供之相關道德、自我成長及法律之教育，而行政院對於現行之六年教育改革行動方案（1998年7月至2003年6月）（《中國時報》，1998，7月15日，第一版）也指出當前社會應加推廣家庭教育（婚姻教育、親職教育、兩性教育、制定家庭教育法、家庭教育專線以及家庭教育基層服務網）以及推動終身教育，來加強青少年除了升學主義之自我成長之相關教育。但本研究之受訪少年覺知社會及學校較偏重提供法律教育及兩性教育，近五成五少年認為學校與社會上所提供法律教育與兩性教育是足夠的，至少少年最近因經濟需求所衍生之打工安全教育以及相關之就學輔導和藥物濫用之教育也有一半左右之少年表示學校與社會明顯提供不足。就此看來，目前我們社會在學校智育教育以外之知識訊息之提供還是偏重於避免產生偏差行為之法律教育以及避免性行為泛濫之兩性教育為主要內容，至於其他支持成長之相關福利，如就學需求以及就醫需求卻是依舊缺乏（王順民，1998：191）。

# 建議

就上述調查研究之結果，我們可發現我國社會對當前青少年福利需求及其福利服務輸送還是侷限於少年存在升學主義之結構框架中，甚至於社會所提供之服務措施雖為少年所瞭解，但是普遍接受及使用頻率不高，也沒有對社會所提供之服務有高度之評價。因此，本文提出以下幾點建議：

1. 釐清兒童、少年以及青年之三種不同人口群體，並界定及瞭解一般群體、高風險及特殊需求群體及服務人口群，以避免整體政策的規劃以及福利服務輸送出現相互矛盾。
2. 要隨時掌握少年需求與時俱變的特性，提供一些幫助及支持少

年身心健全的社會環境，以幫助他們紓解身心發展及因應社會變遷的壓力，而且，少年福利政策之制定更要迎合少年對福利服務的需求。

3. 加強整合行政部門之橫向連繫，整體規範青少年福利政策，並配合相關法令，保障少年之人身安全，建構身心健全的社會環境。

4. 全盤規劃青少年福利服務中心之設置及服務內容之提供，並充實少年服務專業人員的設置及相關專業能力與知識之培訓。

5. 少年福利服務的提供應擴大少年積極參與多元化的社會活動，一方面增加少年生活經驗，另一方面重視少年之生活適應能力、解決問題能力及價值判斷教育的培養，以強化少年除了升學主義之智能培養外的自我功效發展及自我概念的增強權能（empowerment）。

# 參考書目

《中國時報》（1998），行政院教育改革行動方案（1998年7月～2003年6月），7月15日，第一版。

內政部（1995），台灣地區人口調查報告。台北：內政部。

王順民（1998），迎接跨世紀青少年福利展望之若干課題，《社區發展季刊》，（84），頁184～196。

台灣省政府社會處（1990），《台灣青少年生活狀況調查報告》。南投：台灣省政府社會處。

行政院主計處（1995），中華民國台灣省青少年生活狀況調查報告。台北：行政院主計處。

范麗娟等（1995），少年福利服務現況分析──以高雄市為例，《社區

發展季刊》，72，頁95～104。

許臨高、王淑女（1995），少年福利政策制定之原則與內涵，《社區
　　發展季刊》，（72），頁78～86。

郭靜晃（1997），海峽兩岸青少年福利服務工作現況之初探與評析，
　　《華岡社會科學學報》，（12），頁209～224。

陳宇嘉（1994），邁向二十一世紀社會福利規劃與整合——少年福利需
　　求初步評估報告，內政部委託研究。

曾華源、許翠紋（1995），青少年福利政策規劃之探究，《社區發展
　　季刊》。（72），頁62～77。

曾華源、郭靜晃（2000），台灣少年的身心發展經驗與社會認知，
　　《香港青年學報》（投稿審查中）。

# 48. 新聞媒體與青少年吸毒

*媒體肩負社會教育之責
*報導青少年問題應慎重
*青少年不當使用藥物的類型
*對媒體的六點建議
*參考書目

在急速變遷的社會中，個人的社會價值觀趨向多元化，而人際關係也傾向於多樣性，但是，人與人之間的互動雖然頻繁，卻不一定會形成社會支援網絡，疏離與孤立的感受日漸強烈，對青少年來說，感受尤深。第一方面，來自成人社會（例如，家庭、學校）中的種種約束、規範、教育與期許等因素，也使得這一代的年輕人，面臨更大的成長壓力。青少年渴望獨立與自主，以達成自我依賴與自我成長的目標，同時，由於身體快速成長發育、性徵的分化，使得他們在外觀上的相貌、體格部分與成人相似，並促使他們提早接觸社會教育而成為一社會人。所以，對青少年的成長過程來說，他們的思想、情緒和行為，是十分容易受到社會環境的影響的。在目前資訊傳播快速的社會中，媒體與新聞的報導，儼然已經成為社會代理人，肩負著社會教育的功能，對於求新求變的青少年來說，帶有強烈刺激感與新鮮感的新聞媒體，更是與他們的成長息息相關。

# 媒體肩負社會教育之責

新聞與媒體具有守望環境、偵察環境中威脅與機會的功能，同時，承襲家庭、學校傳遞個人認知訊息及模塑個人自我判斷能力的功能。因此，對於社會現象，媒體不但將事實呈現，並報導真相，並且也提供了個人接觸媒體訊息與省思的機會，換句話說，新聞傳播工作者的責任，除了報導社會事實之外，也應秉持社會公義，負起教育社會大眾的責任。

然而，綜觀每日生活周遭中的新聞報導，與青少年有關的新聞報導仍有不少是傾向於誇大與渲染性的內容，或是報導的新聞真實性尚待進一步查證的各種新聞內容。例如，關於青少年犯罪或青少年藥物使用等等的報導，多著重於犯罪過程或吸毒細節的描述，或是成長背景的說明，甚至於讓青少年現身說法接受採訪或製作專輯報導，如此

的報導方式，無形中引發了青少年的好奇心或予以無知青少年仿效的機會與刺激，進而習得尚待澄清、篩選的錯誤訊息或不當解釋；此外，個案消息的披露或直接採訪或轉載二手資料，顯然也對個案的隱私權構成傷害；另一方面，多數新聞報導的方式，根據統計數字或專家學者訪談內容或是相關研討會的大綱、結論，擷取部分便加以分析論斷，如此，往往流於斷章取義的偏頗性；或是提供其他國家類似的主題做為對照，雖然旨在喚起一般大眾對於這些主題的注意，卻多以成人或家長的角度來報導分析，不是無法深入探討，便是無法獲得青少年的認同與關注；如果報導內容又僅以提供訊息的方式來渲染或傳播，雖然帶給社會大眾警，卻也容易形成恐慌。值得注意的是，對於需要接受糾正改變的部分青少年而言，如此的報導，彷彿無形中傳達不當的訊息，使他們誤以為這是社會變遷中的新時尚，甚至於誤以為社會中有許多人跟自己一樣做同樣的事，反而增加同儕的認同感與歸屬感。

# 報導青少年問題應慎重

　　青少年問題的報導，提供了我們對現況的察覺與探討，然而，不當的報導方式或內容，卻也難避推波助瀾之嫌；在日常新聞中，不乏有關安非他命、毒品走私的消息，甚至於報導中的統計數字也明白指出青少年吸安、吸毒的情況，人數直線上升而年齡層卻逐年下降，藥物使用的氾濫，成為嚴重的社會問題，青少年在如此的媒體訊息衝擊下成長，對於藥物的試探性與好奇心，十分容易因為心無戒懼或錯誤認知而不慎成為使用者。

　　依據統計資料，在工業國家中，美國是高中階段青少年違法吸毒比例最高的國家，大約有五分之三的美國青少年，在高中就學的最後一年，嘗試過違法吸毒，如吸食大麻、安非他命、海洛因及其他藥

物：鴉片、古柯鹼或巴比安鹽等。根據教育部1991年的統計，我國各級學校中，濫用藥物的學生人數為4,446人，全部為國中以上的學生；1992年，在教育部與衛生單位全面宣導與篩選的努力下，濫用藥物的人數已顯著減少。然而，令人憂心的是，年齡層下降，部分的使用者為國小學童，此一現象，即可能成為潛在性的青少年濫用藥物隱憂，因為青少年階段尋求同情認同的需求，可能擴大了未來使用者的數量。

# 青少年不當使用藥物的類型

事實上，青少年使用藥物的原因，多半是基於好奇的天性和藥物取得方便所致，想要瞭解這些藥物的效果與感覺，之後，最常見的原因便是與朋友作樂，共享同儕互動的催化劑。Atwater（1992）曾發明青少年使用藥物的五種類型：

1. 嘗試型：由於好奇心作祟，或是想要嘗試新奇的感覺而接觸藥物。
2. 社會休閒型：由於朋友的驅使，或是在同儕的壓力下接觸藥物，漸漸上癮，或者使用如海洛因等藥物。
3. 偶爾使用型：由於使用後達到特定的效果，例如，興奮或刺激，或是因為睡不著而使用安眠藥，此類型會因不經意的上癮，而成為習慣性的使用者。
4. 慣性使用型：由於想要紓解個人的問題或是壓力情境，於是長期服用藥物。
5. 強迫使用型：由於生、心理的依賴性，個人長期使用藥物。

在Johnston與O'Malley（1986）的研究中，曾提出青少年為什麼

使用藥物的原因，結果發現，青少年使用藥物乃因好奇、好玩；其次是社會休閒型的情況，換句話說，受到了同儕互動關係的影響。此外，有一些人指出藥物可以用來放鬆或消除緊張；有些人則藉以達到減肥目的或獲得更多精力（亢奮）。

# 對媒體的六點建議

　　當我們瞭解青少年使用藥物的類型及可能的原因之後，回頭來審視我們新聞媒體的報導方式與內容，可以發現，在現今社會中，媒體似乎只是善盡其提供訊息、引用官方或研究數據支持報導的職責，或是尋找個案，描寫事件的詳細始末，以呈現真相來對社會大眾有所交待，如此的媒體報導欠缺一分教育社會的公義性，所造成的負面影響是令人深思的。理性的人，不因報導內容而受到影響，焦慮的人抱怨社會風氣與生活品質低落；無知的人則受到未經查證的數據或資料所吸引。然而，對於需要改變不當藥物使用習慣的青少年而言，則猶如得到定心丸般，得到一份志同道合的歸屬感，甚至於私下較勁，互比功力，如此，又怎能期望青少年在如此的傳播環境中培養理性的判斷或尋求思想上的明辨澄清呢？

　　對於上述情況，筆者認為：新聞媒體本屬社會教育的一部分，負有社會化的重要功能，報導的內容除了導正不良社會風氣與淨化人心之外，也是社會大眾價值判斷基礎與來源之一，更是個人掌握社會脈動的方式與管道，就此來看，社會大眾對於媒體的依賴尤深，期望也大；特別是涉世未深的青少年，正值發展的轉變時期，情緒變化大、具有爆發性，容易受到新奇性的吸引與同儕團體的影響，所以，新聞媒體也應該為青少年提供一些他們較感興趣或迫切需要的主題，例如，性、道德觀、政治與職業等方面的專題探討，藉以澄清價值判斷，並帶領他們達成認同、整合認同的發展任務、以期為日後成年生

活做準備。畢竟，對於未成熟的青少年而言，和成年人一樣，是無法離開媒體而成長，那麼，新聞媒體何妨盡一點心來協助青少年呢？基於這個觀點，期待媒體工作者，日後報導青少年有關事件或議題時，能夠顧及下面幾點建議：

1. 瞭解青少年的發展與心理變化，如對於好奇的事物或是基於偶像崇拜等因素，會因接觸、進而仿效，所以新聞專業人員應該儘量避免讓青少年學習不當或負向的行為，或應該提出澄清與說明，避免讓負面不當行為得以合法掩護般，反而造成了負面的影響。

2. 媒體具有社會學習媒介的功能，因此，淨化媒體內容尤為重要。新聞報導或方式，應該避免以譁眾取寵的方式來傳播訊息，避免業績導向，以聳動性的負面主題來提高收視率，或迎合群眾心理而製作負面報導。

3. 青少年的世界與成人的世界並不盡然相同，報導青少年的問題，應該避免以成人的角度來分析、批判，在報導的內容與型態上，也應有所區隔，不能忽略青少年的興趣與特色，如此才能善盡輔導管教之責，培養正確思考模式。

4. 對於成人，尤其是家長而言，除了提供訊息資料之外，也應教導家長或成人關於預防或避免青少年問題惡化的方法。因為新聞媒體具有社會教育的功能，除了喚起大眾關注問題的存在與嚴重程度之外，更應負起協助、引導大眾解決問題的責任。

5. 新聞從業人員應秉持公義來平實報導、落實自律體系並恪守採訪原則：理性、客觀、忠實的報導，並應為報導文詞內容負責，以確保社會大眾知的權利和避免因報導不當或未尊重個案（青少年尤為重要），而導致案主受到二次傷害。

6. 避免以煽情、聳動的文字來引發社會大眾的關切，或是為了搶新聞、爭時效而在採訪、播報的過程中，漠視或是傷害青少年（與兒童）的權利。

# 參考書目

## 中文部分

詹火生（1994），新聞報導與社會生活，《新聞評議月刊》，（240），
　　頁18。
同上，頁19。

## 英文部分

Lassewll, Harold (1920), The structure and function of communication in
　　society reprinted in Wilber Schramm and Donald Roberts eds., The
　　Process and Effects of Mass Communication. Urbana: University of
　　Dllinvis Press EID 李金銓（1981），《大眾傳播理論》：17。
Eastwood Atwater (1992), *Adolescence* (3rd ed.) . Englehood Cliffs, NJ:
　　Prentice Hall, p. 322.
Lloyd Johnson & Patrick O'Malley (1786) "Why do the nation's students
　　are drugs and alcohol? Self reported reasons from nine national
　　surveys." *Journal of Drug. Issues,* 16, pp. 29～66.

# 49. 台灣少年媒體使用之現況分析

＊前言
＊傳播媒體經驗
＊結語
＊參考書目

# 前言

　　少年進入十二歲之後，最常見的休閒活動是那些能反映自我意識的需求，為發展異性社會化關係和親密的溝通活動。而媒體的使用，例如，看電視、閱讀、上網等，或者看電影、看MTV、唱KTV、聚會和跳舞等活動提供他們相當機會獲得資訊，打發閒暇時間，或者提供與一些同伴相處的題材及活動機會，更令少年著迷及樂此不疲。少年之社會化除了家庭、學校、鄰里環境之三種主要環境影響之外，他們所出現商店、餐廳、公共運輸工具及聚集的場所，也是影響少年之第四類環境（The Fourth Environment），但是此類環境也常是被忽略的（Vliet, 1983）。雖然如此，第四類環境相關的訊息對少年是相當具吸引力，所以，媒體對於少年第四類環境的傳播與報導也深受少年的喜好，甚至也會廣為流行。

　　少年對媒體之使用更精確的說，像是一種休閒活動，不但可以提供少年之資訊與娛樂，也可以身兼社會化之多功能。藉由此種接觸，少年不但發展認知訊息，也可加深其社會化之功能。

　　本次報告之資料是根據1999年台閩地區少年狀況之調查報告中所摘錄，樣本是以台灣地區年滿十二歲未滿十八歲之青少年為母群體，運用隨機抽樣抽取自1998年12月31日前年齡滿十二歲至十八歲少年3,500名（民國八十八年台閩地區之少年身心狀況調查報告，內政部統計處，1999），為了配合少年媒體使用狀況之分析，問卷回收後，經統計取得有效樣本計2,176名，有效比率為62.17%。

　　本次調查之樣本分布以區域分北部地區（台北縣市、桃園縣、新竹縣市）1,034名，占47.5%；中部地區（苗栗縣、台中縣市、南投縣、彰化縣、雲林縣）462名，占21.2%；南部地區（嘉義縣市、台南縣市、高雄縣市、屏東縣）554名，占25.5%；東部地區（宜蘭縣、花蓮縣、台東縣）101名，占4.6%；及其他地區（澎湖縣、金門縣）25

名，占1.1%（參見表49-1）。

　　受訪少年中，男生1,030名，占47.3%；女生1,146名，占52.7%。抽樣年齡分布在十二至十七足歲之間，各年齡層樣本數約在12～20%之間；受訪者半數以上（58.4%）的教育程度為國中，就讀高職、高中者各占25.4%、13.9%；目前正在日間部、夜間部、第二部或補校就讀的少年有1,930人，占88.7%，在就業之少年有92人（4.2%），有2.8%正在自修、補習、準備升學，有1.7%正在找工作或準備就業考試（參見表49-1）。

　　本調查研究之少年表示他們和家人共處的時間也不少，最常與家人一起做的事分別為看電視（占82.3%），聊天或吃東西各占（52.0%、45.6%），偶爾會一同出遊（占14.5%），其餘為看電影、上

| 項目 | 次數 | 百分比 | 項目 | 次數 | 百分比 |
|---|---|---|---|---|---|
| 區域分布 | | | 教育程度 | | |
| 北部地區 | 1,034 | 47.5 | 小學以下 | 39 | 1.8 |
| 中部地區 | 462 | 21.2 | 國中 | 1,271 | 58.4 |
| 南部地區 | 554 | 25.5 | 高中 | 303 | 13.9 |
| 東部地區 | 101 | 4.6 | 高職 | 553 | 25.4 |
| 其他地區 | 25 | 1.1 | 大專以上 | 10 | 0.5 |
| 性別 | | | 現況 | | |
| 男 | 1,030 | 47.3 | 日間部 | 1,788 | 82.2 |
| 女 | 1,146 | 52.7 | 夜間部、第二部或補校 | 142 | 6.5 |
| 出生年 | | | 就業 | 92 | 4.2 |
| 70 | 409 | 18.8 | 正自修補習準備升學 | 60 | 2.8 |
| 71 | 364 | 16.7 | 正在找工作含準備就業 | 38 | 1.7 |
| 72 | 346 | 15.9 | 正接受職業訓練 | 15 | 0.7 |
| 73 | 446 | 20.5 | 健康不良 | 13 | 0.6 |
| 74 | 356 | 16.4 | 料理家務 | 10 | 0.5 |
| 75 | 255 | 11.7 | 其他 | 18 | 0.8 |

表 49-1　少年基本資料統計表　　　　　　　　　　　　　　　　N＝2,176

| 項目 | 次數 | 百分比 | 項目 | 次數 | 百分比 |
|------|------|--------|------|------|--------|
| ◎和家人一起作什麼 | | | ◎知心同學和朋友做什麼 | | |
| 聊天 | 1,132 | 52.0 | 聊天 | 1,748 | 80.3 |
| 看電視 | 1,790 | 82.3 | 逛街 | 1,043 | 47.9 |
| 看電影 | 187 | 8.6 | 通電話 | 951 | 43.7 |
| 看MTV、KTV | 82 | 3.8 | 運動 | 842 | 38.7 |
| 運動 | 201 | 9.2 | 看電視 | 363 | 16.7 |
| 吃東西 | 992 | 45.6 | 吃東西 | 339 | 15.6 |
| 郊遊 | 315 | 14.5 | 看書 | 234 | 10.8 |
| 閱讀 | 76 | 3.5 | 看電影 | 154 | 7.1 |
| 跳舞 | 49 | 2.3 | 郊遊 | 90 | 4.1 |
| 欣賞展覽 | 88 | 4.0 | 跳舞 | 52 | 2.4 |
| 其他 | 83 | 3.8 | 欣賞藝文活動 | 48 | 2.2 |
| | | | 其他 | 103 | 4.7 |

表 49-2　少年與家人及同儕之互動經驗次數分布表　　　　　　N＝2,176

◎表複選題，總加百分比不等於100。

MTV、一起去KTV、運動、閱讀或欣賞展覽之比例皆在10％以下。相對的，與知心朋友相處則以聊天（占80.3％）、逛街（占47.9％）、通電話（占43.7％）、運動（占38.7％），其次則為看電視、吃東西、看電影等，顯然的，少年與父母及朋友之互動系統在一起所做的事是相當不同，但是，相同的是，少年與父母與同儕之社會互動中皆有強烈的休閒需求（參見表49-2）。

# 傳播媒體經驗

受訪少年在使用報紙之傳播媒體的情形方面，一成的少年表示他們從不看報紙，也有三成的少年每天都看，而一週看一、二次的有

34.1％；每次看報紙的時間並不長，大多在十五分鐘以內或十六至三十分鐘，分別占37.5％、38.4％；而閱讀內容以影視娛樂版為主，占76.8％，其次為體育版（34.7％）及社會版（33.4％），再其次為漫畫（20.0％）、家庭生活版（19.3％）、資訊科技版（13.8％）、政治版（11.7％）及文學小說版（11.3％），其餘類別所占百分比皆在一成以下。少年看報紙之目的主要在於獲取資訊（67.2％）及娛樂（55.6％），其次為打發時間（32.2％）與增加同儕談話之題材（29.0％）（參見表49-3）。

在電視節目觀看情形方面，蠻高比例（69.4％）的少年表示他們每天都收看電視，而從來不看電視的只有1.5％；平均看電視的時間是三十分至五小時，占53.6％，花二至四小時看電視的占25.4％；所收看的電視節目內容以劇集（連續劇、單元劇等）（42.0％）、卡通（41.5％）和歌唱綜藝節目（40.2％）為主，其次為體育節目（33.3％）、MTV頻道（31.6％）和時事評論與新聞氣象（24.7％），其他類型節目皆在一成以下。受訪少年看電視之主要目的為娛樂（77.8％），其他為獲取新資訊（56.1％）、打發時間（46.9％），和增加與同儕談話之題材（41.1％）（參見表49-4）。

在網際網路使用方面，半數以上的受訪少年表示他們從不上網，占57.2％，每週上網一、二次的有28.7％；每次平均上網的時間在二小時之內（30分～1小時占18.7％，1～2小時占10.8％），而使用的網站類型以搜尋引擎為主，占76.2％，其次為電玩網站（32.0％）和媒體網站（29.9％），再其次為電腦資訊介紹網站（17.5％）和圖書資料查詢網站（11.1％），而不適合未成年者觀看的成人網站，有7.8％的受訪少年會進入。少年上網的主要目的為獲取新資訊（57.0％）、娛樂（48.3％），再者為增加與同儕談話的題材（28.8％）和打發時間（28.5％）（參見表49-5）。

對於廣播節目，有24.4％的受訪少年表示他們從不聽廣播，每天聽的有21.2％，而每週聽一、二次的有32.5％；平均每次聽廣播的時

| 項目 | 次數 | % | ◎報紙內容 | （N＝1,949） | |
|---|---|---|---|---|---|
| **多久看一次報紙** | | | 政治 | 228 | 11.7 |
| 每週一、二次 | 742 | 34.1 | 社會 | 651 | 33.4 |
| 每週三、四次 | 353 | 16.2 | 大陸 | 36 | 1.8 |
| 每週五、六次 | 192 | 8.8 | 影視娛樂 | 1,497 | 76.8 |
| 每天看 | 662 | 30.4 | 體育 | 676 | 34.7 |
| 從來不看 | 227 | 10.4 | 消費理財 | 83 | 4.3 |
| **花多少時間** | | | 衛生保健 | 156 | 8.0 |
| 從來不看 | 227 | 10.4 | 家庭生活 | 376 | 19.3 |
| 15分鐘以內 | 817 | 37.5 | 觀光旅遊 | 151 | 7.8 |
| 16～30分鐘 | 835 | 38.4 | 資訊科技 | 269 | 13.8 |
| 31～60分鐘 | 241 | 11.1 | 地方報導 | 122 | 6.3 |
| 61～75分鐘 | 27 | 1.2 | 廣告 | 109 | 5.6 |
| 76～90分鐘 | 9 | 0.4 | 藝術文化 | 178 | 9.1 |
| 90～120分鐘 | 5 | 0.2 | 文學小說 | 221 | 11.3 |
| 二小時以上 | 15 | 0.7 | 學術思想 | 37 | 1.9 |
| **項目** | **次數** | **%** | 宗教 | 18 | 0.9 |
| ◎傳媒目的為何（報紙）（N＝1,949） | | | 命理風水 | 49 | 2.5 |
| 獲取新資訊 | 1,312 | 67.2 | 漫畫 | 394 | 20.2 |
| 娛樂目的 | 1,085 | 55.6 | 其他 | 40 | 2.1 |
| 增加同儕談話的題材 | 567 | 29.0 | | | |
| 打發時間 | 628 | 32.2 | | | |
| 老師指定 | 338 | 17.3 | | | |
| 別人在看時順便 | 265 | 13.6 | | | |
| 其他 | 72 | 3.7 | | | |

表 49-3　少年使用報紙媒體經驗之次數分布表

◎表複選題，總加百分比不等於100。

間約一至三個小時，占33.3％，而少於一小時的也有31.1％；所收聽
的廣播節目內容以綜藝歌唱節目為主，占70.4％，其次為談話性／

| 項目 | 次數 | % | ◎電視節目內容 | （N＝2,143） | |
|---|---|---|---|---|---|
| 多久看一次電視 | | | 時事評論與新聞氣象 | 528 | 24.7 |
| 每週一、二次 | 224 | 10.3 | 消費理財 | 42 | 2.0 |
| 每週三、四次 | 239 | 11.0 | 衛生保健 | 37 | 1.7 |
| 每週五、六次 | 169 | 7.8 | 社教 | 38 | 1.8 |
| 每天看 | 1,511 | 69.4 | 劇集 | 899 | 42.0 |
| 從來不看 | 33 | 1.5 | 體育 | 713 | 33.3 |
| 花多少時間 | | | 歌唱綜藝 | 861 | 40.2 |
| 從來不看 | 33 | 1.5 | 競賽 | 191 | 8.9 |
| 少於30分鐘 | 134 | 6.2 | 古典音樂舞蹈 | 55 | 2.6 |
| 30分～2小時 | 1167 | 53.6 | 民俗藝術 | 22 | 1.0 |
| 2～4小時 | 553 | 25.4 | 其他藝術性節目 | 33 | 1.5 |
| 4小時以上 | 289 | 13.3 | 談話性／CALL IN | 63 | 2.9 |

| 項目 | 次數 | % | | | |
|---|---|---|---|---|---|
| ◎傳媒目的為何（電視）（N＝2,143） | | | 卡通 | 889 | 41.5 |
| 獲取新資訊 | 1,196 | 56.1 | 命理風水 | 20 | 0.9 |
| 娛樂目的 | 1,659 | 77.8 | 購物頻道 | 69 | 3.2 |
| 增加同儕談話的題材 | 876 | 41.1 | MTV頻道 | 677 | 31.6 |
| 打發時間 | 1,000 | 46.9 | 其他 | 86 | 4.0 |
| 老師指定 | 137 | 6.4 | | | |
| 別人在看時順便 | 385 | 18.1 | | | |
| 其他 | 79 | 3.7 | | | |

表49-4　少年使用電視媒體經驗之次數分布表

◎表複選題，總加百分比不等於100。

Call in節目（29.6％）與輕音樂（29.0％），再其次為空中教學節目（17.4％）、體育節目（15.6％）、古典音樂節目（12.5％）及時事評論與新聞氣象（12.0％），其餘類型節目所占比例皆在一成以下。少年使用廣播媒體之主要目的為娛樂（55.8％）、獲取新資訊（41.7％），和打發時間（39.5％），其次為增加與同儕講話之題材（24.4％）（參見表49-6）。

| 項目 | 次數 | % | ◎網站類型 | （N＝933） | |
|---|---|---|---|---|---|
| **多久上一次網** | | | 搜尋引擎 | 709 | 76.2 |
| 每週一、二次 | 625 | 28.7 | 媒體網站 | 278 | 29.9 |
| 每週三、四次 | 177 | 8.1 | 成人網站 | 73 | 7.8 |
| 每週五、六次 | 66 | 3.0 | 電玩網站 | 298 | 32.0 |
| 每天上網 | 65 | 3.0 | 政府機關網站 | 37 | 4.0 |
| 從不上網 | 1,243 | 57.2 | 圖書資料查詢網站 | 103 | 11.1 |
| **花多少時間上網** | | | 電腦資訊介紹網站 | 163 | 17.5 |
| 從不上網 | 1,243 | 57.2 | 其他 | 72 | 7.7 |
| 少於30分鐘 | 206 | 9.5 | | | |
| 30分～1小時 | 407 | 18.7 | | | |
| 1～2小時 | 235 | 10.8 | | | |
| 2～4小時 | 61 | 2.8 | | | |
| 四小時以上 | 24 | 1.1 | | | |
| **◎傳媒目的為何（網路）（N＝933）** | | | | | |
| 獲取新資訊 | 621 | 58.0 | | | |
| 娛樂目的 | 517 | 48.3 | | | |
| 增加同儕談話的題材 | 308 | 28.8 | | | |
| 打發時間 | 305 | 28.5 | | | |
| 老師指定 | 129 | 12.1 | | | |
| 別人在聽時順便 | 82 | 7.7 | | | |
| 其他 | 126 | 11.8 | | | |

表 49-5　少年使用網際網路媒體經驗之次數分配表

◎表複選題，總加百分比不等於100。

| 項目 | 次數 | % | ◎廣播節目內容 | （N＝1,646） | |
|---|---|---|---|---|---|
| 多久聽一次廣播 | | | 時事評論與新聞氣象 | 197 | 12.0 |
| 每週一、二次 | 708 | 32.5 | 空中教學 | 286 | 17.4 |
| 每週三、四次 | 318 | 14.6 | 衛生保健 | 65 | 3.9 |
| 每週五、六次 | 159 | 7.3 | 法令服務 | 22 | 1.3 |
| 每天聽 | 461 | 21.2 | 交通服務 | 107 | 6.5 |
| 從來不聽 | 530 | 24.4 | 綜藝歌唱節目 | 1,159 | 70.4 |
| 花幾小時聽廣播 | | | 輕音樂 | 477 | 29.0 |
| 從來不聽 | 530 | 24.4 | 古典音樂 | 205 | 12.5 |
| 少於1小時 | 676 | 31.1 | 體育 | 257 | 15.6 |
| 1～3小時 | 724 | 33.3 | 廣播劇 | 57 | 3.5 |
| 3～5小時 | 154 | 7.1 | 民俗藝術 | 21 | 1.3 |
| 5～7小時 | 45 | 2.1 | 其他藝術性節目 | 17 | 1.0 |
| 7小時以上 | 47 | 2.2 | 談話性／CALL IN | 487 | 29.6 |
| ◎傳媒目的為何（廣播）（N＝1,646） | | | 其他 | 42 | 2.6 |
| 獲取新資訊 | 701 | 41.7 | | | |
| 娛樂目的 | 937 | 55.8 | | | |
| 增加同儕談話的題材 | 410 | 24.4 | | | |
| 打發時間 | 663 | 39.5 | | | |
| 老師指定 | 126 | 7.5 | | | |
| 別人在使用時順便 | 310 | 18.5 | | | |
| 其他 | 92 | 5.5 | | | |

表 49-6　少年使用廣播媒體經驗之次數分布表

◎表複選題，總加百分比不等於100。

# 結語

　　綜合上述調查研究，吾人發現，少年對媒體使用之比例頻繁；而且接觸之資訊內容也較屬於逸樂取向及流行層面的訊息。也可以說，媒體占據少年大部分之休閒時間，其目的仍以娛樂、獲取新資訊爲大多數，其次則爲打發及增加與同儕相處談話之題材。此外，少年也表示他們大多數接觸之內容還是以體育及歌唱綜藝，其次則爲社會及卡通資訊爲主。

　　媒體（例如，報紙、電視、廣播及最近的電腦網際網路）被視爲少年社會化的代理機構之一，其對少年是相當有吸引力的。它不但可以同時讓所有人獲得最快速的訊息，這也是它本身主要地所被設計的原因——傳遞各種資訊。少年與同儕互動的主要目的乃在發展共同的興趣來成就其歸屬感（Sense of Belonging）以及藉由與同儕對自己的回應來加深更瞭解自己的自我概念（Csikzentmihalyi & Larson, 1984; Gottman & Mattetal, 1986; Huslman, 1992; Zarabatny, Hartmann, & Rankin, 1990）。雖然，媒體的正面功能乃在給予少年社會化重要的資訊，可以幫助少年習得社會傳遞的訊息，也可幫助少年增加同儕互動的題材。但是，不可諱言的，媒體亦可能對少年帶來負面的影響。Beal（1994）提出影片、錄影帶、音樂也會傳送不良之訊息給少年。所以說來，媒體如同水一般，其能載舟也能覆舟。最重要的是媒體內容之管制。

　　或言，媒體最大的限制是不能帶給少年深層及長久的宣導效果（Zastrow & Krist-Ashman, 1987）。然而，媒體仍應扮演其社會教育的功能來傳遞正面及較具深層教育的內涵。因此，筆者建議未來有關瞭解少年使用媒體之議題可朝下列方向進行：

1.如何改進媒體的內容，並且要發展適合少年此年齡階段之優質媒體內容（媒體之分級制）。
2.針對不同媒體之使用方法與目的，教育老師、父母等成人協助輔導少年對媒體使用。
3.傳播業者規範及提供少年健康及正面之訊息內容，或由政府立法規範，或促請媒體業者自律。
4.編研少年及兒童對媒體識讀能力之工具，以更瞭解少年與兒童對媒體之使用情形。

# 參考書目

Beal, C, R. (1994). *Boys and girls: The development of gender roles*. New York: Mc Graw-Hill.

Csikzentmihalyi, M, & Larson, R. (1984). *Being An Adolescent*. New York: Basic Books.

Gottman, J. M, & Mettetal, G. (1986). Speculations about Science and Acquaintanceship throughout Adolescence. In H.C. Triandis & J. W-Berry (Eds.), Handbooks of Cross-cultural Psychology (Vol. 2, pp. 25~55), Boston: Allyn and Bacon.

Huslman, W. (1992). Constraints to Activity Participation in Early Adolescence. *Journal of Early Adolescence*, 12, 280-299.

Vliet, W,V. (1983). Exploring the Fourth Environment. An Examination of the Home Range of City and Suburban Teenagers. Environment and Behavior, 15 (5), 567~588.

Zarabatny, L, Hartmann, O. & Rankin, D. (1990). The Psychological Functions of Preadolescent Peer Activity. Child Development, 61,

1067~1080.

Zastrow, C. & Krist-Ashman (1987). *Understanding Human Behavior and the Social Environment*. Chicago IL: Nelson-Hall Publishers. p. 505.

# 親子話題 [第二版]

著　　者☞ 郭靜晃 吳幸玲

出 版 者☞ 揚智文化事業股份有限公司

發 行 人☞ 葉忠賢

總 編 輯☞ 林新倫

登 記 證☞ 局版北市業字第 1117 號

地　　址☞ 台北市新生南路三段 88 號 5 樓之 6

電　　話☞ (02)23660309

傳　　真☞ (02)23660310

郵政帳號☞ 19735365　　戶名：葉忠賢

法律顧問☞ 北辰著作權事務所　蕭雄淋律師

印　　刷☞ 鼎易印刷事業股份有限公司

二版二刷☞ 2003 年 2 月

Ｉ Ｓ Ｂ Ｎ ☞ 957-818-313-5

定　　價☞ 新台幣 420 元

網　　址☞ http://www.ycrc.com.tw

E-mail ☞ book3@ycrc.com.tw

國家圖書館出版品預行編目資料

親子話題 / 郭靜晃等著. --二版. --臺北市
　　：揚智文化, 2001[民 90]
　　面； 公分.

　　　ISBN：957-818-313-5(平裝)

　1.家庭教育　　　2.育兒

　528.21　　　　　　　　　　90012996